JN409506

중한관계사

현대편

Zhong Han Guanxishi
by Cheng You Song, Xin Jiang, Lei Wang
(中韓關係史)

중한관계사

현대편

쑹청유 외 지음
전홍석 옮김

일조각

일러두기

1. 이 책에서는 '조선'이란 단어가 남북한, 한국, 북한을 가리키는 말로 혼용되고 있어 독자들의 이해를 돕기 위해 남북한을 지칭할 때는 '조선', 북한을 지칭할 때는 '북조선'으로 구별했다. 단, 한국의 경우 중국이나 북한의 신문기사나 발표를 인용할 경우에는 원서의 표기를 그대로 따라 한국을 '남조선'으로 표기했다. 그러나 '중·조'에서 '조'는 북한(조선민주주의인민공화국)을 지칭한다.
2. 이 책은 중국 측 시각에서 쓰였다. 그러므로 국내에서 사용되는 용어와 다른 용어라도 이 책을 한국에서 발간하는 의미를 고려해 원문의 표기를 최대한 따랐다(예; 조선전쟁, 조선정전협정, 종번宗藩 관계, 일본해, 미·한 공동방어조약 등).
3. 그러나 원문의 표기가 우리나라의 표기와 차이가 클 경우 독자들의 이해를 돕기 위해 옮긴이 주를 달았다. 또한 원문의 표기가 우리나라의 표기와 차이가 클 경우 독자들의 이해를 돕기 위해 국제적으로 통용되는 표기로 수정했다(예; 동해→동중국해, 발해→보하이해 등).
4. 이 책에 언급되는 무역수치는 각 장마다 인용 출처가 달라 같은 연도임에도 불구하고 액수의 차이가 있는 경우가 있다. 이 경우 원서의 표기를 존중해 원문 숫자를 그대로 따랐다.

글쓴이 서문_ 중·한 양국, 적대국에서 우호국으로의 변천 50년 역사 회고

1945년 일본의 패전으로 제2차 세계대전이 끝나고 50여 년이 흘렀다. 1995년 세계 각국이 서로 다른 방식으로 반反파쇼전쟁 승리의 50주년을 기념하기까지 반세기의 전후사는 눈 깜짝할 사이에 지나갔다. 이 50년 역사의 중·한 관계사를 되돌아보면 '세사창상世事滄桑'과 '변화극렬變化劇烈'이라는 두 마디가 떠오른다. 중국과 한국은 대치에서 화해로, 화해에서 수교로 관계의 발전을 거듭하여 적대국에서 우호국으로의 변화를 겪었다.

역사는 인물과 사건의 동향, 변화, 발전의 궤적에 대한 기록이다. 전후 중·한 관계사 내지는 현대 중·한 관계사 역시 예외일 수는 없다. 현대 중·한 관계사의 발자취를 살펴보기 위해서는 지난 50년 동안 이루어진 중요한 인물의 활동과 사건의 역정을 추적하는 것이 좋을 것이다.

근대 역사상 중국과 한국 두 나라는 1945년 제2차 세계대전이 종식될 때까지 불타는 적개심으로 일본 군국주의의 침략에 공동으로 대항하면서 두터운 우정을 맺었다. 그러나 일단 공동의 적이 타도되자 국제 반파쇼 진영이 분열되어 미국과 소련의 대립이 전시협력 체제를 대체했다. 중국 내에서도 국國·공共 양당이 서로 갈라져 물과 불처럼 서로 용납하지 못했고 '쌍십협정雙十協定'의 먹물이 채 마르기도 전에 장제스蔣介石는 내전을 일으켰다. 한반도는 미국과 소련이 북위 38도선을 경계로 남과 북을 각각 점령함에 따라서 삼천리강산이 남북으로 갈라져 두 쪽이 되고 말았다. 또한 정치 파벌들이 곳곳에서 일어나 내부 분쟁이 끊이질 않았다. 그 혼란이 격화되어 불굴의 애국지사 김구金九가 불행히도 희생을 당하는 등 한반도의 통일은 더욱 복잡한 국면으로 치달았다. 그러던 중 남쪽에서는 1948년 8월 이승만李承晩을 대통령으로 하는 대한민국大韓民國 정부가, 북쪽에서는 같은 해 9월 김일성金日成을 수상으로 하는 조선민주주의인민공화국朝鮮民主主義人民共和國이 수립되었다. 원래 미국과 소련이 분할, 점령했던 38도선이 마침내 군대가 지키는 강력한 국경선으로 굳어지고 말았다. 중국에서는 1949년 10월 마오쩌둥毛澤東 주석이 톈안먼天安門 성루城樓에서 중화인민공화국中華人民共和國의 탄생을 선포했고, 그해 12월 대륙에서 패배한 장제스가 타이완臺灣으로 철퇴撤退했다. 이로써 국·공 양당은 타이완 해협을 사이에 두고 지속적으로 대치하게 되었다. 냉전의 확대와 그에 따른 냉전 특유의 국제적 편 가르기 논리에 의해 중국과 한국은 동서의 적대 진영에 각기 분속分屬되어 상호 간 시비와 한계의 구별을 분명히 했다.

1950년 6월, 조선전쟁이 발발했다. 북측 군대는 서울을 점령하고 대구와 부산까지 밀고 들어가 한국은 절체절명의 위기에 처했다. 그해 9월 더글러스 맥아더Douglas MacArthur가 한반도 중간 부분을 차단하는 전술로 미군을 지휘해 인천 상륙을 감행하자 전쟁 형세는 단번에 돌변했다. 미국과 한국의 군대는 대대적으로 반격하여 평양을 재빨리 점령하고 전쟁의 불길을 압록강까지 지폈다. 10월 마침내 중국이 항미원조抗美援朝(북한을 돕고 미국에 맞섬—옮긴이)를 위해 군대를 진군시켰다. 양측 군대는 5차례에 걸친 전역戰役의 격전을 치르며 38도선에서 일진일퇴를 거듭했다. 중·조군은 미국 등 16개 국가로 조직된 연합국군과 치열한 전투를 벌이는 한편 중국군과 한국군 사이에도 3년간의 혈전이 전개되었다. 지난날 어깨를 나란히 하고 일본 군국주의에 저항하던 우방이 이제 서로 반목하는 원수가 되었던 것이다. 전쟁의 상처는 극히 참담했다.

1953년 7월, '정전협정'이 체결되자 전쟁은 진압되었다. 하지만 이후 20여 년 동안 중·한 양국은 바다를 사이에 두고 불공대천의 원수로 여전히 대치를 지속했다. '정전협정'의 이행을 둘러싼 투쟁, 동중국해 해사海事 충돌,

한국의 베트남 파병, 일본과 한국의 국교 정상화, 동중국해 대륙붕 개발, 이승만과 박정희朴正熙의 한국 내 민주 인사에 대한 탄압 등의 사태는 모두 양국이 말이나 글을 통해 공방전을 벌이는 도화선이 되었다. 그러나 1970년대 초반 동북아 정세의 변화는 중·한 관계의 전기轉機를 마련해주었다. 1972년 2월에서 7월까지 미국 대통령 리처드 닉슨Richard Nixon의 중국 방문, 중·일 외교 관계의 회복, 한반도 남북대화의 개시와 같은 큰 사건이 연이어 발생했다. 한국은 남방 '해양 외교'와 서로 호응하는 북방 '대륙 외교'라는 새로운 방침을 추진하면서 대중對中 관계 개선에 주력했다. 1979년 중·한 양국은 홍콩을 통한 간접무역을 시작했다.

1978년 중국은 10년간의 동란과 2년간의 방황(문화혁명과 화궈펑華國鋒의 양개범시론兩個凡是論—옮긴이)을 마무리하고 대규모의 경제 건설과 개혁개방의 새로운 시대를 열었다. 덩샤오핑鄧小平은 마오쩌둥의 결정과 지시는 모든 것이 옳다는 '양개범시론'을 폐기하고 중국특색사회주의의 청사진을 그렸다. 한국은 박정희 집권 시기에 이미 고도의 경제 성장을 이룩해 동아시아 신흥공업국가와 지역 공동체 반열에 올라 동중국해를 뛰어넘는 한 마리의 용으로 부상했다. 중국 통치 방침의 전환과 경제 건설의 세찬 물결은 외자와 선진 기술의 도입을 절실히 요구함은 물론 중국 시장의 문호를 활짝 열었다. 한국은 당시 산업 전환 시기에 진입해 있었기 때문에 해외에 노동 밀집형 산업을 이전할 수 있는 여력을 보유했고, 하이테크hightech 산업의 지속적인 발전을 위해 신규 시장과 활동 영역을 개척할 필요가 있었다. 이처럼 두 나라의 강력한 경제적 상보성相補性은 양국이 대립을 해소하고 외교 관계를 수립할 수 있는 거대한 가능성을 조성했다. 또한 세계 정세의 변화, 특히 중국과 미국이 가까워짐에 따라서 소련의 기세등등한 공세에 대처해 객관적으로 중·미·일이 호응하는 전략적 삼각관계가 형성되었다. 한반도의 남북 양측이 점차 자주평화통일로 나아가는 추세가 날로 분명해지는 것도 중·한 양국의 화해와 수교를 위한 국제환경을 마련했다. 이런 흐름은 현실적으로 양국 외교 관계의 가능성을 가속화했을 뿐만 아니라 그 전망을 밝게 만들었다.

이러한 정세 속에서 우발적인 사건, 오히려 악재나 비극적이라고 할 만한 사건들이 뜻하지 않은 작용을 하게 되었다. 1983년 5월, 중국 민항기가 한국으로 나포되어 중국을 깜짝 놀라게 했다. 같은 달 중국 민항국장 선투沈圖가 이 사건을 처리하기 위해 비행기로 서울을 방문해 예절 바른 환대를 받았다. 그는 한국을 방문한 첫 번째 정부 측 인사가 되었다. 양측은 항공기 납치 사건 처리에 대한 비망록에 조인했다. 그해 9월 1일, 항공 노선을 일탈한 대한항공 여객기 한 대가 사할린 상공에서 소련 전투기에 의해 격추되어 승무원과 260여 명의 탑승객이 전원 사망하는 재난을 당했다. 9월 초, 중국 외교부 대변인은 담화를 발표해 이 참사에 대한 놀라움과 유감을 표시했으며 중국 여론도 희생자들에게 선의와 동정이 넘치는 보도를 아끼지 않았다. 마땅히 항공기 납치와 항공기 격추 사건의 장본인들에게는 그에 합당한 문책과 질책이 가해져야 할 것이다. 그러나 중·한 양국이 아직 정상적인 외교 관계도 맺지 못한 특수한 상황 속에서 도리어 이 두 사건의 처리 과정을 통해서 양국 관계는 해빙을 향한 최초의 메시지를 은연중에 드러내게 되었다. 그 밖에도 일본 군국주의를 비판하고 일본 문부성의 역사 교과서 왜곡을 규탄하는 과정에서 양국의 인사들은 많은 공감대를 발견할 수 있었다. 또한 양국 정부의 외교 활동에서도 자연스럽게 서로 간의 보조를 맞출 수 있었다.

오랜 추위 끝에 잠시 날씨가 온화해지기는 했지만 진정한 봄날이 대지에 찾아들고 얼음과 눈이 녹아내리기까지는 좀 더 많은 시간이 필요했다. 1983년 8월, 한국 측에서 민항기 납치범을 서둘러 석방하고 범죄자의 타이완행을 승인한 행위는 중국 측의 강력한 불만과 엄정한 항의를 불러왔다. 중국 신문 지상에 실린 한국 관련 기사는 여전히 학생들의 반정부 투쟁, 대규모의 노동운동이나 내각 개편을 비난하는 등의 소식들이었다. 그리고 한국의 교과서에서는 여전히 중국은 '적대 국가'로 분류되었다.

그렇지만 양국의 냉각되고 단절된 국면을 타개하고 중·한 관계 정상화를 실현하려는 봄의 물결은 이미 형성되고 있었다. 1987년 중·한 관계는 더한층 완화되어 외교관들이 국제무대에서 최초의 접촉을 시도했는데 국제 여론은 이를 양국의 외무 장관급 회담으로 과장해 평가했다. 1988년, 해외 개척에 주력해오던 한국의 기업가들은 대담하게 발걸음을 내디뎌 대중국 직접투자를 시작했다. 비록 투자 금액은 크지 않고 투자 대상 역시 일반적 수준에 머물렀지만 그래도 이것은 처음으로 봄소식을 알리는 전령사 역할을 했다. 1986년과 1988년 각각 서울에서 열린 제10회 아시안게임과 제24회 올림픽대회, 그리고 1990년 베이징北京에서 열린 제11회 아시안게임은 양국 국민들이 직접 접촉할 수 있는 절호의 기회와 장소를 제공해주었다. 김포 공항과 서울에서 중국 대표 선수단은 뜨거운 환영을 받았으며 중국에 대한 한국 국민들의 우호적 감정을 직접 피부로 느낄 수 있었다. 중국 선수들이 비록 올림픽 경기에서 성적이 부진해 '서울 패전[兵敗漢城]'이라는 제목으로 신문 지상을 장식했지만 민간 외교 차원에서는 풍성한 성과를 거두었다. 베이징의 노동자 스타디움[工人體育場]에서 열린 아시안게임 개막식에서 줄지어 입장한 한국 선수들도 중국 관중들의 뜨거운 환영에 맞춰 끝없이 천연색 부채를 관람석에 던졌다. 응원하러 온 한국 관중들과 중국 관중들은 관람석에 나란히 앉아 환호하고 박수갈채를 보냈다. 두 나라 국민들의 가슴속에 자리 잡고 있던 단절과 대치의 견고한 얼음 장벽은 어느새 녹아내리고 있었다. 1990년 아시안게임의 경사스러운 축제 분위기에 힘입어 같은 해 10월 중·한 양측은 상호 상업 대표처를 설립한다는 협의를 체결했다.

또한 양국 민간 차원의 최초 학술 교류도 이루어졌는데 이는 중·한 전통적 우호 교류를 회복하고 조속한 외교 관계의 정상화 실현을 촉진하는 물꼬를 텄다. 1988년 11월, 항일 투사이자 저명한 한국의 학자 김준엽金俊燁 박사가 중국을 방문해 지난날의 전적지들을 되돌아보는 기회를 가졌다. 1989년 4월, 랴오닝遼寧대학 총장 펑위중馮玉忠 교수가 방문단을 이끌고 한국을 방문했다. 1991년 5월, 김준엽 박사(한국사회과학원 이사장)의 진심어린 초청으로 중국 학술계의 거장 지셴린季羨林 선생과 베이징北京대학 한국학연구센터 주임 양퉁팡楊通方 교수, 중국교육국제교류협회 주임 리타오李滔 교수 등 일행이 한국을 방문해 학술계, 문화계 등 오랫동안 소식이 끊겼던 옛 친구와 각계 인사를 만났다. 서로 손을 맞잡고 환담하는 가운데 손님과 주인은 모두 "오랜 겁파를 건너 형제로 남음에 서로 만나서 은혜와 원한을 모두 웃음 속에 날려보낸다[渡盡劫波兄弟在, 相逢一笑泯恩仇]"라는 표현으로 감개무량함을 함께 나누었다. 그리고 중·한 수교와 우정을 돈독히 하는 데 최선을 다할 것을 서로 약속했다. 중·한 양국의 학술 교류는 국교 정상화보다 앞서 추진되어 양국의 우호 교류를 증진시키는 견실한 유대로 급속하게 발전했다.

양국의 정부와 민간, 학계 인사들의 공동 노력으로 중·한 관계는 국교 정상화의 조속한 실현을 중심으로 빠르게 진전되었다. 1991년 4월 중국국제상회 서울 대표처가 문을 열어 업무에 들어갔으며, 5월 서울에서 개최된 중국국제상회 무역전람회가 원만하게 막을 내렸다. 전시회 기간 동안 한국 국민들은 난생처음 보게 된 중국 무역 상품에 흥분을 감추지 못했고, 양국의 조속한 수교에 많은 관심과 기대를 보였다. 전시회는 큰 성과를 거두고 마무리되었다. 같은 해 9월 한국과 북조선이 동시에 유엔에 가입함으로써 중·한 수교의 시기는 무르익었다.

1991년 12월 31일, 만물의 기상이 새로 움틀 때 중·한 양국의 '중·한 민간무역협정'(중국국제상회와 대한무역진흥공사의 무역에 관한 협정'—옮긴이)이 베이징에서 체결되어 다가올 새해 첫 봄소식을 알리는 한 송이 꽃으로 피어났다. 다음 해 5월, 베이징에 봄바람이 불어오고 백화가 만발하는 시절에 양국은 한걸음 더 나아가 '중·한 투자보호협정'을 체결해 경제 관계의 발전과 그 지속적인 확대를 위한 안전, 추동 장치를 마련했다. 같은 달, 한국상품전람회가 처음으로 베이징에서 개최되어 전람회에 참관한 관람객들을 설레게 했고, 서울에서도 중국무역전람회가 성황리에 개막되어 각계 인사들의 시선을 끌었다. 강한 경제무역 유대의 확대와 증진은 양국 국교 정상화에 대한 거리를 급속히 줄여나갔다. 같은 해 4월부터 7월까지 비밀 외교회담이 서울과 베이징을 오가며 진행되었고 마침내 타당한 방식으로 타이완 문제를 처리해 중·한 수교의 최후 걸림돌을 제거했다. 이로써 양국 관계는 완전히 해빙되어 관계의 정상화는 이미 자연적인 순리가 되었다.

1992년 8월 23일, 한국 외무 장관 이상옥李相玉 등 일행이 중·한 수교의 역사적 사명을 안고 중국을 방문해 베이징 공항에서 중국 외교부 관원들의 열렬한 환영을 받았다. 24일 양국은 베이징에서 외무 장관 회담을 갖고 순조롭게 의견 일치를 보아 정식으로 중·한 수교 공동성명에 서명해 전 세계를 향해 금일부터 양국은 대사급 외교 관계를 수립한다고 정중하게 선언했다. 8월 25일, 『인민일보人民日報』가 「중·한 양국의 수교를 축하한다[祝賀中韓兩國建交]」라는 사설을 발표했다. 한국의 『중앙경제신문』은 8월 22일, 「한·중 관계의 새로운 장」이라는 글을 발표해 양국 수교의 역사적 의미를 높이 평가했다. 수교 다음 날 주석 양상쿤楊尙昆, 총리 리펑李鵬이 각각 외무 장관 이상옥을 만나 환담을 나누었다. 수교 당일 한국 대통령 노태우盧泰愚는 특별 성명을 발표해 한·중 수교가 동북아시아의 안전과 번영에 기여할 것이라고 크게 환영했다. 베이징과 서울은 환희와 경축 분위기에 휩싸였고 국제 여론도 하나같이 축하를 보냈다. 중·한 수교의 물꼬가 트이고 그 뒤 한 달여 동안 8월 26일 서울예술단의 중국 방문 공연, 27일 양국 대사관의 국기 게양식을 비롯해 9월 27일 대통령 노태우의 중국 방문에 이르기까지 신문 기사에 보이는 중요한 교류만도 근 20차례에 가깝다. 그 정도의 빈번한 교류는 확실히 역사적으로도 사례를 찾아보기 힘들 정도이다.

중·한 관계는 수교 성립으로부터 오늘에 이르기까지 천시天時, 지리地利, 인화人和에 힘입어 관계 발전의 속도나 폭, 깊이 면에서 모두 고무적인 추세였다. 양국 간의 긴장을 초래할 만한 민감한 문제가 없었기 때문에 양호한 정치적 관계를 유지할 수 있었다. 또한 양국은 21세기 동북아시아의 국제 신新질서를 구축하고 한반도의 평화와 안정을 지키며 일본 군국주의 침략을 비판하는 등의 차원에서 많은 공감대를 형성했다. 이 때문에 정치적으로도 양국은 상이한 의식 형태와 사회제도를 가진 국가끼리 어떻게 우호적으로 공존하고 평등하게 협상할 수 있는지의 전범을 세울 수 있었다. 수교 이후 짧은 몇 해 동안 양국 정상인 대통령 김영삼金泳三과 주석 장쩌민江澤民의 상호 방문이 실현됨은 물론 정부 총리, 국회의장 등 고위급 지도자들의 상호 방문도 순조롭게 이루어져 많은 성과를 거두었다. 베이징北京, 서울, 시애틀Seattle, 보고르Bogor, 오사카大阪에서 열린 아시아태평양경제협력체(APEC) 비공식 정상회의나 1996년 방콕에서 개최된 아시아유럽정상회의(ASEM) 등에서 중·한 양국 지도자들은 허심탄회한 만남과 조화로운 분위기로 언제나 의견을 같이했고 진일보한 양국 관계 발전의 필요성과 중요성을 거듭 천명해 호혜적인 정치 교류 관계의 새로운 국면을 끊임없이 추진했다.

경제 분야에서는 경제무역 관계의 발전 추세가 강해 도약식 고도성장으로 나타났다. 1995년 양측 무역액은 165억 달러에 달하여 수교 전 1991년 58억 달러에 비해 약 2.8배에 달했다. 1995년 한국의 대중국 투자는 73억 3,000만 달러인데 이것은 1991년 1억 6,000만 달러의 약 45.8배로 중국은 한국의 최대 투자 대상국으로 부상했다. 대우, 삼성, 현대, LG, SK 등 한국 굴지의 대기업들이 투자의 주체가 되었다. 투자는 가전제품, 자동차, 석유화학, 철강, 방직, 농업, 금융 등 다양한 분야에 걸쳐 이루어졌고 하이테크 분야가 차지하는 비중도 현저하게 늘어났다. 이에 상응해 중국의 석유화학공업, 석탄, 철물광산, 방직 업종의 수출입 회사들도 한국 동업자들과의 협력을 강화했다.

문화 분야에서도 양국의 교류는 보편화되었다. 한국에서 중국어 학습 붐이 지속적으로 일어나 수많은 학생들이 중국에 유학했고 그 총 인원수가 1993년 500명에 불과했던 것이 1995년에는 5,000명으로 급증했다. 한국국제교류재단, 대우 등 안목 있는 단체나 기업들은 양국의 문화학술교류 사업 촉진을 위해 전폭적인 지원을 아끼지 않았다. 국립대학교인 서울대학교, 부산대학교, 경북대학교, 전북대학교 등과 사립대학교인 고려대학교, 연세대학교, 성균관대학교, 한양대학교, 이화여자대학교, 숙명여자대학교, 동아대학교 등 각지에 분포된 여러 유형의 대학들이 중국의 대학들과 연이어 교류 관계를 맺었다. 그리고 국제회의의 개최, 공동 연구와 도서 자료 교환, 상호 학자 파견 등 다양한 학술 교류를 전면적으로 전개했다. 중국에서도 한국학 붐이 빠르게 확산되어 각종 한국학 연구기구들이 전국적으로 수십 개로 급증하여 우후죽순처럼 설립되었다. 연구 간행물도 증가하여 1993년에 10여 종이었던 한국학 간행물들이 앞다투어 출간되어 과거의 공백을 메우고 구색을 갖추게 되었다. 신문과 잡지에서도 한국과 관련된 보도와 글이 크게 늘어 한국을 이해하고자 하는 중국 독자들의 수요를 충족시켰다. 중국과 한국에서 부흥한 쌍방 문화 붐은 우호적인 양국 관계 발전의 현주소를 민감하게 반영하는 것이며 미래의 밝은 발전 전망을 예고하는 것이다.

중·한 양국 관계의 수교 전 복잡한 역정과 수교 이후 급속한 발전을 돌이켜 보고 앞으로 내지 21세기의 발전 추세를 전망하고자 한다면, 반드시 현대 중·한 관계의 발전 행로 중 다음과 같은 몇 가지 특성을 총체적으로 파악해 지난날을 총결산하고 미래를 조망할 필요가 있다.

① 그 자체가 쌍무雙務(양자, 쌍방—옮긴이) 관계인 중·한 관계는 예로부터 국제 요소의 제약을 벗어날 수 없었다. 바꿔 말해 양국 관계의 분열과 화합, 친화와 단절은 양국의 선택에 관계된 것은 물론 세계 정세와 동북아 국제 관계의 영향을 깊이 받아왔다. 이런 의미에서 볼 때 중·한 관계는 세계 속 쌍무 관계에 속한다. 숨길 것도 없이 3년간의 조선전쟁은 중·한 관계에 참혹한 역사적 상처를 남겼다. 하지만 객관적으로 말해서 양국 전쟁의 직접적인 책임은 중국과 한국 어느 쪽에도 없다. 왜냐하면 양국의 어느 쪽도 상대국에 먼저 주동적으로 도발했거나 선제공격을 가한 사실이 없기 때문이다. 그러나 중국과 한국은 결국 3년 동안의 혈전을 벌였다. 이렇게 된 주요인을 따져보면 중·한 양국이 당시 동서 양대 진영의 편 가르기의 희생물이 되었다는

것과 밀접한 관련이 있다. 당시 유럽에서 발원한 '냉전冷戰'은 동북아시아의 '열전熱戰'으로 번졌다. 중·한 양국은 비록 전쟁을 바라지 않았지만 동서 양대 진영이 극한적으로 대치해 맹렬히 충돌함에 따라 의도하지 않게 교전할 수밖에 없었다. 그럼으로써 현대 중·한 관계사의 가장 무거운 한 페이지를 피로 기록하게 된 것이다.

'조선정전협정'의 조인은 동서 진영이 대화하고 대치한 결과이다. 중·한 양국은 전쟁은 그쳤지만 이 큰 질곡에 묶여 우호 관계를 회복하기 어려웠다. 피차간 전투태세로 지속적인 설전을 벌였다. 1960년대 중국과 소련의 논전, 중·소 국경지대의 충돌 발생, 사회주의 진영의 분열, 그리고 1970년대 초반 중국과 미국의 접근, 중국과 일본의 국교 회복, 한반도의 남북대화에 이르러서야 중·한 관계는 해빙의 징조를 보였고 서로 호응할 수 있는 전기를 마련했다. 1970년대 말부터 1980년대 중반까지 중·미·일 전략적 삼각관계가 출현해 사면으로 뻗어가는 소련의 확장 추세에 대항하는 구도가 형성되어 중·한 관계는 가일층 호전되었다. 1990년대 초반 소련의 해체로 미·소 양극 체제가 붕괴되고 세계가 진정한 의미의 다각화 시대로 진입하자 중·한 관계는 마침내 외교 관계 부재의 비정상적 국면을 타개하고 새로운 역사 단계에 들어섰다.

21세기의 중·한 관계를 전망할 때 최소한 일정 기간 동안 여전히 일·미·한, 중·일·한, 중·일·미, 중·러·조 등 전략적 삼각관계와 중·미, 중·일, 중·러, 중·조, 한·미, 일·한, 한·러, 한·조 등 일련의 쌍방 관계의 제약과 영향을 받을 것으로 예상된다. 이것은 한 측면이다. 다른 한 측면은 중·한 관계는 앞에서 말한 여러 그룹의 전략적 삼각 내지 양측 관계에 영향을 받은 만큼 똑같이 강력한 영향을 미친다는 사실이다. 특히 정치대국인 중국이 경제대국으로 부상하고 한반도의 남북통일이 실현된다면 중·한 양국 관계의 향방은 동북아시아, 동아시아, 나아가 세계의 정세에 더욱 막강한 영향력을 행사할 것이다. 이때는 중·한 관계에 있어 세계 속의 중·한 관계 혹은 중·한 관계 속의 세계 등의 특색이 더 돋보이게 될 것임은 어렵지 않게 상상할 수 있다.

②경제무역 유대는 중·한 관계가 장기적으로 발전할 수 있는 초석이 되었다. 양국 관계의 긴장이 완화되는 기나긴 과정에서 경제무역 유대는 적극적인 선봉 역할을 했다. 경제무역 유대가 국교 정상화보다 빠르게 선행되고 안정적으로 발전하게 된 것은 다음의 몇 가지 이유 때문이었다.

첫째로 1970년대 중반 이래 국제환경이 조성해준 천시天時 덕분이다. 즉 완화의 훈풍이 세계 각지에서 일어나고 시간이 흐를수록 평화와 발전이 시대의 주선율主旋律이 되어 경제 요소가 군사 요소를 점차 대체해 국제무대에서 각국의 흥망성쇠를 결정하게 된 것이다. 각국이 앞다투어 경제 발전을 국가 전략의 으뜸으로 삼아 경제 이익을 중요시하고 의식 형태의 분쟁을 희석시켰다.

둘째로 중·한 양국의 독특한 지리 조건이 마련해준 지리地利의 힘이다. 세계의 경제무역 활동에서 해양 운수는 가장 중요한 수단이다. 중·한 양국은 바다를 사이로 황해, 보하이해渤海, 동중국해 등 3대 해역이 대륙과 반도를 이어주고 있다. 중국의 다롄항大連港, 친황다오항秦皇島港, 톈진신항天津新港, 옌타이항煙臺港, 웨이하이항威海港, 칭다오항青島港, 롄윈항連雲港, 상하이항上海港, 베이창항北倉港 등 연해 큰 항구들이 한국의 인천, 군산, 목포, 여수, 부산, 울산 등 천연 항구와 지척으로 마주하며 양국 경제무역의 방대한 네트워크를 형성하고 있다. 머지않은 장래에 동쪽으로는 롄윈항으로부터 유라시아 7개국을 거쳐 서쪽으로는 네덜란드 로테르담Rotterdam항까지 서태평양과 대서양을 잇는 총길이 1만여 킬로미터나 되는 유라시아 내륙교가 관통되면 중·한 경제무역 활동이 아시아의 내지에 깊숙이 침투하는 것은 물론 유럽의 요충지대까지 직통하게 될 것이다. 이처럼 만족스런 전망의 대동맥이 마련되면 중국과 한국의 해상, 육상, 공중의 입체적인 경제무역 네트워크를 한층 더 밀접하게 해줄 것으로 기대된다.

셋째로 경제무역의 발전에 대한 더 큰 기대 덕분이다. 1970년대 이래 한국의 경제 성장은 줄곧 동북아시아의 여러 나라 중 선두에 있었다. 1980년대, 특히 1990년대 이래 중국의 경제 성장률은 비약적으로 발전했다. 중·한 양국은 빠른 속도로 세계의 주요 무역대국의 반열에 진입했으며 상호 보완과 촉진을 통해서 밀접해진 동반자 관계를 맺어왔다. 단계적인 추진으로 고조된 중국의 개혁개방 물결은 중국 경제의 급속한 성장과 중·한 무역 유대의 강화를 위한 무궁무진한 활력원이 되었다. 1980년 선전深圳, 주하이珠海, 산터우汕頭, 샤먼廈門 등 4개의 경제특구의 설립은 화난華南을 필두로 한 개혁개방의 초기 조류를 이끌었다. 그리고 1984년 다롄大連, 톈진天津, 칭다오青島, 상하이上海, 원저우溫州, 광저우廣州 등 14개 연해 항구도시를 대외에 개방해 화난 개혁개방의 초기 조류를 이어나갔다. 1985년에는 또 창장강長江·주장강珠江 삼각주와 민난閩南의 샤廈·장漳·취안泉 삼각지구를 연해 개방구로 선포해 개혁개방의 신조류를 고무시켰다. 이런 배경 아래 한국 한스물산 등의 기업이 대중국 직접투자를 개시해 경제무역을 날로 활성시켰다. 1988년 하이난海南에 성省을 설치해 최대의 경제특별구로 확정한 뒤 랴오닝遼寧, 산둥山東, 광시廣西 일부의 현縣·시市들을 대외개방지구로 편입시켜 그 규모를 점차 키워 또 하나의 개혁개방 조류를 형성했다. 대우, 삼성, 금성 등 대기업들이 이 시기 대중국 투자의 선두 주자였다. 1990년대 초반 상하이 푸둥浦東 개발구의 신속한 창설, 베이징과 톈진의 나란한 발전을 추동력으로 하는 환環보하이해, 환황해, 환동중국해 경제권과 상하이를 용머리로 하는 창장 황금 수로는 거대한 T자형 경제개발 네트워크를 이루어 한국 기업의 사업을 연해에서 내지로 확대하는 좋은 기회를 제공해주었다.

바로 이러한 배경하에서 중·한 경제무역과 투자 규모는 연이어 새로운 단계로 올라섰다. 21세기를 전망했을 때 지속적인 중국 경제 발전에 대한 밝은 기대는 중·한 경제무역의 유대를 공고히 하는 것은 물론 양국 관계를 더욱 밀접하게 만들 것이다. 이는 경제적 측면뿐만 아니라 동북아시아의 새로운 국제 질서를 세우고 나아가 평화, 발전, 협력의 세계 조류를 역동적으로 추진해나가는 측면에서도 중대한 의미를 갖는다.

③ 전통문화, 전통 우호, 전통 가치관은 중·한 관계를 안정, 발전시키는 확고한 유대이다. 일본, 베트남 등 주변 국가들과 비교했을 때 중국과 한국 전통문화의 친근성은 더욱 깊고 긴밀하다. 양국은 일반적 의미에서의 동아시아 문화권에 귀속됨과 동시에 유학儒學, 불교佛教, 도교道教 등 그 원류가 같은 심후深厚한 문화 전통을 보유하고 있다. 전통문화는 양국의 현대화 과정 속에서 대체로 비슷한 큰 역할을 했다. 양국은 현대화 과정에서 유학의 인의예지신仁義禮智信인 오상五常과 충효 관념인 오륜五倫, 불교의 자아 수련과 이타주의利他主義, 도교의 인간과 대자연의 상호 조화 등 전통문화 속의 요소를 적극적으로 추출했다. 이로써 사회 질서를 안정시키는 자율적 의식과 극기봉공克己奉公의 단체 의식을 불러일으켜 현대화 과정에서 발생된 각종 사회 병폐, 환경 문제, 자원 분배 문제를 진단하고 해결할 수 있었다. 이와 동일하게 전통적인 시사가부詩詞歌賦와 수묵산수화水墨山水畵도 양국 각계 인사들의 교류 속에서 심리적 공감과 자연스런 친밀감을 불러와 정신세계의 교류에 일조했다.

중·한 양국 국민들의 전통적인 우정은 유구한 역사를 지닌다. 3,000~4,000년 동안 비록 짧은 시간이나마 불편한 역사도 있었지만 전체적으로 우호적인 교류가 중·한 관계사의 주류를 이루어 많은 감동적인 우정의 미담이 전해온다. 특히 명대明代 이후 양국 군민軍民이 함께 외적의 침입을 막으면서 서로 돕고 기쁨과 슬픔을 함께 나누는 밀접한 관계를 유지해왔다. 중·한 양국의 전통적인 우정은 소중히 여기고 발양시켜야 할 귀중한 역사 유산으로 향후 관계 발전에서 찬란하게 재현시켜야 할 것이다. 양국은 가치관에 있어서 유가儒家의 강상윤리綱常論理와 경세제민經世濟民 관념이 전통적 가치관의 토대를 닦았다. 근대에 들어서 중·한 양 문명 고국古國은 세계 자본주의 시장의 형성 과정에서 시대에 낙오되어 주권을 상실하고 심지어 망국의 역사적 비운을 겪는 수모를 당했다. 이러한 동병상련의 처지는 양국의 인인지사

仁人志士가 공동의 민족 대망을 품게 하는 공통분모로 작용했다. 그들은 서로 합심해 백년의 치욕을 씻어내고 옛 영광을 되찾아 세계 민족 대열에서 자립자강自立自强하겠다는 열망에 불타올랐다. 이로써 중·한 인사들은 국가주권의 수호, 민족 독립과 도약 실현을 핵심으로 하는 가치관을 수립했다. 이러한 가치관은 양국의 경제 발전과 현대화 과정에서 큰 작용을 했음은 더 말할 필요도 없을 것이다. 국가와 민족 관념을 핵심으로 하는 가치관은 그 자체가 이념을 초월하는 특성을 지닌다. 이 때문에 중·한 양국의 사회제도가 비록 다르다고 할지라도 양국 인사들은 전통적 내지는 현대적 가치관 속에서 어렵지 않게 공감대를 찾아 서로 존중하면서 협력할 수 있었다. 물론 냉전의 대치가 양국의 장기적 관계 단절과 의식 형태, 사회제도의 차이를 조성해 가치관의 서로 다른 면을 초래한 것도 사실이다. 그러므로 양국 가치관의 차이점도 분명히 인식해 마찰을 감소하고 충돌을 피해 건전한 가치관이 양국 교류를 촉진하는 적극적인 역할을 하도록 노력해야 한다.

중·한 관계는 크게 정부와 민간의 두 방향으로 나뉘어 전개되었다. 개인이 어떠한 차원에서 교류하든 간에 각자는 일정 부분 민족적 영향을 받기 마련이다. 그래서 중·한 관계의 발전 과정을 파악할 때 심층적인 정신 요소, 즉 양국 인사의 민족적 성격 문제를 언급하지 않을 수 없는 것이다.

긴 역사의 노정 속에서 중·한 양국은 같으면서도 다른 민족적 성격을 형성했다. 한국은 단일민족 국가이다. 그러나 중국은 다민족 국가이기 때문에 같은 한족漢族이라도 북방인과 남방인, 연해인과 내륙인의 지역적 차이가 있는 등 한국에 비해 상황이 더욱 복잡하다. 그래서 민족적 성격의 차이를 논할 때는 심층적인 정신 요소의 역사 침적을 토대로 가급적 개별 예외는 배제해 총체적 의미에서 비교해보는 것이 좋다. 중·한 두 민족의 공통점으로는 근로, 용감, 충효, 절개, 예의 등을 들 수 있다. 또한 다른 점으로는 전자가 부드럽고 질긴[韌] 데 반해 후자는 굳셈[剛]이 두드러진다는 것과 전자가 대륙 기질인 데 반해 후자는 반도 기질이 더 크다는 것이다. 전자가 개인주의적 색채가 강하다면 후자는 단체 의식이 강하고 전자가 비교적 신중하다면 후자는 성급한 편이다. 그리고 전자가 보다 활달한 데 비해 후자는 자존심이 매우 강하다는 등의 특성을 꼽을 수 있다. 중·한 양국의 정부와 민간 차원의 교류는 항상 서로 다른 성격의 사람들 간에 이루어지는 만큼 상대방의 기질과 천성, 성격과 특징을 이해하는 것이 서로의 관계를 잘할 수 있는 중요한 전제가 된다. 일정한 상황에서 그 이해는 상대방의 정치 이념, 신용 평가, 학식, 특기에 대한 이해만큼 중요하다. 날이 갈수록 빈번해지는 양국의 교류 속에서 상대방의 민족적 성격을 이해하고, 서로 존중하고 양보하며 단점은 차단하고 장점을 발휘하는 것이 친선과 협력을 촉진하는 중요한 부분이라고 할 수 있다.

이상을 종합해보건대 세계 속의 중·한 관계와 중·한 관계 속의 세계, 그리고 양국이 각각 관련된 국제 관계 속에서 전후戰後 중·한 관계의 발전 역정을 조명해 그중에서 필요한 경험과 교훈을 찾아내야 한다. 그리고 이 시기에 이루어진 중·한 관계의 기본 특징을 파악하고 그것을 정세에 따라 유리하게 이끌어 양국 관계의 새로운 국면을 열어나가야 할 것이다. 이것이 『중한관계사』 현대편 집필자들의 전체적인 뜻이며 이 책의 저술을 일관되게 관통하는 두 가지 기본 출발점이다. 우리의 의도가 관철되었는지의 여부는 독자들이 판단할 것이다.

쑹청유宋成有

1996년 8월

옮긴이 서문_ 다극화 시대를 살고 있는 21세기 동북아시아

어떤 의미에서 현대 한·중 관계사는 동서냉전 체제의 결·해빙이 잉태한 산물이라고 할 수 있다. 양국은 1945년 이후 미소 양극 체제의 이념적 대립을 겪으면서 근대 대일對日 항전의 승리를 위해 함께 공조했던 우정의 역사를 뒤로 한 채 40여 년 동안 극단적으로 반목하고 배척하는 '적대국' 관계를 유지했다. 그러던 것이 20세기 말 냉전 시대가 종식되고 세계가 다극 체제로 전환됨에 따라 양국은 '우호국'의 위상을 회복, 급기야 1992년 국교가 정상화되어 오늘에 이르고 있다. 올해 2012년은 한·중 수교 20주년을 맞이하는 뜻 깊은 해이다. 두 나라는 지난 20년간 정치, 경제, 문화, 인적 교류 등 여러 방면에서 비약적인 관계 발전을 이룩했다. 예컨대 2011년 기준, 중국은 한국의 최대 교역대상국으로, 한국은 중국의 제3대 교역대상국으로 각각 부상했다. 작년 양국 간 교역액은 수교 당시의 64억 달러에 비해 약 35배 증가한 2,207억 달러에 달했다. 인적 교류 역시 수교 당시 13만 명에 불과했던 것이 약 50배 증가한 650만 명을 넘어섰고 중국 내 한국인 유학생, 한국 내 중국인 유학생 수도 각각 6만 명 이상으로 상대국 내 외국인 유학생 중 가장 많은 수를 차지하고 있다. 더욱이 2008년 양국 정상은 한·중 간 전략적 협력 동반자 관계 구축에 합의했고 올해 2012년에는 이를 새로운 단계로 더욱 발전시켜나가기로 뜻을 모았다.

한편 1992년의 한·중 수교는 중국 내 한국학 연구의 발전에도 크게 기여했다. 현재 한국학을 전문적으로 연구하는 중국 내 대표적인 연구기관으로는 베이징北京대학 한국학연구센터韓國學硏究中心, 푸단復旦대학 한국연구센터韓

國研究中心, 저장浙江대학 한국연구센터, 랴오닝遼寧대학 한국연구센터, 산둥山東대학 한국연구센터, 중국사회과학원 한국연구센터 등을 꼽을 수 있다. 더불어 베이징대학, 베이징외국어대학, 베이징언어문화대학北京語言文化大學, 톈진天津외국어대학, 푸단대학, 상하이上海외국어대학, 산둥대학, 산둥사범대학, 다롄大連외국어대학 등 약 30개 대학에 한국어과가 설치되어 인재를 양성하고 있다. 그 가운데 베이징대학 '한국학연구센터'는 중국 내 한국학 연구의 현주소라고 할 수 있다. 이 기관은 1991년 4월에 베이징대학 '조선역사문화연구소'라는 명칭으로 창립되었다가, 한·중 수교 이후 1993년 9월에 현재의 명칭으로 바뀌었다. 연구는 주로 한국의 전통 문화에 역점을 두면서 한국의 정치, 경제, 역사, 문화, 문학, 언어 등 거의 모든 분야를 망라하고 있다.

본 책은 이 베이징대학 한국학연구센터의 기념비적인 연구 성과물로 한·중 관계에 대한 중국 입장에서의 역사인식이라는 점에서 중요한 의미를 갖는다. 이 책은 대우학술재단의 지원으로 베이징대학 한국학연구센터의 교수진과 연구진이 주축이 되어 집필한 것으로 중국 사회과학문헌출판사에서 고대편, 근대편, 현대편 총 3권으로 출판되었다. 이 역서는 그중에서 쑹청유宋成有 교수 등이 공저한 마지막 '현대편'을 번역한 것이다. 이 현대편은 1945년 이후 냉전 시대의 개막으로 인해 한국과 중국의 국교가 단절된 상황에서부터 1991년 탈냉전 시대의 도래로 국교가 다시 정상화되는 데 이르기까지 전후前後 맥락의 한·중 관계사를 담고 있다. 그런데 이 책의 역사 서술은 1995년으로 종결된다. 책이 저술된 지 근 20년이라는 세월이 지나간 것이다. 이런 점에서 한·중 수교 이후로부터 오늘날 21세기까지의 한·중 관계를 아우를 수 있는 건강하고도 미래 지향적인 또 한 편의 새로운 역사서를 기다릴 수밖에 없게 되었다.

그러나 이 책의 집필진들이 장래 미지의 동북아시아를 조망하면서 제시한 한·중 관계의 바람직한 미래상들은 깊은 인상을 남긴다. 이 저술은 중국 측 역사 시각을 이해하고 그에 따른 우리 민족의 미래에 있어 독자적 생존 공간 확보, 그리고 올바른 '대중관對中觀' 정립을 위한 일차적 중국 문헌이라는 점에서 중요하다. 쑹청유 교수 등은 반세기 남짓한 현대 한·중 관계사의 전모를 될수록 공정하고 객관적으로 기술함으로써 양국 관계의 건전한 발전을 촉진시키고자 했다. 나아가 21세기 다극화 시대에 한·중의 정치, 경제, 문화 관계가 균형적으로 발전하고 동북아시아의 평화적인 발전을 위해 두 나라가 안정된 세력으로 기여해야 하는 것은 시대를 초월한 중대한 과제라고 전망한다. 특히 21세기 동북아시아 국제 구도의 다극화 특징이 한·일 간의 독도 문제, 중·일 간의 댜오위다오釣魚島(센카쿠尖閣 열도) 귀속 분쟁, 러·일 간의 북방영토(쿠릴 열도) 다툼으로 폭발할 것이라고 예견한 부분은 눈여겨볼 필요가 있다. 이것은 현재 동북아시아가 '영토 문제'로 몸살을 앓고 있는 상황에서는 더욱 그렇다.

한·중 수교 이후 20년 동안 동아시아의 정치, 경제, 안보 등의 지형은 크게 달라졌다. 최근 불거지고 있는 이 지역의 국제 영토 문제는 이러한 상황을 단적으로 보여준다. 일본은 점증하는 인접국의 국력 신장에 맞서 자신들의 기득권 수호를 위해 영토 분쟁을 더욱 부채질하고 있다. 근래 독도와 댜오위다오에 대한 일본의 유례없는 강경대응은 사실 한국과 중국의 급성장에 대한 불안감을 반영한 것이다. 중국 역시 과도한 패권 의식을 드러내며 주변국을 복속시키고자 하는 '대국주의' 야욕을 확산시키고 있다. 가령 동북공정, 불법어로, 탈북자 북송 문제, 이어도 영토 분쟁화 시도 등은 우리와 직접적으로 갈등을 빚고 있는 대표적인 사안들이다. 이 때문에 한·중 전략적 협력 동반자 관계는 외교적 수사에 불과하다는 비판의 목소리 또한 적지 않다. 이 일련의 알력과 충돌들은 현재 한·중·일 '신냉전' 기류를 형성하면서 위험수위를 넘어서고 있다. 더 큰 문제는 그 이면에 과거 식민 시대와 냉전 시대의 잔재인 강권주의와 패권주의가 자리한다는 사실이다. 올해 말이면 한·중·일 3국의 지도부가 모두 교체될 것이다. 그런데 동북아시아 3국의 보수주의 집권 세력들이 최근 들어 취약한 정치 리더십의 만회와 차기 권력의 공고화를 위해 앞장서서 '국가주의Nationalism'를 부추기는 행태는 실로 경계하지 않을 수 없다.

극단적인 국가주의로 무장한 '패권주의'의 득세는 또 다시 동아시아를 피로 물들일 것이다. 우리는 근현대 잘못된 이념으로 인해 겪어야 했던 불행한 역사와 그 참상들을 기억한다. 과거 파시스트 악령의 이데올로기적 재생산을 막기 위해서는 무엇보다도 제국주의와 쇼비니즘Chauvinism에 대한 의미 있는 거부와 해체가 이루어져야 한다. 더불어 21세기 동아시아 평화공동체를 이끌 올바른 역사관 정립 노력도 함께 병행되어야 한다. 이제 정치 권력자와 기득권자의 이익 수단으로서의 그릇된 국가 관념이 아닌 공존공영을 위해 타자와 호응하며 상호교류하는 주체적인 국가관 형성이 필요한 때이다. 지난 패권주의 시대에 이방 세계의 타자에 대한 정복과 승리의 논리가 득세했다면 현세기 오늘날은 이질적이고 적대적 관계의 그들과 대화하고 화합하는 동아시아 차원의 공감적 공존의 철학을 모색해야 한다. 과거 강권주의 논리로 인해 소실된 평화와 인권의 꿈, 우리는 이러한 것에 관한 모든 사람의 사고가 멈춘 자리에서 미래 동아시아 문명 세계의 지평을 향한 논의를 재개해야 한다.

현 21세기는 구미축이 침강하고 동아시아가 그 중심축으로 부상하는 아태화亞太化 시대이다. 2008년 미국발 세계금융 위기와 2009년 유럽발 재정 위기는 세계 경제의 '동아시아화' 추세를 더욱 가속화시키고 있다. 이 문명축의 변동은 미국의 동북아시아 주목, 서유럽의 대거 동진, 일본의 아시아 귀속 강조, 오세아니아 국가들의 탈구입아脫歐入亞 선포 등으로 이어지고 있다. 이처럼 아태화 시대가 명증된 이때, 동북아시아 3국이 편협한 '국가주의'에 편승하여 서로 반목하고 싸우는 것은 시대정신을 역행하는 실로 어리석은 행위가 아닐 수 없다. 이런 점에서 한·중 양국이 솔선수범하여 유구한 역사 연대체와 그 특유의 문화 친근성를 바탕으로 일본의 우경화, 러시아의 군사 팽창주의, 미국의 전통적 서구 패권주의를 일소할 국가 간 선린우호의 전범을 마련해야 한다. 나아가 한·중은 양자 차원을 넘어 동아시아를 포함한 전 인류의 평화와 안정, 그리고 번영을 위해 더욱 긴밀히 소통하고 전방위적으로 협력해야 한다. 이 책이 전달하고자 하는 '세계 속의 한·중 관계' 또는 '한·중 관계 속의 세계'라는 메시지는 바로 양국이 새로운 동아시아와 세계 구상을 위한 핵심 고리임을 천명한 것이다. 끝으로 본 역서의 출간에 많은 노력을 기울여주신 일조각 출판사 가족들에게 깊이 감사드린다.

2012년 10월

전홍석

차례

글쓴이 서문 — 중·한 양국, 적대국에서 우호국으로의 변천 50년 역사 회고 / 5
옮긴이 서문 — 다극화 시대를 살고 있는 21세기 동북아시아 / 21

제1부 풍운의 조화 29

1장 광복 초기의 흥분과 희망 / 31
2장 강대국의 개입과 한반도의 남북 분단 / 47
3장 신중국의 외교 방침과 동북아시아 양대 진영의 대치 / 63

제2부 대치 시대 75

1장 3년간의 혈전 / 77
2장 바다를 낀 대치 시대의 설전 / 97
3장 1950~1960년대 중·한 대치의 국제요인 / 126

제3부 전환점 137

1장 1970년대 초반 국제 정세의 변화와 한국의 대응 / 139
2장 한반도 정세의 새로운 동향—남북대화의 시작 / 150
3장 한국 경제의 비약과 중·한 정부의 정책 조정 추세 / 165

제4부 최초의 접촉 183

1장 중·한 접촉을 촉진한 환경과 조건 / 185
2장 일본 군국주의에 대한 비판 속에서 공감대 발견 / 196
3장 우발적인 사건이 뜻밖의 계기가 되다—
최초 중·한 정부 측 대표의 긍정적인 접촉 / 213

제5부__ 교류 경로의 확대 231

1장 중·한 경제개발 전략의 상호 선택 / 233
2장 중·한 경제무역 협력 관계의 급속한 발전 / 246
3장 체육경기와 국민교류의 붐 / 259
4장 문화교류의 유대를 만든 사람들 / 267

제6부__ 중·한 국교 수립 281

1장 남북 고위급 회담과 남북한 유엔 동시 가입 / 283
2장 수교협상 / 294
3장 중·한 수교 / 304
4장 중·한 수교 의미의 구현—한반도 핵 위기 해소의 전후 사정 / 315

제7부__ 쌍무 관계의 획기적인 발전 329

1장 경제무역 관계의 급속한 발전 / 331
2장 전방위적 문화교류와 협력 / 344
3장 정부와 민간 차원의 상호 빈번한 방문 / 353

맺음말__21세기 동북아 국제구도와 중·한 관계 369

미주 / 385
주요 연표 / 399
참고문헌 / 429
후기 / 431
용어_찾아보기 / 433
인명_찾아보기 / 443

제1부

풍운의 조화

1장 광복 초기의 흥분과 희망

1945년 8월 9일 오전 10시 30분, 일본의 최고전쟁지도회의가 열렸다. 히로시마廣島에 원자폭탄이 떨어지고 소련이 동북東北 참전을 선언한 긴박한 시점이었다. 신속한 정전과 포츠담선언의 수락 문제를 둘러싸고 수상首相 스즈키 칸타로鈴木貫太郎, 해군상海軍相 요나이 미쓰마사米內光政, 외상外相 도고 시게노리東鄕茂德, 육군상陸軍相 아나미 고레치카阿南惟幾, 육참총장陸參總長 우메즈 요시지로梅津美治郎, 군령부장軍令部長 도요타豊田 사이에서 치열한 논쟁이 벌어졌다. 이처럼 양측 간 상이한 의견으로 심각한 공방이 오갈 때 미국 전폭기가 나가사키長崎에 두 번째 원자폭탄을 투하했다. 오후 3시에 회의가 재개되어 오후 10시까지 논쟁이 계속되었지만 여전히 의견 일치를 보지 못했다. 그날 자정이 다 될 무렵 일본 천황 히로히토裕仁가 군복 차림으로 직접 어전御前회의를 소집했다. 그는 여러 대신들의 의견을 들은 뒤 10일 새벽 2시에 외상 도고의 의견을 지지하는 결단을 내렸다. 즉 황실 존속과 국체國體 유지를 보장한다는 전제로 포츠담선언을 수락함은 물론 전쟁을 멈추고 투항하기로 결정한 것이다. 같은 날 이른 아침 7시경에 일본 외무성은 중립국 스위스와 스웨덴을 통해 이전회의 결정을 동맹국에 전달했다.

무선전파가 일본의 패전 항복 소식을 전 세계에 타전하자 동맹국의 군대와 국민들은 삽시간에 승리를 경축하는 축제 분위기에 휩싸였다. 특히 대규모의 일본 군국주의 침략에 맞서 싸워온 역사가 가장 길고 희생자 또한 가장 처참했던 중국 각지의 항전 군민, 동맹 정부군과 한국 지사志士들에게는 이 승리가 더욱 각별했다. 이들은 그토록 오랜 세월 갈망해온 승리에 대한 흥분과 감격을 여러 방식으로 표출했다.

제2의 수도 충칭重慶에서 사람들은 승리의 소식을 서로에게 알리며 기쁨의 환호로 하늘을 진동시켰다. 시안西安을 방문한 대한민국임시정부 주석 김구金九는 이 모습을 "거리는 가는 곳마다 인산인해를 이루고 만세 소리가 하늘가에 울려 퍼지는 정경을 목격하고 흥분과 기쁨을 감출 수 없었다"[1]라고 표현했다. 산시성陝西省 두취현杜曲縣 한국광복군 제2지대 주둔지에서는 미군 장병들이 너도나도 집에서 뛰쳐나와 샴페인을 터뜨리며 서로 껴안고 한껏 마셨다. 그들은 승리를 축하하며 거의 미친 듯이 날뛰며 흥분했다. 광복군 전사들은 서로 악수하면서 부둥켜안고 실성해 통곡했으며 손에 손을 잡고 일제히 웅장한 목소리로 애국가를 목청껏 불렀다. 그들은 마음속으로 기도했다. '하느님이 보우하사, 우리나라 만세!'[2]

혁명 성지 옌안延安에서 중국인들은 동맹군 대표들과 함께 승리를 경축하면서 일본 침략자와의 최후의 전투를 단단히 벼르고 있었다. 조선독립동맹 총연맹의 혁명가들은 "조선 민족이 해방될 때가 왔다"라고 환호하면서 일본 패전 항복의 희소식을 즉시 각 지부에 타전했다. 그들은 화북華北, 화동華東에 주둔하고 있던 조선의용군 장병들에게 "긴급히 행동하여 조선을 수복하자"라고 호소했다.[3] 타이항산太行山지구에서 팔로군八路軍과 어깨를 나란히 하고 싸우던 타이항조선독립동맹군사학교太行朝鮮獨立同盟軍事學校의 학생들은 일본의 항복 소식과 총연맹의 호소를 접한 뒤 대축제 분위기 속에서도 즉각적으로 다각적인 행동에 들어갔다. 고향 수복의 선봉대 운동이 즉시 전교 학생 차원에서 뜨겁게 전개되었다. 부상병들도 자리를 박차고 일어나 앞다투어 선봉대에 가입했다.[4]

한편 소련 극동 지역 블라디보스토크Vladivostok, 우수리스크Ussuriisk, 하바로프스크Khabarovsk에 퇴각해 근 5년 동안 훈련하면서 명령 대기 중이던, 항일연군抗日聯軍 각 부대 1,000여 명의 중中·조朝 항일 전사로 구성된 동북항일연군 교도여단(소련 극동군 보병 제88여단)은 두 갈래로 나뉘어 군사 작전을 개시했다. 여단장 저우바오중周保中, 정치위원 리자오린李兆麟 등이 중국 관병을 거느리고 소련군과 함께 동북을 반격했으며, 보병 제88여단 교도영장(대대장) 김일성金日成과 제88여단 소속 김책金策, 서철徐哲 등은 조선 관병을 이끌고 소련군과 함께 조국 수복 작전에 참여해 국토를 해방시켰다.

구미동맹국에 체류하던 한국의 각 애국항일단체 인사들도 조국 광복과 새로운 삶의 희망으로 가슴 벅찼다.

8월 15일 정오가 되자 도쿄東京라디오방송국은 히로히토 천왕이 낭독하는 소위 옥음玉音방송으로 불리는 「종전조서終戰詔書」를 방송했다. 히로히토는 떨리는 목소리로 다음과 같이 말했다. "짐은 깊이 세계의 정세와 제국의 현상에 비추어 특단의 조치로써 시국을 수습하려고 하여 이에 충성스럽고 선량한 그대들 신민에게 고한다. 짐은 제국 정부로 하여금 미국, 영국, 중국, 소련 4국에 대해 그 공동성명을 수락한다는 뜻을 통고하게 했다."[5] 이처럼 일본이 공식적으로 패전 항복을 선언했다는 소식이 전해지자 동맹국은 재차 승리의 경축 분위기에 빠져들었다.

같은 날 국민당 정부 주석 장제스蔣介石가 충칭중앙라디오방송국에서 「대일 항전 승리와 관련해서 전국 군민과 세계 인사에게 알리는 글對日抗戰勝利告全國軍民及世界人士書」이란 연설을 발표해 "중국 인민은 가장 어둡고 절망적인 시대에도 우리 민족의 일관된 충용인애忠勇仁愛하고, 위대견인偉大堅忍한 전통적 정신을 간직해왔으며 정의와 인도주의를 위해 분투했던 모든 희생은 기필코 응분의 보상을 받게 되리라는 것을 깊이 알고 있었다"[6]라고 강조했다. 충칭 시가지는 승리를 경축하는 인파로 들끓었고 환성이 징소리, 북소리와 어우러져 천지를 진동시켰다. 8년 넘게 온갖 어려움을 겪으면서 승리를 손꼽아 기다려온 사람들이었던 까닭에 승리를 맞이하자 미칠 듯이 기쁜 심정을 이루 다 형언할 수 없었던 것이다. 8월 17일, 충칭에 체류하고 있던 한국 인사들은 중앙문화회당에서 '재在충칭 한국 혁명운동가대회'를 개최하고 동맹국의 전승과 조선 독립의 희망을 경축했다. 대회는 7항의 결의를 채택했는데 이 결의에는 중국, 미국, 영국, 소련 4개국 영수에게 축전을 보내는 것을 포함해서 민주 원칙에 입각해 전 민족의 대동단결을 적극 추진하고 국가와 민족의 완전한 주권을 조속히 쟁취하며 해외 동포들을 조속히 귀국시킨다는 등의 내용이 망라되어 있었다.[7]

일본 패전 항복 소식이 옌안에 전해지자 전 도시가 들끓고 만민이 환호했다. 거리는 초롱과 오색천으로 장식되고 국기가 휘날렸다. 그날 저녁 동·남·북 여러 구역에서 가는 곳마다 횃불 행진이 벌어졌으며 시가지 전역에 등불이 휘황하고 환호 소리가 도처에서 끊이지 않았다. 그리고 삽시간에 북과 악기 소리가 하늘에 진동하고 수많은 횃불이 산마루와 강물을 밝게 비췄다. 전 시내가 밤새도록 등불이 꺼지지 않을 정도로 중국 인민은 극도의 흥분과 기쁨에 휩싸였다.[8] 옌안에 체류하고 있던 조선 혁명가들도 축제 인파에 합류해 춤과 노래로 밤을 지새웠다. 사람들은 빗자루, 짚 깔개를 횃불 삼아 손에 들고 환희의 춤을 췄다. 행렬에는 옌안의 조선독립동맹의 많은 구성원들이 끼여 있었고 그들도 중국 전우들 못하지 않게 흥분과 기쁨을 감추지 못했다. 시인 샤오산蕭三은 그날의 흥분된 감정을 즉흥시로 이렇게 읊었다.

옌안의 오늘밤 그 누군들 잠을 원하랴?
바오타산寶塔山도 웃고 칭량산清凉山도 모두 웃는다.[9]

8월 16일, 옌안 부근의 뤄자핑羅家坪에서 전체 조선의용군 전사들이 명절 때처럼 민족 고유의 옷을 입고 큰 운동장에서 노래와 춤을 즐기며 항전 승리를 경축했다.[10]

9월 2일 오전 9시경, 일본 정부의 항복문서 조인식이 도쿄만東京灣에 정박한 미주리호Missouri號 전함에서 진행되었다. 1932년 4월 29일 '천장절天長節'(일본 천황 탄생일) 전승 기념행사 때 조선의 애국지사 윤봉길尹奉吉이 투척한 폭탄에 왼쪽 다리를 잃은 외상 시게미쓰 마모루重光葵가 일본 천황 및 정부를 대표해 자리했다. 또한 그 침략 야욕이 중국인에게 매번 좌절되었던 육참총장 우메즈가 일본 대본영大本營을 대표해 자리했다. 사전 절차에 따라 시게미쓰와 우메즈가 번갈아 일본의 항복문서에 서명했다. 이어서 조인식을 주재했던 더글러스 맥아더Douglas MacArthur, 미국 대표 체스터 니미츠Chester Nimitz, 중국 대표 쉬융창徐永昌, 영국 대표 브루스 프레이저Bruce Fraser, 소련 대표 데레뱐코Derevyanko 장군과 기타 5명의 동맹국 대표들이 차례로 서명했다. 이로써 조선을 병합하고 중국 국토의 반을 강점했으며 진주만을 기습하고 동남아시아를 침략했던 대일본제국은 마침내 그 오만한 고개를 떨어뜨리고 역사 정의의 심판을 기다리게 되었다. 참혹하고 비장했던 제2차 세계대전과 항일 전쟁은 이렇게 종지부를 찍었다. 1874년 일본군이 타이완을 침략하고 1875년 일본 함대가 강화도를 포격한 이래 중·조 양국이 일본 군국주의 침략에 맞서 펼친 수많은 투쟁은 끝내 최후의 승리로 귀결되었다. 이는 숱한 애국지사들의 피가 헛되지 않았음을 증명하는 것이었다. 밝고 끝없는 희망이 중·조 양국 앞에 펼쳐진 것이다.

그러나 중국이나 조선을 막론하고 전 민족의 공동의 적이 타도되고 항전 승리의 서광이 하늘가에 희미하게 나타나자 민족전선에서 함께 적을 무찌르던 각기 다른 계급의 대표 인물과 정당의 지도자는 이미 준비한 전후 계획을 바탕으로 미래 국가 비전과 대외 관계 구도를 구상하기 시작했다. 그 속에는 중·조 관계의 기본적인 틀도 포함되어 있었는데 이는 각 측의 분쟁과 대립이 뚜렷이 나타난 것이었다.

반공反共으로 입신한 장제스는 시안사변西安事變 이후 부득이 내전을 중단하고 공산당과 연합해 일본에 대항했지만 1937년 9월 23일, 중공中共 중앙에서 「국난 극복을 위한 국공 공동 협력에 관한 선언[國共合作共赴國難的宣言]」을 발표한 다음 날 다시 담화를 발표해, "존망의 위급한 시기에 과거의 모든 것을 더더욱 따지지 말아야 한다. 마땅히 전국 국민과 함께 철저히 다시 출발하고 힘써 단합을 도모해 국가의 생명과 생존을 보호해야 한다"[11]라고 국공이 서로 협력하고 연합해 일본에 맞서는 데 대해 재차 찬성했다. 그러나 1938년 우한武漢이 함락된 뒤 장제스는 태도를 바꾸어 항일과 반공을 동시에 병행하는 이중[兩手] 정책을 실시했다. 1939년 장제스는 국민당 제5차 전체 회의에서 국방최고위원회를 설립하고 그 자신이 위원장을 맡았다. 이와 동시에 방공위원회防共委員會를 설립해 "용공溶共, 한공限共, 방공防共, 반공反共"이라는 국민당 독재 방침을 추진했다. 후쭝난胡宗南 부대가 산간닝변구陝甘寧邊區를 침공하고 옌시산閻錫山 부대는 팔로군을 습격했고 구주퉁顧祝同 부대는 신사군新四軍을 포위, 토벌하는 등 일련의 사건을 일으켜 점차 반공의 정세를 고조시켰다. 1943년 장제스는 『중국의 운명[中國之命運]』이란 책을 발표해 태평양전쟁이 발발한 이후 미국과 영국이 불평등조약을 취소한 사태와 관련해 건국 방략方略을 다음과 같이 상세히 논하고 있다. "혁명 건국의 사업은 민족주의의 완성에서 민권주의, 민생주의의 실현까지이며, 목표는 삼민주의의 국가를 건설하여 세계에서의 생존을 추구하는 것이다. 기본 사업은 먼저 교육, 군사, 경제의 일체화를 추구하여 심리, 윤리, 사회, 정치, 경제의 5가지 중요한 항목 건설을 힘써 실천하는 것이다. 건국을 실현하는 전제 조건으로는 하나의 정당과 하나의 주의를 실시하는 것이다. 즉 항전의 최고 지도 원칙은 오직 삼민주의이며 혁명의 최고 지도 기구는 오직 중국국민당이다. 오직 중국국민당만이 혁명을 영도하고 민국을 창조하는 총체적 중추이며 중화 민족을 부흥시키고 국가를 건설하는 대동맥이다." 또한 장제스는 중국공산당이 "무력을 조직하고 지방을 할거하며 항전 파괴를 시도하고 통일을 방해한다"라고 비난하면서 "지방 할거 군벌", "반혁명", "신식 봉건과 변형 군벌" 등의 정치적인 낙인을 찍어 무력으로 토벌해야 한다고 강조했다.[12] 장제스의 『중국의 운명』은 정치사상에 있어 반공의 대표작으로 국공 협력을 파기하기 위한 이론을 제공한 책이다.

국민당 장제스의 반공 독재에 직면해 1939년 6월부터 1940년 1월까지 마오쩌둥毛澤東은 연이어 「투항 활동을 반대한다[反對投降活動]」, 「반대파를 반드시 제재한다[必須制裁反對派]」, 「현 정세와 당의 임무[目前形勢和黨的任務]」, 「중국혁명과 중국공산당[中國革命和中國共産黨]」, 「신민주주의론」 등의 연설과 글을 발표해 "항전을 견지하고 투항에 반대한다", "단결을 견지하고 분열에 반대한다", "진보를 견지하고 퇴행에 반대한다"라는 3대 정치 구호를 제기했다.[13] 그리고 중국공산당원의 분투 목표는 "중화 민족의 새로운 사회와 새로운 국가를 건설하는 데 있다"라고 주장했다. 즉 신新민주주의의 정치, 경제, 문화가 결합해서 이루어진 신민주주의 공화국이야말로 명실상부한 중화민국이며, 이것이 다름 아닌 중화 민족이 건설하고자 하는 신新중국이라는 것이다.[14] 이것은 당시 침울하던 동요의 분위기를 일소하고 항전의 방향을 명확히 제시해주었다. 옌안 총사령부는 조직의 역량을 발휘하여 국민당 군대의 진격을 분쇄했다. 1940년 8월, 펑더화이彭德懷의 지휘 아래 화북 각지에서 100여 개의 연대[團]가 '백단대전百團大戰'을 발동중국해 약 4개월간의 작전에 돌입했고 일본군과 괴뢰군 4만여 명을 섬멸, 적의 3,000여 거점을 습격해 파괴했다. 아울러 철도와 도로선 2,000여 킬로미터를 파괴해, 항전하는 군대와 국민의 정신을 고무하고 국내외의 뜨거운 반향을 일으켰다. 장제스의 『중국의 운명』에서 언급된 여러 관점에 대한 전면적인 청산을 위해 1945년 4월 마오쩌둥은 중공 제7차 전국대표대회 개막사 「두 가지 중국의 운명[兩個中國之命運]」에서 "중국 인민 앞에는 두 길, 즉 광명의 길과 암흑의 길이 가로놓여 있다. 이 두 중국의 운명은 광명의 운명과 암흑의 운명이다"라고 날카롭게 지적했다. 그리고 공산당의 임무는 "일본 침략자를 격멸하고 광명의 신新중국을 건설함은 물론 독립, 자유, 민주, 통일, 부강의 신중국을 건설하기 위하여 분투하는 것이다"라고 상조했다.[15] 대회 정치 보고 「연합정부론論聯合政府」에서 마오쩌둥은 국민당의 일당독재를 폐지하고 민주주의 연합정부 수립을 주요 목표로 하는 구체적인 강령을 제시했다. 또한 전국 절대 다수의 인민을 기초로 하고 노동자 계급의 영도하에 있는 통일전선 민주동맹의 국가제도, 즉 신민주주의 국가제도를 수립하는 일반 강령을 제시했다. 마오쩌둥은 여기에 덧붙여 중국공산당의 외교 정책에 대해 다음과 같이 언급하고 있다. "일본 침략자를 철저히 타도하고 세계 평화를 유지함은 물론, 국가의 독립과 평등한 지위를 상호 존중하고 국가와 인민의 이익과 우호를 상호 증진시킨다. 이러한 기초 위에서 각국과 국교를 설정하고 공고화하여 일체의 상호 관계 문제를 해결한다. 우리는 조선 독립에 관한 카이로회담의 결정이 정확한 것이라고 판단한다. 중국 인민은 조선 인민이 해방을 쟁취할 수 있도록 마땅히 도와야 한다."[16]

항전 승리 후의 건국 방침에 관한 국공 양당의 의견 차이는 갈수록 공론화되어 일본의 패전 항복 소식이 전해지자 항복을 받아들이는 문제로 즉각 대치했다. 8월 10일부터 11일까지 옌안 총사령부의 총사령관 주더朱德는 각 해방구 부대에 7가지 명령을 하달하고 각 부대는 즉시 적군 점령지에 진군해 적 괴뢰군의 무장을 해제하고 항복을 받도록 조치했다. 이에 장제스는 해방구 부대에게 제자리에 주둔하면서 명령을 기다릴 것이며 항복을 받아서는 안 된다는 엄명을 내렸다. 동시에 각 작전구의 자신의 부대에게는 "적극적으로 추진하고 추호도 늦추지 말아야 하며, 신속하게 [적군의] 근거지를 탈취해야 한다"[17]라는 명령을 타전했다. 8월 13일 마오쩌둥은 옌안 간부회의 담화에서 장제스가 어메이산峨眉山에서 내려와 "항전 승리의 열매를 강탈하려 하고 있다"라고 비난하고, "장제스는 인민들에게서 하찮은 권리도 반드시 빼앗고 하찮은 이익도 반드시 거둬들인다. 우리의 방침은 날카롭게 맞서 한 치의 땅도 반드시 다투는 것이다"라고 강조했다.[18] 8월 15일, 충칭 거리에 승리를 경축하는 인파가 넘치고 전 세계가 일본의 패전 항복을 경축할 때 국민당 정부 대변인은 담화를 가졌다. 그는 총사령관 주더가 "제자리에 주둔하면서 명령을 기다리라"는 위원장 장제스의 명령을 위반했다고 공산당을 비난하면서 "반드시 위원장의 명령에 복종해야 한다"느니 "위반하는 자는 인민의 공적公敵이다"라고 떠들어댔다. 신화통신사新華通信社는 이와 관련해서 즉시 마오쩌둥의 「장제스 대변인의 담화에 대한 평론[評蔣介石發言人談話]」을 발표해 "이것은 장제스가 공개적으로 전면적인 내전을 선언하는 신호"라고 지적했다. 또한 "만일 폭군 역적이 감히 인민을 침범한다면 자위의 입장을 취해 강력하게 반격하여 내전 도발자가 잔재주를 부리지 못하게 하겠다"라고 경고했다.[19]

장제스의 이색분자를 배척하는 착오적 항복 접수 방침으로 인해 국공 양당 군대는 항복 접수 과정에서 끊임없는 마찰과 충돌을 빚었으며 내전의 불씨가 각지에서 타올랐다. 장기적인 전란의 고통을 받아온 인민은 평화와 안정을 갈망했기 때문에 내전을 일으키면 반드시 민심을 잃기 마련이었다. 일본이 막 항복한 터라 미국, 영국, 소련 3대 국가도 서로 각자의 이익을 위해 중국에서 내전이 발생하는 것을 찬성하지 않았다. 특히 멀리 후방에 있는 군대를 전략적인 진지의 최전방에 이동시키려면 시간이 필요했다. 이러한 요소들이 장제스가 부득이 평화적 태도로 8월 14일, 20일, 23일 3차례에 걸쳐 마오쩌둥에게 전보를 보내 충칭 협상을 제안하게 만들었다. 중공 대표단이 선불리 충칭에 오지 못할 것이라는 장제스의 계산을 깨고 마오쩌둥, 저우언라이周恩來, 왕뤄페이王若飛 등은 민의에 순응하고 평화를 도모하며 장제스의 위선적인 평화 요구와 전쟁의 음모를 폭로하기 위해 8월 28일 결연히 충칭으로 날아갔다. 이들은 장제스와 43일 동안 협상을 진행해 10월 10일에 '정부와 중공 대표회담 기요[政府與中共代表會談紀要]', 즉 '쌍십협정雙十協定'을 체결하는 성과를 거두었다. 이 협정에서 장제스는 중공 대표단이 제기한 '평화건국강령'의 기본 방침에 따르지 않을 수 없었다. 그 기본 방침이란 평화, 민주, 단합, 통일에 기초하여 장기적으로 협력하고 내전을 단호히 피하며 독립, 자유, 부강의 신중국을 건설한다는 것이었다. 장제스는 정치의 민주화, 군대의 국가화, 당파의 평등 합법화는 평화 건국의 실현을 위해 반드시 거쳐야 할 길임을 인정했다. 또한 신속히 국민당의 일당 훈정訓正을 종식하고 정치협상회의를 소집해 건국 대계를 함께 협상하는 데 동의했다.[20] '쌍십협정'에 근거해 1946년 1월, 국민당, 공산당, 민주동맹, 청년당 등의 각 정당 대표와 무소속 인사 대표들이 충칭에서 개최된 정치협상회의에 참석했다.

이들은 국민당 정부의 개편, 국민대회의 소집, 헌법 제정, 전국 군대의 재편성, 회의에서 채택한 '평화건국강령'의 실시 등을 결의했다. '쌍십협정'과 정치협상회의 결의에서 평화적인 건국 방침을 재천명하면서 잠시나마 내전의 먹구름을 걷어내고 중국 인민은 한숨을 돌릴 수 있게 되었다.

한편 조선의 정세는 불안정한 중국 정국에 비해 더 복잡했다. 그 주요 원인은 다음과 같은 몇 가지에 있었다.

첫째로 국력이 약해서 항상 강국과 맞설 수 없는 피동적인 위치에 처했기 때문이다. 명明·청淸 이래로 중국과 조선은 서로 불평등한 관계이기는 했지만 내정과 외교 차원에서는 대체로 자주적인 종번宗藩 관계를 유지해왔다. 이러한 관계는 근대 초기 조선이 너무 일찍 구미 열강과 일본의 식민지로 전락하는 것을 막아주는 보호 작용을 했다. '마관조약馬關條約'이 체결된 이후 조선은 이 보호 우산을 잃어버리면서 빠른 속도로 일본과 러시아의 각축장으로 화했다. 그리고 최종적으로는 일본에 병합되어 '황국신민화'를 통해 나라와 민족이 멸망하고 말았다. 조선 애국지사들의 조국 부흥을 위한 불굴의 투쟁은 구미 강국의 인정과 지지를 받기 어려웠다. 일본의 패전 항복 초기에 미국과 소련 등은 여전히 조선의 자주독립 요구를 무시한 채 한반도의 항복 수용 범위를 제멋대로 확정했다. 아울러 자의적으로 정치 세력을 선택해 내정에 개입함으로써 조선 광복의 역정이 시작부터 복잡한 국제환경 속에 함몰되어 남북 인사들의 호소가 힘을 얻지 못했다.

둘째로 여러 정치 파벌이 동시다발적으로 일어나고 각자 그 예속이 달라 권위를 지닌 핵심 역량이 형성되지 못했다. 1910년 일본이 조선을 병탄하자 각종 정치 세력이 독립을 회복하기 위해 단체를 결성해 활동을 전개했다. 1910년 하반기 이상설李相卨, 이동휘李東輝가 블라디보스토크에서 대한광복군 정부를 설립해 스스로 대통령과 부통령을 각각 맡았다. 1912년 7월, 신규식申圭植은 동제사同濟社를 창립하고 박은식朴殷植을 총재로 추대했다. 1917년 7월, 재차 신규식이 발기해 임시정부 성격의 중앙총본부(조선사회당—옮긴이)

를 조직하여 "중앙총본부가 유일무이한 최고 기관"[21]임을 선언했다. 그리고 3·1독립운동의 자극을 받아 1919년 3월 17일 손병희孫秉熙를 대통령으로 하는 블라디보스토크의 대한국민의회, 4월 13일 이승만을 국무총리로 하는 상하이의 대한민국임시정부, 4월 23일 집정관 총재 이승만과 국무총리 이동휘가 이끄는 한성임시정부 등 3개 정부가 각각 성립되었다. 9월, 이 3개 정부가 상하이를 소재지로 하는 대한민국임시정부로 합병해 임시로 이승만이 대통령, 이동휘가 국무총리를 각각 맡았다. 그 뒤로도 임시정부의 수뇌부가 끊임없이 바뀌었고 내부 구성은 신한청년당新韓青年黨, 고려공산당高麗共産黨, 한국독립당韓國獨立黨, 조선민족혁명당朝鮮民族革命黨, 신한국민주당新韓國民主黨 등 좌·중·우파 정치 파벌들이 난립했다. 이와 더불어 민족주의, 공산주의, 무정부주의 추종자가 각각 존재함은 물론 그 위에 출신 문벌과 지역 차이가 가세해 패거리를 짓고 권력을 남함으로써 힘의 집중을 분산시키고 파당 활동의 범람을 부추겼다. 심지어 1945년 2월, 김준엽金俊燁 등 50명의 조선계 학도병들이 일본군을 이탈해 갖은 고난을 다 겪고 충칭의 임시정부에 찾아왔으나 임시정부 내부에서 일어나고 있던 파벌 분쟁에 큰 실망과 분노를 느낄 정도였다. 김준엽은 「우물 안 개구리」라는 만화를 그려 이러한 세태를 풍자했다. 동행한 장준하張俊河는 임시정부 전체 국무위원들 앞에서 "임시정부가 이렇게 많은 당파로 갈라져 서로 물고 헐뜯는다"라고 질책했고, 심지어 "일본군에 복귀해 비행기를 몰고 와서 충칭을 폭격하고 임시정부 건물에 폭탄을 투하하겠다"라고까지 말할 정도였다.[22]

셋째로 민족 독립운동의 영웅들이 국외에 있었기 때문에 국내 민족투사들이 독립적으로 대세를 유지할 수 없었다. 일본 정부가 예상보다 빨리 패전 항복을 선언했기 때문에 당시 미국과 소련, 중국의 서남西南·화북華北 지역에 체류하고 있었던 이승만, 김구, 김약산金若山(김원봉金元鳳), 김일성金日成, 최용건崔鏞健, 무정武亭, 박효삼朴孝三, 박일우朴一禹 등 독립운동 지도자들이 단시간에 귀국하기 어려웠다. 사정이 이렇다 보니 8월 15일 일본 천황이 정전 항복을 선언하고 조선 총독 아베 노부유키阿部信行가 당황해 어찌할 바를 몰라 할 때 서울에 남아 있던 여운형呂運亨, 안재홍安在鴻 등은 조선건국준비위원회를 발족하고 부분적인 경찰권을 접수했으며 심지어 조선인민공화국 성립을 선포했다. 하지만 여운형 등에게는 군대가 없었기 때문에 미국과 소련의 점령군 당국은 그들을 교섭 대상으로 여기지 않았다. 마침내 아베가 놀란 가슴을 진정시키고 나서 일본은 단지 동맹국에만 항복할 수 있다고 하면서 조선 국내의 혼란을 빌미로 8월 16일 경찰권을 도로 회수했고, 9월 9일 군대를 이끌고 미군 사령관 존 하지John Hodge 장군에게 투항했다. 미 · 소 양국은 여운형 등을 배제한 채 한반도의 운명을 좌지우지했다.

일본의 패전 항복을 경축하는 축제 분위기가 어느 정도 진정 국면에 들어서자 한반도의 각 정치 파벌들은 조선의 건국 방침을 둘러싸고 치열한 각축전을 벌였다.

8월 9일, 소련군이 조선 북부에 진격해 나진, 청진, 함흥, 원산, 평양 등의 도시를 연이어 탈환했으며 김일성 부대가 소련군과 함께 원산에 상륙했다. 10월 13일, 각 도道의 당 간부에 대한 연설에서 김일성은 '해방된 조선이 어떤 길을 걸어야 할 것인가?'라는 매우 중요한 문제를 제기했다. 그는 "일본 제국주의 통치로 자본주의 발전이 크게 억제되어 조선 사회는 수많은 봉건적 잔재가 남아 있는 식민지 사회이다. 이 때문에 반드시 노동 계급의 영도하에 민족통일전선을 건립하고 반제 반봉건적 민주혁명을 실행해야 한다. 이 투쟁 속에서 공산당은 결코 소극적이거나 피동적이어서는 안 되며, 조금도 주저하지 말고 우리나라 통일과 독립 실현을 주장하는 당파와 협력해야 한다. 그리고 친일적 지주, 매판買辦 자본가, 민족 반역자를 철저히 숙청해야 한다"[23]라고 역설했다.

8월 10일, 옌안 주재 조선독립동맹 총연맹은 전투를 호소하며 "조선 인민은 긴급히 행동하여 새로운 조선민주공화국을 세울 것"과 "일본군의 모든 조선 병사는 무기를 들고 팔로군과 신사군에게 항복할 것"을 촉구했다. 아울러 "중국에 거주하고 있는 조선 동포는 조선독립동맹과 조선의용군에 가입하여 조선을 수복하자"고 호소했다.[24] 11일 조선의용군 사령관 무정 등은 주더가 옌안 총사령부에서 하달한 제6호 명령에 따라 부대를 이끌고 팔로군과 함께 동북을 거쳐 조선에 진군했다.

8월 11일, 대한민국 임시정부 주석 김구, 광복군 총사령관 이청천李青天 등은 국내 정진군挺進軍을 신속히 편성하여 미군과 함께 일본군의 무장을 해제함으로써 건국의 기초를 다지기로 결정했다. 8월 18일, 국내 정진군 총사령관 이범석李範奭은 주한 일본군을 상대로 항복 접수 문제를 교섭하기 위해 부관 김준엽과 수행원 장준하 등과 함께 미군 수송기 편으로 직접 여의도로 날아갔다. 하지만 일본군의 저지와 동행한 미군 간부의 단호하지 못한 태도 등으로 인해 결국 계획이 무산되고 말았다. 최초로 조국에 발을 디뎠던 조선군관은 그다음 날 다시 중국으로 돌아올 수밖에 없었다.

8월 28일, 한국독립당은 충칭에서 임시대표 대회를 열어 다음과 같은 5항의 기본 건국 강령을 제시했다. ① 국가 독립을 수호하고 민족 문화를 발양한다. ② 계획경제제도를 확립한다. ③ 민주공화의 국가 체제를 완수한다. ④ 국비 교육을 실시한다. ⑤ 평등 호조를 원칙으로 하는 세계 일가를 추구한다. 이런 건국 강령과 더불어 독립국가의 진리 천명, 국민의 민주 단합 정신 배양, 국민 참정권의 평등화, 집회·결사·언론의 자유, 지방 자치, 토지 국유, 경작자의 토지 소유, 전국 규모의 교통·광산 등의 생산기관 국유화, 사유 토지와 사기업 보호, 의무교육, 유엔과 우호 관계 유지, 국제 집단 안전과 영구적 세계 평화에 진력, 매국 역적 징벌, 봉건 파시스트와 같은 반민주 성향 숙청 등 21항의 행동 강령을 제시했다. 그럼으로써 전체 인민이 한국독립당의 기치 아래 집결해 함께 분투하며 "조국의 완전 독립을 달성하고 정치·경제·교육 등을 기초로 하는 신민주국가를 수립할 것"[25]을 호소했다.

대한민국임시정부와 때때로 마찰을 빚었던 조선민족혁명당도 재빨리 7항의 내정·외교 주요 정책을 내놓았다. ① 건국 면에서 일본 잔여 세력과 친일파 세력을 철저히 숙청하고 완전한 자주독립의 민주공화국을 수립한다. ② 민족 자유, 정치 자유, 경제 자유, 사상 자유의 4대 원칙을 관철하고 농공·소자산 계층을 중심으로 당 활동을 확대하여 새 정권 수립에 참여한다. ③ 국내외 각 민주 당파 및 민주 영수와 연합하여 전국 통일의 임시연합정부를 수립한다. ④ 중·미·소·영과 밀접하게 협력하여 극동의 침략 전쟁과 침략 행위를 막으며 조선의 완전한 독립을 확보한다. ⑤ 적의 재산을 몰수하여 새로운 국가경제 건설에 사용한다. ⑥ 재한 일본인을 축출하여 조선의 안전을 보호한다. ⑦ 중·미·소·영의 경제 기술 원조와 문화 협력을 환영한다.[26] 이 당 강령은 건국 방침에 있어서 한국독립당보다 더 구체적일 뿐만 아니라 기본 입장에서도 한국독립당보다 더욱 급진적이었다.

그리고 신한민주당新韓民主黨이 12월 31일, 건국 방침으로 제기한 강령과 정책은 더욱 구체적이고 그 입장이 온화했다. 강령은 모두 6가지인데 다음과 같다. ① 자유, 평등, 평화, 번영의 민주공화국을 수립하고 국가 영토, 주권 보전, 민족 자유 발전을 영원히 확보한다. ② 국민의 기본적인 권리와 자유를 보장한다. ③ 전 국민 정치와 계획경제를 실행한다. ④ 국민교육을 적극적으로 실시한다. ⑤ 국가 독립을 보장하고 침략에 반대하는 국방 원칙을 관철한다. ⑥ 자유 평화를 사랑하는 국가와 함께 세계 평화를 수호하고 민주적인 새로운 세계를 건설한다. 이 6가지 강령은 구체적으로 모두 50개 조목으로 구성되어 있다. 정치상으로는 가장 짧은 시일 내에 국민대회를 소집하여 헌법을 제정하고 정식 정부를 구성한다는 것과 국회는 일원제一院制를 실시하고 의원은 인민이 직접 선거한다는 등의 조목으로 구성되어 있다. 경제상으로는 전국 토지의 국유화, 개인 토지 합병 방지는 물론 국제무역과 대기업을 국영화하고 수리水利, 전기, 농림, 어업, 교통을 발전시킨다. 조세제도를 실시하고 개인 자산의 과도 집중을 방지하며 고리대금업을 엄격히 금지하고 외국인 부동산 취득을 불허한다는 등의 내용이 망라되었다. 문화상으로는 국민의 의무교육을 주장하고, 대학과 전문학교 창설, 학술의 자유 보장, 과학

발달 촉진, 대중교육 발전과 인민들의 지식수준 향상 등이 있다. 사회정책상으로는 각자 자신의 능력을 다하고 노동에 따라 분배하는 제도의 확립, 각종 사회복지 보장기구 즉 탁아소, 양로원, 장애인 보호시설, 공회당, 도서관, 운동장 등의 건설 등이 있다. 외교상으로는 평등 호혜 및 수교국과 통상조약 체결, 국가 권익을 해치지 않는다는 전제 아래 외국자본을 유치하고 국제단체 안전 조직에 가입, 중 · 미 · 소 3개국과 호조 동맹조약을 체결해 일본 침략을 방지하고 동아시아 평화를 보장, 현재 당면한 과제는 조속히 민주통일 정부를 조직해 정권을 접수하고 동맹군을 하루라도 빨리 철수시키는 것, 국내의 모든 일본인 축출과 친일분자 숙청, 적들의 재산 몰수와 국유화, 경찰대를 조직해 치안 유지, 우방의 교민 보호 등의 내용이 포함되어 있다.[27]

이 밖에도 한국천도교, 조선무정부주의자총연맹, 조선민족해방동맹 등의 정치단체도 각자의 목소리를 내이 재중在中 조선 애국 인사들의 국가통일, 민족 부흥 논쟁을 더욱 얽히고 복잡하게 만들었다.

이와 마찬가지로 미국에 체류 중이던 조선 교포들, 가령 재미한인학생회, 부인회, 한국국민회, 한국공제회, 한 · 미문화협회, 한국연구협회, 조선경제협회, 한국기독교공리회 등 단체의 반복적인 조합과 분화를 거쳐 파생된 재미한족연합위원회, 북미 대한인국민총회, 하와이 대한인국민총회, 대한인동지회, 조선의용대후원회 등 단체도 앞다투어 자신들의 정치적 주장을 발표해 건국 방략에 관한 대논전에 가세했다.

동아시아와 태평양에서 거리낌 없이 잔학한 짓을 서슴지 않던 일본 군국주의가 돌연 붕괴되자 조선의 국가 독립과 민족 부흥을 위한 미증유의 기회가 찾아왔다. 그러나 35년간의 식민 통치는 근본적으로 빈약했던 조선을 한동안 일본의 관할구역에 편입시켜 세계 정치 판도에서 소실된 나라로 만들었다. 약소국은 외교가 없는 법이다. 더욱이 망국의 나라가 세계 민족 속에서 다시 자리매김하기란 쉬운 일이 아니었다. 큰 역사적 기회를 맞이해 조선 내외에서 동시다발적으로 일어난 정치 파벌과 끊임없는 경쟁, 대립, 소모는 전 민족적인 단합을 이루지 못하고 놓쳐서는 안 될 절호의 기회를 놓치게 했다. 이와 동시에 강대국의 한반도 문제에 대한 개입은 정세를 더욱 복잡하게 만들었다. 다재다난多灾多難한 한반도 민족은 얼마나 많은 장애를 넘어야 민족의 통일, 독립, 부강의 염원을 실현할 수 있을지를 알지 못했다.

2장 강대국의 개입과 한반도의 남북 분단

한반도 내외 각 정치단체들은 하나의 신흥 통일국가가 일본 식민 통치의 폐허 속에서 신속하게 재건되기를 바랐다. 이러한 기대감으로 광복 후의 흥분과 의견 분쟁에 도취되었을 때 냉혹한 민족 비극이 무자비하게 찾아들었다. 한반도에 공화국이 새롭게 태어나기도 전에 미·소 군정이 실시되어 건국의 꿈은 물거품이 되었다. 자강 자립을 갈망하고 세계로부터 존경을 받았던 민족이 하나로 단결하지 못하고 결국 남북 분단의 길을 걷게 된 것이다. 이 비극의 주요인은 두 방면에서 초래되었다. 첫째는 미국과 소련 양 강대국이 한반도의 미래에 대한 지배권을 독점하고 중국을 배제했기 때문이다. 둘째는 민족 내부의 정치 파벌 투쟁이 격화되어 스스로의 역량을 약화시켰고 각기 미국과 소련을 등에 업은 분립파가 통일파를 압도했기 때문이다.

이러한 비극은 일본의 패전 항복 초기에 나타나기는 했지만 그 씨앗은 이미 전쟁 전 강대국 간의 각축전 속에서 뿌려졌다. 1895년, '마관조약'이 체결된 이후 전통적인 종번 관계의 보호를 잃은 조선은 먼저 러시아와 일본 양국의 쟁탈 대상이 되었다. 1905년, 일본은 '포츠머스조약'을 체결한 다음, 러시아와 남북으로 분할했던 한반도 세력범위의 낡은 구도를 타파하고 한반도에 대한 완전한 지배권을 행사했다. 이 이후로 동북아시아는 열강의 치열한 쟁탈지역으로 전락했다. 일본은 '일·영 동맹협약'을 바탕으로 연이어 미국과 '가쓰라·태프트 밀약'(1905), '루트·다카히라 협정'(1908)을 맺음과 동시에, 러시아와는 1907년과 1910년 '일·러 협약'을 체결해 조선, 중국의 동북과 내몽골, 필리핀의 이익권과 세력범위를 분할하고 비밀 혹은 공개적인 협의를 달성해 한반도를 독식하기 위한 만반의 준비를 했다. 1910년 일본은 마침내 조선을 병탄하고 국경선을 압록강까지 추진해 조선의 광복을 더욱 어렵게 만들었다. 일본은 조선을 국제 강권 정치의 도마 위에 올려놓은 원흉이었다.

1941년 12월 8일(도쿄시간), 태평양전쟁이 발발하자 9일 중국은 축심국軸心國을 향해 전쟁을 선포했다. 같은 날 대한민국임시정부가 '대일선전성명서對日宣戰聲明書'를 발표해 "조선의 전체 인민은 현재 이미 반침략전선에 참가해 1개 전투단위로서 축심국에 대해 선전宣戰한다. 1910년 병합조약과 일체 불평등조약의 무효를 선포한다. 아울러 왜구를 조선, 중국, 서태평양에서 완전히 몰아내기 위해서 최후 승리까지 혈전한다"[28]라고 밝혔다. 기타 재중국 정치단체들도 대일 선전포고를 통전通電했다.

대일 선전포고는 조선의 독립운동이 국제적으로 인정받는 계기가 되기는 했지만 중·미·영·소 4대 강대국의 입장은 서로 달랐다. 중국은 전통적인 우정을 유지하면서 조선의 안전을 원했다. 또한 종래의 멸망한 나라를 다시 일으키고 끊어진 후세를 다시 이어주며[興亡國繼絶世] 약하고 기울어가는 나라를 구제하고 붙들어 도와주는[濟弱扶傾] 전통적 정신에서 출발해 조선이 일본의 속박에서 벗어나 떳떳하게 독립하기를 바랐다. 카이로회담이 이루어지기 전인 1943년 10월 12일, 충칭 『대공보大公報』는 「조선독립론」이란 논평에서 중국 조야朝野의 속마음을 다음과 같이 남김없이 표현하고 있다. "중국은 위로는 정부 영수에서부터 아래로는 전체 인민에 이르기까지 모두 조선의 독립을 희망하며 지원하고자 한다. 우리가 이렇게 하는 것은 인류 정의와 세계 평화를 위하고 약소민족을 도우며 우리 자신의 안전을 보장하기 위해서다. 중국은 강대한 대국으로서 자국도 침략자와 싸우고 있기 때문에 특히나 침략당하는 고통을 이해하고 동정한다. 조선 지사들이 크게 분발하고 지성으로 단합해 노력하고 분투하기를 바란다. 중국은 영원히 그대들을 동정하고 원조할 것이다!"[29] 11월 카이로회담에서 장제스와 프랭클린 루스벨트

Franklin Roosevelt는 일본이 패망한 뒤 중·미 양국은 조선이 자유독립의 목표를 실현할 수 있도록 협조하기로 의견을 같이했다. 중국 측은 도리에 입각해, 영국 대표가 조선의 해방 문제에 관해서만 언급하고 장래 자유독립 문제에 관한 언급을 회피하는 것을 극력 반대했다. 드디어 27일에 발표한 '카이로 선언'에서 강대국들은 1910년 일본이 조선을 병탄한 이래 처음으로 다음과 같은 명확한 태도를 표명했다. "우리 3대 동맹국은 대한국민이 노예 상태에 놓여 있음을 유의하여 적당한 시기에 대한민국을 자유 독립국가로 할 것을 결의한다."[30] 하지만 중국은 4강 동맹국 중에서도 약국에 속하여 여전히 다른 강대국에게 속박을 받아 그저 마음뿐일 때가 많았다. 선언에 명시한 '적당한 시기'라는 말은 비록 중국 측의 본의는 아니었지만 미국과 영국의 뜻을 존중하기 위해 타협할 수밖에 없었다. 대한민국임시정부를 즉각 승인하고 대일 작전 동맹국으로 승격시키는 문제에서도 국민당 정부는 미국과 영국의 신중론은 따를 수밖에 없었다. 1944년 8월 3일, 외교부장 쑹쯔원宋子文이 장제스에게 보고한 문서에는 대한민국임시정부에 관한 두 가지 기본원칙을 확립하고 있다. 첫째는 "다른 나라들보다 먼저 승인하며", 둘째는 "현재는 여전히 잠시 기다려보는 것이 타당하고 시기에 주의하여 수시로 미국, 영국과 연계한다"라는 것이다.[31]

미국, 영국, 소련의 전략적인 전체 구도에서 보면 한반도는 피차 힘의 균형을 이루는 완충지대에 불과했다. 이 때문에 대한민국임시정부의 승인, 전후 한반도의 정권 형식, 전후 세계 판도 등의 중대한 문제상에서는 자국 혹은 강대국 간의 이익이 우선시되었고 중국과 조선의 정당한 요구는 무시된 채 강대국들의 사욕에 따라 한반도의 운명이 결정되었다. 이러한 대국주의(great power chauvinism)적 입장은 전쟁이 점차 승리에 가까워질수록 표면화되었다.

태평양전쟁이 발발한 뒤 오래지 않아 대한민국임시정부의 주미 대표 이승만이 미국 정부에 '대일선전성명서'를 교부하면서 조선의 대일 작전 동맹국

자격을 승인해줄 것을 요청했지만 거절당하고 말았다. 1942년 1월, 이승만은 재차 승인을 요구했다. 그러나 미국 국무부 관리는 미국이 조선 독립을 승인하면 동북아시아에서 소련의 권익이 침범당하는 점을 무시할 수 없다는 핑계로 재차 거절했다. 1942년 12월, 루스벨트는 장제스에게 서한을 보내 미국이 소련을 배제하고 전후의 조선 문제를 고려할 수 없다고 강조하면서 일정한 시일이 지난 뒤 다시 논의할 것을 제안했다. 1944년, 미군은 잇달아 마셜Marshall 열도, 마리아나Mariana 열도 등지에서 일본군을 대파했다. 영국군 역시 임팔Imphal에서 일본군을 격퇴했고, 도조 히데키東條英機 내각을 압박해 총사직하게 함은 물론 일본의 패색敗色을 짙게 만들었다. 이때 미국과 영국 정부는 중국 정부에 「대한민국 문제 연구요강 초안」을 보냈는데, 이는 협상할 여지도 없이 전후 한반도에 군사 점령을 실행해 임시로 국제 감독기구를 설립하고 한반도를 관리한다는 통보였다. 그해 10월, 장제스는 미국을 방문 중인 쑹쯔원에게 전보해 이 문제에 관해 "미국, 영국과 의견을 교환하되, 중국은 조선이 하루 속히 독립할 수 있도록 돕는다는 일관된 종지를 결코 포기해서는 안 되며, 특히 국제 감독기구가 조선을 임시 관리하는 방안에 대해 절대 찬성해서는 안 된다"[32]라고 지시했다. 그러나 미국과 영국의 방침은 이미 확정되어 국민당 정부의 노력은 아무런 도움도 되지 못했다.

1945년 2월, 미군이 필리핀을 점령하자 제해권과 제공권을 상실한 일본은 B29 전폭기의 무차별적인 폭격으로 폐허가 되었다. 패전으로 눈에 핏발이 선 일본 최고전쟁지도회의는 최후의 발악으로 본토 결전과 필사적인 저항을 부르짖었다. 본토 작전은 허장성세에 불과했지만 미군 최고 통수부를 강하게 자극했다. 태평양 열도의 일본 수비군은 미쳐 날뛰며 '자살' 공격식 저항을 자행했고, 가미카제神風 특공대의 빈번한 출격으로 미군은 한 발자국 전진할 때마다 참혹한 대가를 치러야 했다. 오키나와沖繩 작전을 앞두고 흉악하고 무서운 본토 결전의 인육 분쇄기가 가동될 때 미국은 일본군의 살상력을 과대평가해 사상자 규모를 줄이기 위해 고심했다. 결국 중국, 조선, 폴란드 등 약국의 주권을 희생시키는 대가로 소련의 참전을 촉구했다. 소련도 나치 독일의 패망이 임박한 때를 틈타 동북아시아로 진출해 동북아시아에서 더 큰 이익을 취하고자 했다. 영국은 전후 유럽에서 소련의 지나친 세력 팽창을 원치 않았고 유럽과 아시아에서 대영제국의 기득권 확보를 위해 고심했다. 미·영·소 3대 국가는 각자의 속셈에 따라 독일과 일본에 대한 최후 결전을 위해 협력했다. 그리고 3대 열강이 전후 세계를 지배하는 새로운 질서를 확립하기 위해 1945년 2월, 3개국 정상은 얄타에서 회담을 개최했다.

얄타회담에서 루스벨트, 스탈린Stalin, 윈스턴 처칠Winston Churchill은 대부분의 시간을 주로 3개국의 유럽 세력범위를 구획하는 문제에 할애했다. 소련이 러·일전쟁으로 상실한 권익 회수를 대일 선전 조건으로 한다는 것, 미국이 일본을 지배하고 중국을 통제한다는 것, 영국이 아시아에서의 식민지 권익을 계속 보유한다는 것, 대국일치 원칙으로 연합한다는 것 등 3개국의 이익과 밀접히 관련된 문제들을 토론했다. 비공식 정상회담에서 루스벨트와 스탈린은 한담閑談처럼 한반도의 미래를 결정했다. 루스벨트는 미·소·중 3개국이 '신탁통치'를 해야 한다고 인식하면서 필리핀의 자치 실현에 40년이란 시간이 필요했듯이 조선의 완전 자치 역시 적어도 20년 혹은 30년의 시간이 필요할 것으로 판단했다. 스탈린은 신탁통치 기간이 짧으면 짧을수록 좋다면서 마땅히 영국과 함께 신탁통치 사안을 계획해야 한다고 주장했다. 그해 5월 스탈린은 새로 취임한 미국 대통령 해리 트루먼Harry Truman에게 소련은 루스벨트와 합의한 양해 각서를 계속적으로 인정하며 "조선에 대한 4개국의 신탁통치 정책 집행을 승인한다"[33]라고 통보했다. 이른바 '4개국의 한반도 신탁통치'란 미국과 소련이 다른 두 동맹국인 중국과 영국을 달래기 위한 허울에 불과했다. 그 후로 전개된 사태들은 미·소 양국이 한반도를 분할 점령해 하나의 통일국가를 38도선으로 분단시킨 장본인임을 보여준다.

그해 7월 포츠담회담 기간 미·소 군대의 참모장 연석회의는 대일 작전에 대한 구체적인 방안을 토론했다. 소련군 참모장 안토노프Antonov 대장은 "소련은 미군이 쿠릴Kuril 열도 또는 조선에 취할 수 있는 어떠한 행동에도 그 의도에 특별히 관심을 가지고 있다"라고 밝혔다. 이에 미국 해군 대장 윌리엄 레이히William Leahy는 "미군이 쿠릴 열도에 진격하기 어렵다"라고 황급히 해명했고, 조지 마셜George Marshall 장군은 이를 보충해 "미군은 지금 조선에 대하여 수륙합동작전을 펼칠 계획이 없다"라고 덧붙였다. 이틀 후 양측은 또 한 차례 회의를 열고 일본의 북단으로부터 조선의 극북부에 이르는 해공군 작전 한계선을 확정했다. 그러나 지상 작전 한계선은 확정하지 않았는데 그것은 미군이 한반도에서 작전할 의사가 없었기 때문이었다.[34] 이상의 사실은 미국과 소련이 비록 한반도에 구체적인 세력범위를 확정하지는 않았지만 모두 한반도에 흥미를 느꼈으며 특히 소련이 "각별한 관심"이 있었음을 보여주는 것이었다.

8월 10일, 일본 전쟁 기계가 예상외로 갑자기 가동을 멈추었다. 소련은 북쪽에서 남하하여 한반도로 신속히 진격했다. 미군 주력부대는 아직도 수백 킬로미터 떨어진 류큐琉球 열도에 머물면서 급하게 일본에 먼저 상륙할 준비를 하고 있었기 때문에 한반도에 상륙할 부대와 선박을 배치할 여력이 없었다. 미국은 긴급조치로 일본의 항복을 받은 다음에 공동으로 전체 한반도를 통제할 수 있도록[35] 38도선을 분계선으로 미국과 소련의 군대가 분할 점령할 것을 제안했다. 소련은 이 제안을 수락했다. 트루먼이 맥아더를 일본점령 동맹군 총사령관으로 임명하고 8월 14일, 각 동맹국의 일본군 투항 지역을 확정하는 '일반명령 제1호'를 발표하게 했다. 이 문서는 미군과 소련군이 각각 한반도의 남쪽과 북쪽에서 38도선을 경계로 항복을 받는다고 규정했다. 8월 21일, 주중 미군 사령관 앨버트 웨드마이어Albert Wedmeyer는 이와 관련해서 장제스에게 비망록을 전달했다.

트루먼은 이후 38도선 분계선에 대해 변명하면서 순수한 군사적 임시조치라고 했다. 그러나 구역을 분할해서 점령한다 함은 본래 하나였던 국가를 분단시키는 것을 의미하며 이 부분에 있어 미국은 그 책임을 면할 수 없었다. 식견 있는 조선의 정치가 이승만, 김약산, 김구 등은 각각 8월 21일과 24일 장제스에게 전보문 혹은 비망록을 보내 그가 직접 중재인으로 나서서 조선의 즉각 독립을 비준하도록 미국에 촉구할 것을 요청했다. 8월 26일, 조선독립동맹 주석 김백연金白淵(김두봉金枓奉—옮긴이)은 김구, 김약산, 홍진洪震 등 국내외 독립운동 지도자에게 전보를 보내 "오직 일치단결만이 소위 '적당한 시기'의 신속한 도래를 쟁취할 수 있다. 아울러 우리가 30여 년 동안 끊임없는 유혈투쟁의 희생을 치르면서 갈망해온 진정한 독립의 목적을 달성할 수 있고 민주적이고 행복한 공화국을 수립할 수 있다"[36]라고 강조했다.

장제스는 김구 등의 비망록을 받은 다음 미국을 상대로 조정에 나섰다. 미국은 "조선의 어떠한 국외 정치단체와도 절대로 협상하지 않을 것이며, 단지 일부 군정부 범위 내에서 일하는 건설적인 능력을 가진 자에 한해서만 비행기를 보내 귀국을 도울 것"이라고 밝혔다. 또한 "그 어떤 세력도 미국 점령 당국의 배치를 교란하지 못할 것"이라고 덧붙였다.[37] 얼마 지나지 않아 미국 정부는 주미 대사 웨이다오밍魏道明에게 미·영·소 3개국이 이미 협의해 원칙상 4대 강국이 먼저 신탁통치를 하기로 결정했고, 조선의 신탁통치에 대한 세칙은 미·영·소 3개국이 상정한 다음에 다시 중국과 협상할 것이라고 통보했다. 이처럼 조선 독립운동을 가장 오랫동안 큰 힘으로 지지해왔던 중국이 4개국 중 유명무실한 약국에 지나지 않았기 때문에 마침내 조선 독립의 중대한 문제에 관한 협상에서 미·영·소 3개국에게 배척되었던 것이다.

9월 9일, 미 점령군 사령관 하지 장군 등이 전前 조선총독부에서 항복 수락 의식을 거행하고 마지막 조선 총독 노부유키에게서 항복문서의 서명을 받았다. 이것으로 장장 35년간 지속되었던 일본의 조선에 대한 피비린내 나는 식민 통치가 종말을 고했다. 중국 언론계는 이에 대해 매우 뜨거운 관심을 보였다. 8월 29일부터 『해방일보解放日報』는 랴오진톈廖今天의 「35년의 족쇄를 분쇄했다35年的枷鎖打碎了」라는 글을 연재해 "해방된 조선 인민이 기필코 독립,

자유, 번영의 새로운 조선을 세울 것이며 우리 중화 민족은 이 새로운 이웃의 출현을 뜨겁게 환영하고 그들과 친밀하게 협력할 것임을 믿어 의심치 않는다"[38]라고 전했다. 9월 12일, 충칭 『대공보』는 「조선의 해방을 축하한다[祝朝鮮解放]」라는 사설에서 "우리는 줄곧 조선 혁명과 조선 인민에 대해 관심을 가져왔다. 오늘 그들의 자유와 해방을 지켜보면서 우리의 마음도 진심으로 기쁘다"라고 표현했다. 그러면서 "조선의 혁명가들이 고국에 돌아가 자국의 정치를 돌볼 수 있기를 기대한다"라고 덧붙였다. 10월 26일, 상하이 『신보申報』는 논평을 실어 "카이로회담에서 이미 조선의 독립을 확인했지만 최근 각국의 의견이 일치하지 못해 잠시 신탁통치지역으로 수정한다는 설이 돌고 있다"라고 했다. 이 글은 "이것은 조선 민중의 소원을 크게 저버린 처사이자 또한 국제적으로도 좋지 않은 영향을 미칠 것"이라고 강조하면서 "여러 강대국이 공동으로 그들의 독립을 도와주는 것이야말로 현명한 정책"이라고 주장했다.[39] 이상의 여론은 조선 자주독립에 대한 중국 민중의 믿음과 기대감을 밝힌 것이다. 마찬가지로 중국 정부 측도 이에 상응하는 행동을 보였다. 협상을 거쳐 11월 1일, 외교 직능職能을 갖춘 대한민국임시정부 주중대표단이 정식으로 조직되어 박순朴純(박찬익朴贊翊—옮긴이)이 단장을 맡고 이청천, 민석린閔石麟(민필호閔弼鎬—옮긴이)이 그 대표를 맡았다. 3일 사오위린邵毓麟이 중국군사위원회 위원장의 주한 연락원을 맡아 주석 김구와 함께 조선에 가서 취임했고 공사公使의 대우를 받았다. 이러한 면에서 장제스는 그래도 신용을 지켜 다른 동맹국보다 먼저 대한민국임시정부와 준準외교 관계를 맺은 것이다. 같은 날 충칭의 각 정당단체 회원 400여 명은 충칭에서 성대한 집회를 열고 조선 혁명 영수를 송별했다. 회원들이 대회에서 조선의 벗들에게 증정한 비단 깃발에 "대한민국 독립을 경축하고, 중·한 국교에 경의를 표한다[慶祝韓國獨立致敬中韓邦交]"라고 쓴 12자의 큰 문구는 중국 여야 각계각층의 진심 어린 마음을 아주 잘 표현한 것이었다.

김구 일행의 귀국일이 임박해옴에 따라서 미국의 태도는 갈수록 명확해졌다. 11월 14일, 하지 장군이 서울에서 담화를 발표해 "김구 등은 반드시 일반인 신분으로 귀국하여 조선의 다른 정치계 인물과 일반 문제를 토론하여 조선 정치 난국을 해결하는 데 도움을 주어야 한다"[40]라고 강조했다. 이 말에 담긴 뜻은 명확했다. 대한민국임시정부의 주석이 아닌 '일반인' 신분이란 실제로 임시정부의 존재를 부인한다는 의미이며, '일반 문제를 토론한다'고 함은 단지 하지 장군의 군사 정부를 돕고 국정 방침의 제정에는 참여할 권한이 없는 그야말로 주종존비主從尊卑의 위치가 뚜렷이 구별된 처사였다. 또한 담화에는 김구 일행이 여기에 따르지 않으면 입국을 막겠다는 내용도 포함되어 있었다. 16일 미국 국무부는 성명을 발표해 "한반도의 일은 전적으로 미·소의 점령군 사령관이 현지에서 해결하거나 또는 양측 정부가 해결한다"라고 밝혔다. 그리고 이미 "주한 미군 고급 장교에게 전권을 부여하여 소련군 고급 장교와 함께 이 나라의 부자연스런 획분劃分으로 인해 발생하는 어떠한 문제도 해결하도록 했으며 소련과 함께 한반도의 지배권을 장악한다"라고 강조했다.[41]

미국과 소련이 한반도를 지배하고자 하는 이러한 강권 원칙은 12월 27일에 발표한 미·영·소 3국의 모스크바 3개국 외무장관회의 협정문에서 더욱 명확해졌다. ①민주 원칙에 의해 발전하는 각종 여건을 마련하여 임시조선민주정부를 설립한다. ②이 정부의 설립을 돕기 위해 한반도 남북부를 점령한 미군과 소련군 사령부로 공동위원회를 구성한다. 이 위원회는 조선 각 정당 단체의 의견을 수렴하여 중·미·영·소 4개국에 건의할 수 있지만 최후 결정권은 미·소 양국에 있다. ③조선이 독립하기 전 5년 동안 4강은 조선에서 신탁통치 제도를 추진한다. ④조선 남북부의 긴급한 문제를 해결하기 위해 미·소 점령군은 더욱 협력을 강화하고 양측 사령부 대표는 2주 내에 회의를 소집한다. 공보에서 밝힌 이러한 각 주장은 한반도를 미·소 양국의 독점물로 여겨 다른 나라가 간섭하지 못하도록 규정하는 것이다. 이 때문에 국가 독립을 실현하고자 하는 조선의 목표는 크게 지연되었다.

한반도의 운명을 좌지우지하는 미·소의 대국주의 행보는 조선 정계 인사의 분노에 찬 항의와 비난을 초래했다. 대한민국임시정부의 대변인은 모스크바 3개국 외무장관회의 협정문이 발표된 다음 날인 28일, 조선은 반드시 독립해야 한다는 입장을 재천명하고 신탁통치에 반대했다. 또한 31일, 대한민국임시정부 주중 대표단이 성명을 발표해 모스크바 3개국 외무장관회의에서 결정한 신탁통치에 항의했다. 이들은 성명을 통해 "천만년 자주, 독립의 역사를 가진 문화 민족을 원시적이고 미개하여 자치 능력이 결핍된 야만민족으로 치부한다. 신의는 저버리고 정당한 도리는 어디에 있는가. 이번 3국 외무장관회의의 불합리성과 비도의성을 단호히 반대하며 향후 이로 인해 발생되는 극동 정세의 중대한 변란에 대해 모스크바 3개국 외무장관회의가 전적으로 책임져야 한다"[42]라고 준엄하게 경고했다.

예언은 불행히도 현실화되었다. 미국과 소련 등 강대국이 한반도의 일에 개입한 결과, 당초 임시 군사분계선이었던 38도선이 결국 민족 분단의 경계선으로 굳어졌다. 한반도에서 탱크, 비행기, 대포의 무력으로 국토를 통일하고자 하는 일이 일어나면서 중대한 변란은 피할 수 없는 현실로 나타났다. 특히 냉전이 유럽에서 폭발하고 미국과 소련이 전시 협력 관계에서 전후의 군사 대치 관계로 변화하면서 한반도 남북 양측의 분열과 대치도 그와 함께 확대되었다. 1946년 3월, 처칠이 미국 미주리주Missouri州 풀턴Fulton에서 발표한 연설은 '냉전'의 신호탄이었다. 1947년 3월, 트루먼이 국정 교서에서 소련 견제를 기조로 제기한 트루먼주의는 정식으로 '냉전'이라는 잔혹한 대치의 시대를 선고한 것이다.

'냉전' 시대 동북아시아의 한반도는 미·소 대치의 중요한 거점지역이었다. 회의 장소를 서울과 평양에서 번갈아가며 개최한 미·소 공동위원회는 끊임없는 설전의 장소로 변했다. 모스크바 3개국 외무장관회의 결정에 따라 1946년 1월 16일, 한반도 미·소 점령군 사령부 회의가 열렸다. 2월 5일, 양측은 우편물 교환, 무선전신 주파수 조율, 인원과 화물의 38도선 통과 규정 등의 문제에 대해 제한적이나마 합의를 도출했다. 3월 20일, 미·소 공동위원회는 서울에서 제1차 실무회의를 개최했다. 그 주요 의제는 각 정당, 단체와 어떻게 협상해 임시조선민주정부를 수립할 것인가, 공동위원회는 어떻게 이 정부와 협력해 4강 신탁통치 합의를 제정할 것인가 등을 순차적으로 추진하는 것들이었다.

그러나 '냉전'의 광풍으로 인해 회의는 시작부터 난항을 겪었다. 소련 측은 어떤 정당과 단체가 협상에 참여할 자격이 있는가를 문제 삼아 "오직 모스크바 3개국 외무장관회의 결과를 지지한 조선인들만이 위원회에 의견을 제기할 수 있다"라고 강조했다. 그럼으로써 신탁통치를 거부했던 한국독립당과 민주당 등이 협상에 참여하는 것을 반대했다.[43] 게다가 초청된 좌익 정당과 단체가 우익에 비해 적다는 이유로 조선공회평의회朝鮮工會評議會, 부녀총동맹, 민주청년동맹 등 좌익단체를 초청해 협상에 참가시켜야 한다고 주장했다. 미국 측은 언론의 자유를 강조함과 동시에 소련 측이 초청하자고 건의한 자들은 모두 공산주의자들로 이루어진 폭력단체라고 비난하면서 초청에 반대했다. 이어서 소련 측은 미국 측이 토론하자고 제안한 38도선 제거와 남북 경제의 일체화 문제 등을 거절했다. 미·소 공동위원회는 5월 6일까지 설전을 벌인 끝에 아무 결과도 없이 해산되고 말았다. 6월 22일, 미국 대표 겸 대사로 한반도에 파견되어 북쪽과 남쪽에서 모두 조사를 진행했던 보상 문제 담당관 폴레트가 트루먼에게 조사 보고서를 제출했다. 보고서는 북쪽 거리에서 목격된 표어와 포스터 내용을 구체적으로 열거하면서 "북쪽에서 한창 공산당과 소련식 강령을 부추기고 있으며 모스크바에 충성을 다하는 것이 나라에 충성하는 최고 형식이 되고 있다. 또한 공산주의는 한반도에서 거의 세계 다른 어떤 곳보다 더 좋은 조건을 가지고 첫 번째 발걸음을 내딛고 있다. 한국이 비록 작은 나라이기는 하지만 이곳은 사상 투쟁의 전장으로 아시아에서 우리의 모든 승리는 이곳 투쟁에서 결정될 것이다"[44]라고 설명했다. 폴레트의 보고는 트루먼에게 깊은 인상을 남겼다.

폴레트의 보고는 북쪽에서 뜨겁게 일고 있는 민주개혁의 열기를 단적으로 보여주는 것이었다. 1946년 2월, 북방의 각 민주 당파, 단체, 각지 각급의 인민위원회 대표들이 평양에서 회의를 소집해 북조선중앙정권기구를 수립한다는 결의를 채택하고 북조선임시인민위원회를 성립시켰다. 조선노동당과 임시인민위원회의 영도하에 3월, '토지개혁법령'을 공포하고 대규모의 토지 개혁 운동을 일으켜 일본 식민주의자, 민족 반역자, 대지주의 토지를 농민에게 분배해 농민과 군중의 열렬한 지지를 받았다. 또한 8월에는 공업, 철도, 체신, 은행에 대한 국유화 개혁을 실시해 정권의 기초를 공고화했다. 교육, 사법 부문의 개혁도 잇달아 진행되었다. 1947년 2월, 평양에서 북방의 각 도道·시市·군郡 인민위원회대표대회를 개최해 김일성을 위원장으로 하는 북조선인민회의와 북조선인민위원회가 정식으로 창립되었다.

거의 때를 같이해 남쪽의 정권 수립 활동도 발걸음을 빨리했다. 1946년 2월, 미 점령군 당국이 이승만을 위시한 남쪽 정당 지도자들을 민주의원民主議院으로 선택해 자문기구로 삼아 양측은 나날이 친밀한 협력 관계를 맺어갔다. 6월, 이승만이 정읍에서 담화를 발표해 소련군의 철군을 요구함으로써 남쪽에서의 단독정부 수립을 고취시켰다. 12월, 이승만은 미국을 방문해 자신의 행보를 미국이 지지해줄 것을 호소하고 유엔에서 한반도 문제를 논의할 것을 요구했다. 이와 동시에 남쪽의 신탁통치를 반대하는 측은 비상국민회의를 소집해 김구를 중심으로 반대운동을 펼쳤다. 김구는 "우리 민족의 최고 목표는 무엇보다도 남에게 간섭받지도 의존하지도 않는 완전한 자주독립국가를 건설하는 것이다"[45]라는 행동 종지를 견지해 사방으로 분주히 뛰어다니면서 치열하게 신탁통치 반대운동을 이끌었다. 또한 김구는 미·소 양국의 동시 철군과 조선의 자주적인 총선거 실시도 요구했다. 이런 김구의 주장과 함께 남쪽 내에서도 자국의 문제는 자국 스스로가 해결해야 한다는 목소리가 갈수록 거세졌고 미국은 압박을 느끼게 되었다.

이러한 상황에서 트루먼은 국무 장관 마셜에게 소련 외상 몰로토프Molotov

에게 전보를 보내 한반도에서 미국과 소련의 협력 가능성을 타진하도록 지시했다. 여기에 대해 소련은 적극적인 태도를 보였다. 1947년 5월 21일, 미·소 공동위원회는 제2차 업무회의를 소집했다. 처음에 소련 측은 당파와 결사단체를 초청한다는 전제 아래, 협상에 있어서 유연성을 보였지만 오래지 않아 다시 원점으로 되돌아가 신탁통치에 반대하는 모든 당파와 단체를 배척해야 한다고 주장했다. 미국 측도 계속 언론의 자유를 존중해야 한다고 강조하면서 소련의 의견에 반대했다. 양측은 또다시 교착 상태에 빠지고 말았다.

8월 하순, 미국은 대치 국면을 타개하기 위해 미·소 회담을 미·소·영·중 4개국이 참여하는 다자 회담으로 확대할 것을 제안하고 회담 장소를 워싱턴으로 옮겼다. 미국은 조선 독립을 다음과 같이 3단계로 나누어 실현할 것을 제안했다. 먼저 남북 점령지역에서 각자 임시입법기구를 설립한다. 그 다음에 인구 비례에 따라 선출된 각 지구의 대표로 전국적 임시입법기구를 구성하고 서울에서 회의를 소집해 전국적으로 통일된 임시정부를 세운다. 마지막으로 통일된 임시정부와 미·소·영·중 4국 대표가 협상해 조선을 독립시킨다. 이상의 각 단계에서는 모두 유엔 감시관을 초청해 회의에 참관시킨다.[46] 미국의 이 제안에 대해 소련 측은 모스크바 3개국 외무장관회의에서 규정한 조선 독립의 첫 단계가 미·소 공동위원회를 창립하는 것인데, 현재 미국 측의 건의는 외무장관회의 협의를 위반했다면서 단호하게 거절했다. 트루먼은 오랫동안 시간만 끌고 전혀 결과가 없는 미·소 회담에 실망을 느낀 나머지 마셜에게 문제를 유엔에 상정할 것을 지시해 결국 한반도 문제를 국제화했다. 9월, 유엔총회는 한반도 문제에 관한 미국의 의안을 채택했고 소련은 기권함으로써 불쾌함을 표시했다. 10월 21일, 소련 측 대표는 공동위원회에서 철수했다. 이로써 한반도 문제에 대한 미·소 협력은 철저하게 결렬되고 말았다.

그해 11월 14일, 유엔은 미국의 새로운 제안을 채택해 중국·프랑스·인도 · 필리핀 · 시리아 · 살바도르 · 오스트레일리아 · 캐나다의 8개국으로 구성된 유엔한국임시위원단을 결성해 미국이 한반도 문제를 국제화하고자 한 의도를 현실화했다. 1948년 1월, 유엔한국임시위원단이 서울에서 첫 실무회의를 열었다. 북쪽을 점령한 소련군 당국은 위원단의 대표가 38도선 이북 그 어떤 지역에도 진입하지 못하도록 차단했으며 위원단의 교섭 서한도 모두 거절했다. 38도선은 견고한 장벽으로 굳어져 남북 분열의 형세를 끝내 막지 못했다.

당시 38도선 이남은 정세가 안정되지 못했다. 물가 폭등은 사회 불만을 야기했고 노동자 파업과 학생 수업 거부가 곳곳에서 일어났다. 이승만의 고압 정책은 형세를 최악의 상태로 치닫게 했다. 1947년 7월과 12월, 독립운동 영수 여운형, 장덕수張德秀가 연이어 암살되어 남한 정세의 위태로움을 드러냈다. 1948년 3월 5일, 존 하지John Hodge는 미국 정부의 기존 방침에 따라서 5월 10일에 남측 총선거를 실시한다고 선포했다. 김구와 김규식金奎植은 공동성명을 발표해 남북협상을 호소하고 남한의 단독 선거에 반대했다. 4월, 김구와 김규식은 온갖 장애를 극복하고 평양에 가서 남북협상에 참석했다. 그들이 5월 5일 서울로 돌아왔을 때 이승만은 이미 대선에서 승리할 수 있는 최후의 준비를 마무리한 뒤였다.

1948년 5월 10일, 유엔한국임시위원단의 감독하에 약 80%(한국민족문화대백과에는 96.4%로 되어 있음—옮긴이) 정도의 남한 유권자가 등록 절차를 밟았고 그중 90% 이상이 투표에 참가해 제헌국회의 대표들을 선출했다.[47] 5월 31일 제헌국회는 제1차 회의를 개최해 이승만을 임시국회의장으로 뽑았고, 7월 17일 새 헌법을 공포했다. 7월 20일 초대국회 회의가 소집되어 이승만이 대한민국 초대 대통령으로 당선되었고, 8월 15일 대한민국 정부가 정식으로 출범했다. 미국의 군정부도 즉시 철수를 선포하고 신속히 행정권을 이양했다. 여기에 앞서 8월 12일, 중국국민당 정부 외교부장 왕스제王世杰가 성명을 발표해 "대한민국의 독립은 중국의 전통적 염원이며 주요 동맹국의 공통된 약속이다. 중·한 두 민족 간의 전통적 우호 정신에 기초하여 대한민국 정부를 임시 승인하며 류위완劉馭萬 박사를 중국 정부 주한 대사급 대표로 파견한다"[48]라고 선포했다. 중국은 세계에서 대한민국을 최초로 승인한 나라였다. 같은 해 12월 12일, 유엔은 제3차 총회에서 제195호 결의를 채택해 대한민국 정부를 한반도의 유일한 합법적인 정부로 인정했다. 1949년 1월 19일, 대한민국이 유엔 가입을 신청했지만 소련의 부결로 무산되었다. 동서 대치는 대한민국의 성립과 유엔 가입 등의 문제에서 첨예한 대립을 보였다.

북쪽에서는 1948년 4월 29일 새로운 헌법을 반포하고, 8월 25일 보통선거를 실시했다. 이어 9월 8일, 조선최고인민회의를 소집해 헌법을 승인하고 김일성을 수상으로 하는 내각을 구성했다. 9월 9일, 조선민주주의인민공화국의 성립이 선포되었다. 소련을 위시한 사회주의 진영의 국가들이 연이어 이를 승인했다. 일본의 식민 통치와 패전 항복, 나아가 미·소 양국이 한반도를 남북으로 분할해 일본군의 항복을 접수하고 또 '냉전' 대치라는 급변하는 정세 속에서 세계가 제각기 양단으로 분열됨에 따라서 한반도 역시 두 쪽으로 갈리고 말았다.

1948년 12월, 소련군이 북조선에서 철수했다. 1949년 3월, 북조선과 소련이 '조·소 경제문화협정'을 체결해 전략적 동반자 관계를 맺었다. 신생 공화국이 무력 보강을 긴급히 요구하자 소련은 즉시 6개 보병 사단, 3개 기계화 사단, 150대 군용비행기의 제공을 약속했다. 이와 동시에 인민해방전쟁(국공내전—옮긴이)에 참가했던 조선계 장병들도 연이어 대거 귀국해 조선인민군 전투 대열에 편입했다. 1949년 6월, 미군 주력부대가 대한민국에서 철수하고 500여 명의 군사고문단을 남겨 6만 5,000명에 달하는 대한민국 군대를 훈련시켰다. 이로써 한반도 운명에 대한 미·소 양국의 직접적인 지배 국면은 일단락되었다. 그러나 강대국 개입은 공식적으로 한반도에 두 개의 국가가 각자 정부, 헌법, 군대를 보유해 서로 대치하는 분열의 유산을 남겼다. 양측은 모두 자신이 전쟁 전 통일국가의 정통 계승자라고 자처하면서 무력으로 통일을 실현하고자 했다.

1949년 5월 18일, 이승만 정부는 평화통일파 의원을 체포하기 시작했다. 6월 26일, 남북 협조와 통일 완성을 강력히 주장하면서 남측 제헌국회 의원 경선에 불참했던 김구가 경교장京橋莊에서 육군 소위 안두희安斗熙에게 암살당했다. 김구는 그야말로 조선 독립을 위해 일생을 불사른 거목이었다. 당시 고령에도 불구하고 노구를 이끌고 남북대화를 부르짖으며 동분서주했던 한 시대의 유망한 정치가는 결국 그렇게 비명에 갔다. 이 피비린내 나는 사건은 김구 한 개인의 비극일 뿐만 아니라 민족 전체의 비극이기도 했다. 겹겹이 음모로 둘러싸인 이 비상사태는 남북대화와 자주평화통일을 주장하는 사람이 극단적인 세력에게 제거되면 남는 것은 오직 무력만을 맹신하고 결과를 보장할 수 없는 민족 자멸의 길뿐이라는 사실을 냉혹하게 보여주었다. 과연 김구가 죄악의 총구에 쓰러진 1년 뒤에 조선전쟁이 발발했다.

3장 신중국의 외교 방침과 동북아시아 양대 진영의 대치

중국 대륙은 미·소의 지배 아래 통일에서 분열로 치달았던 한반도와는 달리 전국의 인민, 특히 가난한 농민들의 광범위하고도 강력한 지지를 얻은 중국공산당과 중국인민해방군이 1946년부터 1947년까지 국민당 군대의 전면적, 중점적 진공進攻을 좌절시켰다. 나아가 신속하게 국민당 군대에 대한 반격에 돌입해 분열에서 통일로 나아가는 발전 여정을 시작했다. 연이어 1948년 9월과 11월에 랴오선遼瀋, 화이하이淮海, 핑진平津에서 있었던 3대 전역戰役에서 국민당 군대의 주력부대를 섬멸하고 창강長江 이북의 광활한 국토를 해방시켰다. 1949년 1월 31일, 베이징北京이 평화적으로 해방되었다. 그리고 4월 21일 중국인민해방군은 장제스 군대의 500리 창강 방어선을 돌파해, 4월 23일 난징南京을 점령했다. 12월 장제스가 타이완으로 멀리 달아났다. 1949년 연말에 이르기까지 티베트를 제외한 대륙 국토가 전부 해방되었다.

해방전쟁의 개가凱歌 행진 속에서 신중국 창건 준비작업도 순조롭게 진행되었다. 1949년 3월 5일, 주석 마오쩌둥은 중국공산당 제7기 중앙위원회 제2차 전체회의의 보고에서 신중국의 청사진을 다음과 같이 그렸다. ① 베이징에서 정치협상회의를 소집하여 연합정부를 수립하고 베이징을 수도로 정한다. ② 외교 정책에서는 국민당 시대의 그 어떠한 외교기관과 외교 관원의 합법적 지위도 인정하지 않으며 국민당 시대의 모든 매국적 조약의 존속을 인정하지 않는다. ③ 이러한 새로운 기초 위에서 평등의 원칙에 따라 모든 국가와 외교 관계를 건설할 것이다.[49] 같은 해 7월, 새로운 정치협상회의 예비모임에 참가한 각 당파단체들이 선언문을 발표해 장차 탄생할 신중국의 대외 방침을 일차적으로 규정했다. ① 평등하고 우호적인 태도로 우리를 대하는 모든 외국 정부와 외교 관계를 맺는다. ② 모든 방식의 침략과 위협에 반대하며 소련, 각 신민주주의 국가, 독립을 위해 싸우는 여러 식민지·반식민지의 인민, 평화와 민주를 위해 분투하는 전 세계의 인민을 단결시킨다.[50]

그해 9월 21일 확정한 '중국 인민정치협상회의 공동강령'과 10월 1일 개국 대전 당일 마오쩌둥이 서명해 발표한 '중화인민공화국 중앙인민정부 공고'는 전 세계에 보다 발전된 형태의 신중국 외교 정책 원칙을 다음과 같이 선포했다. ① 본 정부는 중화인민공화국 전국 인민을 대표하는 유일한 합법 정부이며, 무릇 국민당 반동파와 관계를 단절하고 중화인민공화국에 우호적 태도를 취하는 외국 정부에 대해 중국 정부는 평등, 호혜와 상호 영토주권을 존중하는 기초 위에서 그들과 외교 관계를 성립한다. ② 신중국 외교 정책의 원칙은 자국의 독립, 자유, 온전한 영토를 보장하고 장기적인 국제 평화와 각국 인민 간의 우호적 협력을 옹호하며 제국주의적 침략 정책과 전쟁 정책에 반대하는 것이다. ③ 각 외국의 정부, 인민과 평등, 호혜의 기초 위에서 통상무역 관계를 회복하고 발전시키며 법을 준수하는 외국 교민을 보호한다.[51]

상술한 정책 원칙은 신중국 외교의 3대 준칙을 표명한 것이다. 대략 살펴보면 첫째로 중국은 오직 하나, 즉 중화인민공화국만이 존재하며 '두 개의 중국[兩個中國]' 혹은 '하나의 중국과 하나의 타이완[一中一臺]'을 조장하는 획책에 단호히 반대한다. 그러므로 신중국과 외교 관계를 수립하고자 하는 국가는 마땅히 국민당 정부와의 외교 관계를 정부 차원에서 단절해야 한다. 둘째로 국가의 주권 독립과 영토 보전을 굳건히 지키고 중국의 주권, 독립, 영토에 대한 그 어떤 방면의 침범도 반대한다. 셋째로 인민 외교의 기본을 견지해 각국 인민과의 우호적 관계를 발전시키고 평등 호혜의 경제무역 관계를 발전시킨다. 또한 제국주의 침략 정책과 전쟁 정책에 반대하고 세계 평화를 보위한다. 한마디로 자주독립의 인민평화 외교 노선이란 말로 요약할 수 있겠다.

1949년 10월 1일, 중화인민공화국 초대 외교부장 저우언라이가 세계의 각국 정부에 공문을 보내 신중국이 여러 나라와 정상적인 외교 관계를 수립하고자 한다는 뜻을 전했다. 10월 2일, 소련 외교부 차관이 공문을 통해 소련이 신중국을 승인한다고 선포했다. 10월 3일에는 불가리아와 루마니아 정부가, 4일에는 헝가리 정부가, 5일에는 체코슬로바키아와 폴란드의 정부가, 6일에는 몽골 정부가, 25일에는 독일민주공화국 정부가, 11월 23일에는 알바니아 정부가 각각 답전해 신중국과 외교 관계를 수립한다고 선포했다. 또한 그해 연말에 이르기까지 베트남, 미얀마, 인도, 스웨덴, 인도네시아, 스위스 등 모두 17개 국가가 신중국과 외교 관계를 수립했고 영국 등 25개 국가는 신중국을 승인했다. 미국은 소극적인 자세로 관망하다가 대통령 트루먼이 "미국과 중국은 1933년 이전의 미·소 관계와 같은 기초상에서 수시로 진행할 수 있다"[52]라고 하면서 중국의 승인을 무기한 연기했다. 10월 5일, 한국 대사(자유중국 주재 한국 대사—옮긴이) 신석우申錫雨는 타이베이臺北에서 "남한 정부는 절대로 중공 괴뢰 정권을 인정할 수 없으며 국민당 정부와의 우호 관계는 결코 변하지 않을 것"[53]이라고 선포했다.

10월 4일, 조선민주주의인민공화국 외무상 박헌영朴憲永은 중국 외교부장 저우언라이에게 전보를 보내어 북조선 정부는 각 나라와 외교 관계를 수립하고자 하는 중국 정부의 공고를 이미 받았다고 했다. 그는 신중국의 건립을 높이 평가하면서 "중화인민공화국 정부의 성립은 중국 인민 해방 투쟁의 역사적 승리일 뿐만 아니라 동양 여러 피압박민족의 해방 투쟁은 물론 세계 평화를 사랑하는 인민의 큰 힘이 될 것이다. 조선민주주의인민공화국 정부는 중화인민공화국 정부가 전체 중국 인민의 의지를 대표한다는 것을 확인한다. 조·중 양국 인민의 더욱 긴밀한 친선, 번영, 행복을 위해 조선민주주의인민공화국은 중화인민공화국과 외교 관계를 수립하고 대사를 교환하기로 결정했다"[54]라고 밝혔다. 10월 6일, 저우언라이가 박헌영에게 답전해 "중화인민공화국 중앙인민정부는 중화인민공화국과 조선민주주의인민공화국 사이에 즉각적으로 외교 관계를 수립하고 대사를 상호 파견하는 데 대해 뜨겁계 환영한다"[55]라고 답했다. 중·조 양국은 정식으로 외교 관계를 수립했다. 1950년 1월 28일, 초대 주중 북조선 대사 이주연李周淵은 국서를 전달했다. 국가 부주석 류사오치劉少奇는 이 국서를 접수하는 답사에서, "중·조 양국은 국경이 인접하여 제국주의 압박을 함께 받아왔으며 제국주의를 반대하기 위해 장기간 함께 투쟁해왔다. 중국 인민은 북조선 인민이 조국 독립, 민주, 통일을 쟁취해온 영웅적인 투쟁에 무한히 동정하며 북조선 인민이 이룩한 업적에 탄복한다. 나는 중·조 양국의 정식적인 외교 관계 수립은 향후 양국 관계 발전에 중대한 이익을 가져다줄 뿐만 아니라 장차 아시아의 평화와 안정을 더한층 보장해주리라 믿는다"[56]라고 밝혔다.

본래는 국가주석인 마오쩌둥이 국서를 직접 받아야 마땅했으나 이때 그는 모스크바에서 스탈린과 그다지 유쾌하지 않은 조약체결협상을 진행 중에 있었다. '냉전'이 격화됨에 따라 미국과 소련이 벌이는 유럽에서의 쟁탈전은 날이 갈수록 격렬해졌다. 소련을 억제하고 유럽을 제패하기 위한 군사 전략의 일환으로 1949년 4월 4일, 미국은 영국, 프랑스, 벨기에, 네덜란드, 룩셈부르크, 덴마크, 노르웨이, 포르투갈, 이탈리아, 아이슬란드, 캐나다의 11개국과 '북대서양조약'을 체결했다. 그들은 "한 개 또는 여러 개 조약국에 대한 무력 공격은 조약국 전체에 대한 공격으로 간주하며, 이에 대해 무력으로 집단 방어한다"[57]라는 군사 공수동맹을 맺었다. 소련과 동유럽 민주국가의 경제무역을 봉쇄하는 수단으로 같은 해 11월 30일, 미국은 또한 '북대서양조약' 체약국締約國을 포함해 그리스, 터키, 일본, 연방독일 등과 대공산권수출통제위원회(COCOM)를 결성해 소련과 동유럽에 대한 전략물자의 수출 금지를 실행했다. 미국의 군사적, 경제적 압박은 소련이 반격 조치를 취하지 않을 수 없게 만들었다. 소련은 신중국을 사회주의 진영에 편입시켜 중국의 풍부한 자원, 전략적 요충지로서의 이점, 강력한 외교적 지원을 얻는 것이 미국의 억제 전략을 타파하고 동아시아에서 미국을 견제하기 위한 중요한 절차라고 여겼다.

이와 동시에 미국은 장제스가 내전을 발동하도록 원조했다. 뿐만 아니라 1949년 7월 트루먼은 탐색적 외교 접촉을 중단하고, 8월 2일 주중 대사 존 스튜어트John Stuart에게 대사관을 폐쇄하고 귀국할 것을 지시했다. 8월 5일, 미국은 「미국과 중국의 관계」라는 정부 백서를 발표해 "불원간 성립될 중앙 인민정부는 '독재 정부'"라고 공격했다. 또한 "민주주의적 개인주의는 결국 다시 솜씨를 발휘할 것이며 중국이 소련의 통제에서 벗어나길 기대한다"라고 밝혔다. 중국공산당을 이른바 '국제공산당의 제5종대'[58]라고 공격하는 한편 일본 등의 반공반화反共反華 세력을 부추기는 이러한 미국의 행태는 마오쩌둥이 미국에 대한 환상을 버리고 떨쳐 일어나 그들과 항쟁할 것을 인민에게 호소하게 만들었다. 아울러 결연히 소련 '일변도'의 외교 방침을 채택함으로써 신생 공화국을 위한 국제 원조를 도모하고 국가의 안전과 발전을 수호하게 했다. 중국과 소련의 우호적 협력은 미국의 세계화 전략에 맞서는 양측의 기본적인 외교 방침이 되었다. 이 방면에서 양측은 많은 공감대가 있었다. 그러나 다른 방면, 즉 러·일전쟁 전에 이루어진 중국에 대한 러시아의 식민주의 권익을 유지할 것인가 아니면 폐지할 것인가 하는 문제에서는 양측이 격렬하게 충돌해 회담이 여러 차례 교착 상태에 빠졌다. 결국 스탈린이 국가주권을 견지하는 마오쩌둥의 정당한 입장에 필요한 양보를 함으로써 양측은 최종적으로 협의에 도달했다.

1950년 2월 14일, 양측은 '중·소 우호동맹호조조약', 그리고 중국 창춘長春 철도, 뤼순커우旅順口와 다롄大連의 소련군 주둔, 소련의 대중국 차관 등에 관한 협정을 체결했다. 조약의 구체적 내용은 다음과 같다. ① 체약締約 양측은 함께 힘을 다해 모든 필요한 조치를 취해 침략 전쟁을 제지하며, 체약국 어느 한 측이 일본이나 일본 동맹국의 침공을 받아 전시 상태에 들어가면 체약국 다른 측은 최선을 다해 군사를 제공하고 기타 필요한 사항을 원조한다. ② 양측은 제2차 세계대전 시기의 그 다른 동맹국과 가급적 단기간 내에 공동으로 대일강화조약을 체결하는 데 동의한다. ③ 양측은 모두 상대방을 반대하는 그 어떠한 조약도 체결하지 않으며, 양국의 공동 이익에 관련된 모든 중대한 국제 문제에 대해서는 장차 상호 협상을 진행한다. ④ 양국 간의 경제와 문화 관계를 발전시키고 공고히 하며 필요한 협력을 제공한다. ⑤ 본 조약의 유효기간은 30년으로 하되 만일 만기되기 전에 체약국 한 측이 폐지를 요구하지 않을 경우 다시 5년간 연장한다.[59] '중·소 양국의 중국 창춘 철도, 뤼순커우, 다롄에 관한 협정'에서는 "대일강화조약이 체결된 뒤 중국 창춘 철도의 모든 권리와 이 철도에 속하는 재산 전부를 무상으로 중화인민공화국 정부에 이양한다. 또한 소련군은 공동으로 사용한 뤼순커우 해군기지에서 철수하며 중국 정부가 이 지역 설비를 복구하고 건설하는 데 드는 비용을 지불한다. 다롄의 행정은 완전히 중국 정부에 직속시킴은 물론 소련이 임시로 대신 관리하거나 임대한 기타 재산은 응당 중국 정부에 인계해야 한다. 체약국 어느 한 측이 일본 혹은 기타 일본과 서로 결탁한 국가의 침략을 받을 경우 양국은 뤼순커우 해군기지를 공동으로 사용해 침략자에 대항해 함께 작전하는 데 이롭게 해야 한다"[60]라고 규정했다. '중·소 우호동맹호조조약'의 체결은 중국과 소련이 협력해 공동으로 미국과 일본에 대처하는 군사동맹을 형성했음을 의미했다. 소련을 수장으로 하는 사회주의 진영에 신중국이 가담한 것은 동북아지역에서 동서 진영의 역량 대비를 근본적으로 변화시켰고 전후 극동 정세에 깊은 영향을 미쳤다.

이와 거의 때를 같이해 미국도 극동 전략 조정에 박차를 가했다. 1949년 12월 23일부터 30일까지 미국의 국가안전보장회의는 NSC 48—1·2호 문건을 제정해 미국의 직접 목표를 제시했다. 그 목표는 "반드시 모든 가능한 지역을 억제하여 아시아에서 소련의 역량과 영향을 무력화시켜 이 지역에서 미국의 안전을 위협하지 못할 정도로 만들어야 한다. 소련에 대항해 유럽에서 싸울 수 있도록 미국은 아시아에서 역량을 육성해 아시아 연해와 해외 교통 선로를 통제하기 편리한 전략적 위치를 확보해야 한다. 일본, 류큐琉球 열도, 필리핀을 포괄한 전략적 방어선을 구축해 소련과 중국을 저지해야 한다"[61]라는 것 등이었다. 1950년 1월 12일, 국무 장관 딘 애치슨Dean Acheson이 동아시아 방위권, 즉 알류샨Aleutian 열도—일본—오키나와—필리핀을 잇는 초승달형 방어선의 의미를 재천명함으로써 '냉전' 대치 구도가 아시아에서 본격적으로 형성되었다.

초승달형 방위권의 연결력을 강화하기 위해 1950년 1월 26일, 미국과 한국의 양국 정부는 '미·한 공동방어원조협정'(한·미 상호방위원조협정—옮긴이)을 체결했다. 협정에서는 "한쪽 정부는 경제 복구가 국제 평화와 안전 요소에 부합한다는 명확한 우선권의 원칙하에서 상대측 정부와 기타 정부에 대해, 원조하는 정부가 인정하고 그 정부가 동의하는 조건에 맞춰 효과적인 장비, 물자, 서비스 또는 기타 군사원조를 제공하거나 지속적으로 제공해야 한다. 양국 정부는 어느 한 측의 요청에 근거하여 본 협정을 적용하거나 본 협정에 따라 진행하는 활동 또는 안배하는 어떤 사항과 관련해서도 협의해야 한다. 대한민국 정부는 정식으로 권한을 부여받은 미합중국 대표가 본 협정에 따라 제공한 원조 사용 상황을 자유롭고 충분하게 관찰할 수 있도록 편리를 제공해야 한다. 영어와 한국어 두 언어로 된 문건은 동등한 효력을 갖지만 분규가 발생할 경우 영문본을 표준으로 삼는다"[62]라고 규정했다. 그날 한국 정부의 요청으로 미국과 한국은 '주한 미국군사고문단 설치협정'(한·미 군사고문 설치에 관한 협정—옮긴이)을 체결했다.

1950년 4월 6일, 미국 대통령 트루먼은 존 덜레스John Dulles를 국무부 고문으로 임명해 대일강화 교섭 업무를 전담시켰다. 4월 24일, 덜레스는 담화를 발표해 대일강화를 조속히 달성하여 일본의 국가 독립과 부흥을 실현해야 한다고 주장했다. 이를 위해서 덜레스는 중국을 배제한 채 종속 국가를 규합하여 일방적인 대일강화회의를 소집하는 등의 야만적인 수단을 동원했다. 말하자면 일본을 급히 초승달형 방위권의 중요한 전초진지前哨陣地로 변화시켜 동북아시아지역의 '냉전' 대치 국면을 격화시키고자 한 것이다.

1948년 8월에서 9월까지 한반도는 두 개의 국가, 즉 대한민국과 조선민주주의인민공화국으로 분열되었다. 1949년 10월에 중화인민공화국이 성립되자 12월 장제스 정부는 타이베이로 옮겨감으로써 국공 양당은 타이완 해협을 사이에 두고 첨예하게 대치했다. 동시에 소·조, 중·소, 미·한, 미·일 간에 쌍무 조약을 체결하거나 체결할 준비를 하는 등 일련의 중대한 사건들이 연이어 발생하여 동북아시아지역을 서로 대립하는 양대 진영으로 획분劃分했다. 38도선은 양 진영이 대치하는 전초 분계선이 되었다. 한국이 장제스 정부와 계속 외교 관계를 유지했기 때문에 중국은 북조선과 외교 관계를 수립해 중·한 양국은 서로 대립하는 양대 진영에 각기 귀속되었다. 신생국인 중·한 양국은 처음부터 역사의 분수령에 직면해 있었다. '냉전'의 장기화, 깊은 이념의 대립, 국가 분단 후 교차 승인 등의 요소가 상호작용해 동서 진영으로 갈라진 중·한 양국은 그 관계 정상화의 어려움을 피할 수 없게 되었다. 이와 동시에 소리 없이 들이닥친 조선전쟁은 비록 중국이 근본적으로 이 전쟁에 말려들 의향이 없었다고 하더라도 결국은 중·한 관계의 한계를 확대, 심화시켜 수교가 정상화되기까지 오랜 진통을 더했다.

1949년 3월부터 4월까지 북조선 수상 김일성이 정부 대표단을 이끌고 모스크바를 방문했다. 북조선과 소련은 '조·소 경제문화협정'을 체결하고 한반도 정세 문제를 논의했다. 이 과정에서 김일성은 무력으로 한반도 남북을 통일할 구상을 명확히 제기하고 스탈린의 지지를 요청했다. 이에 대한 스탈린의 태도는 명확했다. 즉 "대규모의 군사 침공이 발생하거나 한국의 습격을 받을 경우 반격할 수는 있지만 당신들이 먼저 남부를 침공해서는 안 된다"[63]라는 것이었다. 무력 남진南進 구상이 스탈린에게 거절당한 뒤 그해 4월 김일성은 비밀리에 중국을 방문해 지지를 요청했다. 그러나 마오쩌둥 역시 김일성이 당장 무력으로 한반도 통일을 실현하려는 계획에 대해 지지하지 않았다.

1950년 1월 19일, 김일성은 북조선 주재 중국 대사관이 마련한 초대연에 참가해 북조선 주재 소련 대사 시티코프Shtykov에게 스탈린과 긴급회동을 하고자 하는 뜻을 전달했다. 김일성은 중국의 해방 사업이 이미 완수되었고 다음은 한국을 해방시키는 문제라고 보았다. 그는 게릴라 방식으로는 이 문제를 해결할 수 없다고 생각했기 때문에 한국을 해방시킬 수 있도록 소련이 허용해줄 것을 스탈린에게 단호하게 요청했다. 4월 초, 스탈린은 김일성, 박헌영과 회담을 가졌다. 김일성은 스탈린에게 미국이 이번 전쟁에 참전하지 않을 것임을 보증했다. 또한 소련 정보부에서도 한반도 남북 충돌에 간섭하지 않겠다는 맥아더의 주장에 대한 정보를 입수했기 때문에 스탈린은 한반도를 통일할 기회가 왔다고 믿게 되었다. 하지만 스탈린은 "북조선 동지들이 너무 많은 원조와 지지를 소련에게 바라지 말아야 한다. 소련은 아직도 조선 문제보다 더 중요한 도전에 직면해 있다. 북조선 동지들은 마오쩌둥과 더 많은 의견을 나누기를 바란다. 그것은 마오쩌둥이 동방 문제(한반도 문제—옮긴이)에 아주 좋은 견해를 가지고 있기 때문이다"라고 말했다. 5월 13일, 김일성과 박헌영이 비밀리에 베이징을 방문했다. 이들은 마오쩌둥에게, 4월 스탈린과의 회담결과를 통보하면서 스탈린이 이미 한반도의 무력통일 계획에 동의했다고 강조했다. 사안의 중대성을 의식한 마오쩌둥은 소련의 태도를 더 자세히 알아볼 필요를 느꼈다. 그는 소련 주재 중국 대사 뤄선羅申에게 즉시 스탈린에게 전문을 보내 사실을 확인하도록 조치했다. 5월 14일, 스탈린은 '필리포프'라는 가명으로 답전을 보내 김일성이 말한 내용이 완전히 사실임을 확인해주었다. 그는 "북조선 동지들의 조국 통일을 실현하겠다는 제안에 동의한다. 그렇지만 최후의 결정은 중국과 북조선의 동지들이 해야 한다"[64]라고 밝혔다. 5월 15일 마오쩌둥과 김일성이 다시 회담을 가졌다. 마오쩌둥은 오직 남방에서 북방의 평화통일 제안을 거절할 경우에만 군사행동을 고려할 수 있다고 주장했다. 그리고 만약 미국이 출병해 전쟁에 참가한다면 중국에서 군대를 파견해 지원할 것이라고 했다.[65] 김일성은 미국 참전 가능성은 거의 없다고 단정하면서 중국의 원조를 사절함은 물론 소련 군사고문단과 함께 정한 구체적인 작전 방안도 알려주지 않았다. 스저師哲의 회고에 의하면 6월 26일, 마오쩌둥은 펑쩌위안豊澤園에서 그에게 "어젯밤 파리의 보도를 보았는데 조선전쟁이 발발했다"라고 했다. 전쟁이 발발한 지 3일 만에야 중국 지도층은 북조선 측의 공식 통보를 받았다. 마오쩌둥은 스저에게 "우리는 그들의 가까운 이웃인데도 전쟁 도발을 우리와 상의하지도 않고 이제야 알려준다"[66]라고 불만을 토로했다고 한다.

북측이 무력통일의 발걸음을 재촉할 때 남측도 무력 북벌을 획책하고 있었다. 1950년 5월 30일, 한국 국회의원 선거에서 집권당인 대한국민당이 패배해 이승만은 대통령 자리만 겨우 유지할 정도였다. 6월 7일, 조국통일민주주의전선 중앙위원회가 평양라디오 방송을 통해 8월 초 한반도 전체의 국회선거를 제안하고 이승만 외의 기타 정당 영수들에게 6월 15일부터 17일까지 해주 또는 개성에서 열리게 될 예비회의에 참석할 것을 요청했다. 6월 19일, 북조선 정부는 재차 방송을 통해 조국통일민주주의전선과 조선최고인민회의가 공동으로 발기한 새로운 제안, 즉 8월 15일 이전에 전 조선의 입법기구를 하나의 입법회의로 합병해 헌법을 제정하고 통일된 정부를 창립하자고 호소했다. 이승만은 여기에 재차 단호히 거절했다.

이승만이 평화통일을 거듭 거절했던 배후에는 6만 5,000여 명의 정규군, 8개 재편성 사단, 4만 5,000여 명의 경찰, 4,000여 명의 해안 경비대 등이라는 대규모의 병력이 있었다. 그리고 미군이 철수할 당시 이양한 1억 1,000만 달러 상당의 무기 장비가 있었는데, 그 가운데는 총 10만여 자루, 실탄 5,000만여 발, 로케트 발사기 2,000여 대, 자동차 4만여 대, 각종 화기와 포탄 7만여 발, 정찰기와 연락기 22대 등이 포함되어 있었다.[67] 1949년 10월 17일, 미국의 국회 상원은 한국에 임시 예산 3,000만 달러를 추가하는 데 동의해 트루먼이 제안한 한국에 대한 1억 5,000만 달러 예산의 조기 집행 부분에 충당했다.[68] 이런 대규모의 병력과 미국의 계속된 달러 원조를 믿고 이승만은 여러 장소에서 더더욱 거세게 전쟁을 부르짖었다. 1949년 9월, 이승만은 미국 고문에게 보내는 서한에서 "대한민국은 북조선의 우호적인 공산주의 역량과 함께 김일성 정권을 쉽게 뒤엎을 수 있다"라고 밝혔다. 1개월 후에는 미국의 순양함巡洋艦에 올라 "남북 분단을 끝내고자 한다면 반드시 전쟁으로 해결해야 한다"라고 공개적으로 선언했다. 또한 12월 30일에는 기자들 앞에서 "새로운 해에는 만민이 합심해 잃은 땅을 되찾을 것"[69]이라는 목표를 내놓기도 했다.

이승만의 전쟁 주장은 미국 정부의 지지를 얻었다. 1950년 6월 18일, 미국 국무부 고문 덜레스가 서울을 방문해 한국 국방부 장관 신성모申性模와 미국 군사고문단장 윌리엄 로버츠William Roberts 준장 등을 대동하고 친히 38도선을 시찰했다. 1950년 6월 19일, 이승만은 한국의 국회 연설에서 "우리가 냉전에서 민주를 보위할 수 없다면 우리는 열전에서 승리를 거두어야 한다"[70]라고 밝혔다. 덜레스와 이승만은 국회에서 서로 맞장구를 쳐가며 "한국은 자유세계라는 큰 가정 속에서 하나의 평등한 구성원이니 여러분이 인류 자유를 실현하기 위해 계속적으로 자신의 책임을 다한다면 여러분은 영원히 고립되지 않을 것이다"[71]라고 호언했다. 국회 연설 후 비밀회담에서 이승만은 덜레스에게 "반드시 중국공산당 정권이 공고화되기 전에 한반도 분단 상황을 끝내야지 그렇지 않으면 세계 공산주의가 냉전에서 승리하게 된다"라고 말했다. 덜레스는 이승만에게 만약 "북방 공산당을 칠 뜻이 있다면 미국이 유엔을 통해 원조할 용의가 있다"라고 했다. 아울러 "남한이 선제공격을 당했다고 세계를 설복해야 함은 물론 그에 상응한 행동 계획을 세워야 한다"[72]라고 제안했다.

사실상 1948년 4월 제주도 도민 봉기로부터 조선전쟁 발발 직전까지 남방과 38도선 주변지역에서 무력 충돌은 끊이지 않았다. 1948년 4월, 제주도 도민들은 경찰과 우익단체인 서북청년회의 포학한 진압에 저항해 무장봉기를 일으켰다. 도민들은 3,000~4,000명으로 이루어진 유격대를 핵심으로 제주도 전역에서 무장투쟁을 벌였으며 6월까지 이미 도내의 크고 작은 마을들을 통제했다. 1949년 4월에 이르러 봉기가 진압되자 희생자가 약 3만 명에 달했다.[73] 사건은 연이어 터졌다. 1948년 10월, 한국 여수의 육군 제14연대 병사들이 제주도에 출동중국해 도민을 진압하라는 명령을 거부하고 쿠데타를 일으켰다. 쿠데타 부대는 한반도 남단의 여수, 순천을 점령하고 여수인민위원회의 회복을 선포했다. 그리고 횡포를 일삼던 경찰, 관리, 지주, 우익 세력을 응징하고 미군 철수와 남북통일을 요구했다. 이 여수 군인 폭동은 말 그대로 한국과 미국 정부를 공황 상태에 빠뜨렸다. 미국 군사고문단은 직접 한국 군대의 작전을 지휘하고 전력을 다해 진압했다. 치열한 교전으로 404명의 정부군 사상자와 3,681명의 쿠데타 부대 사상자, 그리고 포로가 발생했다.[74] 포위를 뚫고 탈출한 1,000여 명은 깊은 산속으로 들어가 그 지방 게릴라와 합류했다. 1948년 11월부터 게릴라전은 강릉, 삼척, 진주, 광주, 순천 등지에까지 확산되었다. 1949년 초에 이르러서는 게릴라 대원이 모두 1만여 명에 달했다. 한 · 미 군사부는 북측에서 남측 게릴라를 지휘한다고 판단해 대응책으로 역시 게릴라를 사리원, 해주, 고성, 간성 부근에 잠입시켜 활동하게 했다. 이 때문에 38도선 일대에서 가끔 불길한 총포 소리가 울리곤 했다.

게릴라 섬멸을 위한 남북 양측 간의 군사행동은 빠르게 정규군 충돌로 확대되어 형세가 날로 악화되었다. 1949년 5월, 한국 군대가 개성지구에서 공격을 시도하자 조선인민군의 반격을 받았다. 전투는 4일간 계속되어 양측의 희생자는 400여 명에 달했다.[75] 그해 6월, 양측 군대는 또 옹진 반도에서 격전을 벌였다. 8월, 군사 충돌이 재차 옹진 반도에서 발발해 조선인민군이 한국군을 격퇴하고 38도선 이북 지역에서 축출했다. 같은 달 한국 해군 초계정이 또 몽금포 부근 해역에서 북방 선박 4척을 격침하고 군사 충돌을 육지에서 해상으로 확대시켰다.

'냉전'은 세계를 미 · 소 중심의 양 진영으로 갈라놓고 동북아시아에서 일촉즉발의 긴장과 한반도에 영구적인 군사 충돌 국면을 형성함으로써 전쟁을 불가피한 상황으로 만들었다. 동서 양대 진영에 각기 분속된 중 · 한 양국 또한 사태 추이에 따라 만회할 수 없는 심각한 전쟁 국면으로 치달았다.

제2부

대치 시대

1장 3년간의 혈전

1950년 6월 24일(워싱턴 시간), 대통령 해리 트루먼Harry Truman은 유엔안전보장이사회 긴급회의를 열고 "대한민국이 침략당한 사실을 선포하라"[1]고 요구했다.

다음 날 트루먼은 백악관 블레어하우스Blair House에서 국방부 장관 루이스 존슨Louis Johnson, 국무 장관 딘 애치슨Dean Acheson, 육해공 3군부장, 참모장 등 군정 요원이 참석한 긴급연석회의를 열었다. 회의는 신속히 3항의 긴급조치를 통과시켰다. ① 미국 군사고문단 구성원과 가족들은 한국에서 철수한다. ② 주일駐日 공군을 출동시켜 한국 군대에게 군수품과 공급물자를 공중 투하하도록 더글러스 맥아더Douglas MacArthur에게 명령한다. ③ 제7함대가 즉시 필리핀의 카비테Cavite 해군기지로 북상해 타이완 해협에 들어가 전쟁이 이 지역으로 확대되는 것을 방지한다.

26일, 조선인민군의 장갑돌격 부대가 서울 교외지역까지 육박했다는 소식을 접하고 국방부 장관 존슨은 다음과 같은 대통령의 긴급명령을 맥아더에게 전하도록 지시했다. "즉각적으로 공군과 해군 부대를 출동시켜 한국 군대를 지원하되 행동 범위를 38도선 이남 지역으로 한정하라." 제7함대는 타이완 해협을 봉쇄하여 해방군이 타이완에 진격하거나 장제스가 대륙을 습격해 교란시키는 행위를 방지하도록 명령했다. 또한 필리핀에서의 미군 주둔 방어력 증강과 인도차이나에 주둔하는 프랑스군에 대한 원조 증가를 비준했다.[2]

27일 오전, 트루먼은 국회 영수회담을 가진 뒤 살기등등한 '대통령성명'을 발표했다. 미국의 공군과 해군 부대에 한국 정부군을 엄호하고 지지할 것을 명령함은 물론 타이완에 대한 어떠한 공격도 저지할 것을 제7함대에 명령했다. 또한 필리핀의 미군 부대를 강화하고, 인도차이나에 있는 프랑스 부대에 군사원조와 군사 사절단 파견을 지시했다.[3] 같은 날 미국이 소집한 유엔안전보장이사회는 소련 대표가 참석하지 않은 상태에서 한국 원조를 각 회원국에 요청하는 결의안을 통과시켰다.

6월 25일, 38도선에서 개전한 한반도전쟁은 남북 양측이 동시에 무력통일 방침을 추진한 결과였다. 어느 측이 선제공격을 가했든 간에 조선전쟁은 국제전이 아닌 본래 내전이었다는 기본 사실에는 변화가 없다. 그러나 위에서 기술한 4일 동안 트루먼이 취한 행동은 돌이킬 수 없게도 조선전쟁을 국제화해 유럽에서 발원한 '냉전'을 아시아의 '열전'으로 전환시키고야 말았다. 이 과정에서 정치가로서의 식견이 결여된 채 '냉전' 선동에 열을 올리던 트루먼은 사태의 실체를 파악하기도 전에 조급하게 '냉전'이라고 하는 상투적 사고방식에 따라 한반도와 타이완 해협을 동일하게 관리하는 방침을 확정해 신중국에 도전했다. 더욱이 그는 '대통령성명'에서 결국 '카이로선언'과 '포츠담선언'의 타이완 귀속 문제에 관한 명확한 규정을 무시했다. 즉 공공연히 타이완 지위 미확정론을 공표하여 "타이완 미래 지위의 결정은 반드시 태평양 안전 회복과 일본에 대한 평화적인 해결을 기다리거나 유엔의 심의를 거쳐야 한다"[4]라고 주장했다. 이것은 신중국 전체를 분개하게 만들었고 중·미 갈등을 급격히 격화시키는 결과를 초래했다.

6월 28일, 외교부장 저우언라이는 성명을 발표했다. 7월 6일에는 유엔 사무총장 트리그브 리Trygve Lie에게 전보를 보내 트루먼의 '대통령성명'과 미국 제7함대의 행동에 대해 강력히 항의했다. 신중국은 트루먼의 타이완 지위 미결정론을 통렬하게 비난하고 "타이완이 중국에 속한다는 사실은 영원히 변할 수 없다. 중국 인민은 미국 침략자의 수중에서 타이완을 해방시키기 위해 끝까지 분투할 것이다"라고 강조했다. 나아가 "미국 정부의 언행은 그 어떤 회원국도, 무력으로 다른 국가의 온전한 영토와 정치 독립의 원칙을 침해해서는 안 된다고 규정한 유엔헌장을 철저히 파괴한 공개적인 침범 행위"[5]라고 지적했다. 이와 동시에 중국 각지에서는 미국의 타이완과 한반도 침략에 반대하는 운동이 일어났으며 세계 평화를 보위하자는 서명운동도 왕성하게 전개되어 친미親美, 숭미崇美, 공미恐美 논조가 그 영향력을 상실했다.

7월 1일, 미군 제24보병사단이 한반도 남부에 상륙해서 대전에 진입한 후 대량의 미군이 끊임없이 들어왔다. 7월 7일, 유엔 안전보장이사회는 유엔군 조직에 관한 결의안을 통과시켰다. 7월 8일, 트루먼은 맥아더를 유엔군 총사령관으로 임명했다. 7월 24일, 유엔군 사령부가 도쿄에 설치되었다. 26일, 미국, 영국, 프랑스, 네덜란드, 벨기에, 룩셈부르크, 그리스, 캐나다, 터키, 태국, 필리핀, 오스트레일리아, 싱가포르, 콜롬비아, 에티오피아, 남아프리카공화국의 16개국 군대로 구성된 유엔군이 한국에 도착했다. 이들은 미군 제25보병사단과 제1기병사단에 이어 한반도에 상륙했고 조선 내전에 개입해 남진하는 조선인민군을 저지하는 데 온 힘을 기울였다. 9월 초까지 전선을 낙동강 유역까지 밀고 나간 인민군 주력부대는 부산 주변지대를 지키고 있던 한·미군과 격전을 벌였다. 그러나 한·미군이 완강히 저항한 데다가 인민군의 전진 속도가 너무 빨라 후방 보급선이 지나치게 길어졌고, 인민군에는 우수한 해·공군력이 부재해 부산을 오래도록 공략하지 못한 채 전투는 교착상태에 빠지고 말았다.

9월 15일, 우회 포위의 전략 전술에 능한 맥아더는 전쟁의 유리한 기회를 포착하고 돌연 미군 제1해병사단과 제7보병사단을 포함한 7만 5,000명의 병력을 출동시켜 대량의 비행기, 군함의 엄호 아래 허리를 자르는 인천상륙작전에 돌입했다. 낙동강전선에 위치한 조선인민군은 순식간에 남북 협공을 받게 되자 곤경에 처해 북으로 퇴각하지 않을 수가 없었다. 9월 27일, 트루먼은 맥아더에게 38도선 이북 지역에서 군사행동을 취해 "북조선의 무장역량을 분쇄하라"[6]고 명령했다. 9월 28일, 맥아더는 이승만과 함께 군대를 이끌고 서울에 입성했다. 이승만은 놀란 가슴이 조금 가라앉게 되자 압록강까지 쳐들어가자고 떠들어댔다. 한·미군이 38도선을 돌파해 계속 북진할지의 여부는 한때 시국 변화의 초점이 되었다.

10월 1일 도쿄 시간 12시, 맥아더는 방송 연설을 통해 오만한 어조로 "조선인민군의 전체 실패와 완전 궤멸은 현재 피할 수 없다"라고 단언했다. 그리고 유엔군 총사령관 자격으로 조선인민군 총사령관에게 "즉각 무기를 버리고 미군의 감시하에 정전하고 무조건 투항할 것"을 요구했다.[7] 맥아더가 연설을 발표하기 15분 전에 한국군 제3보병사단과 수도사단이 이미 38도선을 넘어 곧바로 양양, 원산으로 진격했다. 그 뒤를 따라 한국군 사단들이 38도선을 돌파해 평양을 목표로 진군했다. 10월 7일, 미군 제1기병사단 제8연대, 제24보병사단, 영국군 제27여단도 벌 떼처럼 38도선을 넘어 평양을 향해 빠르게 전진했다. 10월 13일, 미국, 영국, 캐나다, 프랑스 등이 군함 37척을 출동시켜 청진을 포격했다. 4척의 미군 항공모함 탑재기가 각 군사 목표를 맹렬히 폭격함으로써 육해공군의 입체적 공격 태세를 형성해 북쪽을 압박했다. 10월 15일, 맥아더는 트루먼에게 "전투가 추수감사절 전에 끝날 것"이라고 장담했다. 또한 그는 "중국이 간섭할 가능성은 희박하며, 많아야 그들은 5~6만 명 정도를 조선에 투입해 총 쏘는 시늉만 할 것"이라고 망언했다.[8] 맥아더의 회답에 극히 만족한 트루먼은 특별히 그에게 무공훈장을 수여했다. 10월 19일, 한·미군이 평양을 공략했다. 뒤이어 병력을 양분해 압록강을 향해 밀고 나감으로써 무력으로 한반도를 통일하고자 했다.

중국 정부는 급격히 악화되는 조선전장의 형세에 신속히 반응했다. 1950년 9월 19일, 즉 인천상륙작전 4일 만에 『인민일보』는 「미국침략자는 도박 판돈을 모두 잃고 말 것이다[美國侵略者的賭注是要輸光的]」라는 단평短評을 발표해 "조선에서 모험적인 전쟁을 계속 확대하는 것은 결국 저들 스스로를 더욱 피동적이고 위험한 상황에 빠뜨리게 될 뿐이다"[9]라고 미국에 경고했다. 9월 22일, 중국 외교부는 중국에 거주하고 있는 북조선 인민들이 조국에 돌아가 조국을 보위할 권리가 있다는 문제와 관련해 성명을 발표했다. 성명은 "미국의 질책을 단연코 거부하고 우리는 영원히 북조선 인민의 입장을 지지할 것이며 전쟁을 확대하는 미 제국주의 음모에 단호히 반대한다"[10]라고 강조했다. 9월 25일, 『인민일보』는 「북조선 인민의 애국주의를 지지한다[支持朝鮮人民的愛國主義]」라는 사설을 발표해 북조선 교민이 귀국해 미국에 항전하는 정의로운 행동을 결연히 지지했다. 또한 미국 정부의 반중국 행위를 낱낱이 열거하면서 "미 제국주의는 이미 공개적으로 중화인민공화국의 가장 큰 적이 되었다. 그대들이 중국을 반대하면 우리도 반드시 미국에 반대할 것이다. 가는 말이 고와야 오는 말이 고운 법이다"라고 강조했다. 나아가 "우리의 이웃과 벗이 무장 침략을 당했는데도 우리가 이웃과 벗을 돕지 않고 자신의 적을 반대하지 않을 수 있겠는가"라고 경고했다.[11] 9월 30일, 총리 저우언라이는 전국인민정치협상회의全國人民政治協商會議에서 거행된 국경대회 연설에서 "중국 인민은 북조선이 미국의 침략을 당한 뒤의 형세를 면밀히 주시하고 있다. 중국 인민은 외국의 침략을 결코 용인할 수 없으며 제국주의가 우리의 이웃을 제멋대로 침략하는 행위를 묵과하지 않을 것이다"[12]라고 말했다. 10월 3일, 총리 저우언라이는 인도 총리 네루가 서한으로 제기한 조선전쟁 문제와 관련해서 주중 인도 대사를 회견하고 다음과 같이 밝혔다. "미군이 38도선을 넘고자 한다면 우리가 관여할 것이다. 이것은 미국 정부가 자초한 심각한 사태이다. 우리는 좌시하지 않을 것이다."[13]

'조선전쟁을 어떻게 분석하고 평가할 것인가? 주적主敵은 누구인가?'에 대한 중국 여론의 표현법과 정부 지도자들의 태도 표명은 전쟁이 시작되기 전 3개월 동안은 다소 차이가 있었다. 이것을 잠깐 분석해보면 중·한 관계에 깊은 상처를 남긴 조선전쟁을 객관적으로 파악하는 데 도움이 될 것이다. 전쟁이 시작된 두 번째 날인 6월 27일, 『인민일보』는 「북조선 인민은 침략자를 격퇴하기 위하여 분투할 것이다[朝鮮人民爲擊退進犯者而奮鬪]」라는 사설에서 "6·25전쟁은 조선의 전면적인 내전이며 규탄 대상은 이승만 정부"라고 명확하게 지적했다. 그러나 사설은 이번 전쟁의 주모자는 미 제국주의라고 특별히 강조하면서 "이승만이 북조선 인민을 공격하는 이 내전은 미국인이 돈과 총을 대고 이승만이 인력을 대는 '내전'이다"[14]라고 인식했다. 저우언라이 외교부장은 6월 28일의 성명에서도 "전쟁은 미국 대통령 트루먼이 남조선 이승만 괴뢰 정권을 사주하여 도발한 조선 내전이다"[15]라고 강조했다. 이상의 표현법을 보면 중국이 조선전쟁을 미국이 교사하고 이승만이 추종해서 벌어진 내전으로 보고 있음을 한눈에 환히 알 수 있다. 미국 제7함대가 타이완 해협을 봉쇄한 것에 이어 트루먼은 중국에 전쟁 위협을 가하고 대량의 미군이 전쟁에 개입하면서 전쟁의 불길이 중국 변경에까지 번졌다. 중국은 주요 예봉을 집중적으로 미국을 향해 겨누었다. 6월 28일, 마오쩌둥 주석은 중앙인민정부위원회 제8차 회의에서 "전국, 나아가 전 세계 인민들이 단합하고 충분히 준비하여 미 제국주의의 그 어떠한 도발도 분쇄해야 한다"[16]라고 호소했다. 나아가 중국은 참전 목적을 항미원조抗美援朝 등으로 규정했을 정도로 미국의 전쟁 행위는 중·미 갈등을 가열시켰다. 따라서 중국은 부득이 만반의 준비를 갖추고 미국을 향해 병기의 칼날을 겨냥할 수밖에 없었다.

8월 상순, 마오쩌둥 주석은 정치국 회의 연설에서 조선전쟁의 추이를 면밀히 주시하고 있으며 전쟁 정세가 악화될 경우를 대비해서 그 대처 방안을 마련해두었다고 강조했다. 8월 하순, 미국 비행기가 끊임없이 중국 영공을 습격해 교란시켰다. 미국 비행기는 안둥安東, 린안臨安, 지안輯安 등 도시와 읍의 교통 중추를 기관총으로 소사掃射해 인명 사상자와 재산 손실을 초래했다. 중국 정부는 즉각적으로 유엔에 고발하고 엄중하게 항의했다.

9월 15일, 미군이 인천에 상륙하자 북조선 수상 김일성은 내무상 박일우를 안둥에 보내 전황戰況을 통보하고 중국에 파병 원조를 요청했다. 9월 17일, 총리 저우언라이는 5명의 무관을 조선에 증파하여 고찰하면서 출병 준비를 다그쳤다. 10월 1일, 김일성은 외무상 박헌영에게 친필서한을 주며 베이징에 가서 마오쩌둥, 저우언라이와 면담하고 재차 파병 원조를 요청하게 했다. 같은 날 김일성은 평양에서 북조선 주재 중국 대사 니즈량倪志亮, 무관

차이청원柴成文을 긴급히 만나 친히 중국 파병을 호소했다. 10월 4일부터 며칠간 중공중앙정치국 확대회의가 연속 진행되었다. 조선 파병의 이해득실을 둘러싸고 여러 의견을 충분히 교환한 다음 최종적으로 파병과 참전을 확정했다. 10월 9일, 중앙군사위원회 주석 마오쩌둥은 '중국인민지원군의 조직에 관한 명령[關于組成中國人民志愿軍的命令]'에 서명하여 다음과 같이 선포했다. ① 동북변방군을 중국인민지원군으로 개칭하여 신속히 조선지역으로 출동시킨다. ②중국인민지원군 소속 제13병단 각 부대는 즉시 만반의 준비를 끝내고 출동 명령을 기다린다. ③ 펑더화이를 중국인민지원군 사령관 겸 정치위원으로 임명한다. ④중국인민지원군은 동북행정구를 총후방기지로 삼고 가오강高崗이 모든 보급 사업을 책임진다. ⑤중국인민지원군은 조선지역에 진입한 후 반드시 조선의 당정군민黨政軍民을 존중하고 사랑하며 군사 규율과 정치 규율을 엄수해야 한다. ⑥고도의 열정, 용기, 세심함과 각고의 고통을 참아내는 정신으로 온갖 어려움을 극복하고 최후의 승리를 쟁취해야 한다.[17] 10월 12일, 한·미군이 벌 떼처럼 북상하자 인민군은 고작 5만여 명의 잔여 병력을 데리고 중·조 변경까지 철수하는 긴급한 상황에 처했다. 이때 박일우가 재차 명령을 받고 안둥으로 달려가 즉각적인 중국인민지원군의 도강을 요청했다. 중국인민지원군 사령관 펑더화이는 군사회의를 소집하고 작전 계획을 구체적으로 안배했다.

중국인민지원군이 막 출발하려고 할 때, 즉 12일 저녁 마오쩌둥은 펑더화이에게 10월 9일의 명령 집행을 잠시 중단하라고 급히 전했다. 중국이 활시위를 당겼다가 갑자기 정지시킨 까닭은 소련이 준비가 충분하지 않다는 이유로 공군을 파견해 중국인민지원군의 지상 행동을 엄호하겠다던 승인을 취소했기 때문이다. 공중엄호를 쟁취하기 위해 저우언라이가 모스크바에 직접 날아가 스탈린과 긴급협상했다. 소련은 미국과 직접 군사 충돌을 일으킬 것을 우려해 중국의 요구를 완곡히 거절했다. 싸움을 앞두고 도망가는 소련의 행동은 끓는 가마 밑의 장작을 꺼내는 격이었다. 이 소식이 베이징에 전해지자 중공중앙정치국은 재차 진지한 토론을 거쳐 설사 소련 공군의 공중 엄호가 없다고 해도 예정대로 파병하여 항미원조를 단행하기로 결정했다. 10월 17일, 마오쩌둥은 전보로 펑더화이, 가오강에게 19일 출병하라는 최종 명령을 하달했다. 10월 19일, 중국인민지원군 제13병단 소속 4개 군단, 3개 포병사단이 각기 조선지역으로 진입했다.

이때 한·미군은 동서 양로兩路로 나누어 북진하고 있었다. 에드워드 알몬드Edward Almond 장군이 지휘하는 동로군, 즉 미군 제10군단과 한국군 제1군단(미 해병 제1·7사단, 한국 제3사단, 수도사단)은 장진호長津湖를 따라 압록강 상류지역의 혜산惠山, 강계江界로 진격했다. 서로군은 월턴 워커Walton Walker 중장이 지휘하는 미 제8군 소속 제1군단과 한국군 제2군단(미군 제24사단, 영국군 제27여단, 한국 제1·2·6·7·8사단)의 병력을 두 갈래로 나누어 북쪽으로 벽동碧潼, 초산楚山, 강계를 공략했다. 미군 제1기병사단, 제182공수부대는 평양, 숙천에서 기회를 노리며 출동 명령을 기다리고 있었다. 미군은 인천에 상륙한 뒤 전황이 순조롭게 진전되어 그다지 강력한 저항 없이 평양, 원산 등지를 탈취했다. 교만해진 장병들은 성급하게 승전에만 몰두한 나머지 뜻밖에도 전술적 착오를 범하고 말았다. 즉 동서 양군 사이에 거대한 간극이 벌어졌던 것이다.

중앙군사위원회 주석 마오쩌둥은 즉시 전투 기회를 포착하고 10월 21일, 펑더화이에게 전보를 보내 중국군 제42군단이 적을 장진에서 저지하고 원산, 평양 간의 철도를 끊어 한·미군이 북쪽을 지원할 수 없도록 하라고 지시했다. 그리고 제38·39·40군단 등 3개 군단의 주력을 집중하여 한국군 제6·7·8사단을 섬멸하라고 명령했다. 마오쩌둥은 한국의 3개 사단을 섬멸해 파병의 첫 승리를 거두는 것이 조선의 전쟁 상황을 뒤바꾸는 아주 좋은 기회라고 판단했다.[18]

펑더화이는 즉시 병력을 나누어 전략적 요충지를 지키고자 했던 원래의 작전 계획을 조정했다. 그는 우세한 병력을 서부 전선에 집중하여 적을 분할 포위하고, 기동전을 통해서 적을 섬멸하는 새로운 방법을 찾았다. 각 군은 곧 바로 행동에 들어가 중·한 양군이 교전하는 역사적 시점이 점점 다가왔다.

10월 25일 오전 7시경, 중국군과 한국군이 충돌하는 첫 총성이 울렸다. 한국군 제1사단 선두 부대의 한 보병 소대가 적을 얕잡아 보고 흩어져 수색도 하지 않고 머리에 철모를 쓰고 어깨에 보총을 한 채 4열 종대로 발맞추어 전진하다가 전멸당했다.[19] 2시간 후 온정溫井 양수동兩水洞에 매복해 있던 중국 인민지원군 제40군단이 벽동으로 밀고 들어오는 한국군 제6사단 선두 대대를 매복 습격했다. 미국의 어느 종군기자는 이 전투에 대해 다음과 같이 기술하고 있다. "큰 재난이 덮쳤다. 적은 대량의 공산당 중국인이다. 그들은 전투에서 한국군 대대를 회생불능 상태로 궤멸시켰다. 몇 분 만에 이 대대는 막대한 사상자를 내어 750명 중 350명이 살상되거나 생포되었다."[20] 제40군단 매복전의 이 승리는 중국군의 사기를 진작시켰다.

그러나 온정, 운산雲山에서 한국군의 좌절은 멀리 도쿄에서 조선전쟁을 원격 지휘하고 있던 맥아더의 주의를 환기시키지 못했다. 그는 여전히 11월 23일, 추수감사절까지 전쟁을 끝낸다는 맹목적이고 낙관적인 전망을 하고 있었다. 그의 독촉으로 한·미군은 계속 병력을 나누어 북진 중이었지만 공격당하기 쉬운 전장 틈새가 여전히 존재했다. 펑더화이는 즉각적으로 새로운 작전 방안을 성해 11월 1일, 다음과 같은 작전 명령을 하달했다. 제38군단은 한·미군의 퇴로를 차단하고 제42군단은 덕천德川을 공격해 지키면서 동부전선에서 지원하러 들어오는 적을 막는다. 제40군단 주력은 영변寧邊의 한국군 제1사단을 포위하고 기회를 보아 섬멸한다. 제39군단은 운산에 있는 적을 공격해 제압한 다음에 제40군단과 협동하여 미군 제1기병사단을 궤멸시킨다. 새로이 조선 작전에 참전하는 제66군단은 귀성龜城 서쪽에 주둔하고 미군 제24사단을 견제하면서 기회를 찾아 섬멸한다. 제50군단은 신의주新義州 동남쪽의 차련동車輦洞 일대에 진군하여 영국군 제27여단을 저격한다.[21] 이번 작전 명령 속에는 미군을 섬멸한다는 임무가 들어 있었다.

11월 1일 17시, 중국군 제39군단은 운산을 지키고 있는 한·미군에 공격을 개시했고 3일 밤까지 악전고투하여 미 제1기병사단 제8연대 직속부대와 제3대대를 궤멸시켰다. 그리고 이 사단을 지원하러 온 제5연대를 격파했다. 미군은 우익右翼이 폭로되자 청천강淸川江 이남으로 퇴각해 집결했다. 제40군단은 11월 1일 밤에 미군 제1기병사단의 대포 진지를 야간 기습하여 처음으로 미군 포로 30여 명을 붙잡았다. 제119사단은 미 유탄포 진지를 기습해 승전했다. 11월 2일, 제38군단이 원리院里를 공격해 점령하고 한·미군의 측면을 위협했다. 제42군단은 한·미군과 주야로 13일 동안 격전하여 적군의 서진西進을 막아 서부전선의 주력 작전을 확보했다. 미 제8군 사령관 워커는 한·미군이 참패하여 원리를 상실하자 청천강의 북쪽에서 포위당할까 우려하여 3일, 전 전선은 남쪽으로 후퇴하라고 명령했다. 11월 5일, 펑더화이는 부대를 휴식 정비하기 위해 공격 중지 명령을 내렸다. 이리하여 제1차 전역戰役이 종결되었다. 이 전역에서 중국인민지원군은 적 1만 5,000여 명을 섬멸시키고 1만여 명의 아군 사상자를 냈다.[22] 한·미군이 압록강 주변지역에서 청천강 이남지역으로 철수함으로써 맥아더의 추수감사절 전에 전쟁을 끝낸다는 계획은 무산되고 말았다. 그리고 조선의 전황은 대체적으로 안정을 되찾기 시작했다.

11월 중순에 이르러 중국군 제9병단이 전쟁 지원을 위해 북조선에 왔다. 조선전쟁에 참전한 중국인민지원군은 도합 38만여 명으로 동서 양로로 나누어 주둔하면서 미군 7개 사단, 한국군 10개 사단, 영국·오스트레일리아군 2개 여단, 터키와 캐나다 각 1개 여단, 그리고 프랑스, 태국, 필리핀 부대 등 총 27만 병력과 서로 대치했다.[23] 중·조 군대는 지상 작전에서 우위를 점했다. 한·미군은 공중·해상 작전에서 압도적인 우세를 차지했다. 맥아더는 오만하기 그지없었다. 11월 24일, 비행기를 타고 압록강, 강계 일대를 시찰하면서 그는 전선 장병들에게 "압록강까지 쳐들어간 다음에 귀국하여 집에서 크리스마스를 보낼 수 있다"[24]라고 약속했다. 같은 날 그는 『공보公報』를 공개적으로 발표하여 기밀사항인 '크리스마스 총공격 계획'을 공포했다. "동부에서는 해군을 출동시켜 지원해 포위망을 형성하고 서부에서는 총공격을 개시하여 압박하면서 접근한다. 만약 이 공세로 승리한다면 실제로 전쟁을 끝낼 수 있다."[25] 이어서 맥아더는 미국, 한국, 영국, 오스트레일리아의 군대에 각각 벽동, 삭주朔州, 초산, 신의주, 희천熙川을 공격할 것을 명령했다.

같은 날 중국인민지원군 본부는 작전 계획을 수정하여 제13병단은 서부전선을 가로질러 포위하고 제9병단은 동부전선에서 저격 작전을 수행하도록 명령했다. 11월 25일 황혼 무렵, 제2차 전역이 시작되었다. 서부전선의 제38군단이 한국군 제6사단의 방어선을 뚫고 대동강 도하를 강행했다. 26일까지 격전하여 한국군 제7사단 5,000여 명의 병력을 섬멸하고 미군 군사고문 7명을 생포했다. 또한 제39·40·42·50·66군단이 서부전선작전에 투입되었다. 동부전선 각 군단도 한·미군과 격전했다. 12월 1일까지 서부전선에서는 적 2만 2,000명을, 동부전선에서는 적 1만 3,000명을 각각 격멸시켰다.[26] 한·미군은 각 전선에서 치명적인 타격을 받은 후에 뿔뿔이 흩어져 남으로 퇴각했다. 12월 6일, 중·조군은 평양을 수복했다. 제2차 전역에서 미군의 참패는 매우 큰 반향을 일으켰다. 11월 30일, 트루먼은 성명을 발표하여 "한 차례 심각한 위기에 직면했다"라고 시인했다. 그는 "중국인민지원군이 거세고 조직적으로 진격했기 때문에 결과적으로 유엔군이 대부분 철수했으며 대단한 두려움마저 느낀다. 아울러 현재 가장 필요한 것은 자유국가의 연합군사 역량을 증가하는 것이다"라고 주장했다.[27] 이어 그날 열린 기자회견에서 트루먼은 "원자폭탄을 포함한 각종 무기를 동원하여 군사 정세에 대응하고자 한다"[28]라고 발표했다. 이 말은 즉시 세계 여론을 뒤흔들었다. 12월 16일, 트루먼은 공고문을 발표하여 전국적으로 비상사태를 선포하고 광신적인 전쟁 선동에 진력했다. 동시에 허풍이 심한 맥아더에게 갈수록 불만이 커져 대통령과 총사령관 사이는 균열이 가기 시작했다. 조선 전선前線의 전지戰地 지휘관들은 불쾌한 기색으로 도쿄 총사령부의 제멋대로인 지휘에 불만을 표했다. 반면에 중국 군대의 죽음을 두려워하지 않는 정신에 대해서는 깊은 인상을 느낀다고 전했다.[29]

한국전 전장에서 중국인민지원군이 총칼, 수류탄으로 한·미군과 육박전을 벌이고 있을 때 뉴욕 석세스호Success湖에서 열린 유엔총회에서 중국은 한·미 양국과의 외교전을 동시에 진행했다. 11월 10일, 미국은 영국, 프랑스, 쿠바, 노르웨이, 에콰도르 등의 나라와 함께 유엔총회에 '대한민국 침략 고소안'을 제출했다. 11월 24일, 우슈취안伍修權을 단장으로 한 중국 대표단은 '미국의 타이완 무장 침략 고소안'을 지참하고 뉴욕에 도착했다. 11월 27일, 중국 대표단은 임병직林炳稷을 단장으로 하는 한국 대표단과 함께 안전보장이사회 회장에 들어가 회의에 참석했다. 11월 28일, 우슈취안은 안전보장이사회에서 긴 연설을 발표하여 미국 정부가 군대를 파견하여 북조선과 중국 타이완을 침략한 것에 대해 성토하고 안전보장이사회에 다음과 같은 3가지 요구사항을 제시했다. ①미국 정부가 무력으로 중국의 영토인 타이완을 침략하고 조선을 무장 간섭하는 범죄행위를 규탄하며 구체적인 절차를 통해 이를 엄격히 제재해야 한다. ②즉시 유효한 조치를 취하여 미국 정부가 타이완으로부터 자신들의 무장 침략 역량을 완전히 철수하게 해야 한다. ③즉시 유효한 조치를 취하여 미국과 기타 외국 군대들이 일률적으로 조선에서 철수하고 조선 내정은 남북한 인민들이 스스로 해결하도록 해야 한다.[30] 11월 29일, 한국 대표단장 임병직은, 중국이 한국에 대해 "죄악적이고 음모적이며 제멋대로 이유 없는 침략"을 감행했다고 고발하면서 이러한 "광적이고 부도덕하며 공포스러운 행위는 인류에게 격변의 재난을 초래할 것"이라고 경고했다. 그런 뒤 "중국 정부는 즉각적으로 조선에서 철군하고, 군사적 내지는 비非군사적 전쟁포로를 석방하라"[31]고 요구했다.

우슈취안과 임병직의 발언은 중·한 외교 대표가 국제회의에서 겨룬 최초의 대결이었다. 중국 대표의 발언은 집중적으로 창끝을 미국에 겨누었지만 한국 대표의 발언은 창끝을 주로 중국에 겨누었다. 이 때문에 임병직이 발언할 때 우슈취안 일행은 퇴장하는 것으로 항의를 표시했다. 우슈취안은 다음 날 "나는 이번 안전보장이사회 참가에 있어서 '미국의 타이완 무장 침략 행위를 고소'하는 토론에만 참석할 것이며 이른바 '대한민국 침략 고소안' 토론에는 참석하지 않겠다"라고 선언했다. 그 이유에 대해서는 다음과 같이 명백하게 밝혔다. "조선 문제의 진상은 다른 것이 아니라 바로 미국 정부가 조선 내정을 무장간섭하고 또 중화인민공화국의 안전을 심각하게 훼손했다는 것이다. 이런 의미에서 미국 정부가 유엔의 명의를 도용한 것은 완전히 불법적이라고 할 수 있다. 6월 27일, 유엔 안전보장이사회의 조선 문제에 관한 결의는 두 상임이사국인 중화인민공화국과 소련이 참석하지 않았기 때문에 근본적으로 불법적이다. 이러한 상황에서 나는 근본적으로 터무니없는 이른바 '대한민국 침략 고소안' 토론에는 결코 참석하지 않겠다."[32] 11월 29일, 미국의 조종으로 안전보장이사회는 중국의 고소안을 부결시켰다. 뿐만 아니라 12월 7일, 한국의 고소안을 유엔의 회의 일정에 집어넣자 중국 대표단은 안전보장이사회의 토론에서 퇴장했다. 12월 16일, 우슈취안은 기자회견장에서 원래 제5차 유엔총회에서 발표하고자 했던 연설문을 배포하고 중국 정부의 입장을 재천명했다.

12월 3일, 북조선 수상 김일성이 중국을 방문하여 주석 마오쩌둥과 총리 저우언라이와 회견했나. 양측은 중·조 군대의 연합작전, 전두성과 확내와 관련된 협의를 도출했다. 4일, 중·조 군대연합사령부(이하 '연합사'로 약칭)가 조직되었다. 사령관 겸 정치위원에 펑더화이, 부사령관에 덩화鄧華·김웅金雄, 부정치위원에 박일우가 각각 임명되어 새로운 작전 행동을 펼치기 시작했다.

1950년 12월 31일, 제3차 전역이 시작되었다. 맹렬한 포화의 엄호를 받으면서 1951년 1월 2일까지 중·조 군대는 남으로 40킬로미터를 돌진했다. 자동차 사고로 숨진 워커를 대신해서 미 제8군 사령관으로 임명된 매슈 리지웨이Matthew Ridgway는 정세가 불리함을 감지하고 긴급명령을 내려 한·미군을 남으로 퇴각시켰다. 1월 4일, 중국인민지원군 제39·50군단과 조선인민군 제1군단은 서울까지 진격했고 5일에는 한강 도하를 강행하여 계속 남진했다. 1월 8일, 선두부대는 37도선 부근까지 도달했다. 펑더화이는 한·미군의 조직적인 퇴각에 주의하여 측후 공격을 막기 위해 추격 중지 명령을 하달하여 제3차 전역을 끝맺었다.

1월 25일, 리지웨이가 반격을 개시해 제4차 전역이 시작되었다. 미군 주력은 서부전선에서 서울 방향으로 돌진했고 한국군은 동부전선에서 진격을 개시했다. 27일, 연합사는 '서쪽은 맞서고 동쪽은 느슨하게 하는[西頂東放]' 작전 방침을 세워 서부전선에서 방어망을 조직하고 동부전선에서 반격을 시도함으로써 측면에서 서부전선의 미군을 위협하고 그 진격을 저지하고자 했다. 하지만 미군의 공세가 거세 2월 3일부터 7일까지 연속해서 중·조 군대의 양 방어선을 돌파했다. 중국인민지원군 제39·50군단과 조선인민군 제1군단이 서로 엄호하며 북쪽으로 후퇴했다. 3월부터 중국인민지원군 제3·19·20병단이 계속해서 조선으로 들어와 참전함으로써 미군 공격을 약화시켰다. 3월 14일, 중·조 군대는 서울에서 철수하고 주력을 38도선 부근에 집중하여 전초선前哨線을 쳤다. 4월 초에 이르러 제4차 전역이 끝났다. 한·미군이 38도선 이남에서 승전하자 맥아더는 득의양양해졌다. 3월 21일, 트루먼은 협상을 진행해 하루속히 미군이 조선 전장에서 빠져나와 유럽에서 소련과 맞서는 데 전력을 집중하자는 성명을 맥아더에게 전달하고 동의를 구했다. 이에 맥아더는 도리어 3월 24일, 개인성명을 발표하여 '전쟁을 조선지역 내로 한정한다'는 트루먼의 규정을 타파할 것을 견지했다. 그리고 "군사행동을 적색 중국의 연해지구와 내륙 기지에까지 확대해야 한다"라고 주장했다. 그는 "중국은 당장 군사적 붕괴가 일어날 것"이라고 망발하면서 공공연하게 대통령과 정면으로 충돌했다.[33] 트루먼은 맥아더의 이와 같은 오만불손하고 미국의 세계 전략을 교란시키는 행위를 용인할 수 없었다. 4월 11일, 트루먼은 맥아더의 유엔군 총사령관 직무를 해임하고 그 자리를 리지웨이에게 위임했다. 리지웨이는 일처리가 노련하고 계획이 주도면밀할 뿐만 아니라 군대를 다루는 데 신중한 태도를 취했다. 때문에 총사령관의 교체는 조선전쟁의 진정進程에 영향을 미치지 않을 수 없었다. 4월 중순, 중·조 군대 총병력은 약 70만 명에 육박했고 한·미군 작전부대는 34만여 명에 달했다.

4월 22일, 제5차 전역이 개시되었다. 중국인민지원군의 각 돌격 병단은 전 전선에 걸쳐 반격을 가했다. 리지웨이가 '자성磁性전술'을 펼쳐 나란히 밀착하며 걸음마다 반격했기 때문에 연합사가 예정한 대종심大縱深·대지괴大地塊의 분할 포위 전역 목표는 실현하기 어렵게 되었다. 측후 상륙으로 인해 양 전선의 작전이 교착 국면에 처하지 않도록 하기 위해 중앙군사위원회 비준을 거쳐 29일 펑더화이는 공격을 잠시 중지하라는 명령을 내렸다.

전장 형세의 변화에 근거하여 5월 6일, 펑더화이는 새로운 작전명령을 내렸다. 5월 16일, 중·조 각 부대는 공격전을 펼치면서 한국군 진지 종심을 향해 돌진했다. 제12·27군단이 38도선 이남 지역까지 용맹하게 전진했다. 그러나 진격 부대가 대량으로 투입되자 전선이 길어진 데다가 제공권制空權이 우세한 미 공군이 비행기를 빈번히 출동시켜 중국 군대의 보급선을 무차별 폭격하니 보급 물자 공급이 어려움에 빠져 공세가 뜸해질 수밖에 없었다. 21일, 펑더화이는 명령을 내려 공격을 중지하고 각 부에서 서로 엄호하면서 북으로 집결하라고 명령했다. 리지웨이는 이 기회를 틈타 한·미군 13개 사단으로 집중 추격하고, 기갑 부대와 기계화 부대를 출동시켜 도로를 따라 중·조 군대를 포위해 퇴로를 신속히 차단했다. 5월 24일, 중국인민지원군 제12군단의 2개 사단, 제27군단 주력, 제60군단 180사단이 38도선 이남 지역에서 포위당했다. 결사적인 전투 끝에 제27군단 주력과 제12군단의 2개 사단이 포위망을 뚫고 북으로 철수했다. 그러나 제60군단 180사단은 탄약과 식량이 떨어진 데다가 지휘 부실로 인해 전 사단의 1만 2,000명 중 7,000여 명의 희생자가 발생했다. 그중 5,000여 명이 생포되었다. 6월 10일에 제5차 전역이 종결되었다. 중·조 군대는 적군 8만 2,000명을 소멸하고 아군 8만 5,000명을 잃었다. 그중 제3병단은 실종자가 1만 6,000명이나 되었는데 이

것은 뒷날 전쟁포로 송환 문제로 남았다.[34]

제5차 전역이 끝난 뒤에 양측의 전선은 대체로 38도선 부근에서 안정을 되찾아 전략적인 대치 단계에 진입했다. 중·조 군대는 소규모 승전을 축적하여 대규모 승전을 이루는, 즉 '사탕을 야금야금 씹어먹는' 전술을 시도했다. 갱도전, 단발총 사격 등 새로운 작전방식으로 한·미 군대의 인적 전력을 끊임없이 소모시켰다. 미군은 제해권과 제공권에 의지하여 공중에서 중·조 군대의 후방 보급선을 차단하는 '교살전絞殺戰' 전술을 썼다. 중·조 군대는 비록 많은 어려움을 겪었지만 매번 반격을 가하여 한·미 군대의 북방을 소탕하고자 하는 꿈을 좌절시켰다. 전쟁이 1년간 지속되자 미군은 10만여 명의 인명 손실과 100억여 달러에 달하는 재산 손실을 보았다. 미국 정부는 마침내 조선전쟁은 밑 빠진 독과 같아서 승리의 희망을 가늠할 수 없다는 사실을 깨닫게 되었다.[35] 트루먼은 처음부터 유럽에서 소련과의 싸움에 역량을 집중해야지 조선전쟁을 장기화하는 것은 옳지 못하다고 생각했다. 이와 동시에 전쟁을 오래 끄는 것은 미국 국내의 불만과 전체 서방 진영의 불안을 격화시키는 것이었다. 이러한 상황에서 전선을 대체로 38도선 부근에서 안정시킨 다음에 트루먼은 애치슨에게 다방면으로 소련과의 협상 가능성을 모색하라고 지시했다. 미국, 소련, 중국, 조선의 다각적인 외교 접촉을 통해서 정전협상의 일정이 거론되기 시작했다.

1951년 6월 23일, 유엔안전보장이사회의 소련 대표 말리크Malik가 공개적으로 정전평화회담을 제의했다. 6월 25일, 『인민일보』는 「조선전쟁의 일년[朝鮮戰爭的一年]」이란 제목으로 사설을 발표하여 중요한 소식을 전했다. "중국 정부는 여태까지 주장해왔듯이 지금도 변함없이 조선 문제를 평화적으로 해결할 것을 주장한다. 그러므로 말리크의 제의에 전적으로 찬성한다."[36] 같은 날 트루먼은 연설을 발표하여 미국은 "한반도 문제를 평화적으로 해결하는 협상에 참가하기를 원하지만 이것은 반드시 한국 국민이 새롭게 평화와 안전을 얻을 수 있는 진정한 해결 방법이어야 한다"[37]라고 말했다. 6월 30일,

리지웨이는 명령에 따라 성명을 발표하여 교전 양측이 정전협상에 들어가자고 제안했다. 이에 7월 1일, 김일성과 펑더화이는 양측 대표가 7월 10일에 개성에서 만나자고 회답했다.

7월 10일, 인민군 고위급 장군 남일南日, 이상조李相朝, 장평산張平山, 중국인민지원군 고위급 장군 덩화鄧華, 셰팡謝方, 그리고 미군 해군 중장 터너 조이Turner Joy, 공군 소장 로런스 크레이기Laurence Craigie, 육군 소장 헨리 호디스Henry Hodes, 해군 소장 알레이 버크Arleigh Burke, 한국군 육군 소장 백선엽白善燁 등이 예정대로 제1차 협상을 진행했다. 중·조 대표는 협상에서 양측의 정전, 38도선 군사분계선 확정, 모든 외국 군대 철수 등 3가지 주장을 내놓았다. 한·미 대표는 9항의 의정안을 제안하고 의도적으로 외국 군대 철수 등의 실질적인 문제를 회피하여 협상은 소강상태에 빠졌다. 8월 중순 미국 측이 철군과 38도선 군사분계선 확정을 거절해 협상이 무산되었다.

정전협상이 무산되자 양측은 재차 교전에 들어갔다. 중·조 군대는 한·미군이 8월 18일과 10월 3일에 발동한 두 차례의 대규모 진격을 막아내고 다시 한·미가 협상 석상으로 돌아오게 만들었다. 10월 25일, 양측은 판문점에서 협상을 재개했다. 1개월간의 치열한 설전이 벌어진 끝에 협상은 약간의 진전을 보였다. 11월 27일, 중·조 대표가 제의한 기초상에서 양측은 협의를 이끌어낼 수 있었다. 즉 현재의 실제적인 접촉선을 확정하고 38도선을 군사분계선으로 각자가 2킬로미터씩 후퇴하여 비무장지대를 만든다는 것이다. 그러나 정전협정의 실시를 보증하고 군사 인원과 군사 장비를 늘리지 않으며, 시찰제도를 만들고 전쟁포로를 교환하는 등의 문제에서는 미국 측의 시비로 그 어떠한 진전도 얻을 수 없었다.

1952년 5월, 이탈리아 주재 미군 사령관 마크 클라크Mark Clark가 리지웨이를 대신하여 연합군 총사령관으로 부임했다. 그는 부임하자마자 즉각적으로 정전협상 무기한 휴회休會를 선포했다. 또다시 협상 석상의 논쟁이 전장에서의 대결로 바뀌었다. 같은 해 10월, 클라크는 미군 제7사단, 한국군 제7

사단과 제9사단 등 3개 사단의 병력을 집결시켜 비행기, 탱크, 대포의 엄호 하에 군사지리상 요충지인 김화金化 공세를 개시하여 상감령上甘嶺 지대를 집중 공격했다. 중국인민지원군 제15군단과 제12군단은 견고한 갱도공사와 야전공사에 의지해 보병과 포병이 협동작전을 펼치면서 치열한 오성산五聖山 쟁탈전을 전개했다. 11월 25일까지 전쟁을 치른 끝에 중국인민지원군은 적 2만 5,000명을 섬멸하고 적 전투기 270대를 격추하거나 타격을 입혔으며 대구경 대포 61문과 탱크 14대를 파괴하여 클라크의 진격을 분쇄했다.[38]

1953년 1월, 조선전쟁의 종결을 선거공약 구호로 내세운 드와이트 아이젠하워Dwight Eisenhower가 미국 대통령으로 취임했다. 대통령 성명에서 그는 "미국 국민은 한반도의 평화를 간절히 바란다. 그러나 우리 국민은 체면이 서는 정전협정을 체결할 것을 요구하고 있다"[39]라고 강조했다. 이 성명은 전쟁포로 송환 문제에 있어서는 모종의 유연성을 보여준다. 1953년 4월 26일, 반년 남짓 중단되었던 정전협상이 판문점에서 재개되었다. 양측은 전쟁포로 송환 문제에서 진척을 보였는데 송환할 전쟁포로는 정전이 실현된 후 2개월 내에 전부 송환하기로 했다. 그 나머지 전쟁포로는 중립국에 넘겨 관리하게 하며 소속 국가에서 인원을 파견하여 6개월간의 해명을 거친 다음 정치협상을 통해서 해결하기로 했다. 협상 진전에 장애가 되었던 전쟁포로 송환 문제가 중·조 측의 실무적인 협력으로 무사히 해결될 수 있었다.

그러나 이승만은 평화회담을 극력 반대하면서 수차례 아이젠하워에게 서한을 보내 단독으로라도 끝까지 전쟁을 계속할 것이라고 밝혔다. 미국의 정부 요원들이 반복적으로 화해를 권하고 경제와 군사원조를 약속했지만 이승만은 도리어 6월 중순 전쟁포로를 석방함과 동시에 그들을 강제 징병하는 등의 수단으로 정전협상의 순조로운 진행을 의도적으로 방해했다. 중·조 군대는 이승만 도당徒黨의 방자하고 오만한 기세를 꺾고 담판 협의의 장애물을 제거하기 위해 끊임없이 국부적인 공세를 펼쳤다. 6월에 가한 여름철 공세에서만도 북한강 양쪽 58제곱킬로미터의 토지를 탈환하고 1만 9,354명의 사상자를 내는 대가로 4만 1,000여 명의 적을 소멸시켰다.[40] 6월 19일, 중앙 군사위원회는 전보로 새로운 행동을 개시할 것을 명령했다. 21일, 중국인민 지원군 본부는 금성金城 전역戰役 배치를 기획했다. 7월 13일부터 7월 27일까지 야간전투를 벌여 제20병단 각 부대가 한·미군의 반격을 격퇴하고 적 5만 3,000여 명을 섬멸해 금성 전역의 승리를 거두었다. 이와 동시에 기타 전선의 중·조 군대도 빈번히 출격하여 전과를 확대했다. 7월, 진격전에서 중·조 군대는 3만 3,253명의 사상자를 내고 적 7만 8,000여 명을 섬멸했으며 178 제곱킬로미터를 남진하는 전과를 올렸다.[41] 특히 제5차 전역 후의 진지전에서 중·조 군대는 포화로 공격력을 증강하고 공군과 기갑 부대를 투입하여 지상 돌격 역량을 더한층 강화시켰다. 이처럼 양측의 실력 대비가 변화된 상황에서 이제 되도록이면 빨리 정전협정에 조인하는 것만이 현명한 현실적 선택이었다.

중·조 군대의 공세 압력에 직면한 이승만 정부는 미국의 정전 제의에 동의할 수밖에 없었다. 말 그대로 정전협정 체결의 시기가 무르익은 것이었다. 6월 29일, 클라크는 김일성과 펑더화이에게 정전조항 준수를 보증한다는 뜻을 전했다. 7월 7일, 김일성과 펑더화이는 정전협정 실시 문제를 논의하는 데 동의한다고 회신하면서 미국이 반드시 한국에 대해 정전협정과 그 모든 해당 협의를 준수하게 하는 효과적인 절차를 취해야 한다고 강조했다.[42] 유엔 측 수석 대표 윌리엄 해리슨William Harrison은 "대한민국이 정전을 파괴하는 어떠한 행위를 취하게 되면 유엔군은 이를 지지하지 않을 것이다"[43]라고 신속하게 태도를 표명했다. 7월 24일, 양측 협상 대표는 최종적인 군사분계선을 확정했다. 7월 27일 오전 10시, 양측 대표는 '조선정전협정'과 '임시보충협의'에 서명했다. 같은 날, 수상 김일성, 사령관 펑더화이, 사령관 클라크는 각각 '조선정전협정'에 서명함과 동시에 그날 22시를 기해 전 전선에 정전 명령을 하달했다. 이로써 3년 1개월 동안 지속된 조선전쟁이 막을 내렸다.

조선전쟁의 간접적 원인은 일본의 식민지 점령이지만 직접적인 원인은 미·소 분할 점령과 '냉전' 대립의 격화에서 찾을 수 있다. 그리고 남북이 동시에 무력통일 방침을 고수한 것이 전쟁의 도화선이 되었다. 미국이 타이완을 점거하고 제7함대가 타이완 해협을 봉쇄하여 중국의 안전을 위협하는 가운데 북조선이 재삼 파병을 요청했기 때문에 중국은 항미원조를 목적으로 중국인민지원군을 출동시켰다. 이로써 바다를 사이에 두고 이웃한 중·한 양국은 3년간의 혈전을 치르게 되었다. 기본적으로 38도선이 원래의 상태를 회복하고 극동지역에서 평화가 실현되기까지 중·한 양국은 모두 막대한 대가를 치렀다. 중국인민지원군의 사상자 수는 36만여 명, 작전 소모 물자는 560만여 톤, 전쟁비용은 62억 위안[元]에 달했다.[44] 한국의 비무장 인원 사상자 수는 100만여 명이고 물자 소모량은 30억 3,200만 달러였으며 43%의 공업 시설, 41%의 발전 설비, 50%의 광산 시설이 전화로 파괴되었다. 그야말로 국토는 초토화되었고 국민 생활은 도탄에 빠졌다.[45]

2장 바다를 낀 대치 시대의 설전

조선전쟁이 종결된 이후 중·한 양국 간의 무장 충돌은 지나간 역사가 되었다. 그러나 양국 사이를 소원하게 만드는 여러 요인은 장기간 존속했다. 양국 관계사에 있어 '유혈'이라고 하는 침중한 한 페이지를 넘긴 데다가 두 나라는 1950년대 초에서 1980년대 초에 이르기까지 바다를 사이에 두고 30여 년을 대치하면서 말과 글을 통해 끊임없이 상대방을 비방했다. 이 시기에 양국이 대치하게 된 몇 가지 주요 문제를 들어보면 다음과 같다.

(1) '정전협정' 수호 문제

첫 번째 문제는 무엇보다도 전쟁포로 송환 문제를 꼽을 수 있다. 조선전쟁 기간 동안 발생한 중국인민지원군의 전쟁 사상자는 36만 6,000여 명이고 실종자 수만도 2만 5,600여 명에 이른다. 그리고 실종자 중 대부분은 생포되었다.[46] 신중국 초창기에 전쟁포로 송환 문제는 민감한 문제였을 뿐만 아니라 중국 정부와 중국 인민의 감정을 자극하는 가장 중대한 사안이었다.

'정전협정' 제3조 전쟁포로 배치에 관한 해당규정에 따르면, 각 측은 정전협정이 발효된 날로부터 60일 내로 반드시 자신이 수용한, 즉 송환을 요구하는 모든 전쟁포로를 여러 조로 나누어 직접 송환하되 그들이 포로가 될 당시 소속했던 측에 넘겨주어야 하며 그 어떤 방해도 받아서는 안 된다. 각 측은 직접 송환되지 못한 나머지 전쟁포로들은 군사 통제와 수용에서 석방시켜 통일적으로 중립국 송환위원회에 인도하여 '중립국 송환위원회 직권 범위'

각조 규정에 따라 처리해야 한다. 특히 송환을 원하는 모든 부상당한 포로들이 우선적으로 송환되어야 한다. 전쟁포로의 전체 송환은 정전협정이 발효된 후 60일 내로 완수해야 한다. 각 측은 최대한 빨리 자신들이 수용한 전쟁포로의 송환을 매듭지어야 한다.[47] 여기에 근거하여 인도, 폴란드, 체코슬로바키아, 스웨덴, 스위스 5개국은 각각 1명의 위원을 파견하여 중립국 송환위원회를 구성하고 인도 대표가 중재인, 주석, 집행인 직무를 맡았다. 위원회는 각 억류 측에 수용되어 자신의 피송환 권리를 행사하지 못하는 전쟁포로를 책임짐은 물론 전쟁포로에게 무력 혹은 무력 위협을 행사하여 송환을 저지한다거나 또는 강제로 송환하려고 하는 행위를 막아야 했다. 아울러 전쟁포로의 신체에 폭력을 사용하거나 그 존엄을 모욕하지 못하게 하는 임무와 함께 전쟁포로 관리와 양측의 번역 및 통역 업무의 순조로운 진행, 또는 최종적으로 전쟁포로가 민간인 신분을 회복하여 중립국가에 가서 일할 수 있도록 하는 등의 일을 담당했다.

교전 양측이 전쟁포로 송환에서 위와 같은 협의를 이룰 수 있었던 것은 전장에서 피를 흘리며 싸운 결과로서 결코 쉽게 얻어진 것이 아니었다. 그러나 해당 협의를 제멋대로 유린한 자는 누구보다도 이승만이었다. '중립국 송환위원회 직권 범위'를 체결한 지 10일이 흐른 1953년 6월 18일부터 22일에 이르기까지 바로 이승만 정부는 전쟁포로 도주를 계획하여 현장에서 북방전쟁포로 2만 7,000여 명을 임의로 석방하고 의도적으로 말썽을 일으켜 '정전협정'의 이행을 교란시켰다. 특히 전쟁포로의 송환 과정에서 이승만은 타이완의 장제스와 결탁하여 포악한 수단으로, 송환을 요구하는 전쟁포로를 박해함으로써 중국 여론의 분노를 야기했다. 1953년 9월 6일, 직접적으로 전쟁포로를 송환하는 업무가 종결된 후에도 여전히 9만 8,742명의 전쟁포로가 한·미 측에 억류되어 있었다. 그리고 중립국 송환위원회에 인도되어 보호받고 있는 전쟁포로는 2만 2,602명이고 실종자는 7만 6,140명에 달했다.[48] 이 때문에 김일성 수상과 펑더화이 장군은 10월 20일 유엔군 총사령관에게 서한을 보내 이 문제에 관한 해명을 요구했다. 이승만과 장제스의 스파이들은 은밀하게 협력하여 중립국 송환위원회에 이송되어 관리 중인 2만여 명의 중국인민지원군 전쟁포로들을 엄격히 통제했다. 심지어는 자자刺字, 구타, 할육割肉, 배 가르기, 심장 도려내기 등 잔인무도한 공포 수단을 이용하여 자유로운 거취 선택을 저지했다. 뿐만 아니라 수차례 정상적인 번역 및 통역 업무의 진행을 방해하여 협의에 규정된 90일간의 번역 및 통역 업무를 단 10일에 그치게 만들었다. 85% 이상의 포로들은 그 어떤 통역도 들을 수 없었다. 12월 23일, 미국 측은 일방적으로 전쟁포로에 대한 번역 및 통역 업무를 종결한다고 선포했다. 이승만과 장제스는 전쟁포로에 대한 위협과 유인을 번갈아 행사하며 정치적 영향력을 확대했다. 1954년 1월 8일, 『인민일보』는 다음과 같이 폭로했다. "송환 업무를 방해하는 스파이 조직의 본부는 서울이고 한국군 헌병총사령관의 통제를 받는다. 이 본부는 6개의 전쟁포로 장소를 통제하는 4개 분파 조직과 연계되어 있다. 분파 조직은 55개 포로수용소의 모든 포로수용소 조직을 통제하고 있다."[49] 같은 해 1월 20일과 21일, 이승만과 장제스는 미국의 종용하에 2만 1,900여 명의 중·조 전쟁포로를 각각 한국의 포항, 군산과 타이완의 지룽基隆에 보내 입대하게 했다. 1월 29일, 저우언라이 외교부장은 성명을 발표하여 강력한 항의의 뜻을 밝혔다. 1월 30일, 『인민일보』는 사설에서 미국 측이 전쟁포로를 강탈하고 전쟁포로 문제에 관한 협의를 철저하게 파괴하는 행위는 그들이 정치상, 도의상으로 완전히 파탄에 이르렀음을 증명하는 것이라고 비난했다. 그야말로 이승만 정부가 미국, 장제스와 결탁하여 전쟁포로 송환 문제에서 취한 일련의 행태들은 중·한 간의 적대적 정서를 더욱 악화시키는 결과를 불러왔다.

두 번째 문제는 군사분계선, 정화停火, 정전 문제이다. '정전협정' 제1조는 양측은 군사분계선을 확정하고 이 선으로부터 각기 2킬로미터씩 후퇴함으로써 적대군 간에 한 개의 비무장지대를 설정해야 한다고 규정했다. 이 완충지대를 이용하여 적대 행위의 재발을 초래할 수 있는 사건의 발생을 방지하고자 함이다. 제2조의 규정은, 정전협정이 조인된 지 12시간 후부터 완전 정화의 효력이 발생한다는 것이다. 또한 그 효력이 발생한 후 72시간 내에 양측은 비무장지대에서 모든 군사 역량, 공급과 장비를 철수해야 함은 물론 이후 한반도 경계 밖으로부터의 군사 인원 증원이나 작전 비행기, 장갑 차량, 무기와 탄약의 진입을 중지해야 한다. 판문점에 각 5명의 양측 고급 군관으로 구성된 군사정전위원회를 설립하여 정전협정의 실시를 감독하며, 중립국인 폴란드 · 체코슬로바키아 · 스웨덴 · 스위스에서 각각 1명의 고위급 군관을 파견하여 중립국 감찰위원회를 조직함으로써 인원과 무기 장비의 한반도 내 진입 여부를 감찰한다. '정전협정'은 교전 양측의 실력 대비가 균등하고 장기적인 대치 상태가 각 측에 이롭지 못했기 때문에 협상으로 전쟁을 종결한 결과였다. 협상 과정에서 이승만은 한국 측 협상 대표에게 정전협상을 저지하라고 지시하면서 무시로 전쟁을 외치고 방해공작을 폈다. 1953년 6월 8일, 정전협정 조인을 위한 문건 '중립국 송환위원회 직권 범위'가 체결된 지 3시간 만에 이승만은 급히 성명을 발표하여 "만약 유엔이 정전을 받아들여 작전을 중지한다면 우리는 생명의 위험을 무릅쓰고라도 결정적인 결과를 얻을 때까지 계속적으로 싸울 작정이다"[50]라고 재천명했다. 이어 서울 등 도시에서 자발적인 반정전 시위가 단행되었다. 7월 19일, 22일 정전협상이 바야흐로 합의를 이룰 전야에도 이승만은 연속적으로 성명과 담화를 발표하여 "그 어떤 대가를 치르더라도 북조선을 공산당의 손아귀에서 해방시킬 것이다"[51]라고 주장했다. 그리고 "우리는 정전협정에 서명하지 않을 것이며, 만약 90일 내에 거행되는 정치회의에서 중국 철군을 달성하지 못하면 우리 자신의 방법대로 행동할 것이다"[52]라고 강조했다. 외무부 장관 변영태卞榮泰는 "그 어떤 일도 발생 가능하다. 우리는 정전협정을 이행하지 않을 것이다"[53]라고 명확히 말했다. 24일, 이승만은 다시 "내가 한 양보와 약속이 판문점에서 이룬 협의로 인해 파괴될 때 나는 더 이상 침묵하지 않을 것이다"[54]라고 밝혔다. 7월 27일, '정전협정'이 조인되자 세계 각지의 광범위한 환영을 받았다. 이승만은 성명을 발표하여 "나는 이 정전협정 체결이 전쟁을 줄일 수 없을 뿐만 아니라 더 많은 전쟁의 서막이 될 것이라고 확신하기 때문에 반대한다"라고 했다. 또한 "오직 정치회의가 일정한 시일 내에 조선의 해방과 통일의 문제를 평화적으로 해결할 것을 보증할 수 있다는 전제하에서만 정전을 파괴하지 않을 수 있다"라고 공언했다.[55] 그 뒤로도 이승만은 수차례 '국민에게 알리는 글'이나 '성명'을 발표하여 끊임없이 전쟁 회복을 외치면서 국제사회의 광범위한 불만을 샀다.

이승만이 전쟁에 대한 계속적 의지를 밝힘에 따라 중국은 즉각적으로 규탄에 들어갔다. 7월 28일, 『인민일보』는 「한반도 문제의 평화적 해결의 첫걸음[和平解決朝鮮問題的第一步]」이란 장편사설을 발표해 정전협정의 체결은 중요한 첫걸음을 내디딘 것이라고 높이 평가하고 "이 정전협정의 모든 조항이 확실하게 준수되고 집행되는 데 아직도 장애가 없는 것은 절대 아니다. 이러한 장애는 미국의 일부 호전분자들로부터 유래한 것이며, 특히 대한민국의 이승만은 정전에 한사코 반대하여 정전의 길목에 드러누워 한반도 평화의 수레바퀴를 막으려고 기도하고 있다. 세계 10여 국가의 청년들이 이미 이 완고한 폭군의 야심 때문에 영문도 모르고 덧없이 수많은 피를 흘리며 쓰러졌다"[56]라고 지적했다. 7월 29일, 수도 베이징 각계에서는 '정전협정' 체결을 경축하는 서명대회를 가졌다. 전국인민정치협상회의 부수석 천수퉁陳叔通은 개회사에서 "완고한 호전분자들은 아직도 정전을 파괴하려고 음모를 꾸미고 있다. 마땅히 경각심을 높여야 한다"라고 지적했다. 중국인민항미원조총회中國人民抗美援朝總會 주석 궈모뤄郭沫若도 연설에서 "평화를 적대시하는 사람들이 아직도 모든 수단을 다 동원하여 평화를 파괴하려고 하는 데 대해 경각심을 가질 것"을 호소했다. 또한 "이승만 집단은 시종 공개적으로 정전을 반대한다고 떠들고 있으며 계속적으로 전쟁을 기도하고 무력으로 한반도를 통일하고자 하는 야심을 드러내고 있다"라고 통렬하게 비난했다.[57]

위와 같은 중국 측 반응은 사소한 일을 크게 떠들어대는 것이 아니었다.

정전협정이 군사분계선을 확정하고 비무장지대를 설치함은 물론 모든 적대 행위와 무장 행동을 중지시킨 것은 사실이다. 그렇지만 교전 양측이 무장 충돌을 멈추는 정전협정에는 필경 영구적이고 근본적으로 문제를 해결하는 평화조약과는 달리 상대적인 취약성이 있었다. 때문에 반드시 교전 당사자가 정전협정의 각 조항을 존중하고 지키며 어렵게 얻은 평화 국면을 유지하려는 노력이 요구되었다. 정전협정 이래 이승만의 언행은 평화를 거부하고 전쟁을 주장했기 때문에 여러 차례 비난을 받을 수밖에 없었다. 1960년 4월 26일, 이승만이 4·19혁명으로 무너졌을 때도 세계 각국 국민들은 박수갈채를 보냈다. 중국 인민은 여러 대도시에서 잇달아 집회를 열어 시위행진을 하면서 한국 국민의 투쟁을 지지했다. 베이징에서는 30만 명의 각계 군중이 천안문 앞에서 집회를 가졌을 뿐만 아니라 공개 전보를 보내 성원을 표시했다. 4월 29일, 『인민일보』는 사설을 발표하여 이승만이 압박에 못 이겨 정계 퇴진을 선포한 데 대해 "매우 감격함과 동시에 영웅 불굴의 대한민국 애국 국민에게 충심 어린 축하와 숭고한 경의를 표한다!"[58]라고 전했다. 사설이 이승만의 하야를 이렇게 기뻐한 주요 원인은 그가 집권한 이래 줄곧 신중국을 적대시함은 물론, 정전협정을 파괴하고 걸핏하면 전쟁으로 위협하면서 반反중국과 반공을 일삼아왔기 때문이다.

세 번째는 정치회의 문제이다. '정전협정' 제4조의 규정에 근거해 한반도 문제의 평화적 해결을 보장하기 위하여 양측 군사 사령관은 남북한과 관계된 각국 정부가 정전협정을 조인하고 그 효력이 발생한 후 3개월 내에 각기 대표를 파견하여 양측의 한 급 높은 정치회의를 소집하고 한반도로부터의 모든 외국 군대의 철수 및 한반도 문제의 평화적 해결 등의 문제를 협의할 것을 건의해야 한다.[59] 이 규정은 판문점 정전협상보다 고위급 회의를 열어 철군을 협상하고 한반도 문제를 평화적으로 해결하기 위한 희망의 길을 닦아놓은 것이었다. 그러나 '냉전' 대치 상황에서 특히 반공에 열중하던 덜레스Dulles와 이승만이 서로 맞장구를 치는 바람에 이 희망의 길은 가시덤불로

뒤엉켜 통행이 어려워지게 되었다. 양측의 의견 불일치는 무엇보다도 '정전 협정' 규정문에서 언급한 정치회의 출석에 관한 '관계 각국 정부'에 대한 이해에서 나타났다.

1953년 8월 18일, 유엔총회에 출석한 소련 대표단 단장 비신스키Vyshinskii가 제안한 정치회의 출석 국가로는 미국, 영국, 프랑스, 소련, 중국, 인도, 폴란드, 스웨덴, 미얀마, 북조선과 한국이 가장 유력했다. 8월 24일, 저우언라이 외교부장은 성명을 발표하여 "원탁회의 형식을 취하여 정전 양측이 기타 관련 국가의 참여 아래 공동으로 협상하되 회의의 그 어떤 결의도 반드시 한반도 정전 양측의 일치된 동의를 얻어야만 성립될 수 있다"[60]라고 밝혔다.

미국은 한국에 파병을 지원한 '15개 국가 제안'을 앞장서서 제출했는데, 여기에는 비참전국이 정치회의에 출석하는 것을 반대하는 내용이 담겨 있었다. 이는 소련, 인도, 폴란드, 미얀마 등 중국에 우호적인 국가를 배제하고, 중·조 양국을 소수 국가 지위로 전락시키려는 의도였다. 3개월 남짓한 논쟁을 거쳐 11월 28일, 미국은 '12항 제안'을 제출하여 소련이 회의에 참가하는 것을 배제하고 회의를 남아프리카나 스페인에서 열 것을 주장했다. 11월 30일, 중·조 양국은 전면적인 제안을 내놓았다. 정치회의에 참가하는 양측 국가는 중·조 양국과 유엔군에 군대를 제공한 미국, 영국, 오스트레일리아, 한국 등 17개 국가로 해야 한다. 정치회의에서의 모든 결정은 반드시 이 국가들의 일치된 동의를 얻어야 하며 모든 체결 국가에 대한 구속력을 갖는다. 회의의 순조로운 진행을 위해 중립국 소련, 인도, 인도네시아, 파키스탄, 미얀마를 초청하여 회의에 참석시킨다. 회의 장소는 뉴델리로 하고 소집 시간은 1953년 12월 28일로 한다. 회의의 의사일정은 주로 전쟁포로 문제, 조선에서 모든 외국 군대의 철수 문제, 조선 문제의 평화적 해결과 기타 관련된 문제로 한다.[61] 그러나 미국 대표는 이 제안을 거절하고 12월 12일, 일방적으로 정치회의 소집에 관한 양측의 판문점 회담을 중지한다고 선포했다. 수차례의 교섭을 통해 1954년 1월 14일, 양측의 연락 비서관들이 회의를 열고

회담을 회복하기로 결정했다. 그러나 전쟁포로 송환 문제에서 미국, 이승만, 장제스가 손잡고 잔꾀를 부려 회담의 순조로운 진행을 방해했다. 1월 25일 미국, 영국, 프랑스, 소련 등 4개국은 외무 장관회의를 열고, 그해 4월 제네바에서 국제회의를 열기로 결정했다.

협상 결과에 근거하여 1954년 4월 26일, 조선 문제와 인도차이나 평화 회복 문제에 관해 토론하는 국제회의가 제네바에서 열렸다. 중국 총리 겸 외교부장 저우언라이, 소련 외상 몰로토프, 북조선 외무상 남일, 영국 외무 장관 앤서니 이든Anthony Eden, 미국 국무 장관 덜레스, 한국 외무 장관 변영태, 프랑스 외무 장관 조르주 비도Georges Bidault, 베트남 외무 장관 팜 반 동范文同 등이 연이어 제네바에 도착했다. 회의 전에도 한참 동안 조선 문제가 집중적으로 토론되었다. 정식회의가 열리기 이틀 전인 4월 24일, 변영태는 조선 문제를 토론하는 19개국 대표단 단장들보다 앞서 기자회견을 가졌다. 그는 그 자리에서 한국의 기본입장, 즉 중국 군대가 북조선에서 철수해야 하고 북측에서는 자유선거를 통해 한반도를 통일해야 한다는 입장을 설명했다. 그리고 한·미 양국은 만약 통일 실현 측면에서 아무런 진전이 없을 경우 회의 진행 90일이 지나면 회의를 중지할 것을 고려 중이라고 강조하면서 조금도 타협하려는 기색을 보이지 않았다.[62] 이와는 반대로 중·조 양국 대표단 대변인은 다음 날 가진 기자회견에서 도전이나 응전의 태도를 결코 보이지 않았다.

양측의 첫 마찰은 4월 27일의 회의에서 드러났다. 한국의 변영태가 먼저 창끝을 중국에 겨누는 발언을 했다. 그는 "유엔군은 중공군이 침략하기 전에 한반도에서 북한 침략자를 징벌하는 경찰 행동을 집행했다"[63]라는 이유를 들어 유엔군이 중국인민지원군과 동시에 북조선에서 철수하는 것을 반대했다. 그리고 "중국이 한반도 북부에 중국 농민들을 끝없이 파견해 거대한 흐름으로 조선 주민의 지위를 대체하려고 한다"라고 무함했다. 또한 중국이 "정전협정을 체결한 이래로 이미 북조선 전역에 군용 비행장을 여러 개 건설하여 일방적으로 이 정전협정을 파기했으며 북조선 전부가 점령 상태에 있다"라고 말했다.[64] 북조선의 남일이 변영태에 이어 조선의 국가통일과 남북 전체의 자유선거 실시 문제와 관련하여 다음과 같은 3가지 제안을 제시했다. 첫째, 선거를 통해 남북의 국민의회를 탄생시킨다. 둘째, 남북의회 대표로 '전조선위원회'를 구성하고 선거법을 제정하며 외국 간섭과 테러 집단의 압력을 배제하여 진정한 의미의 민주적인 선거를 실행한다. 셋째, 남북간의 경제 문화 관계를 건립하고 촉진한다.[65] 그날 황화黃華는 중국 대표단이 가진 기자회견에서 대변인 변영태의 발언이 "재차 중국을 무함했다"고 규탄했다. 나아가 "사실상 미국의 살인범들이 이 전쟁을 책동했으며 동시에 중국의 타이완을 침략해 점령했다"라고 지적했다.[66] 중국 대표단은 한국 대표와는 달리 시종 창끝을 주로 미국을 겨냥했다. 미국 기자들은 황화가 한국 국호를 언급할 때 '대한민국'이라고 부르는 점에 주목하여 "이 호칭은 공산당 선전원이 사용하지 않는 것이다"[67]라고 전했다.

4월 28일, 회의에서 덜레스가 발언한 후에 외교부장 저우언라이가 즉석발언을 했다. 저우언라이는 "제네바회담의 목적은 국제 긴장 정세를 완화시키고 세계 평화를 공고히 하는 것이어야 한다"라고 말했다. 중국 대표단은 "이번 회의에 참가한 전체 대표들이 모두 이 임무를 실현하기 위하여 성실하게 노력해주기를 바란다"라고 강조하면서, 남일의 3가지 제안에 대한 전적인 지지를 표시했다. 이어 변영태의 발언에 반박하면서 "미국은 조선전쟁의 간섭, 타이완 침략, 동북의 폭격, 38도선 침범, 중국 안전의 위협 등을 감행했다. 이러한 일련의 사태들이 중국 인민으로 하여금 조선이 또다시 중국 침략의 발판이 되는 것을 용인할 수 없게 만들었고 더는 참을 수 없는 상황에서 중국인민지원군이 북조선을 원조하게 되었다. 그리고 우리는 침략 부대를 격퇴하여 38도선 부근까지 도달하자 즉시 휴전협상을 제의했다"라고 설명했다. 그는 "대한민국의 대표가 그 사실을 고려하지 않고 1950년의 조선전쟁 시작에 관한 이미 파기된 낭설을 재차 내놓으면서 중국과 소련에 책임을 전가하고 조선전쟁의 진짜 원흉을 위해 변호하려고 시도하고 있다. 그럼에도 불구하고 중국 인민이 북조선을 지원하고 침략에 저항하며 조국의 안전을 보위하고자 하는 정의로움은 조금도 해칠 수 없으며, 중국의 인민과 정부가 조선 문제를 평화적으로 해결하기 위해 경주한 일관된 노력을 말살할 수 없다"[68]라고 밝혔다.

제네바회담은 중·한 양국이 국제무대에서 펼친 또 하나의 힘겨룸이었다. 회의장에서 한 측이 발언하는데 다른 한 측이 퇴장하는 사태는 벌어지지 않았지만 첨예한 설전은 1950년 11월 중·한 양국이 유엔총회에서 대립한 상황에 못지않았다. 5월 3일, 북조선 외무상 남일은 한반도 문제 해결에 관한 앞서의 주장을 보다 구체적으로 재천명했다. 즉 6개월 이내에 모든 외국 군대는 조선에서 철수할 것, 그리고 대국은 협의를 이루어 조선의 평화적 발전을 확보하고 조선 정치문제에 간섭하지 않으며 남북의 국민이 자체적으로 자신의 문제를 해결하도록 할 것을 요구했다.[69]

그러나 한국 외무 장관 변영태는 남일의 제의를 거절하고 "그 어떤 방식의 연합이든 반대함"으로써 전조선위원회를 건립하자고 했다. 변영태는 남일의 건의가 유엔을 배제하는 것으로 "매우 비현실적이며 일부 이해관계가 있는 외국의 간섭만을 허용하는 것"이라고 질책했다. 이어 말을 돌려 재차 중국을 이유 없이 공격하면서 "중국은 일본의 침입에 저항하지 않았고 그들의 위대한 국가를 소련에 팔아 소련의 야만적인 풍조로 세상에 둘도 없는 중국의 문화를 대체했다. 중국은 북조선 주민의 주권을 유린하고 모든 요직에 중국 고문을 두고 한갓 허울뿐인 북조선 관리의 곁에서 실제적인 권력을 행사하고 있다"라고 억지를 부렸다. 또한 "국토에서 100만 중국공산당 군대를 양육하기 위해 조선 주민을 대규모로 추방하고 땅을 비워 중국 농민이 진입하는 데 편리하게 하고 있다"라는 등의 거짓말을 늘어놓으면서 북방에서 식민 통치를 이미 회복한 것처럼 말했다.[70] 변영태는 발언 중에 여러 차례 외무장관의 신분을 망각한 경멸적인 욕설을 퍼부었다.

외교부장 저우언라이도 같은 날 발언에서 남일이 제출한 제안에 재차 지지를 표하면서 "유엔이 조선전쟁 중에 교전 한쪽에 치우쳐 있었기 때문에 조선 문제를 공정하게 처리할 자격을 상실했다"라고 지적했다. 그는 유엔 감독하에 선거를 실시하는 것에 반대했으며 "조선 주민이 외국의 간섭을 받지 않는 조건에서 평화적으로 자신의 문제를 해결하도록 하기 위해 조선에 군대를 파견한 여러 나라는 협의를 거치고 기한을 정해 조선에서 모든 외국 군대를 철수해야 한다"라고 재천명했다. 또한 "변영태의 발언은 비방으로 가득 찬 아우성이며 자신의 발언이 필요한 상전上典용에 지나지 않는다. 변영태의 무치無恥함이 이 지경에 이르러 그의 유일한 불만은 미국의 한국 간섭이 아직도 부족하므로 더 많은 간섭을 해달라는 희망뿐이다. 이로 보건대 그의 전체 발언의 가치가 어떠했는지는 짐작하고도 남는다"라고 통렬하게 질책했다.[71]

5월 22일, 변영태는 '14항의 제안'을 내놓으면서 다음 사항을 강조했다. "유엔의 감독하에 대한민국의 헌법 절차에 따라 북방과 남방에서 자유선거를 실시한다. 선거일 1개월 전에 중공군은 북조선에서 완전히 철수해야 하며, 이 제안이 채택된 날로부터 6개월 이내에 선거를 실시해야 한다. 유엔군은 선거 전에 한국에서 단계적인 철군을 시작할 수 있지만 조선의 통일 정부가 전체 조선을 효과적으로 통제하는 것을 유엔에 증명할 수 있을 때까지 완료해서는 안 된다. 통일·독립·민주적 조선의 안전과 독립은 마땅히 유엔의 보증을 받아야 한다."[72] 앞에서 한 발언과 비교해보면 변영태의 이러한 제안은 남북 총선거를 실행하는 데는 동의했지만 중국이 우선적으로 철군해야 하고 유엔이 선거를 감독해야 한다는 등의 전제 조건을 강조했기 때문에 여전히 양측의 의견 불일치를 메울 수는 없었다. 같은 날, 외교부장 저우언라이는 발언에서 중국의 입장을 재천명하면서 "조선의 평화적 통일은 조선민주주의인민공화국과 대한민국 양측이 협의적 기초상에서만 실현할 수 있다"라고 강조했다. 동시에 남일이 4월 27일 제안한 제1조에 새로운 내용, 즉 "전조선위원회가 전조선선거법에 근거하여 외국 간섭을 배제하는 자유로운 조건하에서 전 조선이 선거를 실시하는 데 협조하기 위해 중립국 감찰위원회를 설립하여 남북 총선거를 감찰하도록 한다"를 더했다.[73] 이 제안에 대해 미국 등 소수 국가를 제외하고는 모두 환영하는 태도를 취했다. 프랑스 대표단의 대변인은 여기에 대해 "협상이 한 단계 진척되었으며 사람들의 관심을 집중시켰다"[74]라고 밝혔다.

그러나 동서 대표들은 중립국 감찰위원회 문제와 관련해서 새롭게 대립했기 때문에 양측이 협의점을 찾는 것은 다시 불투명해졌다. 6월 5일, 몰로토프는 '5개항의 제안'을 내놓았다. 그는 "국제위원회를 설립해 조선의 자유선거를 감찰하며 모든 무장 부대를 철수하고 남북 대표가 참가한 '전조선기구'를 구성하여 극동 평화 유지에 가장 밀접하게 관련이 있는 국가들이 한반도의 평화적인 발전을 책임져야 한다"라고 주장했다. 아울러 "회의 참가자들은 최대한 자신의 의견을 조율하여 이 원칙적인 문제에서 상호 간에 모두 받아들일 수 있는 협의를 달성해야 한다"라고 강조했다.[75] 저우언라이와 남일은 그날 발언에서 평화적으로 조선 문제를 해결할 수 있는 공동의 토대 구축에 주력하여 "구체적으로 문제를 해결하는 길을 찾아야 하며 대한민국 대표의 제안이 함께 협의를 찾는 절차상에 걸림돌이 되어서는 안 된다"[76]라고 밝혔다. 6월 11일, 저우언라이 외교부장은 소련 대표단의 의견을 지지하여 몰로토프의 5개항 제안을 토대로 계속 토론을 진행할 것을 제의했다. 미국 등 대표들은 반대 의견을 고집하여 협의를 달성할 가능성이 갈수록 희박해졌다.

6월 15일, 소련, 중국, 북조선 3개국 대표들이 모종의 협의를 이루고자 최후의 노력을 시도했다. 외상 남일은 모든 외국 군대의 철수를 포함해 남북한은 군대를 10만 명으로 감축하고 전조선위원회를 건립하여 남북한의 화해를 추진한다는 등의 6가지 내용을 제안했다.[77] 외교부장 저우언라이는 회의에 참가한 국가들이 계속 노력하여 통일·독립·민주적 조선 국가를 건립한다는 기초 위에서 조선 문제를 평화적으로 해결하는 협의를 달성해야 하며 협상 재개 시간과 장소는 관련 국가들이 협의하여 해결할 것을 제의했다.[78] 벨기에 외교장관 샤를 스파크Charles Spaak는 지지를 표시하고 표결을 건의했다. 영국 외무 장관 이든과 소련 외무 장관 몰로토프는 스파크의 의견을 지지했지만 미국, 오스트레일리아, 한국의 대표는 중국의 제안에 반대했다. 이어 미국, 영국, 프랑스 등 16개국이 유엔 감독하에서의 자유선거와 유엔 권위 보호에 대한 선언을 했다. 그들은 "공산당 국가의 대표단이 협의를 강구하는 우리의 모든 노력을 시종 거절하고 있다"라고 공격했으며 "회의에서 계속 조선 문제를 고려하고 연구하는 것은 아무 소용도 없다"라고 선포하고 한반도 문제와 관련한 그 어떤 협의도 거부한다고 밝혔다.[79] 이리하여 51일간 지속된 제네바회담에서 조선 문제의 평화적 해결과 관련된 모든 토론이 종결되었다. 양측이 각자 자신의 의견만을 고집했기 때문에 그 어떤 진전도 이룰 수 없었다.

6월 16일, 변영태는 귀국 전에 기자회견을 열어 "19개국 제네바회담의 조선 문제 무산은 한국이 취하고 싶은 어떤 행동도 취할 수 있다는 것을 의미하며 한국은 이미 중국을 상대로 선전포고 없는 전쟁을 수행하고 있다"[80]라고 말했다. 17일, 중국 대표단 대변인 황화는 담화를 발표하여 변영태의 호전적인 발언에 대해 반박했다.

6월 17일, 이승만은 서울에서 기자회견을 열어 다음과 같은 담화를 발표했다. "한국은 다시는 공산당과 그 어떤 협상도 하지 않을 것이다. 우리는 이미 미국과 합의를 보았으며 제네바회담은 우리가 공산주의자를 상대로 한 마지막 협상이었다. 이제부터 우리는 협상 때문에 더 이상 시간을 낭비하지 않을 것이다."[81]

6월 18일, 『인민일보』는 「미국은 조선 문제 협상이 결렬된 책임을 져야 한다美國應負朝鮮問題談判破裂的責任」라는 사설을 발표하여 51일 동안 15차례나 전체회의가 열렸던 조선 문제에 관한 제네바회담을 총결산했다. 사설은 사실에 근거하여 미국이 고의로 이미 일부 진전된 회의를 중단시켰으며, 그 목적은

"조선과 아시아에서 긴장 정세를 유지, 조장하고 새로운 군사적 모험을 획책하려는 데 있다"라고 폭로했다. 동시에 "이승만 집단이 한창 '무력통일' 계획의 실행을 부르짖고 있으며, 더욱이 변영태는 한국이 '더 이상 정전협정을 준수할 의무가 있다고 생각하지 않는다'라고 떠들고 있다. 미국의 조선 침략 전쟁 범죄자 판플리트는 워싱턴, 도쿄, 서울, 타이완 사이를 분주히 오가고 있다. 또한 군사적 충돌의 진행을 위한 희생물을 찾기 위해 이른바 '반공연맹'을 조직하고 아시아의 평화와 안전을 심각하게 위협하고 있다"라고 지적했다.[82] 동서가 치열하게 대치하던 시대에 중국과 한국의 화해는 황당무계한 꿈같은 얘기였다.

(2) 자주 발생한 해사海事 충돌 문제

북쪽으로 압록강 어귀에서 남쪽으로 중국 창장구長江口 북쪽까지 한국 제주도 서남 각 일선에 이르는 황해는 중·한 양국을 연결하는 면적이 약 40만제곱킬로미터에 달하는 광활한 해역이다. 황해는 생선, 새우, 해초가 많이 생산되어 예로부터 양국 어민들이 노동하며 살아가는 일터였다. 근대로 접어든 이래 황해에서는 중국, 일본, 한국의 국운 성쇠를 결정짓는 황해 대해전이 자주 발생해왔다. 일·한 병합 이후 공동으로 일본 군국주의의 압박에 항거하는 수많은 중·한 애국지사들이 황해를 통해 이동했다. 조선전쟁이 발발한 다음에는 황해는 조용한 날이 없었다. 1952년 1월 18일 한국 정부는 이승만이 서명한 '인근 해양에 대한 주권선언'을 반포했다. 이것은 스스로 한반도 주변과 대륙붕 199해리海里(두산백과사전에는 60마일, 즉 약 52해리로 되어 있음—옮긴이) 이내 해역의 자연자원, 광산물, 수산물에 대한 주권 소유를 선포하는 것이었다. 또한 어류 등 자원의 손해를 방지하고 국민과 국가의 이익을 보호하기 위해 정부가 수산 어로작업을 감시, 통제한다고 밝혔다. 나아가 정부는 이러한 규정의 보호 수역 경계선을 수호할 것이며 이 199해리의 수역 경계선을 '이승만라인'으로 지칭한다고 선포했다.[83] 이승만이 스스로 인근 해양의 주권선을 확정, 선포하게 된 주요 이유는 일본을 겨냥한 데 있지만 동시에 중국도 의식한 것이었다. 같은 해 10월 한국 정부는 또 '포획재판령'을 공포하여 이른바 '이승만라인'에 진입한 외국 어민을 체포하고 재판하는 법률적 근거를 마련했다.

조선전쟁이 종결된 이후에도 황해 해역에서는 해사 충돌이 수차례 발생했다. 이것은 그렇지 않아도 대립과 긴장 관계에 있던 양국 사이를 더욱 악화시켰다. 해사 충돌의 정확한 통계는 없지만 중국 신문에 실린 많은 사건에서 그 대체적인 정황, 즉 1950년대는 한국 군대가 개입한 충돌이었고 1970년대는 대부분 민간분쟁이었음을 알 수 있다.

1955년 12월 25일 새벽 3시, 중국 51호 어선이 북위 34도 15분, 동경 123도 50분의 공해公海상에서 어로작업을 할 때 한국 함정이 갑자기 접근하여 무장한 해병들이 강제로 어선에 올라와 선원 1명을 잡아갔다. 부근에 있던 다른 중국 어선들이 이 상황을 보고 구조하러 왔지만 한국 함정의 포격을 받았다. 이에 중국 어선이 반격함으로써 양측은 치열하게 교전했다. 한국 함정은 51호 어선과 어민들을 끌고 철수했다. 뒤이어 중국 선대가 도착하여 51호 어선을 탈환했고 그 배에 머물면서 어선 탈취 임무를 집행하던 4명의 한국 해병을 생포했다.[84] 같은 달 28일, 외교부 대변인은 이 사건과 관련하여 한국 해군의 중대한 도발 행위에 대해 엄정하게 항의했다. 그리고 한국 당국에 이러한 도발 행위를 중지하고 또 다른 유사한 사건의 재발 방지를 요구함은 물론 양측의 억류 인원을 교환하자고 제안했다.[85] 같은 날 『인민일보』는 「이승만 집단의 공해 안전을 해치는 해적 행위를 제지하자制止李承晩集團危害公海安全的海盜行爲」라는 정치평론가의 논평을 발표하여 다음과 같이 전했다. "이승만 집단의 해적 행위는 분명히 우리나라 평화적인 인민들에 대한 고의적인 도발로 그 목적은 아시아의 평화를 교란하고 긴장 정세를 조성하려는 것이다. 이것은 이미 전체 중국 인민들의 엄청난 분노를 불러일으켰다."[86] 같은 달 29일, 이승만 정부 대변인은 성명을 발표하여 1명의 중국 선원을 붙잡아간 사실을 부인함으로써 억류자 송환에 관한 중국 측의 인도주의 제안을 거절했다. 1956년 1월 5일, 『인민일보』 정치평론가는 이와 관련한 글을 발표하여 납치된 중국 선원을 송환할 것을 강력히 요구했다. 이와 동시에 이승만이 중·조 전쟁포로를 억류한 지난 역사와 연계시켜 이승만이 "인도주의를 저버리고 우리 측 인원을 억류한 것은 그의 고질적이고 수치스런 습관"[87] 이라고 통렬히 규탄했다.

황해 공해상에서 발생한 위의 사건은 해결하기 어려운 복잡한 사건은 아니었다. 하지만 이승만 정부는 고의적으로 이를 복잡하게 만들었다. 미국 기자도 기다렸다는 듯이 아무런 근거도 없이 보도를 날조했다. 사건 발생 지점에 대해서도 UPI통신사 기자는 인천 부근이라고 했고, AP통신사 기자는 제주도 부근이라고 했다가 다시 초도椒島 부근이라고 하는 등 오락가락하면서 그야말로 제멋대로였다. 타이완 당국은 더욱 가관이었다. 범아사汎亞社 기자는 사건이 발생한 이틀 뒤 서울에서 다음과 같이 보도했다. "소식통에 따르면 국민당 중국 대사관은 이 문제와 관련하여 한국 정부와 긴밀하게 접촉을 진행하고 있다. 아마도 포획된 중국공산당 어민으로부터 중국 대륙의 정보를 알아내기 위해서일 것이다."[88] 이승만과 장제스의 협력은 사건 해결을 더욱 어렵게 만들었다.

풍파는 그치지 않았다. 1956년 10월 15일, 북위 33도 36분, 동경 123도 58분의 황해 공해상에서 한국 함정이 어로작업 중이던 중국 어선을 침범해 선원 9명을 강제로 붙잡아갔다. 10월 20일, 『인민일보』는 정치평론가의 논평을 발표해 다음과 같이 지적했다. "이것은 이승만 집단이 1955년 12월 25일 공해상에서 우리나라 어선을 침범하고 우리나라 어민을 납치해간 이후에 발생한 또 한 차례의 불법행위로 중국 인민의 지극한 분노를 자아내고 있다. 이승만 집단의 이러한 불법적인 행위와 도발이 계속되는 것을 결코 용납할 수 없다."[89]

1970년대 중반, 양국의 해사 분규는 주로 민간 어선 간의 충돌로 나타났다. 1975년 봄철 어로기에 한국 어선은 수차례 동중국해 해역에서 작업하는 중국 어선을 들이박아 어구를 파괴했으며 물고기를 약탈하고 어민을 구타해 상처를 입혔을 뿐만 아니라, 심지어 중국의 영해에까지 들어왔다. 1976년 4월 하순 이래 대량의 한국 어선이 계속해서 중국의 어로 금지 구역과 영해에 침입하여 중국 어민의 어로작업을 교란시키고 중국 어민의 생산 도구를 파괴했다. 민간 차원의 충돌이었기 때문에 중국의 관련 부서가 나서서 담화를 발표하고 강력한 항의와 엄중한 경고를 했다. "한국 당국은 반드시 즉각적으로 행동을 취하여 유사한 사건이 발생하지 않도록 제지해야 한다. 그렇지 않으면 이로 인해 야기되는 일체의 결과는 한국 당국이 전부 책임져야 할 것이다."[90]

(3) 동중국해 대륙붕 개발 문제

동중국해 북쪽의 창장구長江口 북안北岸에서 한국 제주도 일선까지, 남쪽 광둥廣東 난아오도南澳島에서 타이완臺灣 남단 일선까지, 그리고 동쪽 일본 류큐琉球 열도에 이르기까지의 수역은 중국, 일본, 한국 3국에 연결되어 있다. 이곳에는 각종 진귀한 어류들이 많이 날 뿐만 아니라 대륙의 얕은 해저 대륙붕 속에는 석유, 천연가스와 기타 광물자원이 풍부하게 매장되어 있다. 국제관례에 따르면 대륙붕은 연해 국가 영토의 해저연장선인 까닭에 거기에 묻혀 있는 자연자원의 개발권은 자연히 연해 국가에 귀속되었다. 그러므로 동중국해의 대륙붕 개발권은 마땅히 중국의 소유라고 할 수 있다.

1973년 10월, 제4차 중동전쟁이 일어나면서 아랍국가들은 석유가격 인상을 무기로 삼아, 이스라엘의 침략을 지지하고 종용했던 미국 등의 서방국가들에 반격하면서 발발했다. 까닭에 일본과 한국 등 석유공업화 국가는 '오일쇼크'를 맞게 되었다. 이에 일본과 한국 양국은 동중국해를 탐사했고; 그

결과 풍부하게 석유를 채굴할 것으로 전망되는 동중국해의 대륙붕 개발에 시선을 돌렸다. 때문에 동중국해의 대륙붕 개발 문제가 발생하게 되었다.

실제로 아직 '오일쇼크'가 닥쳐오기 전 경제 도약 단계에 있던 한국은 이미 여러 차례 석유자원의 결핍에 대한 부담감을 느꼈기 때문에 먼저 행동을 취했다. 1973년 이른 봄, 한국 당국의 동의를 거친 미국 석유공사의 해저 석유 탐사선 한 척과 몇 척의 보조선이 빈번히 황해와 동중국해 해상을 오가며 자체적으로 해저의 석유, 천연가스 탐사 활동을 진행했다. 이러한 행동은 즉시 중국을 자극시켰다. 같은 해 3월 15일, 중국 외교부 대변인은 성명을 발표하여 "중국 연해 해역의 해저자원은 중국의 소유이다. 중국은 아직 이웃 나라와 황해, 동중국해 관할 범위를 어떻게 구획할 것인지의 문제에 관해 확정하지 않았다. 현재 한국 당국이 공공연하고 일방적으로 외국의 석유공사를 끌어들여 위의 지역에서 시추 활동을 진행하고 있는데 이것이 초래할 수 있는 결과에 대해 중국 정부는 일체 권리를 유보한다"[91]라고 강조했다. 이 성명은 해저자원 소유권의 원칙적인 입장을 분명히 설명하고 문제의 소재도 지적하여 한국 정부가 자신의 행동을 규제하도록 하는 데 목적이 있었다.

'오일쇼크'가 갑자기 닥치자 일·한 양국은 공동으로 행동을 취했다. 1974년 1월 30일, 양측은 서울에서 '일·한 대륙붕공동개발협정'을 체결하여 다음과 같이 규정했다. "양국은 북위 32도 57분 이남 양국 인접 구역에서 석유와 천연가스를 공동으로 개발한다. 양측 정부가 비준한 개발권 소유자가 공동개발을 책임지며 채취한 자원과 채굴 시 소요되는 비용은 양측이 균등하게 분배하고 분담한다. 그리고 일·한 연합위원회를 설립하여 해당 사항을 협상하고 공동개발의 투자율은 양측 석유개발회사가 각각 50%씩 분담한다."[92]

중국 정부는 즉시 여기에 반응했다. 2월 4일, 외교부 대변인은 성명을 발표하여 중국 정부의 입장을 밝혔다. "대륙붕은 대륙의 자연적인 연장선이라는 원칙에 근거하여 동중국해 대륙붕은 마땅히 중국과 해당 국가가 협상하여 어떻게 구획할 것인가를 확정해야 한다. …… 일·한 양국이 중국 몰래 동중국해 대륙붕에 대해 이른바 '공동개발구'를 확정한 것은 중국의 주권을 침범하는 행위이다. 이에 대해 중국 정부는 결코 동의할 수 없다. 만약 일본 정부와 한국 당국이 이 구역에서 제멋대로 개발 활동을 한다면 이로 인해 발생하는 모든 결과에 대해 전적으로 책임져야 할 것이다."[93] 이 성명은 1년 전보다 분명히 강경했다. 원인은 아주 간단했다. 1년 전에는 단지 시험 탐사였지만 이번은 일·한 양국이 협정을 체결했으므로 상황이 전보다 훨씬 심각했다.

1977년 5월 19일, 일본 정부는 국회회기를 연장하는 방법으로 국회에서 '일·한 대륙붕협정'에 대한 비준을 얻어 6월 9일부터 발효시켰다. 6월 13일, 중국 외교부는 성명을 발표하여 1974년 2월 4일의 성명에서 밝힌 입장을 재천명했다. "일본 정부와 한국 당국이 중국 뒤에서 일방적으로 체결한 이른바 '일·한 대륙붕공동개발협정'은 완전히 불법이고 무효이다. 그 어떤 국가나 개인이든 중국 정부의 동의를 거치지 않고서는 제멋대로 동중국해 대륙붕에 관한 개발 활동을 할 수 없다. 이것을 어길 경우 이로 인해 발생되는 어떤 결과에 대해서도 전적으로 책임져야 한다."[94] 6월 14일, 『인민일보』는 「우리나라 대륙붕 주권에 대한 침범을 용납하지 않는다(我國大陸架主權不容侵犯)」라는 논설위원의 글에서 "일본 당국에게 우리 정부의 엄정한 입장을 신중하게 고려해보기를 충고한다"[95]라고 밝혔다. 여기서 '충고'라는 두 글자가 사태의 심각성을 보여준다. 중국 외교부 성명의 강경한 언사는 일본 여론의 관심을 집중시켰다. 그들은 "이번 성명은 어조가 준엄하고 심지어 일본 측의 상상을 초월한다"[96]라고 표현했다. 당시 중·일 양국은 평화우호조약을 체결하기 위해 한창 교섭 중에 있었다. 그렇다고 하더라도 중국은 국가의 항구적인 이익과 주권 원칙을 수호하기 위해 결코 체결 교섭 때문에 외교 입장을 굽히지 않았다. 중국의 공격은 일본을 향했지만 대륙붕공동개발협정의 당사국은 일·한 양국이었기 때문에 그 창끝은 자연히 한국도 향해 있었다. 중국, 일본, 한국 3국이 대등한 협상을 통해 어떻게 대륙붕 개발 문제를 공평하고 합리적으로 해결할 것인가? 이것은 향후 풀어야 할 큰 과제이며, 21세기 중·한 관계 차원에서도 소홀히 할 수 없는 중요한 문제이다.

(4) '일·한 기본조약'의 체결과 한국의 베트남 파병 문제

1952년에 정식으로 시작된 일·한 수교 교섭은 중단되었다가 다시 시작되는 등의 수차례 외교협상을 거쳐 1962년에 이르러서야 수교 체결이 실질적인 단계에 진입했다. 한반도 남북 대립이 극한에 치달아 각 측 모두가 한반도 전체에 대한 주권 소유를 선포했기 때문에 일·한 교섭에서 언급되는 일·한 병합 평가, 일본의 35년 식민 통치에 대한 인식, 재산 청구권, 재일 교민의 국적과 법률적 지위 등 역사가 남긴 문제는 시작부터 일·한 양국의 쌍무 범위를 넘어섰다. 특히 일·한 양측이 재산 청구권 처리 의견에 합의하고 담판 진전에 박차를 가하자 협상에서 소외된 북조선이 일·한 교섭에 대해 격렬하게 비난했다. 중국 여론은 북조선의 공격을 측면에서 지원했다. 1962년 2월과 3월, 『인민일보』는 계속해서 논설위원의 글 「일·한 회담의 음모를 단호히 반대한다[堅決反對日韓會談的陰謀]」와 기자 해설 「미·일 반동파의 음모와 일·한 회담[美日反動派的陰謀與日本—南朝鮮會談]」 등을 발표하여 중국의 입장을 표명했다.

1965년 2월 20일, 일·한 양측은 서울에서 '일·한 기본조약'에 가조인했다. 같은 해 6월 22일, 일본 외상 시나 에쓰사부로椎名悅三郎와 한국 외무부 장관 이동원李東元이 도쿄에서 일·한 기본조약 및 그 관련 협정을 정식으로 체결했다. 8월 14일과 10월 15일, 일·한 양국 국회는 연이어 조약을 비준했다. 12월 18일, 양측이 서울에서 조약 비준서를 교환함과 아울러 조약 발효를 선포했다. 이로써 일·한 관계가 정상화되었다. 이 시기에 『인민일보』는 「미국이 극동의 긴장 상태를 악화시키는 또 하나의 엄중한 단계[美國加劇遠東緊

張局勢的又一個嚴重步驟」(2월 23일), 「북조선 정부의 엄정한 성명을 결단코 지지한다[堅決支持朝鮮政府的嚴正聲明]」(2월 28일), 「미 제국주의가 획책한 일·한 담합을 단호히 분쇄하자[堅決粉碎美帝國主義一手策劃的日朝合談]」(4월 7일), 「남조선 인민의 반미애국투쟁의 새로운 고조[南朝鮮人民反美愛國鬪爭的新高漲]」(4월 17일), 「노호하라, 남조선 인민이여[怒吼吧, 南朝鮮人民]」(4월 20일), 「일·한 기본조약은 반미의 맹렬한 불길에 잿더미가 될 것이다[日韓基本條約將在反美烈火中化爲灰燼]」(6월 25일), 단평 「무효한 발효[無效的生效]」(12월 20일), 사설 「일·한 조약은 한 장의 파지[日韓條約是一張廢紙]」(12월 24일) 등을 발표했다. 2월 27일과 6월 26일, 중국 외교부는 잇따라 정부 성명을 발표하여 "일·한 조약 체결은 미 제국주의가 한국을 영원히 분열시키고 한국을 강점할 뿐만 아니라 일본과 박정희가 미국의 침략 정책과 전쟁 정책에 봉사하도록 부추기는 극히 중요한 절차"라고 재천명했다. 나아가 "중국 정부는 일본 정부와 박정희 집단이 체결한 이른바 '일·한 기본조약'을 결코 승인하지 않는다"라고 강조했다.[97]

'일·한 기본조약' 체결과 동시에 미군을 돕기 위한 한국의 베트남 파병은 중국 여론의 또 하나의 공격 목표가 되었다.

1964년 8월, 미국은 비행기 편대를 출동시켜 베트남 북쪽을 폭격함으로써 침략 전쟁을 베트남 전 지역으로 확대했다. 미군의 지상부대도 전쟁에 돌입했고, 사상자 수는 급격히 늘어났다. 1964년 12월 17일, 주駐사이공 미군 군사 대변인은 "12월 6일부터 12일까지 일주일간의 남부 베트남 군대 사상자 수는 1,100명을 초과하여 1964년 이래 가장 심각한 타격을 받았다. 미군 역시 전사자 9명, 부상자 18명, 실종자 1명의 인명 손실을 보아 마찬가지로 미국 군대가 남부 베트남에 도착한 이래 최고의 기록을 갱신했다"[98]라고 밝혔다. 같은 해 11개월 동안 미군은 사망자 116명, 부상자 851명을 냈으며 남부 베트남 군대는 사상자 수가 무려 2만 6,210명이나 되었고 무기 손실만도 1만 1,735건에 이르렀다.[99] 미국은 거대한 압력에 직면하여 끊임없이 군대를 보충함과 동시에 '동남아집단국방사무조약'〔동남아시아조약기구(SEATO)

—옮긴이]에 가입한 오스트레일리아, 뉴질랜드, 태국, 필리핀 등의 국가에게 파병을 절박하게 요청했다. 이러한 요구는 동북아에 위치하고 있는 한국에게도 전해졌다. 이 때문에 미 공군 참모총장 커티스 르메이Curtis LeMay는 12월 상순에 도쿄를 방문한 후 서울에 날아와 국방부 장관 김성은金聖恩을 만나고 이어 마닐라를 방문했다.

1964년 12월 하순, 한국 외무 장관 이동원이 인도, 태국, 말레이시아, 필리핀 등의 동남아시아와 남아시아 국가들을 방문해 국제 정세에 대해 광범위하게 토론했다. 특히 동남아 정세와 베트남전쟁에 관한 의견을 나누었다. 한국은 급히 이듬해 4월 서울에서 동남아 외무 장관 회의를 소집하여 창끝을 주로 중국에 겨눈 반공클럽을 건립하고자 했다. 그러나 타이완이 적극적으로 반응한 것 외에는 다른 나라들은 신중한 태도를 취했다. 이동원의 동남아시아와 남아시아 순방은 기대했던 만큼의 효과를 거두지 못했다. 1965년 1월 8일, 2,000여 병력의 한국 군대가 베트남 전장으로 보내졌다. 이것은 즉각적으로 강력한 반향을 불러왔다.

같은 해 1월 9일, 북조선 정부는 성명을 발표하여 "미국과 박정희의 군사모험을 결코 수수방관하지 않을 것"임을 강조했다. 1월 10일, 베트남 외무장관은 제네바회담에 참가했던 회의 참가국 정부들에 서한을 보내 한국의 파병 참전에 강력하게 항의했다. 1월 13일, 중국 정부는 성명을 발표해 "미국이 한국에게 베트남 파병을 요구한 것은 미 제국주의가 제네바회담을 파괴하고 인도차이나의 전쟁을 확대하고 있는 것과 다름없으며, 나아가 베트남 침략 전쟁을 국제화하기 위한 또 하나의 중요한 절차를 진행하고 있는 것이다"라고 비난했다. 더욱이 박정희 정권에게 "미국의 베트남 침략 전쟁에 기꺼이 복무하는 것은 좋은 결말을 볼 수 없다"라고 경고했다. 1월 14일, 『인민일보』는 미국이 한국에 베트남 파병을 요청한 것과 관련한 사설을 발표했다. 사설은 "미국의 이러한 행보는 제네바회담을 수호하는 모든 국가와 국민, 그리고 아시아의 평화와 안전에 관심을 쏟는 모든 국가와 국민에게 베트남 국민을 지지하고 미국 침략 확대를 제지하는 충분한 권리를 제공했다" 라고 논평했다. 그리고 "중국 정부와 국민은 이 지역의 평화를 수호하기 위해 마땅히 다해야 할 책임을 고려하지 않을 수 없다"라고 강조했다. 얼마 지나지 않아 6억 중국 국민은 베트남 국민의 든든한 후원자이며 광활한 중국 국토는 베트남의 대후방이라는 생각이 중국의 전체적 분위기가 되었다. 그 상황은 1950년 항미원조와 국가 방위의 관념이 중국 국민 사이에 널리 퍼져 인민지원군이 북조선에 진출했던 때와 동일했다.

1966년 4월, 베트남을 침략한 미군의 수는 24만 명에 달했다. 같은 달 3,500여 명의 한국 증원 부대가 미국 '퍼프장군호' 운수함을 타고 베트남 퀴논항Quy Nhon港에 도착했다. 당시 한국 참전 군인은 2만 4,500명에 달해 주베트남 외국 군인 중 두 번째 규모였다.[100] 같은 해 6월 1일, 한국 국방부 장관 김성은은 8월, 베트남에 육군 제9사단을 증파하는 동시에 5,000명의 보급 지원부대를 증파해 함께 출발하게 된다고 밝혔다. 8월, 베트남에 있는 한국의 전투부대는 4만 5,000명에 달했다. 김성은은 "8월에 지원병을 증파한 후로는 앞으로 정세가 어떻게 발전하든지 더 이상 베트남에 한국 군대를 증파하지 않겠다"[101]라고 강조했다. 한국의 거듭된 증병은 미국의 큰 호감을 샀다. 6월 22일, 미국 국방부 장관 로버트 맥나마라Robert McNamara는 김성은과 회담을 끝내면서 양측이 발표한 '연합공보'에서 "양국 간에 존재하는 공동 안전 문제에 있어 계속적으로 밀접하게 협력할 것"[102]이라고 강조했다. 또한 미국은 한국군 장비의 현대화를 앞당기기기 위해 M48 중형 '패튼' 탱크와 F5 전투기 그리고 통신장비를 제공하겠다고 약속했다.

한국의 끊임없는 베트남 증병은 중국 여론의 분노와 공격을 불러일으켰다. 이 과정에서 한국과 타이완 당국의 빈번한 접촉도 중국을 자극했다. 1966년 4월, 타이완 육군 부총사령관 뤄유룬羅友倫이 군사 방문단을 거느리고 서울에 도착했다. 4월 24일, 국방부 장관 장징궈蔣經國가 김성은의 초청으로 한국을 방문했다. 서울에 도착하자마자 장징궈는 공항에서 성명을 낭독했다. 그는 박정희 반공연설 중 이른바 "중국 대륙에 있는 공산당의 포악한 정권을 소멸하고, 자유의 물결이 현재 그리고 미래에 베이징과 평양을 출렁이게 할 것이다"라는 등의 말을 인용하고 "이것은 우리가 공동으로 분투하고 영원히 간직해야 할 신념의 방향이며 내가 한국을 방문한 목적"이라고 말했다. 김성은은 답사에서 "양측이 우호 그리고 정치와 군사의 협력을 더욱 강화해나가자"[103]라고 강조했다. 25일, 박정희는 장징궈를 접견하고 베트남 정세, 무장부대 상황에 대해 토론했다. 같은 날 장징궈는 또 외무 장관 이동원李東元과 회담을 가지고 6월 서울에서 소집하게 될 아시아—태평양지역 외무 장관 반공회의 진행과 관련하여 의견을 나누었다. 장징궈는 방한 기간 동안 여러 차례 한국의 해공군 군사시설을 참관하고, 29일 대륙을 반격하겠다고 호언하며 타이완으로 돌아갔다. 6월 7일, 타이완 육군 총사령관 가오쿠이위안高魁元이 재차 서울을 방문하여 연이어 김성은과 박정희를 면담했다.

한국의 군정 요인과 타이완 군대 요인이 이처럼 빈번하게 왕래한 것은 베트남전쟁의 확대로 조성된 국제적 긴장 상황과 관련이 있다. 6월 7일, 한국 국무총리 정일권丁一權은 한국을 방문한 타이완 7개 신문사 편집진들과의 담화에서 그 속마음을 털어놓았다. 그는 중국을 "한 마리의 뱀과 같다"라고 무함하면서 "머리는 한국에서 견제당하고 꼬리는 현재 베트남에서 잡아당기고 있다. 이제 장제스 군대가 대륙을 반격하여 허리를 잘라버릴 것"이라고 선동했다.[104] 한국 정계 요인들이 당시 이 같은 중국관을 견지했다는 사실은 일촉즉발의 양국 대치 상태가 어느 정도였는지를 분명하게 보여준다.

(5) 상대 국가의 정국 변동 문제

1960년 4월, 이승만이 하야한 후 국무총리 허정許政은 간수내각看守內閣을 구성하고 새로운 국회를 구성하기 위해 총선거를 실시한다고 선포했다. 8월 12일, 윤보선尹潽善이 대통령으로 당선되었다. 8월 23일, 민주당의 장면張勉이

국무총리에 취임했다.

그는 경제 발전을 제1과제로 삼고 복지사회 건설 등의 시정 방침을 제출하여 국내의 모순 충돌을 완화하고자 온 힘을 다했다. 그러나 이승만 시대가 남겨놓은 문제의 오랜 폐단을 고치기란 어려웠고 단시일 내에 그 면모를 일신하는 것 역시 기대할 수 없었다. 더군다나 장면 정부의 부패와 민주당 내부에서 벌어진 정권 쟁탈의 정치 추문이 끊임없이 노출되어 장면이 집권한 지 근 1년 사이에 국내의 정국은 불안정한 상태에 빠졌다. 파업, 수업 거부, 시위행진 등의 물결이 전국을 휩쓸었다. 주한 미국 대사관과 미 제8군 사령부도 피해를 입을 정도였다.

1961년 5월 16일, 박정희朴正熙, 김종필金鍾泌 등 청장년 장교들이 군사쿠데타를 일으켜 육군 참모총장 장도영張都暎을 '군사혁명위원회' 위원장으로 내세워 일거에 정권을 탈취했다. 5월 18일, 장면 정부는 총사퇴했다. 5월 19일 군사혁명위원회는 '국가재건최고회의'로 그 명칭을 바꾸고, 5월 20일 혁명내각을 구성했다. 국가재건최고회의는 5월 22일 명령을 내려 모든 정당과 사회단체를 해산시키고 계엄령을 단행했다. 7월 3일, 박정희가 장도영을 대신하여 국가재건최고회의 의장을 맡았다. 박정희는 이튿날 '반공법反共法'을 공포하고 박정희 개인 특유의 18년 군인 정권 통치와 강행군식 현대화 여정을 시작했다.

중국은 급변하는 한국 정국에 신속하게 반응했다. 1961년 5월 21일, 『인민일보』는 「남조선의 군사쿠데타에 대한 논평[評南朝鮮的軍事政變]」이라는 사설을 발표하여 "이것은 미 제국주의가 한국에서 만들어낸 파쇼적 쿠데타로 한국에 공개적인 군사 파쇼 통치를 건립하여 갈수록 불안해지는 처지를 만회하기 위한 것"[105]이라고 표현했다. 그 뒤로 상당히 오랜 기간 박정희 정권은 중국 여론에서 항상 군사 파쇼 통치와 연루되었다. 특히 박정희 정권이 김대중金大中 사건에서 보여준 조치는 더욱 중국 여론의 공격 대상이 되었다.

한국 제일야당인 신민당 총재를 역임한 김대중은 한국의 저명한 정치가이자 민주 인사이다. 의회 투쟁에서 김대중은 사회민주주의 실현과 개인 독재의 반대를 주장했다. 그리고 평화적인 국토 통일을 호소하여 여론의 각별한 관심을 받고 있었다. 1971년 대통령 경선 시기에 김대중은 박정희의 대통령 연임에 있어 가장 강력한 경쟁자였다. 1973년 8월, 김대중은 도쿄 그랜드팔레스 호텔에서 신원 불명의 한국인에게 납치당하여 귀국했다. 여론은 들끓었다. 당시 일본 경찰 측이 사건 발생 현장에서 주일 한국 대사관 일등서기관 김동운金東雲의 지문을 발견했다는 수사결과가 신문에 발표되자 여론의 시선은 마침내 한국 정부에 돌려졌고 박정희는 궁지에 몰렸다. 일본 정부는 한국 정부 측 인사가 마음대로 도쿄에서 김대중을 납치한 것은 일본의 국가주권을 침범한 행위로 간주하여 김동운을 처벌하고 김대중을 석방하라고 요구했다. 양측은 교섭을 거쳐 의견 일치를 보았다. 즉 김동운의 면직과 수용심사를 실행하며 김대중에게는 일반 국민으로서의 출국 자유 또는 국외에서 언론 행동의 자유가 있음을 확인했다. 그러나 이듬해 6월 서울지방법원은 김대중을 소환하여 심문하고, 투옥을 자행했다. 그리고 8월에는 김동운을 무죄로 판결하여 석방시켰다. 앞뒤가 모순되는 박정희 정권의 언행은 재차 국제 여론의 불만과 질책을 불러일으켰다. 각국 정계 요인들은 잇달아 담화를 발표했다. 1973년 10월 2일, 중국 외교부장 차오관화喬冠華는 제28차 유엔총회에서 "미국이 박정희 정권을 지지하고 대량의 미군을 한국에 주둔시키는 행위는 한반도의 자주와 평화통일을 막는 중요한 장애"라고 말하면서 그 예를 다음과 같이 지적하고 있다. "얼마 전에 발생한 김대중 사건은 한국 당국이 어느 정도로 비열하게 외세에 의존하는지를 똑똑하게 보여준다."[106] 이것은 중국 정부 측의 김대중 사건에 대한 최초의 공식적인 태도 표명이었다.

1976년 3월 1일, 김대중은 저명한 민주 인사와 연명聯明으로 박정희 독재 통치를 반대하는 '민주구국선언'을 발표하고 3월 11일 체포, 투옥되었다. 신화통신사는 이를 신속히 타전해 보도하면서 "박정희가 일관된 파쇼의 고압적인 수단으로 남조선 인민과 정치적 견해를 달리하는 인사들을 탄압하고 박해하고 있다. …… 계속해서 400여 개의 반동적인 법령들을 공포하여 파쇼적인 진압 기구를 거듭 강화시키고 있다"[107]라고 비난했다. 신화통신사 기자도 논평을 발표하여 "박정희 정권이 며칠 사이에 26명의 유명인사와 90여 명의 청년, 학생을 붙잡았고, 또 그 파쇼의 진압 기계를 작동시켜 악명 높은 '국가보안법' 등의 반동적인 법령에 따라 2명의 애국자에게 사형을 언도하고 그 밖에 5명의 애국자를 중형에 처했다"라고 열거하면서 인민을 가혹하게 탄압하던 이승만도 말로가 좋지 못했다. 박정희도 결코 예외일 수는 없다"라고 예언했다.[108]

김대중이 체포되자 김영삼이 신민당 총재가 되어 계속적으로 박정희 정권에 맞서 밀고나 제보를 장려하고 언론 자유를 말살하는 정보 정치의 종식과 자주적이고 평화적인 통일을 주장했다. 1979년 7월 7일, 경찰이 김영삼이 주관하는 한국문제연구소를 압수수색했다. 또한 8월 11일에는 신민당 본부를 기습하여 김영삼 등 10여 명의 국회의원을 연행하고 여러 명을 구타해 상처를 입혔다. 10월 4일, 박정희는 국회를 종용하여 징계동의안을 통과시킴으로써 공공연히 김영삼의 국회의원 자격을 박탈해버렸다. 신민당 의원들은 집단 사직으로 항의를 표시했고 부산과 마산에서도 저항의 물결이 일었다. 박정희 정권은 비상계엄령을 선포하여 이를 진압했다. 10월 18일과 20일, 『인민일보』는 논평 「독재자 면모의 폭로[獨裁面目的暴露]」와 국제 단평 「부산의 격한 분노[釜山怒火]」라는 글을 연이어 발표하여 "당시 이승만도 탄압으로 자신의 통치를 유지하려고 했지만 결국 인민의 투쟁 봉화에 꺼꾸러지고 말았다. 박정희 집단도 이승만의 전철을 밟고 있는데 끝이 좋을 리가 있겠는가!"[109]라고 경고했다.

1979년 10월 26일, 박정희는 자신의 심복 김재규金載圭에게 피살되고 말았다. 27일, 총리 최규하崔圭夏가 대통령 권한대행을 맡으면서 박정희 시대는 막을 내렸다. 그 시기 날카로웠던 설전 대치의 결속어結束語로 28일, 『인민일보』는 「독재자의 말로[獨裁者的下場]」라는 국제 단평을 발표하여 "박정희의 피살은 파쇼 두목의 당연한 말로이다"[110]라고 밝혔다.

최규하는 집권 후 민주 발전을 강조하여 일부 긴급조치를 해제하는가 하면 감금당한 민주 인사들을 석방하고 전국의 화해를 도모했다. 그러나 박정희 시대의 잔재인 군사 정부의 유신 체제를 근본적으로 개혁하지 못했던 탓에 다시 전두환全斗煥 등의 신군부 세력이 군사쿠데타를 일으켜 정권을 장악하고 비상계엄령을 선포했다. 1980년 3월, 전남대학교 학생들이 중심이 된 민주화 투쟁이 80여 개 대학에 신속하게 확대되어 25만 명의 대학생들이 거리로 나와 투쟁을 전개했다. 이 상황은 흡사 이승만 독재에 반대하는 4·19 혁명의 한 장면을 재현하는 듯했다. 5월 상순, 서울의 대학생들이 집회를 열어 계엄령 해제를 요구했다. 김대중, 윤보선 등이 성명을 발표하여 학생들의 투쟁을 지지하면서 민주화를 요구했다. 5월 중순, 정부는 전국에 비상계엄령을 확대하고 김대중 등의 민주 인사를 체포했다. 5월 하순, 광주의 반정부 시위가 치열한 폭동으로 이어져 21일 학생과 시민이 군경軍警의 무기를 탈취하고 전 시가지를 점령했다. 27일, 정부의 계엄 부대가 광주에 돌진하여 군사적 진압을 감행함으로써 수많은 사상자를 낸 광주사건을 발생시켰다. 5월 31일, 전두환이 국가보위비상대책위원회 상임위원장을 맡고 전면적인 압제를 강화했다. 정부는 김대중 등을 체포해 '내란음모' 죄로 사형 선고를 획책했다. 그 뒤를 이어 다수의 신민당 국회의원을 체포하고 관련 인사 약 5,000명을 숙청했다. 8월 16일, 최규하가 하야하고 27일 전두환이 대통령이 되었다. 9월 17일, 김대중에게 사형이 선고되었다. 그러나 국내와 국제 여론에 떠밀려 1981년 1월, 김대중에 대한 사형 판결을 무기징역으로 변경했다. 1982년 3월에는 재차 무기징역에서 20년 유기징역으로 감형 조치했다. 그러다가 12월, 김대중이 치료차 미국에 가는 것을 허용했다. 중국 여론은 김대중 재판의 추이를 면밀히 주시하면서 1980년 7월부터 1982년 12월까지 김대중 등 민주 인사에 대한 박해를 규탄하는 논설위원의 글 「독재와 반독재 세력은 양립할 수 없다獨裁和反獨裁的力量勢不兩立」, 전두환 집권을 비난하는 단평 「또 하나의 독재자가 탈을 쓰고 정치무대에 등장하다[又一個獨裁者粉墨登場]」, 「즉각 김대중을 석방해야 한다[必須立卽釋放金大中]」, 「김대중을 죽여서는 안 된다[不許殺害金大中]」, 「김대중에 대한 불법적인 판결을 철회해야 한다[必須撤銷對金大中的非法判決]」 등을 연이어 발표했다. 그중 「즉각 김대중을 석방해야 한다」와 같은 제목의 글이 잇따라 3차례나 출현했는데, 이것은 중국 여론이 김대중 사건을 얼마나 중요시했는지를 보여주는 것이다.

이와 마찬가지로 한국 여론도 중국 정세의 변화, 특히 10년 동란기 중국 정치 형세의 격변에 대해 무시로 논평과 규탄을 진행하면서 양국 설전과 필전의 불가결한 측면을 이루었다.

이상을 종합해보면 중·한 양국이 치열하게 논쟁한 까닭은 여러 가지가 있었다. 어떤 요인들 가령 전쟁포로의 송환, 정치회의, '일·한 기본조약' 체결, 한국의 베트남 파병, 상대국 정세의 격렬한 변동 등은 국제 정세와 중·한 양국 관계의 변화에 따라 더 이상 문제 삼지 않을 수 있다. 그러나 어떤 요인들 가령 해사 충돌, 동중국해 대륙붕 개발, '정전협정' 준수와 관련된 해당규정 등은 여전히 중·한 양국이 반드시 직시해야 할 문제이다. 이러한 문제들을 합당하게 잘 처리하면 중·한 관계의 건강한 발전에 도움이 되겠지만 그렇지 못하면 필연코 장애가 될 것이다.

3장 1950~1960년대 중·한 대치의 국제요인

동방에 대한 서방의 영향력이 갈수록 커지고 자본주의 세계시장이 세계를 네트워크화한 이래 중·한 관계는 더 이상 단순한 쌍무 관계에만 머무를 수 없게 되었다. 전후戰後의 중·한 관계 역시 이와 같았다. 개괄하자면 전후의 중·한 관계는 국제 합력合力 중의 맞수의 대응력에 지나지 않았다. 이 맞수의 대응력은 냉전 시대나 냉전 시대 이후 동북아 국제 합력의 조합과 변화의 제약을 받았다. 그중 중·한 관계에 직접적인 영향을 미치는 다각적 또는 양측적 관계라 함은 중·한·소, 중·미·소, 미·일·한의 전략적 삼각관계와 미·한, 중·미, 중·조 등 양측 관계인데 1950~1960년대에는 더욱 그러했다.

중·조·소와 미·일·한 양 그룹의 전략적 삼각관계는 '냉전' 전반기, 즉 1950년대 초반부터 1960년대 초반까지 동서방의 대치 진영이 낳은 직접적 산물이다. 그 기본 특징은 우선 각자가 당시 세계 최대강국을 중심으로 국제 조약과 국제협정을 조인했다는 것이다. 이를 통해 상대적으로 안정되고 응집력이 있는 집단 세력을 형성하여 '냉전'에 휩싸인 유라시아대륙 동쪽 끝에서 양군이 대치하는 긴장상태를 이루었다. 그다음의 특징은 이념 투쟁이 두 진영의 각종 투쟁 형식의 핵심 위치에 있었다는 것이다. 바로 양측이 각자의 진영을 '민주국가' 또는 '자유세계'라고 일컫듯이 이들은 시비와 한계가 분명하여 조화하기 어려웠다.

이런 상황에서 중·조·소와 미·일·한 양 그룹이 대립하는 전략적 삼각관계에 제약을 받는 중·한 관계로서는 자연히 적대, 긴장, 대립이라는 부자연스런 상태에 놓이게 마련이었다. 1950년 10월 조선전쟁 전장戰場에서 중·한 양군의 교전, 같은 해 중·한 양국 외교 대표가 유엔총회에서 고소와 반고소로 치른 공방, 1954년 봄과 여름 제네바회담 기간 동안 양국의 외교 대표가 벌인 힘 겨루기 등의 장면에서 중·한 양국 간에는 유혈 또는 비유혈 충돌이 두드러졌다. 그러나 두 나라의 충돌이 어떤 형식이었든 간에 그것은 단지 중·한 양국 범위 내에만 국한된 것이 아니라 언제나 복잡한 국제적 배경을 가지고 있었다. 다시 말해 중·조·소이거나 미·일·한 두 그룹의 전략적인 삼각관계가 '냉전'을 둘러싸고 진행되고 또 각 그룹의 전략적 삼각관계가 철판처럼 굳어진 상태를 드러낼 때 동서 두 진영에 속해 있는 중·한 양국 관계는 바다를 사이 두고 대치하는 것 말고는 별다른 선택의 길이 없었다.

1960년대 중후반에 들어서자 국제 정세는 급변했다. 아프리카의 많은 국가들이 독립을 선언하고 식민주의 구체제를 무너뜨렸다. 동서 양대 진영의 대치 속에서 평화적인 중립 입장을 견지하는 비동맹운동의 새로운 세력도 출현했다. 이들은 제국주의와 신구新舊 식민주의에 모두 반대하고 국제 경제의 새로운 질서 수립 등의 우렁찬 구호를 내걸어 많은 국가들을 비동맹의 중립노선으로 이끌었다. 새로운 제3세계가 독립적인 역량으로 국제무대에 등장하여 초강국 미·소가 주도하는 얄타의 구체제는 동요하게 되었다.

이와 동시에 미·소를 위시한 동서 양대 진영 내부에는 분화와 개편이 나타나기 시작했다. 사회주의 진영에서는 소련공산당 제20차 대회에서 제기된 노선 방침과 소련공산당 중앙의 이념 형태, 노선 방침에 대한 불만이 국가 관계에까지 확대되었다. 즉 타국의 내정을 난폭하게 간섭하는 패권적 행위는 중국공산당과 소련공산당 사이의 논전을 신속히 공개화시켰다. 사회주의 진영 내부의 분쟁으로 인해 중·소 양당, 양국 관계가 급격히 악화, 파열되고 있었다. '중·소 우호동맹호조조약'은 유명무실해졌다. 서방 자본주의 진영에서는 조선전쟁으로 수모를 당한 미국이 계속적으로 세계를 제패하고자 하는 확장 정책을 실시하면서 소련과 치열한 쟁탈전을 벌였다. 뿐만 아니라 베트남전쟁을 끊임없이 확대시켜 전쟁의 구렁텅이에서 헤어나지 못하고 있었다. 오랫동안 지속된 군비경쟁은 잔혹하게 미국의 국력을 소모시켰고, 승리의 희망은 없이 미국 청년 병사들의 희생만을 불러온 베트남전쟁은 미국 사회의 분열을 초래했다. 진영 내부를 살펴보면 서부 유럽과 일본의 경제 실력이 신속히 증강하면서 미국과 상호 대립하는 새로운 경제 중심을 형성하기 시작했다. 미국의 통제력은 갈수록 기우는 반면에 서방 진영의 원심력은 빠르게 강해지고 있었다.

1960년대 여러 가지 고난에 시달리던 중국은 기회와 도전이 공존하는 복잡한 국제 정세에 직면하여 대외정책 조정의 필요성을 느꼈다. 외교의 기초는 국가 실력에 있었다. 거국적으로 일치단결하여 이를 악물고 3년간의 어려운 시기를 겪은 후 1963년 마침내 국민경제가 회복하여 신장되기 시작했다. 1964년 10월, 중국의 첫 원자폭탄 실험 성공은 세계를 놀라게 했을 뿐만 아니라 미국이 대중국 정책을 새롭게 고려하지 않을 수 없게 만들었다. '억제하지만 고립시키지 않는다'라는 중국에 대한 새로운 관념이 미국의 국회와 정부 내부에서 유행하기 시작했다.[111] 케네디Kennedy와 존슨Johnson 정부도 폴란드 바르샤바Warszawa의 중국 대사급 대화 경로를 확보하고 비정부 측의 다른 접촉을 열고자 한다는 의사도 표시했다. 그러나 외교 또한 언제나 내정의 제약을 받기 마련이었다. 이런 미국의 시도는 미국 내에서 중국을 견제하는, 즉 친親타이완의 장제스 원조 세력들 때문에 중단되고 말았다. 중국 내부에서도 계급투쟁을 강령으로 하는 총방침이 각종 문제를 관찰하고 처리하는 주도 사상이 되었다. 특히 1966년, '문화대혁명'이 시작된 이후 스스로를 세계의 혁명 중심으로 표방하면서 미 제국주의와 소련 수정주의, 그리고 각국의 반동파를 타도하자는 구호를 부르짖는 좌경 사조가 범람하여 정상적인 외교 활동을 교란시켰다. 도전과 당내투쟁에 정신이 팔려 대외투쟁의 조정은 뒷전으로 밀리고 말았다.

중·한의 쌍무 관계 속에서 미·한, 중·미, 중·조 관계가 중·한 관계에 미치는 영향은 극대했다. 조선전쟁이 끝난 뒤 미국은 한국과 '미·한 공동방어조약'(1953년 10월), '미·한 경제원조협정'(1953년 12월), '미·한 군사경제원조협정'(1954년 11월), '미·한 우호통상 및 항해조약'(1956년 11월) 등 여러 가지 쌍무 조약, 협정과 그 별지 체결을 통해 양측 간에 긴밀한 특수 관계를 맺어왔다. 상술한 조약, 협정과 그 별지는 다음과 같이 규정하고 있다. "조약을 체결한 양측은 단독적 또는 연합적으로 자조自助와 호조互助의 방법을 통해 무장 진격을 합당한 방법으로 제지하는 것을 유지, 발전시켜야 한다. 조약을 체결한 각 측은 태평양지역에서 조약을 체결한 어느 측이든 현재 각자의 행정 통제하에 있는 영토에 대한 진격을 인정하여, 함께 행동을 취해 공동 위험에 대처해야 한다. 한국은 양측이 공동 토의하고 결정한 대한민국 영토 내 또는 주변지역에 미국의 육해공군 부대를 배치할 권리가 있으며 동시에 미합중국은 이 권리를 수락한다. …… 미·한이 동맹을 체결한 목적은 계속적인 밀접한 협력이 양국의 공동 이익에 부합되게 하는 데 있다. 이러한 협력은 양국 모두에게 유리할 뿐만 아니라 자유세계가 공산주의 침략에 반대하여 투쟁하거나 그 자유 결심을 유지하는 측면에서 중대한 역할을 한다는 사실이 이미 증명되었다. 한국의 의도와 정책은 한반도의 통일을 위해 노력함에 있어 합중국과 협력하고 경제 협력 차원에서 합중국의 입법에 부합되고자 힘쓰는 것이다."[112]

미국은 상술한 조약과 협정을 통해 한국에 군대를 주둔시킴은 물론 정국을 조종하고 경제를 통제하는 등 일련의 권리를 획득했다. 미국은 한국을 민주 진열대로 건설한다는 구호를 표방하면서 실제로는 한국을, 중국을 포함한 사회주의 진영과 맞서는 군사기지의 교두보로 만들고 동북아군사동맹 구성 기획에서 빼놓을 수 없는 중요한 고리가 되게 했다. 중·미 관계가 극도로 긴장되고 대치 상태가 부단히 악화되는 시대에 미·한의 특수 관계는 중국이 미국 일변도의 정책만을 실시하는 한국 정부를 적대적 세력으로 간주할 수밖에 없게 만들었다. 이런 상황에서 중·한 관계의 긴장과 갈등은 미·한 관계의 밀접성과 중·미 관계의 긴장에 따라 갈수록 확대되었다.

1954년 제네바회담 소집으로부터 1972년 닉슨이 중국을 방문하기까지 중·미 양국은 조선전쟁에서 무기로 맞선 후에 여전히 위험한 대치 상태를 유지하고 있었다. 미국은 중국에 대해 적대적인 억제 정책을 실시하면서 동북아군사동맹을 결성하는 행보에 박차를 가했고, 미국의 제7함대는 도발적으로 중국 연해에 출몰했다. 특히 미국은 '정전협정'의 해당규정을 파괴하고 한국에 원자포 등 대규모 살상 무기를 반입함은 물론 빈번히 육해공군 군사훈련을 감행하여 동북아의 긴장 정세를 악화시켰다. 그리고 미국이 북부 베트남을 폭격하자 중국이 베트남의 항미구국전쟁抗美救國戰爭을 전폭적으로 지원했기 때문에 중·미 관계는 위험한 상황이 꼬리를 물고 일어나 몇 차례 전쟁 직전까지 치닫기도 했다. 미국이 지속적으로 중국 국가의 안전을 위협하는 최대 위험 요소로 여겨지면서 미국과 군사정치동맹을 맺고 지리적으로도 중국과 이웃한 한국은 불가피하게 중·미 갈등 총태세의 적대적 국가일 수밖에 없었다. 중·미 갈등과 미·한 동맹으로 초래된 중·한의 적대적 관계는 중·한이 3년간 혈전을 치른 뒤 다시 30여 년 동안 벌인 설전과 필전의 근본적인 원인이 되었다. 바꿔 말해서 중·미 관계의 대립과 긴장은 갈수록 악화되는 데 반해서 한·미 관계는 더욱 안정되고 강화되는 상황에서 중·한 관계의 견고한 대립을 무너뜨리기란 어려웠다. 중·미 관계가 소련에 대처할 전략적 이익을 찾는 과정에서 상호 접근했다면 중·한 관계는 서로 화해하고 선의로 가까워질 기회가 있었을 것이다.

그러나 중·미 대치가 심화되고 중·한 관계의 긴장이 고조되는 시대에도 중국이 미국과 한국을 공격하는 척도는 완전히 달랐다. 주로 중국의 칼끝은 미국 정부를 향해 있었고 이 총체적 전제 속에서 한국 정부가 언급되었다. 이것은 중·미가 화해하기 전의 '냉전'이란 기틀 속에서 중·한 관계의 기본적 특성이었다.

중·한 관계를 제약하는 또 다른 하나의 중요한 요소는 바로 중·조 관계였다. 중·조 양국은 국토가 연결되어 있음은 물론 서로 협력하는 밀접한 관계를 유지해왔다. 그야말로 자유해방을 쟁취하고 일본 제국주의에 반대하는 긴 투쟁 속에서 뜨거운 피로 뭉친 전우애를 맺어온 것이다.

중국 제1차 국내 혁명전쟁 동안 김약산金若山(김원봉金元鳳), 최용건崔庸健, 오성륜吳成崙 등 800여 명의 조선 혁명가들이 광저우에 와서 북벌전쟁에 투입되어 광저우기의廣州起義와 하이루펑海陸豐 소비에트 정권 창설 등 혁명투쟁에 참가했는데 200여 명의 조선 혁명가들이 장렬하게 희생되었다. 1925년 4월, 서울에서 창건된 조선공산당이 비밀리에 대량의 당원을 중국 동북지구에 파견해 활동을 전개했다. 또한 이듬해 5월, 책임서기 조봉암曹奉岩을 영수로 하는 조선공산당 만주총국이 성립되었다. 1929년 9월, 조선공산당 만주총국이 국제공산당의 지시에 따라 해산되자 당원들이 잇달아 중국공산당에 가입하여 중공 만주성위滿洲省委의 영도 아래 혁명투쟁을 전개했다.

1931년 9·18사변(만주사변—옮긴이) 이후에 조선공산당 당원들은 무장 항일투쟁에 참여했다. 젊은 김일성 등이 왕칭汪淸항일유격대에 가담하여 옌볜延邊지역을 전전轉戰했다. 김일성은 1933년 왕칭항일유격대 정치위원을 맡은 이래 동북인민혁명군 제2군단 제1독립사단 제3연대 정치위원, 동북항일연군 제2군단 제3사단과 제6사단 사단장, 항일연군 제1로군 제2방면군 지휘관 등의 직책을 역임하면서 부대를 거느리고 창바이長白, 멍장蒙江, 푸쑹撫松, 안투安圖, 둔화敦化 일대에서 연이어 보천보普天堡, 리우터우거우六道溝, 간삼봉間三峰 등의 전투를 승리로 이끌었다. 1940년 하반기까지 김일성 부대는 적들과 136차례나 싸우고 탁월한 전과를 올렸다.[113] 같은 해 가을과 겨울에 이르러 환경이 갈수록 악화되자 김일성 부대는 소련지역에 들어가 휴식을 취하고 대열을 정돈했다. 수시로 전투 기회를 엿보면서 동북으로 되돌아가 적들과 싸울 준비를 했다. 소련지역에 들어간 동북항일연군 부대는 1942년 7월, 중국특별여단으로 편성되어 김일성이 교도대대장 겸 중공동북특별지부국 집행위원이 되고, 최용건이 서기로 임명되어 반격에 대한 만반의 준비를 갖췄다.

1931년 9·18사변 이후 1955년 2월까지 중공 한인지부韓人支部는 중국 관내에서 계속 활동하며 상하이 한인반제동맹韓人反帝同盟을 창설하고 상하이 반제대동맹反帝大同盟과 중국 영토보장동맹에 가입하여 항일 선전 활동을 전개했다. 1935년 7월 김약산은 조선민족혁명당을 세우고, 1938년 10월 관내 첫 조선 혁명가의 항일무장부대인 조선의용대를 창건해 우한보위전武漢保衛戰에 투입함과 동시에 각지에서 전투를 벌였다. 1940년, 조선의용대는 황허黃河를 도하해 화북항일 근거지로 진입했고, 팔로군 가운데 독특한 항일 돌격 역군이 되었다. 또한 1941년 1월, '이만오천리 장정'에 참가하고 팔로군 본부작전과 과장을 맡았던 무정武亭의 영도하에 진둥난晋東南에서 화북조선청년연합회를 창립했다. 1942년 7월, 연합회는 조선독립동맹으로 개칭되고 조선의용대는 정식으로 조선의용군으로 승격되었다. 조선독립동맹은 항일 민족통일 전선조직으로서 산하에 각 분맹 지부가 화북華北, 회북淮北 각 항일 근거지에 분포되어 있었으며 베이징과 톈진지역에 지하조직을 설립해 동북항일연군 부대와 연결되어 있었다. 1945년 8월, 조선의용군은 팔로군과 함께 동북으로 진군하던 중에 소련 군대가 압록강에서 저지해 때맞춰 조국에 돌아가지 못했다. 같은 해 11월, 의용군 사령관 무정의 주재로 의용군 조직공작회의가 선양瀋陽 베이링北陵에서 개최되었다. 회의에서는 의용군을 1, 3, 5, 7지대로 나누어 4지대로 편제하기로 결정했다. 그중 제1지대는 1946년 독립 4사단으로, 1948년에는 제4야전군 독립 제166사단으로 편입되었다. 그리고 같은 해 북조선에 들어가 조선인민군에 편입되었다. 제3지대는 1949년 3월 창춘에서 제164사단으로 개편되고 같은 해 8월 귀국하여 조선인민군에 합병되었다. 제5지대는 우선 지방부대에 편입되었다가 뒷날 1948년 11월에 야전군에 편입되었다. 제7지대는 최초 동북민주연군의 지방대대가 되었다가 후에 제47군 제141사단 제422연대로 재편성되어 대군을 따라 창사長沙로 남하하여 1950년 조국에 되돌아가 참전했다.[114] 이렇게 장기간 함께 투쟁하는 가운데 중·조 양당, 양군은 영욕을 함께하며 친형제처럼 우정을 돈독히

했다.

1949년 10월, 신중국이 창건되자 북조선 정부는 신속하게 승인하고 중국과 외교 관계를 맺었다. 1950년 10월, 북조선이 망국의 운명에 처하자 중국은 항미원조를 위해 파병하여 한반도 정세를 안정시켰다. 전후의 평화건설 기간 중에 1953년 11월, 중국 정부는 자국의 재정난에도 불구하고 1950년 6월 25일부터 1953년 12월 31일까지 북조선을 원조한 일체 물자와 비용은 모두 무상기증이라고 선포했다. 동시에 1954년부터 1957년까지 재차 무상으로 조선에 8조 인민폐를 무상으로 원조하여 공업, 농업 생산을 회복하고 인민들의 생활수준 향상을 돕기로 했다.[115] 휴전한 지 1년도 안 되어서 북조선에 주둔한 중국인민지원군 각 부대는 북조선 인민을 위해 공공기관 187곳, 학교 142곳 357동, 층집 18만 8,497칸과 661채를 각각 지어주었다. 또한 황무지 890만 8,480평을 개간하고 나무 853만 6,561그루를 심었을 뿐만 아니라 수로를 복구하고 제방 826개를 건설해주었다.[116] 극동 국제 정세를 완화시키고 '정전협정'을 지키며 아울러 북조선의 부담을 덜어주기 위해 1958년 3월부터 10월까지 북조선에 주둔하던 15개 사단 25만 명 장병들을 세 그룹으로 나누어 전부 북조선에서 철수시켰다.[117] 중국인민지원군이 북조선에 들어가 참전한 8년 동안 용감하고 문명적인 군대로서의 정의로운 행동은 북조선 인민의 충심어린 사랑을 받았음은 물론 이로써 양국 우정은 더욱더 돈독해졌다.

양국 간의 쌍무 조약과 협정은 더욱이 국제법 방면에서 상호 간의 친밀한 협력 관계를 더욱 명확히 했다. 1952년 11월 23일, 양국이 체결한 '경제와 문화협력 협정'에서는 "조약을 체결한 양측은 우호적인 호조와 평등 호혜를 보증하는 토대 위에서 양국 간의 경제와 문화 관계를 공고히하고 발전시킨다. 그리고 상호 간 각종 가능한 경제와 기술 원조를 제공하며 필요한 경제와 기술협력을 진행함과 동시에 양국의 문화교류 사업을 힘써 추진한다"[118]라고 규정했다. 또한 1961년 7월 11일, 양측은 '중·조 우호협력호조조약中

朝友好合作互助條約]'을 체결하여 양국 관계를 발전시키는 기본 원칙을 다음과 같이 전면적으로 규정했다. 첫째, 양측의 평화 외교 방침을 공동으로 실시한다. 조약을 체결한 양측은 계속해서 아시아와 세계의 평화, 그리고 각국 국민들의 안전을 유지하기 위해 모든 노력을 다해야 한다. 조선의 통일은 반드시 평화적이고 민주적인 토대상에서 실현하되 이러한 해결은 조선 인민의 민족 이익과 극동의 평화를 수호하는 목적에 부합되어야 한다. 둘째, 군사정치연맹의 안위를 지킨다. 조약을 체결한 양측은 공동으로 모든 조치를 취하여 양측 또는 한 측에 대한 그 어떠한 국가의 침략도 방지해야 한다. 일단 체약국 한 측이 어느 한 국가 내지는 여러 국가의 연합 무력 진격을 받아 전쟁상태에 들어가게 되면 체약국 다른 한 측은 즉각적으로 전력을 다해 군사와 기타 원조를 제공해야 한다. 조약을 체결한 양측은 모두 체약국이 반대하는 그 어떤 동맹도 체결하지 않을 뿐만 아니라 체약국에 적대적인 그 어떤 집단, 혹은 그 어떤 행동과 조치에도 참여하지 않는다. 조약을 체결한 양측은 계속적으로 양국의 공동 이익에 관련된 모든 중대한 국제 문제에 대해 협상을 진행한다. 셋째, 평화와 공존의 5원칙으로 양국의 경제 문화 관계를 지도한다. 조약을 체결한 양측은 계속적으로 상호 주권 존중, 상호 내정 불간섭, 호혜 평등의 원칙과 우호 협력 정신에 근거하여 양국의 사회주의 건설 사업에 있어 서로 모든 가능한 경제와 기술 원조를 제공함은 물론 양국의 경제, 문화, 과학기술협력을 발전시켜 나간다.[119]

중·조 양국이 정치군사동맹을 결성하도록 한 역사적 이유는 양당과 양군의 밀접한 관계에 있었다. 현실적 원인은 주로 미국의 극동 전략이 중·조 양국에 상당히 위협적이었으며 1960년대 초 동서 대치가 급격화된 데 따른 것이다. 이러한 배경하에서 1961년 김일성 수상은 대표단을 이끌고 소련을 방문하고 소련과 '소·조 우호협력호조조약'을 체결한 다음에, 곧바로 중국을 방문하여 '중·조 우호협력호조조약'을 체결했다. 이로써 중·조·소 3국이 손을 맞잡고 함께 미국에 대항하는 종합 태세를 갖춘 셈이었다. 그러므로 저우언라이 총리는 7월 12일 연설에서 상술한 두 조약의 연이은 체결은 "북조선, 소련, 중국 3국 인민들의 정치 생활에서 중대한 사건일 뿐만 아니라 사회주의 진영의 위대한 단결에 대한 중요한 표징이다"라고 밝혔다. 그리고 "조선민주주의인민공화국에 대한 침범은 바로 중화인민공화국에 대한 침범이자 전체 사회주의 진영에 대한 침범이다"라고 강조했다.[120]

'중·조 우호협력호조조약'은 1961년 9월 10일, 평양에서 비준서가 교환, 발효된 후에 즉시 양측에 대한 국제법의 구속력이 발생했다. 조약을 통해 법률화된 중·조 관계는 중국이 그 법률적 제약에서 벗어나 중·한 관계를 개선하는 측면에서 파격적인 중대한 행동을 취하기 불가능하게 만들었다. 조약을 체결한 지 31년이 지난 후에야 중국과 한국은 외교 관계를 맺었다. 그 배경에는 유엔 남북 동시 가입이 중요하게 작용했다.

제3부 전환점

1장 1970년대 초반 국제 정세의 변화와 한국의 대응

1970년대에 접어들면서 미국을 위시한 자본주의 진영과 소련을 위시한 사회주의 진영 간의 갈등과 대립이 완화되기 시작했다. 중·미가 서로 가까워졌고 중·일도 국교 정상화를 실현했다. 그러나 양대 진영에 있어 각자 내부의 마찰과 모순은 갈수록 표면화, 첨예화되었다. 중·소의 충돌이 심화됨은 물론 미국의 동맹국들은 자주적 경향을 나타내게 되었다. 세계 구도는 양극화에서 다극화로 발전하고 세계 조류는 냉전 대치에서 평화공존으로 전환되었다. 사람들의 사상과 관념은 이념 중시에서 벗어나 국가와 민족의 실제적인 이익을 중시하는 방향으로 바뀌어갔다. 이러한 변화들은 모두 중·한 관계에 중대한 영향을 미쳤다.

중화인민공화국은 성립 초기에는 대외 관계에 있어 소련 일변도의 정책을 실시해 소련과의 우호 동맹 관계를 유지했다. 그러나 1950년대 후반부터 중·소 간에 마찰이 빚어져 소련의 쇼비니즘chauvinism이 중국 지도자의 배격과 반대에 봉착했고 양당과 양국 관계가 날로 악화되었다. 처음에는 논전論戰으로 시작했으나 나중에는 유혈 무장 충돌까지 발생했다. 1960년대 중반, 소련은 중·소 국경지대에 대기 증병하고 끊임없이 중국을 도발하면서 중국에 대한 군사적 위협을 멈추지 않았다. 1968년, 소련은 체코슬로바키아에 군대를 출동시켜 각국 정부와 국민에게 비난을 샀다. 소련의 팽창 야망은 중국의 경각심을 자극했다. 1969년, 소련은 전바오도珍寶島(소련명 Damanskii Island—옮긴이) 유혈사건을 일으키는가 하면 뒤이어 중·소 국경 서쪽, 즉 중국 신장新疆 일부지역에 침입하여 중국 목축민을 사살, 납치했으며 중국 변방의 병사 여러 명을 사살하거나 부상을 입혔다. 이런 일련의 무장 충돌은 양국 관계를 매우 경직되게 하여 일촉즉발의 대규모 전쟁 위기로까지 치닫게 했다.

중·소 충돌은 미국이 중국과의 관계 개선에 대한 가능성을 가늠하게 했다. 미국은 소련 지도자가 갈수록 중국 문제 때문에 곤혹스러워 하는 것을 보고 중국과의 관계 개선을 도모함과 동시에 한편으로 '삼각 외교'를 펼쳐 중국을 통해 소련에 대항하려고 시도했다. 이와 함께 베트남전쟁은 밑 빠진 거대한 항아리처럼 미국의 인력, 물력, 재력을 마구 집어삼킴으로써 미국의 국내 모순을 격화시켜 반反정부 분위기를 조성했다. 분명한 것은 미군이 체면을 잃지 않고 베트남 정글에서 탈출하고 미국 정부가 곤경에서 벗어나기 위해서는 역시 중국과의 친분이 필요하다는 것이었다. 그리하여 1969년 2월, 리처드 닉슨Richard Nixon은 대통령 취임 선서를 마치자마자 헨리 키신저Henry Kissinger에게 중국과의 화해 가능성을 타진하도록 했다. 3월 초, 닉슨은 드골de Gaulle에게 향후 소련과 대화할 때 중국 문제에 있어 자신이 의지할 수 있는 유리한 고지를 선점할 수 있기를 바란다고 밝혔다. 3월 말, 닉슨은 드골에게 미국이 대화를 원한다는 의향을 중국 정부에 전달해줄 것을 공식적으로 요청했다. 7월 25일, 닉슨은 괌Guam에서 닉슨주의(닉슨 독트린Nixon Doctrine—옮긴이)를 발표하면서 중국과의 접촉 의향을 밝혔다. 얼마 후 그는 또 파키스탄의 야히아 칸Yahya Khan 대통령과 루마니아의 차우세스쿠Ceausescu 대통령에게 "중국과 대화하고 싶다. 미국은 중국을 고립시키는 그 어떠한 조치에도 결코 참여하지 않을 것이다"[1]라는 의사를 표명하면서 이 뜻을 중국 지도자에게 전달해줄 것을 부탁했다. 8월 8일, 미국 국무 장관은 "미국은 줄곧 중국과 대화할 수 있는 채널을 찾고 있다"라고 더욱 공개적으로 선포했다. 1970년 1월 20일, 중·미는 바르샤바에서 대사급 협상을 재개했다. 미국 대표는 "중국을 비롯한 세계를 공동으로 지배하고자 하는 소련의 계획에는 참여하지 않을 것"임을 재천명하면서 중·미 양국의 직접적인 회담을 제안했다. 미국 국무부 대변인은 회담 소식을 발표하면서 처음으로 '중화인민공화국'이라는 칭호를 사용했다. 2월 18일, 닉슨은 미국 국회에서 발표한 대외 정책보고서에서 중국 인민을 찬양하는 동시에 "최선을 다해 베이징과의 실제적 관계 개선 절차를 취할 것"임을 약속했다. 10월 초, 닉슨은 미국 주간지 『타임』 기자에게 "만약 내게 죽기 전에 꼭 해야 할 일이 있다면 그것은 중국에 가는 것"[2]이라고 말했다. 10월 25일, 닉슨은 야히아 칸과 회견할 때 미국이 고위급 사절 한 사람을 비밀리에 베이징에 파견할 뜻이 있음을 중국 지도자에게 전달해줄 것을 부탁했다. 이틀 후 마오쩌둥 주석도 역시 에드거 스노Edgar Snow를 접견했을 때 "중·미 양국 간의 문제를 닉슨과 해결하고자 하며 만일 닉슨이 중국을 방문한다면 나는 기쁜 마음으로 그와 이야기를 나눌 것이다"[3]라고 했다. 1971년 4월, 미국 탁구 대표팀이 중국의 초청으로 중국 땅을 밟아 뜨거운 환영을 받았다. 중·미 관계의 발전이 그야말로 미래 지향적인 큰 걸음을 내디딘 것이다. 저우언라이 총리는 미국 선수들을 접견하고 "중국과 미국 사이의 이 같은 우호적 시작은 반드시 양국 인민의 광범위한 지지를 얻을 것"이라고 강조했다. 바로 그날 닉슨은 성명을 발표해 대중국 무역 금지를 완화하고 미국 방문을 원하는 중국인에게 사증査證 발급을 가속화함은 물론 화폐 규제를 완화하여 중국이 달러로 수입 물자 대금을 지불할 수 있게 했다. 아울러 미국 석유회사가 중국 화물을 수입하는 선박과 비행기에 연료를 판매하는 것과 외국 국기를 단 미국 선박이 중국 항구에 정박하는 것을 허용한다고 선포했다. 4월 하순, 중국은 파키스탄을 통해 서명하지 않은 서한 한 통을 미국에 전달했다. 서한에서 중국은 "베이징에서 미국 대통령 특사(예를 들면 키신저)나 미국 국무 장관 심지어 미국 대통령 본인을 공개적으로 맞이할 의향이 있다"[4]라고 표명했다. 5월 17일, 닉슨은 파키스탄을 통해 총리 저우언라이에게 회신했다. 그는 베이징 방문 초청을 수락하며 키신저와 총리 저우언라이 혹은 다른 한 명의 적합한 중국 관리가 초보적 비밀회담을 가질 것을 제의했다. 7월 9일, 키신저 일행이 중국을 비밀리에 방문했다. 7월 16일, 중·미 양국은 세계를 깜짝 놀라게 하는 선언을 동시에 발표했다. 중국은 "총리 저우언라이가 중화인민공화국 정부를 대표하여 대통령 닉슨에게 1972년 5월 이전에 적당한 시기를 잡아 중국에 방문할 것을 요청한다"[5]라고 선포했다. 대통령 닉슨은 흔쾌히 초청을 수락해 1972년 2월 21일부터 28일까지 중국을 방문했다. 마오쩌둥 주석이 닉슨과 회견하고 중·미 관계와 국제 사안에 관해 진지하고도 솔직한 의견을 나누었다. 28일, 양측은 상하이에서 '중·미 공동성명'을 다음과 같이 발표했다. "중·미 양국은 사회제도와 대외 정책 차원에서 본질적인 차이가 존재한다. 그러나 양측은 각자의 사회제도가 어떠하든 간에 상대국의 주권과 영토 보전에 대한 존중, 타국에 대한 불가침, 타국의 내정 불간섭, 평등 호혜, 평화공존의 원칙에 근거하여 국가와 국가 간의 관계를 처리한다. 또한 국제분쟁은 마땅히 여기에 기초하여 해결하고 무력행사와 무력 위협에 호소하지 말아야 한다는 데 동의한다. 미국과 중화인민공화국은 양자의 상호 관계에 있어 이러한 원칙을 실행하고자 한다. 양측은 다음과 같이 성명한다. 중·미 관계의 정상화는 모든 국가의 이익에 부합되며 양측은 모두 국제 군사 충돌의 위협이 감소하기를 희망한다. 어느 측도 아시아태평양지역에서 패권을 도모해서는 안 되며 양측 모두는 만약 다른 국가나 국가 그룹이 이러한 패권을 추구하려고 한다면 이에 반대해야 한다. 어느 측도 어떤 제3자를 대신해서 협상하지 말아야 하며 상대방과 다른 나라를 겨냥해서 협의와 양해를 달성해서는 안 된다." 양측의 민감한 사안이라고 할 수 있는 타이완 문제와 관련해서 중국은 원래의 입장을 재천명했고 미국은 다음과 같이 성명했다. "미국은 타이완 해협 양안兩岸의 모든 중국인들이 중국은 하나뿐이고 타이완은 중국의 일부분이라고 생각한다는 것을 인식했다. 미국은 이 입장에 이의를 제기하지 않으며 중국인 자신들이 타이완 문제를 평화적으로 해결하기를 바라는 입장을 재천명한다. 이러한 전망을 고려하여 미국은 타이완에서 미국의 무장 역량과 군사 시설을 전부 철수하는 것이 최종 목표임을 확인한다. 이 기간에 미국은 이 지역의 긴장 정세가 완화됨에 따라 타이완에 있는 미국의 무장 역량과 군사 시설을 점차 줄일 것이다. 양측은 또 과학, 기술, 문화, 체육, 언론 보도, 통상 교류와 발전에 편리를 제공하는 데 동의한다."[6]

닉슨의 중국 방문과 '중·미 공동성명' 발표는 중·미 관계사에 있어 하나의 이정표로서 중·미 양국이 20여 년간 유지해온 적대적 대립 상태를 기본적으로 매듭짓는다는 표징이며 중·미 관계의 정상화를 위해 원칙적 토대를 다지는 것이었다. 1974년 8월, '워터게이트사건'으로 물러난 닉슨에 이어 대통령에 취임한 제럴드 포드Gerald Ford는 '중·미 공동성명' 원칙을 준수하겠다고 의사를 표하면서 전임 대통령의 대중국 정책을 집행했다. 그러나 미국 내의 친타이완 세력의 활동과 미·소 관계의 변화로 인해 그의 재임기간 중 중·미 관계는 큰 진전을 보지 못했다. 1977년 1월에 출범한 지미 카터Jimmy Carter 행정부는 여전히 전임 대통령들의 대중국 정책을 집행했으며 중·미 관계 정상화 실현을 위해 노력했다. 1978년 4월, 카터는 "미국은 오직 하나의 중국만을 인정하며 중국과의 수교가 미국의 최대 이익에 부합된다"라고 선포했다. 5월 20일, 카터의 안보담당보좌관 즈비그뉴 브레진스키Zbigniew Brzezinski가 중국을 방문하고 양국 관계 정상화에 상존하고 있는 문제와 관련해서 중국 정부와 협의했다. 아울러 미국 정부는 중국 정부가 제기한 3대 원칙, 즉 정부 측의 타이완과의 관계 종식, 타이완에서의 미국 측 군사 요원과 시설 철수, '미국·타이완 안전조약' 취소 요구를 수락했다. 1978년 7월, 중·미 양국은 베이징에서 수교 협상을 시작하여 12월 15일 '수교성명'을 발표하고 1979년 1월 1일부터 공식 외교 관계를 실정한다고 선포했다. '수교성명'에서 미국은 '중·미 공동성명'을 존중한다는 것 외에 중화인민공화국이 중국의 유일한 합법 정부임을 승인하며 타이완에 대해 외교 관계 단절, 조약 폐지, 군대 철수의 3대 원칙을 실시한다고 발표했다. 중·미 수교는 장기간 지속된 양국 관계의 비정상적 상태를 종식시켰고 양국의 발전, 세계 평화와 안정에 모두 중대한 역사적 의미를 가지는 것이었다.

미국의 이러한 외교 정책의 변화는 국제 정세와 국가적인 이익을 전반적으로 고려해서 이루어진 것이다. 종전 이후 미국은 세계 각지에서 공산주의 억제를 국가의 최우선 과제로 삼았다. 때문에 지나치게 국방을 중시하고 민간 경제 발전을 소홀히 하면서 국력이 일정 부분 감소하여 오히려 '세계 경찰'로서의 역량이 약화되었다. 미국은 1970년대의 세계 판도 변화로 양극 구도가 이미 미국, 서유럽, 일본, 소련, 중국 5대 강국 중심으로 변했다는 사실을 인식하고 세계에서 중국의 위상과 역할을 읽어냈다. 1970년 2월, 닉슨은 국회에 제출한 보고에서 중국과의 관계 개선 의향을 공개적으로 표명하고 "중국의 참여 없이는 안정적이고 항구적인 국제 질서 구축은 상상할 수도 없다"[7]라고 강조했다. 중국과의 관계 개선이 미국의 세계 이익에 유리했기 때문에 중·미 간의 접근이 비록 많은 우여곡절을 겪었지만 최종적으로는 정상화를 실현할 수 있었다.

중·미 접근과 관계 정상화는 한국의 외교 정책에 큰 영향을 미쳤다. 국무총리 김종필은 1971년 8월 6일에 열린 국회 공식회의에서 제1차 시정연설을 하면서 중·미 접근과 향후 외교 방침에 대해 "한국에 적대적 행위가 없는 모든 나라와의 수교 정상화 실현 문제를 현재 검토 중에 있다"라고 언급해 과거의 강력한 반공 노선을 수정할 의향을 내비쳤다. 그는 "국가이익을 추구하는 현실적 외교가 무엇보다 선행되어야 함"을 지적하면서 북조선 외에 중국을 포함한 공산주의 국가와 대화의 길을 모색하고자 하는 입장을 시사했다.[8] 8월 7일, 한국 외무 장관 김용식金溶植은 "정부가 소련, 중국과의 수교를 검토하고 있으며 만약 그들이 대한민국 주권을 인정한다면 정부는 국가이익과 안전 증진이라는 기초상에서 유연한 외교 정책을 실행하고자 한다"[9]라고 밝혔다. '중·미 공동성명' 발표에 한국은 환영의 뜻을 표하면서 이 지역에서의 세계 긴장 정세를 완화시키는 데 유익한 기능을 할 것임을 인정했다. 그러면서도 한편으로 지대한 우려도 나타냈다. 한국은 '중·미 공동성명'은 인정했지만 성명에서 언급한 타이완 문제는 국제정치의 냉혹한 현실을 반영한 것으로 인식하면서 중·미 양국 간에 달성한 밀약이 성명에서 밝힌 것을 능가할 수 있음을 우려했다.[10] 1978년 12월 16일, '중·미 수교성명'이 발표된 후 한국 외무부 대변인은 기자의 질문에 대답하면서 중·미 수교 이후의 중·한 관계에 대해 다음과 같이 말했다. "오랫동안 우리는 줄곧 상호적 토대 위에서 모든 나라와 관계를 설정하는 열린 정책을 준수해왔지만 지금까지 우리가 베이징에서 얻은 것은 부정적인 대답뿐이었다. 서울과 베이징 간의 향후 발전은 전적으로 중국의 태도에 달려 있다."[11] 이것은 한국이 시급히 중국과 국교 정상화를 실현하고자 하는 강렬한 염원을 반영한 것이었다.

중국과 미국의 관계가 날로 개선되는 가운데 중·미 수교에 훨씬 앞서 일본과 중국은 1972년 9월에 이미 국교 정상화를 실현했다. 이것은 1970년대 국제 관세에서 또 하나의 중요한 사건으로 세계, 특히 아시아 긴장 상태를 완화시키는 데 깊은 영향을 주었다.

제2차 세계대전 후 일본 정부가 외교 정책 측면에서 미국을 추종했기 때문에 중·일 양국의 국교 정상화는 지루하고도 복잡한 과정을 겪었다. 요시다 시게루吉田茂 총리 집권 시기에 확립된 미국 일변도 외교 방침은 전후 일본 외교에 많은 영향을 미쳤다. 1964년에 출범한 사토 에이사쿠佐藤榮作 내각은 미국과 대외 정책 측면에서 일관성을 유지하여 중국에 대한 적대적 정책을 실시했다. 그러나 키신저와 닉슨 대통령의 중국 방문 등 일련의 중대한 사건들은 모두 일본 정부와 사전 협상 없이 전격적으로 이루어졌기 때문에 일본을 난처하게 만들었다. 일본 성계는 미국의 '월성외교越頂外交'에 놀라움과 분노를 금할 수 없었다. 사토 내각의 지나친 미국 편향성을 바로잡기 위해 자주 외교를 강조한 다나카 가쿠에이田中角榮 내각은 중국 정부와 직접적인 접촉을 가져야 한다고 적극 주장했고 미국에 앞서 중국과 국교 정상화를 실현하고자 했다.

1970년대 일본이 중국과의 관계 개선을 시도하게 된 또 하나의 내재적 요인으로는 바로 일본의 경제 발전을 꼽을 수 있다. 1960년대에서 1970년대 초반에 이르기까지 일본 경제는 고속 성장을 거듭하여 자본주의 세계에서 미국 다음가는 제2의 경제 대국으로 발돋움했다. 일본은 경제력이 팽창함에 따라 그 경제적 지위에 상응하는 국제적 위상을 도모하기 시작했고 미국의 아우 역할을 달가워하지 않았다. 이것은 불가피하게 미국과 정치, 경제 차원에서 여러 마찰을 불러왔다. 자주적으로 다른 나라와 관계를 발전시키는 것은 미국의 영향력을 억제하는 데 유리했다. 일본 정부가 중국과의 정책을 조정하는 조치는 경제무역 관련 인사들의 환영을 받았다. 중·일 국교 정상화 실현에 앞서 미쓰비시三菱그룹, 스미토모住友그룹의 총수를 포함한 경제계 상류층 인사들이 잇달아 중국을 방문하고 중국과 직접적인 무역 관계를 설정하려고 노력했다. 이와 같은 일본 경제계 인사들의 민첩하고 적극적인 태도는 중국과 경제무역 관계를 개선하는 것이 일본의 경제 이익에 부합된다는 사실을 깨달았음을 보여주는 것이었다. 그들의 태도와 행동은 일본 정부가 중국과의 친선 정책을 실시하는 데 막대한 영향을 미쳤다.

기본적으로 중국의 외교 정책은 1960년대에서 1970년대의 '문화대혁명'에 깊은 영향을 받았지만 '평화공존 5원칙'은 세계의 많은 나라들로부터 공감을 얻었다.

1971년 10월, 중화인민공화국은 유엔에서 합법적인 지위를 회복하여 많은 나라들과 외교 관계를 설정했다. 중국 위상의 국제적인 제고는 일본에게 조속히 중국과의 정책을 조정할 필요성을 느끼게 하고 중·일 국교 정상화를 모색하도록 만들었다. 1972년 7월 5일, 다나카 가쿠에이는 자민당 총재로 당선되던 날 "진지한 태도로 일·중 국교 정상화 문제에 임하겠다"[12]라고 선포했다. 7월 7일, 다나카는 수상 내각 회의에서 "중화인민공화국과의 국교 정상화 실현에 박차를 가해야 하며 불안정한 세계 정세 속에서 평화적 외교를 강력하게 추진해야 한다"라고 강조했다. 7월 19일, 다나카는 기자회견에서 "중국 문제는 가장 큰 문제이다. 양국의 국교 정상화 시기가 이미 성숙했다"라고 말했다. 다나카의 중국과의 관계에 대한 이런 태도에 중국 정부는 적극적인 반응을 보였다.[13] 7월 9일, 저우언라이 총리는 터키 대통령 이스메트 이뇌뉘İsmet İnönü를 환영하는 초대연 연설에서 처음으로 공식적인 태도로 조속한 양국 국교 정상화 실현에 관한 다나카의 성명에 환영을 표현했다. 또한 7월 16일, 중국을 방문한 일본 사회당 전 위원장 사사키 고조佐佐木更三를 회견할 때 다나카 수상에게 중국 방문의 구두 초청 메시지를 보냈다.[14] 이런 일련의 접촉 후 8월 12일, 중국 외교 부장 지펑페이姬鵬飛는 "저우언라이 총리가 다나카의 중국 방문을 환영하며 협상을 통해 중·일 국교 정상화 문제를 해결하기를 바란다"라고 밝혔다. 8월 15일, 다나카는 중국 대표단의 쑨핑화孫平化 등과 회견하면서 중국 방문 초청을 수락했다. 9월 25일, 다나카는 중국을 방문하여 총리 저우언라이와 협상을 진행했다. 29일, 양측은 '공동성명'을 체결해 발표했다.

'공동성명'의 체결과 발표는 중·일 관계사의 새로운 장을 열었다. 중·미 접근이 불러온 충격과 마찬가지로 한국은 중·일의 접근과 국교 정상화의 실현에 큰 불안감을 나타냈다. 1972년 8월 10일, 한국 국무총리 김종필은 기자회견에서 중·일 접근에 대한 우려를 다음과 같이 나타냈다. "만약 미국이 시속 3마일 속도로 중공에 접근한다고 할 때 일본은 이 속도를 능가하지 말아야 한다고 생각한다. 그렇지 않으면 현재 아시아 일부 지역에서 유지되고 있는 질서가 파괴될 것이고 이로 인해 아시아의 약소국들이 어려운 지경에 처하게 될 것이다. 실제로 이것은 한국에게 불리한 상황임에 틀림없다." 그는 또 "만일 중국과 소련이 한국을 적대시하지 않고 한국 주권을 인정한다면 한국은 베이징, 모스크바와 외교 관계를 맺을 의향이 있다"라고 거듭 천명했다.[15] 한국의 주요 야당인 신민당은 29일, 일본이 중국과 외교 관계를 회복한 데 대한 실망감을 표시했다. 당 대변인 김수한金守漢은 성명을 발표하여 "일본이 정치경제상 한국 배척의 시도를 승인하는 것은 국제적 신의를 저버리는 행위이다. 이러한 일본의 선례는 다른 강대국들이 답습할 가능성이 있으며 한국의 정세에 심각한 결과를 초래할 것이다"라고 주장했다. 그는 정부가 대책을 강구해 "중국 대륙과 관계를 개선하고 한국이 다른 국가들에 뒤떨어져 세계적인 '고립' 상태에 빠지는 것을 방지할 것"을 촉구했다.[16] 『동아일보』도 중·일 국교 회복에 관한 사설을 발표해 중·일 국교 정상화가 한국에 미치는 영향을 다음과 같이 분석했다. "일본이 그동안의 대미 일변도의 자세를 탈피하고 보다 자주적 입장에서 중공과의 관계를 정상화할 때 과연 종래와 같은 일·한 간의 긴밀한 유대 관계가 그대로 지속될 수 있을는지, 그리고 또 일본의 북한에 대한 태도에는 어떠한 변화가 일게 될는지, 우리는 자못 착잡한 심정으로 그 추이를 주시하게 되는 것이다. 한편 중공으로서는 일본과의 관계가 열리게 되면 자연 그 중간지대에 자리 잡고 있는 한반도와도 보다 밀접한 관계를 맺어야 할 필요성이 생기게 될 것이다. 그렇다면 이러한 정세 변동 속에서 우리는 한편으로는 남북한 간의 대화를 시도하면서 또 한편으로는 중공을 포함한 대북방 외교에 보다 현실적인 대응자세를 취해야만 할 때가 다가왔다고 본다."[17] 새로운 형세에 대한 대응으로서 한국의 여야는 형세 변화에 순응하는 북방 '대륙 외교'의 새로운 방침을 구상하기 시작했다.

북방 '대륙 외교'란 중국, 소련, 북조선 등 사회주의 국가에 대한 외교를 가리킨다. 박정희는 집권 후 이승만 시대부터 줄곧 고집해온 '북진' 정책을 완전히 고쳐 경제 제일주의의 발전 전략을 추진했다. 또한 한국은 주변 사회주의 국가와의 관계 개선을 통해 자국의 경제 발전에 더욱 폭넓은 활동 무대를 마련하고자 했으며 북방과의 관계 개선을 통해 남북 양측의 치열한 대치로 인해 발생하는 막대한 국방비 부담을 덜어 경제 발전에 더 많은 자금을 투입할 수 있기를 바랐다. 다른 한편으로는 1970년대 초반 세계 정세가 완화되는 추세를 보이면서 사회주의 진영과 자본주의 진영의 관계는 대치에서 대화로 돌아섰다. 미국도 자국의 패권적 지위에 변화가 있음을 느끼고 지금까지처럼 제멋대로만 할 수 없게 되었다. 시기와 형세를 잘 파악해 유연한 외교 활동을 펼칠 필요성을 느낀 것이다. 중·미 접근과 중·일 국교 정상화는 한국의 위기감을 가중시켜 대국의 틈바구니 속에서 생존해야 하는 약소국으로서 자주독립의 유연한 외교를 펼쳐야만 자국의 이익을 보호할 수 있다는 사실을 절감하게 만들었다. 한반도 내부와 주변 국제 관계의 변화에서 출발한 한국의 북방 '대륙 외교'는 1970년대 초 세계 정세가 완화된 결과이다. 북방 '대륙 외교'를 통해 한국은 중국, 소련과의 관계 개선은 물론 북조선과의 심각한 군사 대치의 국면을 완화시키고자 했다. 바로 이러한 새로운 외교 방침의 배태와 실행 과정 속에서 중·한 관계는 개선될 전기가 마련되었다.

2장 한반도 정세의 새로운 동향—남북대화의 시작

1960년 4월, 이승만 정권이 전복되었다. 제2공화국의 대통령 윤보선은 취임하자마자 곧바로 "전임 대통령 이승만이 주장했던 북진 정책을 포기하고 신공화국은 유엔과 조화할 수 있는 행동만을 취해 조선의 통일을 실현할 것이다"[18]라고 선포했다. 1960년 8월 14일, 김일성은 8·15해방 15주년 기념연설에서 다음과 같이 제안했다. "외세의 간섭 없이 조선 전역에서 선거를 치르는 것이 남북통일의 최선책이다. 그러나 만일 남조선에서 이것을 조선 전지역이 공산당 국가로 변한다는 의미로 받아들여 두려워한다면 최소한의 임시적 조치를 취해야 한다." 김일성은 북조선과 남조선의 연방 건립을 이와 같은 임시조치로 제안했다. 또한 그는 각 측에서 적어도 군대를 10만 명 혹은 10만 명 이하로 감축할 것을 제안했다. 한국 정부는 북조선의 제의를 거부했다. 민주당 대변인은 "김일성이 여러 문제를 해결해야 한다고 해결책을 제시했는데 우선 공산당 독재를 토대로 하는 그의 괴뢰 정권부터 해산해야 한다"[19]라고 말하면서 유엔의 감독하에 자유선거를 거쳐 재통일을 실현해야 한다고 주장했다.

1970년대에 접어들면서 세계 정세가 전반적으로 완화됨에 따라서 한반도의 정세 역시 변화가 일었다. 1970년 8월 15일, 대통령 박정희는 8·15해방 25주년 기념연설에서 '8·15평화통일구상'을 제기하면서 "만약 북한 정권이 한국 정부를 전복하려는 음모를 포기하고 즉각적으로 모든 전쟁 도발 행동을 중지한다는 것을 전 세계에 증명한다면 우리는 지금 남북을 가로막는 인위적인 장애를 점차적으로 제거하는 현실적 방안을 제시하려고 한다. 만약 북한이 한반도 통일을 위한 유엔의 노력은 물론 유엔의 직능과 권한을 인정한다면 남측은 더 이상 북측이 대표를 파견해 유엔총회에서 한반도 문제에 대한 변론에 참가하는 것을 반대하지 않을 것이다"라고 밝혔다. 그는 "남북 양측이 우호적으로 경쟁하여 1970년대 어떤 정치제도가 남북 국민의 행복한 생활을 보장할 수 있는지를 견주어보자"[20]라고 제안했다. 이것은 한반도가 38도선으로 분단된 지 25년 만에 한국 대통령이 처음으로 남북 평화경쟁에 동의한 것이었다. 1971년 4월, 북조선 외무상 허담許錟은 조선 평화통일 문제와 관련해서 주로 미군이 남측에서 철수하고 '미·한 공동방어조약'을 폐지하는 등의 내용을 담은 8개 강령을 제기했다. 8월 6일, 김일성은 캄보디아 망명정부 수반 노로돔 시아누크Norodom Sihanouk를 환영하는 평양 군중대회 연설에서 "북조선 정부는 남측의 박정희 대통령을 포함한 집권당 민주공화당 대표와 수시로 회견할 준비가 되어 있다"[21]라고 말했다. 공개 장소에서 통일 문제를 토론할 때 박정희나 그 대표를 회견할 준비가 되어 있다고 한 것은 북조선 정부의 변화한 첫 번째 태도 표시였다. 그러나 이 제안은 한국 정부로부터 거절당했다. 총리 김종필은 국회에서 "북한의 제안은 고려할 필요가 없다. 그것은 통상적인 선전 공세에 불과하기 때문이다"[22]라고 말했다. 그러나 한편으로 그는 "평화적 방법으로 영토 통일을 실현하고자 한다면 대한민국은 향후 어느 시기에 가서는 북한 정권과 회담을 갖지 않으면 안 될 것이다"[23]라고 말함으로써, 평화 방식을 통한 영토의 재통일을 실현하는 수단으로 북조선 공산주의자와의 대화가 불가피함을 시인했다. 8월 12일, 한국의 대한적십자사는 10월 이전에 제네바에서 예비회담을 가질 것을 북측에 호소했다. 이에 대한 회답으로 조선적십자사는 14일 대한적십자사에 텔레비전 방송을 통해 남북한에 흩어져 있는 이산가족 행방을 찾도록 9월 중순에 판문점에서 회담을 갖자고 요구했다. 대한적십자사도 즉각 반응을 보여 남북적십자회담 지점을 판문점으로 옮기는 데 동의하며 북측의 회답을 받아들일 것이라고 선포했다.

이런 남북 최초의 상호 움직임은 국제사회의 관심을 끌었다. 중국 정부는 신속한 반응을 보였다. 김일성이 담화를 발표한 지 3일째인 8월 9일, 국무원 총리 리셴녠李先念은 북조선 정부 경제대표단 환영연회 연설에서 김일성의 연설을 "당면한 국제 정세를 깊이 있게 분석했다"[24]라고 높이 평가했다.

8월 14일, 한국사회당(통일사회당—옮긴이) 위원장 김철金哲은 평양을 '괴뢰' 정권이 아닌 사실상의 정권으로 인정하는 것을 분단된 남북을 재통일하는 하나의 단계로 삼자고 박정희 정부에 제의했다. 그는 "정부가 장기간 실행해온 북한 정권의 국제적 고립 정책을 과감하게 포기하는 방식을 취하여 북방 공산당에 화해의 손길을 내밀 것"을 요청하며, 한국 정부에 "현행 반공법과 국가보안법을 폐지하고 이것을 반反간첩, 반침투, 반전복 활동법안으로 대체하고 북한이 한반도 문제에 관한 유엔 변론에 참가하거나 한국과 우호적인 외국과 접촉하는 것을 저지하지 말자"라고 건의했다.[25] 이것은 공산 정권에 반대하는 한국이 처음 제기한 남북 화해에 관한 건의였다. 같은 날 박정희는 『남화조보南華早報』에 글을 발표하여 "만약 북한 공산주의자들이 세계조직(유엔—옮긴이)의 권한과 권력을 인정한다면 한국은 유엔에서 한반도 문제를 토론할 때 북한의 참가 초청에 반대하지 않을 것"[26]이라고 밝혔다. 이튿날 박정희는 8·15해방 26주년 및 대한민국 창건 23주년 기념대회 연설에서 "만일 북한이 스스로의 무력과 폭력 정책을 포기한다면 한국 정부는 수시로 평양과 국가 평화통일 문제에 대해 협상할 뜻이 있다"[27]라고 선포했다.

8월 20일, 양측의 적십자사는 각각 2명의 대표를 파견하여 판문점에서 회동을 갖고 남북적십자사 인사들이 이산가족 문제에 관한 공식회의를 거행한다는 공식문건을 교환했다. 전체 회동은 4분 만에 황급히 종결되었지만 조선전쟁 이후 남북이 가진 첫 번째 공식 쌍무 접촉이었다. 9월 20일, 양측은 첫 예비회담을 가지는 것은 물론 실무회의를 열어 공식회담을 위한 준비에 들어갔다.

남북의 적십자사가 공개적 접촉을 가진 동시에 남북 양측 지도자 간 상호 방문도 비밀리에 이루어졌다. 1972년 1월 10일, 김일성은 일본 기자와의 인터뷰에서 새로운 주장을 제시했다. 즉 남북이 '평화협정'을 체결하고 미군을 철수시킨 후 양측의 군대를 대폭적으로 감축하고 남북 접촉과 연계를 강화해 남북정치협상으로 국가통일 문제를 해결하자는 것이었다. 1월 29일, 『인민일보』는 사설 「조선 평화통일을 촉진하는 중요한 제안促進朝鮮和平統一的重大倡議」을 발표해 완전하고도 단호한 지지를 표시했다.[28] 한반도 남북의 상호 움직임은 빨라졌다. 같은 해 5월 2일부터 5일까지 한국 중앙정보부 부장 이후락李厚洛이 비밀리에 평양을 방문해 조선노동당 중앙조직지도부 부장 김영주金英柱와 회담을 가졌다. 그리고 5월 3일과 4일에 북조선 지도자 김일성이 이후락을 회견했다. 김일성은 국가통일에 관한 3원칙을 제기했다. 즉 통일 문제는 민족 자주결정 원칙에 따라 단독적으로 해결하되 외세 간섭을 배제해야 한다. 이념, 이상, 제도의 차이에 구애받지 말고 민족의 대동단결을 촉진해야 한다. 마땅히 평화적 방식으로 통일을 실현해야 하고 양측은 모두 무력으로 상대방에 대응해서는 안 된다. 이후락은 이와 같은 김일성의 3원칙에 전적으로 찬성했다.[29] 5월 26일, 김일성은 남북연방제를 실현하자는 새로운 주장을 제기했다. 5월 29일부터 6월 1일까지 북조선 제2부수상 박성철朴成哲과 김영주 등이 북조선 대표로 서울을 비밀리에 방문해 이후락과 회담하고 대통령 박정희와도 회견했다. 박정희도 김일성의 3원칙을 전적으로 지지했으며 남북협조위원회(남북조절위원회—옮긴이)를 국가통일 문제를 해결하는 영구적 교섭기구로 삼자는 김일성의 주장에 동의했다.[30] 7월 4일, 양측 정부는 남북 평화통일에 관한 '공동성명'을 발표했다. 그 주요 내용은 다음과 같다.

① 양측은 다음과 같은 조국 통일 원칙들에 합의를 보았다. 첫째, 통일은 외세에 의존하거나 외세의 간섭을 받지 않고 자주적으로 해결되어야 한다. 둘째, 통일은 서로 상대방을 반대하는 무력행사에 의하지 않고 평화적 방법으로 실현되어야 한다. 셋째, 사상과 이념, 제도의 차이를 초월하여 우선 하나의 민족으로 민족적 대단결을 도모하여야 한다.

② 양측은 남북 사이의 긴장 상태를 완화하고 신뢰의 분위기를 조성하기 위하여 상대방을 중상하거나 비방하지 않으며, 크고 작은 것을 막론하고 무력 도발을 하지 않으며, 불의의 군사적 충돌 사고를 방지하기 위한 적극적인 조치를 취하기로 한다.

③ 양측은 끊어졌던 민족적 연계를 회복하며 서로의 이해를 증진하고 자주적 평화통일을 촉진하기 위하여 남북 사이에 다방면적인 제반 교류를 실시하기로 합의한다.

④ 양측은 지금 온 민족의 거대한 기대 속에 진행되고 있는 남북적십자회담이 하루 빨리 성사되도록 적극 협조하는 데 합의한다.

⑤ 양측은 돌발적 군사 사고를 방지하고 남북 사이에 제기되는 문제들을 직접 신속 정확히 처리하기 위하여 서울과 평양 사이에 상설 직통 전화를 놓기로 합의한다.

⑥ 양측은 이러한 합의 사항을 추진함과 동시에 남북 사이의 제반 문제를 개선, 해결하며 또 합의된 조국 통일 원칙에 기초하여 나라의 통일 문제를 해결할 목적으로, 이후락 부장과 김영주 부장을 공동위원장으로 하는 남북협조위원회를 구성, 운영하기로 합의한다.

⑦ 양측은 이상의 합의 사항이 조국 통일을 일일천추一日千秋로 갈망하는 온 겨레의 한결같은 염원에 부합된다고 확신하면서 이 합의 사항을 성실히 이행할 것을 온 민족 앞에 엄숙히 약속한다.[31]

한반도 남북의 '공동성명'은 이정표적 문건으로서 그 체결과 발표는 남북 양측이 통일 문제에서 처음으로 이념적 장애를 뛰어넘어 실질적인 한걸음을 내디뎠음을 나타냈다. 이에 대해 중국 여론은 즉각적으로 높이 평가했다. 7월 9일, 『인민일보』는 사설 「순조로운 출발[良好的開端]」에서 "남북 고위급 회담과 '공동성명'의 발표는 남북 교류의 큰 문을 연 것이다. 이는 조선의 자주적 평화통일 사업의 순조로운 출발이며 아시아와 세계의 정세 발전에 적극적인 영향을 미칠 것이다"라고 밝혔다. 또한 "각 국가의 일은 응당 그 국가의 국민 스스로가 관리해야 한다. 조선의 통일 문제는 반드시 외세 간섭을 배제하고 조선의 국민 스스로가 해결해야 한다. 조선의 삼천리금수강산은 기필코 통일이 실현될 것이며, 4,000만 혈육 동포들은 반드시 다시 한자리에 모일 것을 굳게 믿는다"라고 강조했다.[32] 남북 접촉의 상서로운 국면을 더한층 촉진시키기 위해 그 후 상당히 긴 기간 동안 중국 정계 요인의 연설이나 매체는 남측에 대한 비판을 중지했으며 한국 정부에 대한 호칭도 '박정희 괴뢰집단'에서 '남측' 또는 '남조선 당국'으로 고쳤다.

그 후 남북 접촉은 두 가지 방식을 통해 진행되기 시작했는데 하나는 적십자회담이고 다른 하나는 남북협조위원회의였다. 중국 정부와 민간단체는 지대한 선의의 관심을 가지고 두 가지 방식으로 자못 흡인력 있게 진전되고 있는 남북회담을 주시했다. 8월 29일, 중국의 적십자사는 평양에 전보를 보내 다음 날 개최되는 남북적십자공식회담을 뜨겁게 축하했다. 9월 8일, 마오쩌둥毛澤東, 동비우董必武, 주더朱德, 저우언라이周恩來 등 중국 지도자들은 연명으로 김일성과 최용건에게 전보를 보내 북조선 국경절(조선민주주의인민공화국 창건일—옮긴이)을 열렬히 축하하고 한반도 평화통일 사업의 진전에 대해 열정적인 지지를 보냈다. 8월 30일, 이범석李範錫과 김태희金泰禧가 각각 남북적십자사를 대표하여 평양에서 제1차 공식회담을 가졌다. 양측은 회담을 통해 다음과 같은 문제에 합의했다. ① 남북 이산가족과 친척의 주소, 생존 여부를 조사하여 통보한다. ② 남북 이산가족과 친척의 자유 방문과 자유 상봉을 실현한다. ③ 남북 이산가족과 친척의 서신 자유 교환을 실현한다. ④ 남북 이산가족과 친척의 자유 희망에 따라 가속이 다시 한자리에 보이는 문제를 실현한다. ⑤ 인도주의 원칙에 근거하여 기타 현안을 해결한다.[33] 회담은 우호적이고 진지한 분위기 속에서 진행되었다. 양측은 회담이 이산가족 문제의 고통을 해결하는 것 말고도 한반도 통일을 위해 노력해야 한다는 데 의견을 같이했다. 또한 이 회담에서 남북은 9월 13일, 서울에서 제2차 공식회의를 열기로 결정했다.

9월 13일, 제2차 남북적십자회담이 서울에서 열렸다. 북측 적십자사 대표단은 하루 일찍 서울에 도착했다. 27년 만에 군복이 아닌 사복 차림의 북측 대표가 처음으로 판문점을 지나 남측 지역 내에 모습을 보인 것에 수백 명의 한국인들은 열렬히 환영했다. 서울로 이동하는 도중에 '통일로'로 일컬어지는 도로에서 수만 명의 한국 국민들이 북측 사절을 환영했다. 서울에 도착하자 내방자들은 이번 회의의 한국 수석대표 이범석과 생화를 든 여학생의 환영을 받았다. 대한적십자사는 특별히 성명을 발표하여 전체 국민들에게 "동포의 정으로 북측 대표단을 환영하고 모든 편리를 제공할 것"[34]을 호소했다. 회담은 127분간 진행되었는데 상당히 따분한 분위기 속에서 시작하여 악수도 웃음도 없이 단지 발언자에게만 공식적인 박수를 보냈을 뿐이었다.[35] 결국 회의는 향후 협상 방침에 대한 합의를 보지 못했다. 한국 측은 이 회담은 현 단계에서 원래 정한 목적에 국한되어야 한다는 입장을 고수하여 "한 집안 식구가 갈라진 천만 한국인의 고통"을 경감시킬 대책을 강구해야 한다고 주장했다. 반대로 북측 대표는 남측이 현 적십자회담에서 중점적으로 제기한 인도주의에 대해 응당 광의적 해석을 해야 한다면서 "나라의 비참한 분단 문제도 포함시킬 것"을 명백하고도 함축성 있게 강조했다. 또한 마땅히 "지금의 적십자회담을 정치회의로 승격시켜 오늘날 나라가 겪고 있는 근본적인 불행을 해소하기 위해 힘써야 한다"라고 주장했다. 나아가 "양측의 정치조직과 민간조직의 대표가 회의에 참가해야 한다"라는 의견을 견지했다. 8월 30일, 평양에서 공식회의가 시작되기 전에 쌍방은 이러한 북측의 요구를 보류하자는 데 이미 동의한 바 있다.[36]

회담이 순조롭지만은 않았지만 중국은 여전히 남북 접촉을 지지하고 남북 접촉에 기대를 걸었다. 10월 3일, 제27차 유엔총회에 출석한 중국 대표단 단장이자 외교부장인 차오관화喬冠華가 전체회의 발언에서 "올해 7월 4일 조선 남북 측은 조선의 자주적 평화통일 원칙과 절차에 관한 합의를 달성했다. 중국 정부와 중국 인민은 이 합의를 열렬히 환영한다"라고 밝히고, " '유엔한국

통일부흥위원회'와 '유엔군 사령부'를 남측에서 철수함으로써 한반도의 긴장 정세 완화에 이룹도록 하자"라고 호소했다.[37]

남북협조위원회의 조정을 거쳐 양측은 9월 13일 저녁 비밀회의를 열었고, 14일에 제2차 남북적십자회담 합의문을 발표했다. 그리고 제3차 회담부터 의정 항목의 토론을 시작하기로 결정했다. 양측은 1972년 10월 24일 평양에서 제3차 회담을, 11월 22일 서울에서 제4차 회담을 각각 갖기로 의견 일치를 보았다. 대한적십자사가 마련한 초대연에서 양측은 통상 문제도 토론했다. 이 회담이 진행되는 과정에서 민관식閔寬植 한국 문교부 장관은 13일, "정부는 우리나라의 반공 교육을 전면적으로 개혁하여 남북한 간의 새로운 관계에 부응하고자 한다. 정부는 남북한적십자회담의 공식적인 진전 상황을 주시하고 있다"[38]라고 선포했다.

10월 12일, '공동성명'에 근거해서 실립된 남북협조위원회 제1차 위원장회의가 판문점에서 열렸다. 회의 후 양측은 성명을 발표해 '공동성명'의 문건정신을 준수한다는 데 동의하고 성명에서 달성한 협의를 충실히 관철할 것을 다짐했다. 이와 더불어 민족 대단합을 도모하고 상대방을 서로 중상하거나 비방하지 않을 것을 약속했다.[39] 21일, 남북협조위원회 대표는 공동으로 "계속해서 고위급 정치 대화를 실시하여 국가통일의 길을 닦고 남북협조위원장회의는 11월 2일 평양에서, 11월 30일 서울에서 제2차, 제3차 회의를 열기로 결정했다"라고 밝혔다.

10월 24일, 평양에서 가진 제3차 남북적십자회담에서는 의정의 첫 번째 문제인 이산가족 문제에 대해 토론했다. 조선적십자사 대표단 단장 김태희는 회의 발언에서 적십자사가 이산가족 문제에 대해 기울이고 있는 노력은 분단된 국토 통일이라는 최종적 민족 목표와 불가분의 관계에 있다고 강조했다. 그는 마땅히 견지해야 할 5원칙과 4항의 내용을 제안했다. 5원칙은 다음과 같다. ①주체적 입장을 철저히 견지해야 한다. ②민주 원칙과 자유 원칙을 철저히 관철해야 한다. ③회담을 통해 남북 간의 상호 이해와 상호 신임을 두텁게 함으로써 민족의 화목과 대단결을 실현하는 원칙을 도모해야 한다. ④모든 문제를 토론할 때 적십자 인도주의 원칙을 철저히 실현해야 한다. ⑤민족 분단의 고통을 줄이려는 이 사업이 그에 합당한 성과를 거두기 위해서는 철저하게 전 민족, 전 국민 사업 원칙으로써 이 사업을 촉진시켜야 한다. 또한 4항의 내용은 다음과 같다. ①남측의 현재 상황에서 만약 남북 이산가족과 친척이 노출된 후에 박해를 받을 것을 두려워한다는 사실을 고려한다면 남북 이산가족과 친척의 주소 및 생존 여부 문제를 조사해 통보하기 위해서는 남측이 마땅히 일체 법률적 사회장애를 제거하여 당사자와 협조자가 민주적이고도 자유롭게 의사를 표시하고 활동할 수 있는 여건과 환경을 마련해야 한다. ②남북 이산가족과 친척의 주소 및 생존 여부를 조사하여 통보하는 사업을 원활히 하기 위해 남북 간 상호 이해와 신임, 민족 대단결의 분위기를 마련해야 하며 양측은 적십자사를 이해시키고 설명할 수 있는 적당한 인력을 상대방의 현장에 파견해야 한다. ③남북 이산가족과 친척의 범위는 본인의 의사에 따라 확정해야 하며 그들의 주소와 생존 여부를 조사해 통보하는 구체적 방법도 본인 요구와 그 자신의 의사에 따라 확정해야 한다. ④상기한 각 항의 의결 사안을 효과적으로 실현하고 보장하기 위해 남북적십자단체연합위원회를 설립해야 하며 필요한 지점에 각각 적십자 대표부를 설치해야 한다.[40] 북측이 제기한 위의 제안은 남측 대표의 반대에 부딪쳤다. 이범석은 이 제안의 내용이 남측의 내정을 간섭하는 것이며, 또한 서로 비방과 중상을 하지 않기로 한 '공동성명'의 정신에도 위반된다고 지적했다.[41] 이에 대해 한국도 다음과 같은 4개 방침을 제시했다. ①적십자사 인도주의와 중립의 원칙에 근거한 적십자사의 모든 사업 계획 실행은 적십자사가 책임지고 관철한다. ②시종일관 이산가족의 자유의사를 존중하고 이산가족의 개인사에 대해서는 반드시 비밀에 붙여야 한다. ③적십자사 사업 계획의 목적은 가족 관계 회복에 엄격히 국한해야 하며 적십자사 사업 계획의 순결성을 보증해야 한다. ④통과된 의정 순서에 따라 토론을 진행하고 협의한 개별적 항목은 즉각적으로 관철해야 한다.[42] 양측이 서로 다른 입장을 가지고 있었기 때문에 제3차 남북적십자회담은 큰 진전을 보지 못했다. 미국 주간지 『뉴스위크』에 따르면 소련은 조선의 통일이 양 독일에 선례를 제공할 것을 우려하여 북조선에 한국과의 회담 속도를 늦출 것을 제안했다고 한다.[43]

11월 2일, 제2차 남북협조위원장회의가 평양에서 열렸다. 3일, 김일성이 이후락 일행을 접견했다. 4일, 양측은 11월 11일을 기점으로 각각 상대방에 대한 비방방송을 중지하고 비무장지대에서의 심리전 활동을 중지한다는 내용의 공동성명을 발표했다. 양측은 공동의 노력으로 여러 방면에서 협력한다는 데 의견을 같이했고 남북협조위원회 구성 문제에서도 진전을 보였다. 한국의 신문에는 분단 이래 처음으로 김일성이 미소를 머금고 한국의 고위급 사절과 악수를 나누는 큰 사진이 실렸다.[44] 이후락은 서울에 돌아온 후 언론과의 인터뷰에서 평양 방문은 남북 상호 신임을 촉진시키는 데 매우 큰 성과를 거두었다고 강조함과 동시에 조선 지도자 간의 회담 분위기는 열정적이고 진지했다고 전했다.[45]

북조선은 공동성명의 규정에 따라 11월 10일 0시부터 한국을 향한 무선전파방송과 군사분계선에서의 대남 확성기방송을 전면 중지했다. 그러나 한국은 10일 오후 2시가 되어서야 대북 무선전파방송을 중지했고 오후 5시에야 군사분계선에서의 대북 확성기방송을 중지했다. 이에 대해 조선 『로동신문』은 논평을 발표하여 한국이 협의를 위반했다고 비난했다.[46]

11월 22일부터 24일까지 제4차 남북적십자회담 회의가 서울에서 열렸다. 양측은 여전히 기존입장을 견지했지만 이산가족 상봉 문제에 대해서만큼은 상대방의 의견을 청취하고자 했다. 그동안의 회의에서 이룬 원칙적 협의에 근거하여 22일, 양측 실무급 회의는 기구 설립 문제에 관한 합의를 달성했다. 따라서 양측은 남북적십자연합위원회와 남북적십자판문점연합사무소를 설치하기로 합의했다. 그리고 두 기구의 직능, 사업 절차, 구성 문제는 따로 상정하기로 했다. 회의는 또 양측 적십자사의 직통전화와 판문점 적십자연락대표부를 통해 제5차, 제6차 남북적십자회담 날짜를 상정하기로 했다.

11월 30일, 서울에서 제3차 남북협조위원장회의가 열렸다. 회의는 남북이 각각 5명씩 파견해 10인 협조위원회를 구성하고 공고를 발표해 남북협조위원회의 공식 설립을 선포했으며 김영주, 이후락을 변함없이 북남 양측의 수석대표로 상정했다. 뒤이어 제1차 남북협조위원회를 소집하고 주로 미래 사업과 관련된 문제를 토론했다. 남북을 연결하는 정부 측 경로로서의 협조위원회 설립은 남북대화의 정상화를 상징하며 이것은 평화통일을 실현하기 위한 '공동성명'의 정신을 향한 의미 있고도 중대한 첫 걸음이기도 했다. 회의 기간 중에 박정희는 북조선 대표단을 접견했다.

12월 22일부터 25일까지 중국 외교부장 지펑페이姬鵬飛가 북조선 외무상 허담의 초청으로 북조선을 친선 방문했다. 25일, 양측이 발표한 공동성명에서 중국은 조선이 외세의 간섭 없이 국가의 자주적 평화통일을 실현하는 정의로운 투쟁에 대해 전적으로 지지하고 성원한다고 밝히고 미국이 군대를 철수하고 유엔한국통일부흥위원회를 해체할 것을 강력히 요구했다.[47] 중국은 국가안보, 타이완 정책, 한반도 평화 수호, 그리고 미국과 소련의 초대국 패권주의 등 여러 가지 상황을 감안하여 남북이 대결에서 화해로 나아가는 새로운 국면에 접어들기를 바랐다. 때문에 중국의 태도는 외교사령外交辭令이나 빈말이 아니었다. 그러나 남북에 각각 막대한 영향을 미치고 있는 미국과 소련 양국은 한반도를 전 세계적 대항과 쟁탈의 중요지역으로 간주하고 남북대화 과정을 자신들의 전략 궤도에 끌어들이려고 온 힘을 다했다. 이렇다 보니 한동안 양호한 발전 추세를 보이던 남북의 화해가 미국과 소련의 개입과 남북 양측의 장기적인 적대시로 인한 폐단 등으로 인해 빠른 속도로 다시 복잡한 상황으로 빠져들었다. 1973년에 이르러 남북대화는 침체 상태에 처했다. 또 잇달아 국경 충돌 사건이 발생해 양측의 접촉은 재차 소강 국면에 접어들었다. 같은 해 2월 15일, 한국 군용비행기가 북부 영공 군사분계선 중부의 죽동리竹洞里(황해남도 벽성군 대성리—옮긴이)에 진입하자 북조선은 이에 항의를 제기했다. 같은 날 한국 전역에서 대규모의 방공 군사훈련이 있었다. 3월 7일, 한국은 군인 2명이 군사분계선 표지를 수리하다가 1명이 총에 맞아 죽고 1명이 부상을 입었다고 밝혔다. 이에 대해 북측은 사상자가 자동무기와 사진기로 무장한 정찰원이라고 주장했다. 유엔 주재 한국 대사와 외무 장관은 담화를 발표하여 국가통일은 마땅히 인도적 단계, 비정치적 단계, 정치적 단계의 3단계로 나누어 완만하고도 점진적으로 추진해야 한다고 주장했다. 북조선은 이를 공박하면서 남북 간의 광범위한 정치 협력을 실시할 것을 주장했다.

3월 15일, 제2차 남북협조위원회가 평양에서 열렸는데 양측은 회의 의정에서부터 견해 차이가 발생했다. 북조선은 군대를 공동으로 감축하고 평화협의를 체결하는 것을 국가통일의 선결 조건으로 내세운 것에 반해 한국은 통일을 실현하는 지름길은 먼저 비정치적인 교류를 통해 상호 신뢰를 쌓는 것이라고 주장했다. 양측은 또 3월 7일 일어났던 비무장지대에서의 총격사건을 두고 서로 비난했다. 심각한 의견 차이로 인해 회담은 구체적인 협의를 달성하지 못했다. 회담에 대한 공동성명도 없었을 뿐만 아니라 김일성도 이후락을 회견하지 않았다. 그날 『로동신문』은 회담과 이후락 일행의 정황에 대해 보도함과 동시에 남측을 공박하는 2편의 논평과 「충청북도 충주 시내의 신문을 파는 한 소녀의 비참한 울부짖음—돈이 없어 치료를 받지 못하고 죽기를 기다리는 우리 엄마를 살려주세요」라는 제목의 보도를 실었다.[48]

3월 21일부터 22일까지 제5차 남북적십자회담이 평양에서 열렸다. 회담에서는 이산가족 찾기와 그 행방을 상대방에게 통보하는 방식을 집중적으로 토론했다. 북조선은 한국이 정치, 법률상의 장애를 제거하는 것을 양측 이산가족의 재결합을 실현하는 선결조건으로 주장했다. 남측은 정치를 개입시키지 않고 인도주의만 거론하는 입장을 고수해 회담은 끝내 난국에 빠지고 말았다. 회담 기간 동안 북조선 신문은 수많은 글을 실어 주한 미군과 관련해서 한국을 공박했으며 한국과 미국이 결탁해 전쟁을 일으키려고 한다고 비난했다.

4월 6일, 북조선 제5기 최고인민회의 제2차 회의는 「각국 국회와 정부에 보내는 편지」와 「미국 국회에 보내는 편지」를 채택하여 국가통일에 관한 북조선의 일관된 입장을 천명함은 물론 미국과 한국의 입장과 행위에 대해 공박했다. 이에 대한 응답으로 한국은 미군과 약호略號 '금룡金龍 73'이란 대규모의 합동군사훈련 준비에 박차를 가했다. 4월 8일, 한국은 북조선 무장 침투자 2명을 사살했다고 선포했다.

5월 9일과 10일, 제6차 남북적십자회담이 서울에서 열렸지만 여전히 난국에 빠져 아무런 진전이 없었다. 6월 10일, 북조선은 휴전선 일대의 대남방송선전 공세를 재개했다. 형세가 급변하여 12일, 제3차 남북협조위원회가 소집되었지만 여전히 실질적인 진전은 없었다. 그러나 북조선은 무장 침투를 중지하고 한국 비방 방송을 중지하는 데 동의했다.[49]

6월 23일, 박정희는 성명을 발표해 한국은 북조선과 유엔에 동시 가입하여 정식 회원국이 되고자 한다고 강조했으며 북조선이 유엔총회에서 한반도 문제에 대해 언급하는 것을 반대하지 않는다고 밝혔다. 그러나 이와 동시에 그는 이것이 북조선을 하나의 국가로 인정한다는 의미는 결코 아니라고 선포했다.[50] 김일성은 즉각적으로 거절의 태도를 표시했다. 그는 같은 날 체코슬로바키아 정부 대표단을 환영하는 군중연설에서 남북 군사 대결을 해소하고 양측의 전면적 협력과 교류를 강화하며 대민족회의 협상으로 통일을 실현해야 하지만 남북이 유엔에 동시 가입하는 것에 대해서는 단호히 반대한다는 북조선의 입장을 밝혔다. 그리고 남북이 연방을 결성해 '고려연방공화국'이란 이름으로 유엔에 가입하자는 등의 5가지 새로운 주장을 펼쳤다.[51]

그러나 새로운 주장이 실질적 행동으로 변하기에는 역부족이었다. 7월 11일, 남북적십자사는 평양에서 제7차 회담을 가졌다. 한국은 이산가족이 추석 제사 때 서로 상대편에 가서 성묘하도록 허용하자고 제의했지만 북측은 이에 회답하지 않았으며 회담은 여전히 진전이 없었다.[52] 8월 2일, 한국은 북조선 측의 '북한배구협회'를 서울에서 열리는 아시아 배구지도자 강습회에 초청했다. 북조선 측은 논평을 발표하여 이것은 한국이 꾸민 정치적 음모라고 거절하면서 남북대화를 파탄 위기에 빠뜨린 책임을 북측에 전가하려는 시도라고 비난했다. 그리고 북측에는 '조선민주주의인민공화국배구협회'만이 존재할 뿐 '북한배구협회'는 존재하지 않는다고 강조했다.[53]

논쟁과 갈등은 부단히 확대되었다. 8월 28일, 김영주는 성명을 발표해 한국 중앙정보부 부장 이후락을 8월 8일 일본에서 일어났던 '김대중 납치 사건의 막후 획책자'라고 비난했다. 나아가 '이후락과 중앙정보부의 건달들'을 향후 남북협조위원회의에 참가시킬 수 없으며 이후락을 남북협조위원회의에서 배제할 것을 제의했다. 김영주는 이 조직에 집권자뿐만 아니라 남북의 각 정당, 사회단체, 각 계층의 국민대표가 참가해야 한다고 주장했다.[54] 김영주의 이 성명은 한국의 항의를 받았다. 다음 날 이후락은 성명을 발표해 거세게 항의를 표시함과 동시에 김영주에게 그 성명을 취소할 것을 강력히 요구했다. 그리고 그 자신은 김대중 사건과 아무런 관계가 없다고 주장했다.[55]

11월 16일, 한국은 중단되었던 남북적십자회담을 재개할 것을 제안했다. 이에 북조선 측은 회담을 재개하려면 한국 측이 반드시 반공법을 폐지하고 정치범을 석방해야 한다는 조건을 내놓았다.[56] 11월 28일, 북조선 측의 제의에 따라 양측 적십자 대표가 판문점에서 회동을 가졌다. 북조선 측은 남북적십자회담의 급속한 재개를 위한 조치로 다음의 3가지를 제안했다. ① 남북적십자회담에 참가해 회담 진행을 방해하는 한국 중앙정보부 요인을 제명한다. ② 한국 당국은 민주와 조국 통일을 요구하는 한국 애국시민과 청년학생에 대한 탄압 행동을 즉각 중지하고 체포, 감금된 애국자와 청년학생을 석방하여 회담을 위한 양호한 분위기를 마련해야 한다. ③ 서울에서 회담 여건과 분위기를 조성하지 못한 것을 고려하여 평양에서 재차 남북적십자회담을 가질 것을 주장한다. 한국 측은 북조선 측의 제의가 한국의 '내부 문제'를 간섭하고 '정치화' 경향이 있다고 하여 거부했다.[57] 이로써 남북 간 두 경로의 접촉이 모두 중단되었다. 그 뒤로 산발적인 접촉이 있기는 했지만 선전과 정치전쟁에 불과해 실질적 진전은 없었다.

1970년대 초반, 한반도 정세의 완화는 전 세계적 정세 완화의 영향을 받기도 하고 전 세계적 정세 완화의 한 구성 요인이기도 했다. 객관적으로 볼 때 김일성이 1972년 5월에 제기한 민주, 평화통일, 민족 대단결의 3대 원칙과 1973년 6월에 제기한 단일국호의 남북연방제 실행 등의 5가지 주장은 최초로 외세 개입을 배제하고 일국양제一國兩制를 통한 한반도의 자주적 평화통일을 실현할 수 있는 청사진을 내놓았다는 점에서 중요한 의미를 지녔다. 그러나 여러 면에서 여건이 성숙되지 않아 상기한 원칙과 주장은 실효를 거둘 수가 없었다. 이 과정에서 북조선과 한국에 이웃한 중국은 남북 양측의 자주적 평화통일 절차를 지지함은 물론 여러 상황에서 적극적으로 독려하는 태도를 명확히 표시했다. 특히 국제적으로 유엔총회에서 중국은 조선 문제의 공정하고 합리적인 해결에 대한 일관된 입장을 견지했다. 9월 10일, 중국 등 21개국은 제28차 유엔총회에 조선 문제에 대한 결의초안을 제기함으로써 북측의 3대 원칙과 5개 주장을 지지했으며, 유엔한국통일부흥위원회의 해체, 유엔군 사령부의 해체와 남측으로부터 외국 군대 철수를 조선 문제를 해결하는 중요한 조건으로 삼자고 요구했다. 치열한 변론 끝에 11월 28일, 유엔총회는 1972년 7월 4일에 이루어진 남북한 '공동성명'에서 한반도 통일에 관한 남북 양측의 3대 원칙을 긍정하고 유엔한국통일부흥위원회를 즉각 해체하기로 결정했다. 북조선 대표단도 역사상 처음으로 유엔총회 회의장에 모습을 보이고 발언했다. 중국은 한반도의 자주적 평화통일을 촉구하는 과정에서 적극적인 역할을 했다. 긴 안목으로 볼 때 중국의 입장은 중·한 관계 발전에 유리하게 작용했다. 당시 중·한 양국이 적대적 공존 관계에 있었다는 구체적 환경을 감안해볼 때 중국은 여전히 북조선의 입장에 확고하게 서 있을 수밖에 없었다. 그렇기는 했지만 한국 정부에 대한 공박의 날카로운 정도가 이전보다 크게 완화되었다. 은연중에 중·한 관계의 전기가 마련될 가능성이 드러난 것으로 볼 수 있는 것이다.

3장 한국 경제의 비약과 중·한 정부의 정책 조정 추세

1960년 4월, 이승만 정부가 붕괴되었다. 이승만 정부는 한국 국민이 수습하기 어려운 국면을 만들어놓았다. 1960년 한국 국민총생산(GNP)은 겨우 2.3% 성장했지만 통화 팽창률은 50%가량이나 되었고 무역적자도 연간 4억 달러 이상에 달했다.[58] 많은 중소기업이 부도가 나고 실업 인구가 급속히 늘었으며 농업이 쇠퇴하여 농민들은 빚더미에 빠져 국내는 뒤숭숭했다.

새로 출범한 허정許政 내각은 겨우 4개월간 지속되다가 8월 12일 대통령에 취임한 윤보선尹潽善이 지명한 장면張勉 내각이 뒤를 이었다. 장면 내각은 이승만 정권의 '군사 제일주의'와 '북벌'이라는 큰 방침을 수정하고 '경제 발전 제일주의'의 방침을 제시해 민심을 얻고 정권을 공고히 하고자 했다. 하지만 이승만 시대가 남겨놓은 각종 난제를 허약한 장면 내각이 실질적으로 해결하기란 쉽지 않았다. 한국 각지에서는 반정부 시위행진이 그칠 줄 몰랐고 정세는 날이 갈수록 일촉즉발의 국면으로 치달았다.

1961년 5월 16일 이른 새벽, 한국 제2군사령부 부사령관이던 소장 박정희朴正熙, 그리고 김종필金鍾泌 등 소장파 군인들이 수십 대의 탱크와 해병대 병사 3,600여 명을 동원해 서울의 각 주요 기관을 점령하고 일시에 장면 내각을 뒤엎었다. 쿠데타 당일, 장도영張都暎을 의장으로 한 쿠데타 지휘부 군사혁명위원회는 성명을 발표하여 6가지 강령을 제시했다. 그 6개항이란 다음과 같다. ①반공을 국시의 제일로 삼고 반공 태세를 재정비 강화한다. ②미국을 위시한 자유 우방과의 유대를 공고히 한다. ③모든 부패와 구악舊惡을 일소하고 청렴한 기풍을 진작시킨다. ④민생고를 시급히 해결하고 국가 자주

경제의 재건에 총력을 경주한다. ⑤국토 통일을 위하여 공산주의와 대결할 수 있는 실력을 배양한다. ⑥양심적인 정치인에게 정권을 이양하고 군은 본연의 임무로 복귀한다.[59] 쿠데타 정부가 발표한 위의 강령은 반공의 기치를 분명히 함은 물론 '유엔헌장' 준수와 한·미 동맹국 관계를 특히 강조했으며 부정부패 척결, 국민경제 건설, 국력 증강, 국민에게의 정권 이양 등을 기본 주장으로 하였다. 그 목적은 쿠데타에 대한 국내외의 의구심을 해소하고 미국 정부와 한국 민중의 지지를 얻어 정세를 안정시키고자 하는 데 있었다.

그러나 군사쿠데타는 각국 정부, 국제 매체의 논평과 비난을 피하기 어려웠다. 주한 미국 대사관은 정변자와 연루되는 것을 우려하여 유엔군 총사령관과 주한 미국 대사관 임시권한 대행이 성명을 발표하여 "정식 승인된 장면을 위시한 대한민국 정부를 계속 지지한다"고 밝혔으며, "한국 무장 부대의 여러 수장들이 그들의 직권과 영향력을 행사하여 통제권을 즉각 정부 당국에 되돌려주고 무장 부대 내부 질서를 회복하기 위해 노력할 것"을 요구했다.[60] 미국 국무부는 일언반구도 없이 침묵을 지켰다. 3일 후에 미국 원조단 관리는 "한국에 대한 미국의 원조 계획은 퇴출된 총리 장면 내각의 집권 시기와 똑같이 계속될 것이다"[61]라고 밝혔다. 미국 원조의 회복은 미국 정부가 쿠데타 후의 정국을 인정한다는 것을 의미했다. 일본 내각은 쿠데타 다음 날 회의를 열고 "한국의 정치 상황이 아직도 안정된 상황이 아니기 때문에 지켜볼 뿐 별다른 도리가 없다"[62]라고 결론 내렸다. 필리핀 등 다른 나라들도 쿠데타에 신중한 태도를 보였다. 평양에서는 5월 20일, 20만 명이 참가한 집회와 시위행진이 있었다. 대회는 「남조선 인민에게 알리는 글」을 채택하여 미국이 만든 군사 파시스트 정변에 대해 분노, 규탄하며 한국 각계 인사들에게 반미 애국투쟁의 기치를 높이 들고 "이승만을 타도하듯이 장도영을 위시한 파시스트 분자를 타도하라"고 호소했다. 『인민일보』는 5월 21일, 「남조선의 군사쿠데타에 대한 논평[評南朝鮮的軍事政變]」이란 사설을 발표해 "미 제국주의가 남조선에서 조작한 군사 파시스트 정변"[63]을 통렬하게 비난했다. 심지어 머

나먼 이라크와 튀니지에서도 '5·16쿠데타'에 대해 의논이 분분했다. 5월 17일, 이라크 『소식보』는 "쿠데타의 성격을 예측하기 힘들다"라고 하면서 "쿠데타가 그치지 않는 것은 조선 남부의 상황이 안정되지 않았음을 뜻한다"라고 지적했다. 이라크의 또 다른 매체인 『국가신문』은 "미국이 책동한 이 새로운 쿠데타가 재차 국제 정세의 긴장을 초래할 것"이라고 주장했다.[64] 같은 날, 튀니지의 『신보』는 논평을 발표해 "미국 정부와 쿠데타 당사자 간에 한 차례의 흥정이 벌어질 것"이라면서 "미국 정부는 쿠데타 당사자가 자신들의 동맹자가 되는 조건으로 새로운 정권을 인정할 것이다"라고 썼다.[65]

그렇지만 쿠데타에 대해 어떤 입장을 취하든 간에 사람들은 당시 '5·16쿠데타'로 세워진 군사정권이 마침내 비약적으로 한국 경제를 이끄는 중추적인 지휘부가 될 줄은 꿈에도 생각하지 못했다. 이는 쿠데타가 발생한 지 3일 후에 군사정권의 명칭이 바뀜과 동시에 공포된 경제 정책에서 그 최초의 조짐이 보였다. 5월 19일, 군사혁명위원회는 국가재건최고위원회로 이름을 바꾸고 8가지 경제 정책을 발표했다. ① 정상적 상공업 활동 자유를 보장하고 공업 분야의 수출과 생산을 확대한다. ② 일체 합법적인 개인재산을 보장한다. ③ 노사분쟁을 금지한다. ④ 한국 자본의 외국 유출을 금지하며 위반자는 엄벌한다. ⑤ 일체 밀수를 방지한다. ⑥ 시장에서 일용 필수품을 사재기하는 것을 불허한다. ⑦ 불원간 은행과 대외통상에 대한 규제를 취소한다. ⑧ 국민은 납세의무를 이행한다.[66] 같은 날, 위원회는 한국 국민들에게 건전한 국민경제를 세우기 위해 노력할 것을 호소했으며 위원회 의장 장도영과 부의장 박정희는 재계와 기업계 대표들을 회견했다. 또한 대학교 총장, 교수, 학생 대표를 만나 혁명을 지지하고 학교로 돌아가 본업에 충실할 것을 요구했다.[67] 국가재건최고위원회는 경제 정책 특히 '수출과 생산 확대에 관한 대책 강구'를 가장 큰 경제 발전 방침으로 공포했는데 이것은 이승만 시대의 수입대체형 방침이 수출유도형 방침으로 전환되었음을 의미했다. 그리고 경제계 인사를 소집해 경제정책자문위원회를 조직했다. 이는 전문가를 등

용해 경제개발 두뇌집단을 구성하고 군계, 재계, 산업계의 삼위일체를 구성함으로써 경제 부흥을 지도하는 핵심 역량을 형성하려는 것이었다. 국가재건최고위원회가 이렇게 노사분쟁을 금지하며 사재기를 불허하고 개인재산을 보호하는 등의 조치를 취한 것은 경제 발전을 위해 국내의 안정된 환경을 마련하는 데 목적이 있었다. 박정희가 기획한 경제 발전 제일주의를 기치로 한 활동들은 5월 19일의 일정을 빈틈없이 꽉 채웠다. 이날은 한국 경제의 비약적인 발전 과정에서 돌이켜 음미할 만한 날이라고 할 수 있다.

군사정권이 경제적 색채를 두드러지게 내세운 중요한 원인 중의 하나가 바로 민심과 민의에 순응하기 위해서였다. 쿠데타 후 외국 언론사 기자의 취재에 따르면 일반 한국인들이 가장 관심을 갖는 문제는 다름 아닌 경제 문제였다. 한국인들에게 가장 큰 관심사는 국가재건최고위원회가 과연 한국에 경제 번영과 안정을 가져다줄 수 있느냐는 것이었다.[68] 쿠데타 1개월 후의 여론조사에 의하면 일반 국민들은 전체적으로 군사정권의 정책을 지지했다. 가령 57.1%의 사람들이 강력한 군사정권의 통치를 선호한다고 대답했고, 18.1%는 군사 통치를 무서워하거나 혐오하지도 않는다고 대답했으며 45.9%는 일원제를 찬성했다.[69] 당면한 가장 중요한 과제에 대한 조사에서는 42.3%의 사람들이 실업 문제 해결이라고 대답했고, 19.5%가 물가 안정이라고 했으며 다만 2.1% 사람들이 공산주의 제거라는 정부 의견에 동의했다. 조사에서 나타난 것과 같이 89.5% 사람들이 농민 채무 동결에 관한 법령 발표에 찬성했고, 81.8%는 정부의 투기자 검거에 찬성했으며 50%는 투기자를 응징할 것을 주장했다.[70] 이상의 취재와 여론조사는 1960년대 초기 이승만 정부의 반공통일 정책과 남북 군사 대치 상황으로 고통을 겪은 한국 국민들이 얼마나 민생 문제 해결과 생활 개선을 희망했는지를 설명해준다. 아울러 정치인의 부패와 뇌물 수뢰 등의 추악한 현실을 벗어나 청렴하고도 효율적인 정부가 경제 부흥을 실현하기를 얼마나 고대해왔는지도 설득력 있게 말해준다. 군사정권은 민심의 추세를 포착해 정권을 공고히 하고 경제를 발전시키는 각종 조치를 취했다.

그리고 정권을 안정시키기 위해 군사정권은 정치적으로 다음과 같은 사항들을 실시했다.

첫째, 반공 입장을 거듭 강조해 미국과 일본의 지지를 얻었으며 반공의 기치하에 압제 정부를 구성하여 국내에서 상대적으로 안정된 환경을 조성했다. 1961년 7월 3일, 군사정권은 '반공법'을 반포하여 다음과 같이 규정했다. "공산당 국가에서 침투해 공산당 특수임무를 수행한 자에 대해 가장 무거운 사형을 선고할 수 있다. 이러한 공산당 특수임무에 협조하거나 그들에게 기타 편의를 제공한 자에 대해서 최고 10년의 징역을 선고할 수 있다. 공산당 조직에 자신이 참가했거나 타인을 권유해 참가하도록 한 자, 찬양·격려·동정 또는 기타 방법으로 이러한 조직에 이익을 준 자, 친공 홍보물을 출판·반입·소지·운송 또는 살포한 자, 공산주의자에게 금선·화물 또는 교통 설비를 제공한 자는 7년 이하 징역에 언도한다."[71] 이 법을 공포한 날 군사정권은 공산당과 결탁한 죄로 장면 내각의 법무부 장관 조재천曹在千, 내무부 장관 신현돈申鉉燉, 국방부 장관 현석호玄錫虎, 외무부 장관 정일형鄭一亨 등을 기소하고 각각 체포 또는 연금 조치를 취했다. 또한 장면의 비서실장이자 한국조폐공사 사장이었던 선우종원鮮于宗源과 국무원 사무처장 정헌주鄭憲柱, 검찰총장 이태희李太熙 등 고위급 관리들에게 터무니없는 '빨갱이' 혐의를 씌워 체포해 판결했다.[72] 반공은 군사정권이 이색분자를 배척하고 장면 내각을 철저히 숙청하여 미국 정부에게 군사정권을 인정하고 지지하게 했으며 고압적인 정치 환경을 지속시키는 편리한 도구가 되었다.

둘째, 각개격파하여 박정희 개인 독재 체제를 구축했다. 쿠데타 초기 박정희는 장도영과 협력해 대통령 윤보선은 제쳐놓고 총리 장면을 핍박해 결국 장면은 5월 18일 내각 총사퇴를 선포하게 했다. 박정희는 장도영을 내각수반으로 만든 후 다시 장도영을 압박해 7월 3일에 국가재건최고위원회 의장과 내각수반을 사임하는 성명을 발표하게 했다. 장도영은 성명에서 "최고책임자로서의 무거운 책임을 감당할 능력이 없다. 보다 적극적이고 진취적이며 국내외에서 깊은 존경과 신임을 받는 영수에게 이 자리를 양위하겠다"[73] 라고 선포해야만 했다. 그리하여 박정희가 국가재건최고위원회 의장에 취임했고 그의 동맹자인 국방부 장관 송요찬宋堯讚이 7월 4일 취임선서를 하고 신임 내각수반에 취임하면서 국가재건최고위원회의 명령, 즉 박정희의 명령을 절대 준수하여 내각수반의 직책을 수행하겠다고 약속했다.[74] 이에 박정희는 명실상부한 한국 제1의 압제자가 되었다. 계속해서 1962년 3월 22일, 윤보선을 핍박해 하야하게 하고 드디어 그 자신이 대통령을 대행하는 위치에 올랐다. 그 후 1963년 2월, 심복 김종필에게 지시하여 어용 집권당인 민주공화당을 조직했다. 의회민주의 형식으로 같은 해 10월, 대통령 선거에 출마하여 경쟁자였던 윤보선을 물리치고 대통령에 당선됨으로써 12월 17일 제3공화국 대통령에 공식 취임하여 개인 독재 체제를 구축했다.

셋째, 언론을 통제하고 '정보정치'를 실시했다. 1961년 5월 22일, 군사정권은 명령을 내려 모든 정당과 사회단체를 일률적으로 해산한다고 선포함은 물론 23일 다시 명령을 내려 언론사의 보도를 규제하겠다고 밝혔다. 쿠데타 1개월 사이에 각계 인사 약 10만 명을 체포해 구금하고 500여 개 간행물을 차압했다.[75] 같은 해 6월 10일, 김종필을 부장으로 하는 한국 중앙정보부를 구성하고 온갖 특권을 부여해 '국가안전을 반대하는' 모든 범죄행위를 조사하게 했다. 중앙정보부는 국가재건최고위원회에 직속되고 서울에 본부를 두었다. 그리고 필요하다고 판단된 어떤 지방에든 지부를 설립할 수 있었으며 주로 정부 각 기구에 협력하고 감독했다. 그중에는 군사기구의 정보 수집과 조사 활동도 포함되어 있었다. 중앙정보부가 조사 활동을 실시할 때는 적법한 검찰 당국의 절차를 거치지 않았으며 헌법을 초월하는 특수기능을 가졌다. 중앙정보부는 설립 이후 짧은 시간에 수천에 이르는 사람을 체포, 취조하여 자백을 강요했고, 모든 국민이 위압감을 느끼는 탄압기구가 되었다.[76]

넷째, 관리 범죄를 숙청하고 횡령과 부정부패를 벌했다. 군사정권은 혁신 이미지를 수립해 민심을 얻고 정부 공무원을 통제할 필요성이 있었다. 따라서 쿠데타 후 1개월 내에 잇달아 여러 명령과 조치 등을 발표했고, 창끝을 장면 내각의 각급 관리들에게 겨누었다. 6월 11일, 군사정권은 1923년 12월 21일 이후 출생한 자로서 군에서 근무하지 않은 자는 일률적으로 파면한다고 선포했다. 이 명령을 내린 후 파면된 각급 관리나 공무원의 수는 무려 9,291명이나 됐다.[77] 같은 날 군사정권은 쿠데타 이래 이미 공무원 501명이 첩을 들인 탓에 파면되었고 이 밖에 관리 466명도 첩 때문에 파면 처분에 직면했으며 부패로 고소되거나 실직한 공무원 250명도 마찬가지로 처벌을 받게 될 것이라고 밝혔다.[78] 같은 날, 서울 군사당국은 반反매음 법령을 공포하여 창기娼妓를 없애고 정부가 차비를 지급해 서울 시내의 약 5만 명이나 되는 창기를 고향에 돌려보내거나 혹은 직업교육원에 보내 정상적인 생활을 회복하게 했다.[79] 이와 동시에 군사정권은 특별위원회를 설립해 이익을 불법 착복한 부유 상인과 정부 관리를 조사하게 했다. 특별위원회는 주요인물 29명을 조사하고 그중 다수인을 심문했는데 경제 구조에 대한 '조정과 개선' 작업을 통해 정부 고위급 관리와 재벌 기업의 애매한 연계를 단절하고 대기업의 독점적 통제를 타파함으로써 진정한 기업가의 기업 활동을 최대한으로 고무시키고자 했다.[80]

다섯째, 재건국민운동을 일으켜 군사정권의 각종 혁신 활동을 지지할 것을 국민에게 호소했다. 이에 유진오兪鎭午를 의장으로 하는 재건국민운동본부를 구성해 친공주의와 중립주의를 제거하고 절약하면서 소박하게 생활하는 운동 취지를 관철하게 했다. 6월 12일, 재건국민운동본부는 서울에서 약 7만 명이 참가한 '전국촉진대회'를 열어 윤보선, 장도영, 박정희, 유진오 등이 대회에 참가해 연설을 발표함으로써 재건국민운동을 위한 여론을 조성했다. 윤보선은 연설에서 "허영과 이기적인 욕망을 억제하고 스스로 사업에 투신해 전국적인 목표를 실현할 것"을 국민에게 요구했다. 장도영은 연설에서 "전 국민은 반드시 반공정신으로 자신을 무장하고 모든 친공분자를 분쇄함으로써 북측의 재침략 획책에 대응해야 한다"라고 강조했다. 나아가 국민에게 "국가재건최고회의가 무엇을 시키기를 기다리지 말고 나라를 위해 무엇을 할 수 있을 것인가를 스스로에게 물을 것"을 호소했으며 "참된 민주와 행복 사회를 향한 진군은 이미 시작되었다"라고 단언했다.[81] 대회를 주재한 유진오는 연설에서 "지금의 군사혁명은 단순히 군사혁명만이 아닌 전 국민의 혁명이므로 전 국민이 혁명사상을 가져야 한다"[82]라고 설명했다. 40분간의 대회가 끝날 무렵 군사정권을 지지한다는 혈서를 손에 든 노동자가 단상에 뛰어올라가 장도영과 악수했다. 장도영은 그와 악수하는 한편 지지에 감사한다고 큰소리로 말했고, 그 순간 집회는 감동의 절정에 달했다. 집회가 끝난 뒤 군악대의 선도 아래 집회에 참가한 군인, 학생, 시민들이 서울 거리를 따라 행진했으며 군사정권의 통제하에 있는 언론사들의 대대적인 보도를 통해 이 운동은 전국으로 보급되었다.

박정희가 암암리에 획책했거나 직접 나서서 조종한 각종 조치 등을 통해 군사정권은 재빠르게 자리를 잡아갔다. 이러한 조치와 행동의 목표는 다방면에 있었다. 이승만 정부와 장면 내각의 무능과 부패 청산, 탐관오리와 관리를 매수해 사욕을 챙기는 기업 거두巨頭에 대한 체포와 심판, 사회 부패 현상의 척결, 정당 세력의 억제, 여론 통제와 강경한 반공방침 추진 등이 포함된다. 그러나 이러한 일련의 조치는 박정희 개인의 독재 건립이란 최종목표를 둘러싸고 전개되었다. 이 과정에서 박정희 정권은 군사적 색깔을 두드러지게 만들었고 이로써 한국 경제 부흥과 비약에서 정부의 행정적 권위가 절대적인 것이 되었다. 이와 동시에 군사정권과 국민 사이에 직접적인 연계를 구축하는 재건국민운동을 통해 국민 총동원을 실시하고 전국을 대군영으로 만들어 강행군식 경제 재건과 비약을 강제적으로 추진했다.

한국 경제의 부흥과 비약에 있어서 군사 색채와 강행군식 행동방식은 1960년대 한국 사회를 하루 빨리 낙후와 빈곤에서 벗어나게 하려는 대중심리와 직결되는 것은 물론 박정희라는 개인의 경력이나 소신과도 연관된다.

박정희는 1917년 경상북도 선산군 어느 가난한 가정에서 태어났다. 1937년 대구사범학교를 졸업하고 1940년에 만주 괴뢰국 신경新京군관학교에 입학한 그는 1942년 도쿄에 있는 일본육군사관학교에 파견되어 유학했다. 졸업한 뒤에 관동군 제6방면군 제8연대 육군 소위로 있었으며 1945년 일본이 전쟁에 패하여 항복하자 구금되었다가 1946년에 귀국해서 한국 군대에 투신하여 비밀리에 조선노동당(남조선노동당—옮긴이)에 가입했다. 1948년 여수 봉기에 참여했다가 실패한 후 정부에 귀순한 그는 이후 조선전쟁 기간 동안 제9사단 참모장, 육군본부 작전정보국 제1과장, 제2포병사령관 등 직책을 역임했다. 1953년 휴전 후에는 미국 육군포병학교에 가서 진수進修 과정을 밟았다. 귀국한 뒤 빠른 승진으로 1958년에 소장으로 진급했다. 1960년에는 육군본부 작전국 참모부장, 그 뒤에는 제2군단 부사령관이 되었다. 이상의 경력에서 알 수 있듯이 1961년 '5·16 쿠데타'를 일으키기까지 그의 21년 군 생애는 그에게 군인 특유의 상황 판단, 진격 목표 확립, 전력을 다한 승리 탈취의 사유 방식을 갖추도록 하여 절대적 복종과 법률의 엄정함을 강조하는 과단성 있는 풍격風格을 양성하게 했다. 이러한 사고방식과 풍격이 일단 한국의 경제 부흥과 비약적인 발전 과정에 적용되자 군사적 색채를 띤 강행군식 특성으로 표현되었던 것이다.

박정희 개인 군사 체제의 성립은 1960, 1970년대 한국 경제의 부흥과 비약을 보증하는 기본적 전제였다. 그러나 경제의 부흥과 비약을 실현하기 위해 군사정권은 그에 상응하는 구체적인 조치가 필요했다. 박정희는 그의 집권 시기에 주로 다음과 같은 조치를 취했다.

첫째, 새로운 경제 발전 전략을 확립했다. 조선전쟁이 끝난 다음에 이승만 정권은 오랫동안 수입대체 방침, 즉 내향형 경제 발전 전략을 실시했다. 이는 민족 산업을 발전시켜 국산품으로 수입품을 대체하고 국내 노동력을 흡수하여 실업인구를 축소하고 국내에서 모자라는 외화 유출을 방지하는 것이 그 요점이었다. 그러나 국내 자원이 부족하고 시장이 작아서 수입대체 전략은 부분적인 경제자주의 실효를 거두었을 뿐 금방 막바지 단계에 이르고 말았다. 국내시장의 포화, 제품의 적체, 중소기업의 대량 도산, 기업 경쟁력 위축 등의 문제가 나타났다. 통계에 의하면 1945년부터 1957년까지 한국 공업생산의 연간 증가율은 15.9%에 달했지만 1958년부터 1961년에는 공업생산의 연간 증가율이 절반 이상 떨어져 겨우 7%에 그쳤다. 또한 국민총생산 증가율도 대폭 떨어져 1958년부터 1961년까지 연평균 증가율이 3.5%에 머물렀다.[83] 적시에 경제 전략을 전환시키는 것이 급선무였다.

박정희는 1년 남짓한 시간을 들여 군사정권을 공고히 한 다음, 1962년부터 새로운 경제개발 전략, 즉 외향성 수출유도 경제 발전 전략을 도입했다. 이 전략은 국내의 값싼 노동력과 외국의 자본, 기술의 접목에 입각한 수출가공형 공업을 대대적으로 발전시키고, 아울러 대담하게 국제 대순환의 협력과 경쟁에 뛰어들어 기업에 활력소를 불어넣는 것이었다. 또한 생산설비를 갱신해 국내 생산능력을 급속히 제고함으로써 공업화 속도에 박차를 가하여 신흥공업화 국가 대열에 들어서게 하는 것이었다. 이를 위해 박정희 정부는 적시에 '수출 제일'의 구호를 제시함은 물론 심지어 쿠데타를 일으킨 며칠 후, '공업 분야의 수출과 생산 확대'를 8개 경제 정책의 제1조로 대중에게 공포했다. 박정희는 대통령에 취임한 후에 수출진흥확대회의를 직접 주재하여 매달 말에 관련 공무원, 재계, 기업계 인사를 불러 수출 상황에 대해 토론하고 대외통상 문제를 조율해 해결했다. 매년 연말에는 새해의 수출 목표를 하달하여 수출진흥확대회와 경제기획원에서 책임지고 구체적으로 실시하도록 했다. 1961년부터 1971년까지, 한국 수출 실적의 실제 증가율은 36% 이상에 달했다.[84] 1964년 11월 30일, 무역 수출이 처음으로 1억 달러 선을 돌파했다. 이를 기념해 박정희 정부는 매년 11월 30일을 '수출의 날'로 정하고 여러 방식을 통해 수출 성과가 뛰어난 기업과 개인을 표창했고 수출에 무능한 제조업자와 관리는 처벌했다.[85]

이 밖에도 정부는 단기 수출 차관 제공, 세관수속 간소화, 수출제품의 원자재 수입에 대한 특혜관세, 공업 수출 단지와 수출 자유지대 설립, 외자유치를 통한 외상外商 투자 장려, 노무勞務 수출 인력 확대 등 여러 가지 배합 정책 조치를 취해 외향형 경제 전략을 실행했다. 이와 함께 대외무역 수출액이 급상승해 1962년 5,500만 달러에서 1971년 10억 달러로 늘어났고 1977년에 100억 달러 선, 1981년에는 200억 달러 선에 이르러 1962년에 비해 362.6배로 늘었다.[86]

둘째, 정부 주도하에 계획경제 도식을 도입했다. 박정희는 집권 기간 동안 4차에 걸친 5개년 계획을 제정, 집행하여 경제 발전에 있어 정부가 주도적 역할을 발휘하도록 했다.

1962년부터 1966년의 제1차 경제개발 5개년 계획 실시 기간에는 공업화를 위한 준비에 치중하고 주로 전력, 석탄, 교통운수 등의 기초공업 분야에 투자하여 중요한 공업의 능력을 극대화했다. 또한 국제 무역수지를 균형화했으며 수출 능력을 향상시켰다. 제1차 경제개발 5개년 계획 기간 동안 한국 경제의 연간 증가율이 7.9%에 달했고 1인당 평균 국민총생산이 1962년 87달러에서 1966년 142달러로 늘었다. 공광업工鑛業 연간 평균 증가율은 15%에 이르렀고 전력, 교통, 공공사업 분야는 8.1%로 신장했다. 1966년에는 수출 지표가 2억 5,000만 달러에 달하여 원래 지표였던 1억 1,250만 달러를 배 이상 초과했다.[87]

1967년부터 1971년의 제2차 경제개발 5개년 계획 실시 기간에는 산업 구조의 현대화와 경제 자립을 계획 목표로 내세우고 철강, 석유화학 등 중공업 분야를 중점적으로 발전시켰다. 경제 자립을 촉진하고 외국의 무상 원조에 대한 의존을 줄이기 위해서는 반드시 다방면으로 국내 자금을 조달할 대책을 강구해야 했다. 이 때문에 은행예금 이자율을 대폭 올려 국민의 저축을 장려했다. 은행예금을 통해 사회의 유휴 자금을 집중시켜 중화학공업 분야에 투자했고, 이는 중공업의 발전에 박차를 가했다. 1967년부터 1971년까지 국민총생산이 42억 7,000만 달러에서 90억 9,000만 달러로 늘었고, 연간 평균 증가율도 10.5%에 달했다. 1인당 국민총생산은 1966년 142달러에서 1971년 277달러로 늘었으며 수출액도 1966년 2억 5,000만 달러에서 1971년 11억 3,000만 달러로 증가해 약 4.5배로 성장했다.[88] 제2차 5개년 계획도 재차 성공적이었다.

1972년부터 1976년은 제3차 경제개발 5개년 계획의 실시 기간이었다. 제3차는 제1차, 제2차 5개년 계획의 확고한 성과 위에 제2차 5개년 계획 기간 동안 문제점으로 드러난 농업 지표 미완성, 대외 무역 적자 확대, 외채 부담 증가 등에 초점을 맞추어 계획을 수립했다. 또한 고도성장 방침을 유지하면서 수출 확대, 중화학공업 등 공업의 현대화, 농림수산업 발전, 도시와 농촌 간의 소득 격차 완화, 식량 자급 실현 등을 중점적으로 추진했다. 제3차 5개년 계획 기간에는 국민총생산의 연간 평균 증가율은 11.2%에 이르렀다. 1인당 국민총생산이 1972년 318달러에서 1976년 590달러로 증가했다. 1972년부터 1976년간 철강 생산량이 91만 1,000톤에서 453만 톤으로 늘어 약 5배로 증가했다. TV생산량은 21만 5,000대에서 233만 8,000대로 늘어 약 10.9배로 증가했다. 조선업은 생산 총톤수가 19만 톤에서 260만 톤으로 늘어 약 13.7배로 증가했다. 집적회로 생산량은 9,600만 개에서 5억 9,100만 개로 늘어 약 6.2배로 증가했다.[89] 그러나 농업 성장지표는 규정된 계획지표를 초과했지만 식량의 완전한 자급은 실현하지 못했고 무역적자도 여전히 줄지 않아 8억 9,000만 달러에서 10억 6,000만 달러로 증가했다.[90] 이와 같이 비록 미흡한 점은 있었지만 제3차 5개년 계획 기간 동안 한국 경제는 고도성장을 거듭했다. 특히 1973년 정부가 제정한 '중화학공업발전계획'은 한국 공업화의 신속한 완성을 이끌었으며 더욱이 철강, 가전, 조선, 자동차 분야 등의 발전이 두드러져 세계 각국에 깊은 인상을 남겼다.

1977년부터 1981년은 제4차 경제개발 5개년 계획을 실시하는 기간이었다. 이것은 제3차 5개년 계획 목표를 연속적으로 실행하는 것이었다. 즉 공업구조 현대화를 가일층 촉진하고 경제 자립 체제를 확립하여 기술 혁신 강도를 늘리고 수출 경쟁력을 증강하며 식량 자급을 실현하고 무역적자를 축소하는 것 등이었다. 네 차례의 경제개발 계획을 실시한 결과 국민총생산의 연간 증가율은 1977년 10.3%, 1978년 11.6%, 1979년 7.1%에 달하여 변함없이 고도성장을 유지했다. 1인당 국민총생산이 1977년 797달러에서 1981년 1,719달러로 약 2.1배로 늘었다. 또한 1979년에는 한국이 미국에 수출한 TV 대수가 처음으로 일본을 초과했다.[91]

박정희 시대 정부 주도하에 순차적으로 추진된 제4차 5개년 계획의 실시는 한국 경제에 거대한 변화를 가져왔다. 1966년에서 1981년에 이르기까지 제1차·제2차·제3차 산업이 국내 생산총액에서 차지하는 비율은 제1차 산업의 경우 34.8%에서 15.6%로 감소했고, 제2차와 제3차 산업의 경우 각각 20.5%에서 31.3%, 44.7%에서 53%로 상승했다.[92] 1970년부터 1980년까지 공업구조에 현저한 변화가 생겨 경공업의 부가 가치가 64%에서 48.6%로 하락하고 중공업이 36%에서 51.4%로 상승해[93] 한국은 동남아에서 이미 중화학공업 신흥국가로 부상했다. 특히 철강, 조선, 자동차, 전자공업제품은 한국이 세계시장에서 '한강의 기적'을 보여준 대표적 분야였다. 1970년부터 1980년까지 한국 철강 생산량은 세계 철강 생산량에서 차지하는 비율이 0.1%에서 1.2%로 늘어 12배로 증가했고 자동차 생산량은 2만 8,000대에서 12만 3,000대로 늘어 약 4.4배로 증가했다. 전자공업제품 수출액도 5,500만 달러에서 19억 6,000만 달러로 늘어 약 35.6배로 증가했다. 그리고 1976년부터 1982년까지 선박 수출액이 2억 9,000만 달러에서 33억 6,000만 달러로 늘어 약 11.6배로 증가했다.[94] 한국의 용이 마침내 동중국해로 솟구쳐오른 것이었다.

셋째, 공무원의 자질을 제고하고 경제 부흥에 투신하는 각계의 적극성을 동원해 인력자원 개발을 중시했다. 한국은 국토가 작고 부존자원이 빈약하며 국내시장의 내수에 한계가 있어 경제 재건에 불리했다. 박정희는 집권 시기 적극적으로 정부, 민간, 학계, 경제계의 인력자원을 개발했다. 장점은 살리고 단점은 피하여 '지리'적 결점을 보완했으며 경제의 부흥과 비약에 '인화人和'의 무궁무진한 원동력을 발굴했다. 온 나라가 경제개발 붐에 투신하는 과정에서 박정희는 각 개인의 솔선수범에 매우 주의를 기울였다. 관계官界의 고질적인 사치와 겉치레, 그리고 세도를 이용해 사리사욕을 채우고 부정부패를 자행하는 악습에 대해 박정희는 반부패와 청렴의 기치 아래 탐관오리를 징벌해 민중의 사기를 진작시켰다. 박정희 자신도 될수록 성대한 연회에 참석하는 것을 피했고 다분히 귀족적인 운동이라 할 수 있는 골프를 치지 않았다. 청와대에 들어간 후에도 근검 소박한 생활방식을 유지했다. 민간의 명절 기간에도 평복 차림으로 비밀리에 시찰을 수행했으며 농촌에 내려가서 시찰할 때도 작은 음식점에서 대중적인 식사를 했다. 또한 항상 중요한 공사 현장을 찾아 노동자들과 친절하게 대화를 나누면서 '평민 대통령'으로서의 이미지를 각인시켰다. 박정희는 권력과 이익만을 다투고 국가 경제와 국민 민생을 등한시하며 행정 효율은 낮은 관리사회의 오랜 폐단을 없애기 위해 관리경력 평가, 업무실적 평가의 기준에 관한 일련의 법규와 법령을 반포했다. 이처럼 상벌을 분명하게 하여 감독하고 검사함으로써 중앙으로부터 지방에 이르는 각급 행정기구의 관리들이 자신의 업무에 최선을 다할 수 있도록 했다. 업무처리 효율을 제고함과 동시에 재직 공무원에 대한 교육을 강화했다. 국내외의 경제전문가를 초빙해 대소 관리를 상대로 전문 과정을 강의하도록 하여 그들의 행정관리 능력과 실무수준을 높이고 경제개발 관련 지식과 운영절차를 익히게 했다. 또한 관리사회에서 친인척 관계를 중요시하고 인재를 억누르는 폐단을 근절하기 위해 박정희는 명문대학에서 우수한 전문 인재를 선발하는 데 주의를 기울여 점차로 관리사회의 전반적 자질을 제고하고 연소화年少化와 전문화에 박차를 가했다. 조사에 의하면 1971년 203개 부도급副道級 이상 176명 고위급 관리 중 대학 졸업자가 100명이고 대학원 학위 취득자가 72명이었다. 위의 조사에 응한 관리들 100%가 모두 일어를 읽고 구사할 수 있었고 75.5%가 영어를 읽고 구사할 수 있었다.[95] 이것은 고위급 관리의 고학력화 실현을 의미했다. 경제개발 5개년 계획을 기획할 당시 박정희는 전문가, 학자의 역할을 중시했다. 1961년 7월 창설된 경제기획원은 초기에는 모두 90명가량의 인원으로 구성되었다. 소수 고위급 장교가 일상적 업무를 주재한 것 외에 구성원의 20%가 경제학자이고 나머지는 모두 정치, 법률, 공공관리, 교육전문가였다. 발전 목표의 통찰 및 실행 절차의 명확성, 실무성이 국제 경제계의 좋은 평가를 받은 제2차 5개년 계획 역시 200여 명의 국내외 전문가들이 참여하여 정책을 결정한 결과이다.[96] 이 과정에서 고효율과 전문화된 공무원사회를 육성하여 정계, 경제계, 학계가 경제 진흥을 위해 밀접한 연계를 유지하게 했다. 박정희 정부는 또 교육발전을 중시하여 국민의 문화 자질을 제고했다. 1968년, '국민교육헌장'을 반포하여 문화지식의 습득은 물론 국가 관념의 정립을 강조하여 전통과 발전, 개인적 수요와 국가적 수요 간의 상호 관계를 잘 해결하고 미래관, 진보관을 갖추어 경제 진흥 속에서 새로운 역사를 창출할 것을 강조했다. 그와 동시에 국민에게 민족 자긍심을 키워주고 자신감을 갖게 했으며 생활수준 향상의 낙관적 전망에 대한 선전을 병행하여 강인하고 근면 진취적인 사업정신을 발양시켰다. 이를 통해 생기가 넘치는 민족 활력소를 경제의 부흥과 비약에 사용했다.

이 밖에 박정희 정부는 대기업 육성, 국내 과학기술 인재 배양, 경제 입법, 국외기술 도입, 시장 운행 기제 강화 등 차원에서 힘을 다해 한국 경제 고도성장의 배를 몰아 풍랑을 헤치며 전진했다.

한국 경제가 세계시장에 진출하는 것과 때를 같이 해 한국 정부는 넓은 국제시장의 개척과 더욱 많은 나라와의 친선 협력 관계에 대한 필요성을 절박하게 느끼게 되었다. 박정희는 1965년에 일·한 관계 정상화를 실현하고 이어 1972년부터 1979년까지 연이어 아시아, 아프리카, 라틴아메리카, 북유럽, 오세아니아의 18개 국가와 외교 관계를 설정했다. 그리고 중국, 소련 등의 사회주의 국가와 체신 관계와 중개 무역 관계를 열었다. 한국 정부는 국제 형세의 변화, 한국 국력의 증강, 경제적 이익의 추진에 따라 외교 관계를 조정하기 시작했다. 이것은 중·한 관계의 전기를 마련해주는 밑거름이 되었다.

한편 중국은 1976년 10월, '문화대혁명 4인방'(왕훙원王洪文·장춘차오張春橋·장칭江青·야오원위안姚文元—옮긴이)이 소탕되고 10년 '문화대혁명' 동란이 종결됨으로써 거대한 역사적 전기에 들어섰다. 그러나 10년간의 '문화대혁명'은 적폐를 고치기 어려운 수많은 문제를 남겼고 더욱이 사유방식의 낙오와 경직은 국민경제에 깊은 상처를 주었다. 그 후 또 2년간의 방황기를 거쳐 1978년 12월 18일, 중국공산당 제11기 제3차 전체회의가 소집되었고 덩샤오핑의 제3차 복권을 계기로 신중국은 창건 후 결정적인 역사의 대전환기를 맞이했다. 이 전체회의를 대전환기의 시작으로 볼 수 있는 것은 다음과 같은 몇 가지 이유 때문이다.

첫째, 중국공산당은 형세를 제대로 파악해 장기간 실행해온 계급투쟁을 고리로 하는 노선을 일거에 포기하고 전국 규모의 군중정치운동을 종결함은 물론 전당사업의 중점과 전국 인민의 주의력을 사회주의 현대화 건설로 전환시킬 것을 과감하게 결정했다. 그럼으로써 경제건설을 중심으로 하는 새로운 시기의 전체적 임무를 확립하고 현 세기 내에 중국을 사회주의의 현대화 강국으로 건설하기 위해 최선을 다하기로 했다.[97] 제11기 제3차 전체회의의 성명에서 밝힌 것과 같이 새로운 시기의 전체 임무는 역사의 요구와 인민의 염원을 반영하고 인민의 근본 이익을 표현한 것이었다. 이는 사회주의 현대화 건설을 앞당기고 생산을 신속히 발전시키는 기초상에서 인민 생활을 현저히 개선하고 국방을 강화하는 것을 기본 전제로 하여 세계의 평화와 진보 사업에도 매우 중대한 의미를 가졌다.[98]

둘째, 전체회의는 당의 사상노선과 조직노선을 바로잡고, 실사구시의 정신으로 모든 것을 실제에서 출발해 이론을 실제에 결부시키는 원칙을 회복했으며, 실천은 진리를 검증하는 유일한 기준임을 강조했다. 하나의 당, 하나의 국가, 하나의 민족이 만약 모든 것을 서책에서 출발하여 사상이 경직되게 되면 전진할 수 없고 생기를 잃어 당과 국가는 곧바로 망하고 말 것이다.[99] 이와 동시에 회의는 민주주의 중앙집권제, 당의 규약과 법제의 완비에 관한 조직 원칙을 거듭 밝히고 사회주의 민주를 견고히 하고 사회주의 법칙을 강화하는 임무를 천명했다. 그럼으로써 장기간에 걸친 '좌' 경향의 잘못된 사상의 속박에서 벗어나 모든 사람의 지혜와 힘을 합쳐 사상을 해방하는 생동감 있고 활발한 정치 국면을 마련했다.

셋째, 전체회의는 국민경제 발전에 관한 약간의 문제들을 진지하게 토론하고, 필요한 사회와 정치의 안정을 유지하면서 객관적인 경제 법칙에 맞춰 일을 처리한다는 원칙을 강조했다. 경제관리 체제와 경영관리 방법에 대한 진지한 개혁에 착수하며 자력갱생의 토대 위에서 세계 각국과 평등호혜의 경제 협력 관계를 적극 발전시키고 세계 선진기술과 선진설비를 도입하기 위해 최선을 다함은 물론 현대화 실현에 필수적인 과학과 교육사업을 대대적으로 강화할 것을 호소함으로써 개혁개방의 기본방침을 확정했다.[100] 이 방침은 새로운 시기 당의 전체 임무와 호응하여 '하나의 중심, 두 개의 기본'이라는 당의 기본노선을 형성했다. 중국공산당이 중국의 제반 사업을 이끄는 핵심적인 힘이기 때문에 그 노선의 정확성 여부는 전반적 성패 득실과 관련된다. 신중국이 창건된 이후 중국의 정세에 맞는 중국특색사회주의 건설노선을 확립하기 위해 중국공산당과 중국 인민은 막대한 대가를 치렀다. 그런 끝에 마침내 역사 발전 논리에 부합하는 현명한 결론에 이를 수 있었다.

넷째, 덩샤오핑은 중공중앙 부주석의 자격으로 제11기 제3차 전체회의에 출석했고 그는 이때부터 중국의 개혁개방과 민족특색사회주의 강국을 건설하는 총설계사로서 역량을 발휘했다. 젊었을 때 프랑스에 유학한 바 있는 군인 출신의 덩샤오핑은 파란만장한 삶 속에서 삼락삼기三落三起의 정치 풍랑을 헤치고 전진하면서 풍부한 투쟁 경험과 치국안방治國安邦의 재능을 쌓았다. 그는 실제를 중시하고 빈말을 좋아하지 않았으며 생각이 예민하고 행동이 과감했다. 또한 민심민의를 잘 살피고 역사발전 시기를 포착하는 데 능숙했다. 이 때문에 마오쩌둥과 저우언라이의 칭송과 전국 인민의 깊은 사랑을 받았다. 한때 '문화대혁명'의 대재난 속에서 중국의 원로급 지도자들이 한꺼번에 세상을 등지고 말았다. 역사는 덩샤오핑이 중국의 제2대 지도자로서 중국이라는 배의 키를 잡게 했다. 이것이야말로 국가의 행운이 아닐 수 없었다. 요컨대 회의의 역사적 공헌, 즉 중공 제11기 제3차 전체회의에서 확립된 기본노선과 발전전략, 그리고 덩샤오핑이 중국특색사회주의 건설의 총설계사를 맡게 된 것은 공화국의 역사서에 영원히 남을 사건이었다.

중국공산당 제11기 제3차 전체회의에서 확립된 방침 노선의 인도와 덩샤오핑의 지도 아래 중국에서는 개혁개방, 경제 부흥, 고도성장의 붐이 세차게 일기 시작했다. 농촌의 가정도급제, 경제특구와 연해 개방도시의 설립, 그리고 서방국가, 소련, 동유럽, 제3세계 국가에 대한 전방위적 개방 등 미증유의 새로운 조치들은 신중국 대전환기의 물결이 솟구치게 만든 파도였다. 이 과정에서 중·한 간의 간접적인 무역 액수는 점진적으로 성장했다. 개혁개방 진행과정의 확대와 발전에 따라 국외 선진기술 설비, 경영관리 경험, 발전자금 등에 대한 중국의 수요가 갈수록 증대되었다. 중국보다 16년 앞서 경제도약을 개시하여 이미 신흥공업화 국가의 반열에 들어선 한국은 중국의 잠재적 협력 동반자 국가가 됨에 따라서 중국의 대한국 정책을 다시 검토하게 만들었다. 적대적 상태의 견고한 얼음을 깨고 대치에서 대화로 나아가는 것 역시 피할 수 없는 역사적 추세였다.

제4부

최초의 접촉

1장 중·한 접촉을 촉진한 환경과 조건

중·한 양국은 1970년대 후반 세계 구도의 구조적 조정 시기에 직면했다. 이는 주로 미국과 소련 양국의 세계 전략 태세의 차이와 함께 소련의 공세가 부쩍 강화된 데서 비롯되었다. 소련은 1970년대에 접어든 이후 급격히 성장한 군사력을 배경으로 완화의 기치를 이용하여 전 세계에서의 공세 전략을 펼쳤으며 극동지역에 대한 핵과 무력 위협을 강화했다. 소련은 중국과 소련 국경지대에 백만 대군을 집결시키고 서북 태평양에서 북방 4개 섬(에토로후擇捉, 쿠나시리國後, 시코탄色丹, 하보마이齒舞—옮긴이)을 방대한 군사기지로 만들었다. 일본해(동해-옮긴이), 대한해협, 동중국해, 남중국해에서 소련의 태평양함대가 무력시위를 벌였다. 동남아에서 소련은 베트남을 지원해 1978년 12월, 캄보디아를 침략하게 했다. 1979년 12월에는 아프가니스탄에 출병하여 공세 전략을 고조시켰다. 미국은 베트남전쟁에서 좌절을 경험하고 세계 시장 경쟁에서 갈수록 일본과 서유럽의 배척을 받았다. 게다가 미·소 군사력 비율이 균형을 잡아가는 현실을 감안하여 전 세계적 전략 배치를 조정할 수밖에 없었다. 미국은 종전 이후 장기적으로 실행해온 팽창 전략을 수축 전략으로 수정하고 현실적 위협 전략의 새로운 특색을 두드러지게 했다. 스타워즈 계획Star Wars Project을 수립하고 실행에 박차를 가해 퍼싱PershingII 핵탄도 미사일을 배치함으로써 살상력이 강력한 소련의 SS20 핵탄도 미사일에 대항하고자 했다. 그와 동시에 재래식 전쟁 차원에서는 '두 개 반 전쟁' 전략을 '한 개 반 전쟁' 전략으로 축소했으며 일본, 한국, 서유럽 등 동맹국에게 소련의 군사 압력 부담을 분담할 것을 요구했다. 그런가 하면 중국과 화해, 수교의 발걸음을 다그쳐 중국과의 협조 관계를 모색함으로써 삼각구도인 중국, 미국, 소련 전략에서 유리한 위치를 선점하고자 노력했다. 1978년 12월 15일, 중국과 미국의 양 정부는 양국이 1979년 1월 1일부터 국교 정상화를 실현한다고 동시에 선포했다. 1월 28일, 부총리 덩샤오핑鄧小平이 미국을 방문했다. 양측은 '중·미 과학기술교류협정'을 체결했다. 2월 17일, 중국 군대가 베트남 북부 국경지역에 진출해 자위반격전을 개시했다. 4월 3일, 중국은 '중·소 우호동맹호조조약'을 폐지한다고 선포했다. 1980년 1월 4일, 미국 대통령 지미 카터Jimmy Carter는 소련의 아프가니스탄 침입과 관련해서 일련의 제재조치를 선포했다. 여기에는 소련에 대한 식량 수출을 대폭 삭감하며 전면적으로 첨단과학기술 또는 전략물자 수출을 금지한다는 내용이 포함되었다. 1월 5일, 미국 국방 장관 해럴드 브라운Harold Brown이 중국을 방문했다. 양측은 소련 패권주의 팽창을 억제하자는 측면에서 공감대를 형성했다. 1월 10일, 미·중·일 등 국가는 유엔 긴급회의에서 소련의 아프가니스탄 즉각 철군에 대한 요구 결의안을 압도적인 다수로 채택했다. 같은 해, 미·중·일·한 등 국가들은 제휴하여 모스크바 올림픽을 배척했다. 소련 패권주의의 팽창 정책에 대한 대처라는 큰 목표 아래 중·미 양국 간의 공동 전략은 서로 강력한 흡인력을 만들어 일정부분 단결된 행동을 취하게 했다. 중·미 관계의 급속한 개선과 연계의 강화는 중·한 상호 관계에 미묘한 영향을 주었고 건설적인 접촉과 전환의 가능성을 제공했다.

이와 동시에 중·일 관계의 심층적인 발전도 중·한 관계의 발전에 일정부분 긍정적인 작용을 했다. 미·일·한 전략적인 삼각구도 속에서 비록 미·한 쪽의 친밀 정도가 일·한 쪽보다는 훨씬 강했지만 '일·한 기본조약' 체결 이후 양국 경제 관계의 확대와 발전, 주한 미군의 감축, 그리고 한반도 주변 국제 정세의 변화에 따라 일·한 관계 진전이 비교적 빠르게 이루어졌다. 이런 상황에서 1978년 8월, 중·일 양국이 '평화우호조약'을 체결하고 선린우호 관계를 설정했다. 특히 1978년 12월부터 1982년 11월까지 오히라 마사요시大平正芳, 스즈키 젠코鈴木善幸가 수상직을 맡는 동안 중·일 관계는 전면적으로 발전하는 활기찬 시기가 도래했다. 양국 총리는 신속하게 상호 방문을 실현했고 일본 정부가 먼저 엔 차관을 제공했다. 양측은 계속해서 '중·일 문화교류협정', '중·일 과학기술협력협정', '중·일 장기적 무역협의 연장과 무역금액확대 문제에 관한 회담요지'를 체결하고 중·일 정부구성원회의와 중·일 민간인사회의를 소집했으며 양국의 경제무역 관계와 문화교류 규모를 확대했다. 또한 소련의 남하 공세와 지역 패권주의 국가인 베트남의 동남아 위협에 대처하는 측면에서 양측의 입장을 조율했다. 중·일 관계의 발전 역시 미·일·한 전략적 삼각구도에 영향을 주었음은 물론 중·한이 서로 접촉할 수 있는 유리한 국제환경을 만들어준 중요하고도 적극적인 요인이었다.

이러한 국제환경과 함께 중·한 양국의 국내형세 변화는 상호 접근을 촉진시킨 주관적 조건이라고 할 수 있었다.

중국공산당 제11기 제3차 전체회의에서 확립된 실사구시와 경제건설을 중심으로 하는 노선은 중국에 개혁개방의 방향을 제시해 최초의 붐을 일으켰다. 1980년대 초반 이래 남에서 북으로, 연해에서 내륙으로 개혁개방의 붐이 거세게 일어났다. 1980년, 선전深圳, 주하이珠海, 산터우汕頭, 샤먼夏門 등 4개의 경제특구가 설립되어 화난華南지역을 선두로 개혁개방의 우렁찬 나팔소리가 울려퍼졌다. 1984년, 북부의 다롄大連, 친황다오秦皇島, 톈진天津, 옌타이煙臺, 칭다오青島에서 중부의 롄윈항連云港, 난퉁南通, 상하이上海, 닝보寧波를 거쳐 남부의 원저우溫州, 푸저우福州, 광저우廣州, 잔장湛江, 베이하이北海 등 14개 연해 항구도시가 전부 대외에 개방되어 연해지대가 활기찬 발전 시기로 진입했다. 또한 1985년, 창장長江·주강珠江 삼각주와 민난閩南의 샤廈·장漳·취안泉 삼각지대를 대규모의 연해 개방구로 지정했다. 1988년에는 하이난도海南島에 성省을 설치하고 가장 큰 경제특구로 확정함은 물론 랴오닝遼寧, 산둥山東 반도와 광시장족廣西壯族 자치구 일부의 현·시를 대외 개방지역으로 정했다.

전국적으로 볼 때 대외 개방구의 배치규모가 갈수록 커졌고 세인이 주목할 만한 개혁개방의 대조류가 형성되었다. 1990년대 초기에 이르러 상하이 푸동浦東 개발구의 신속한 창설, 베이징北京과 톈진 두 도시의 나란한 발전, 그리고 다롄의 새로운 발전 단계 돌입이 추진력이 되어 중국의 화동, 화북과 동북지역에서 더욱 큰 개혁개방의 붐이 일었다. 주목할 만한 것은 상기한 지역들로 인해 형성된 환보하이해環渤海, 환황해環黃海, 환동중국해環東海 경제권은 모두 한국과 멀리 마주하고 있다는 것이었다. 상하이를 용두로 하는 창강 황금수로, 유라시아 대륙교와 중국의 동북, 화북의 육해공 교통망은 중국의 중부, 서부지대로 뻗어나갔다. 이 기류와 맞물려 중국에서는 한국의 자금, 기술, 고급제품에 대한 관심이 고조되어 한국이 전도유망한 중국 경제의 지속적인 개발 과정에 손을 내밀 수 있는 좋은 기회를 제공했다. 절정에 달한 중국의 개혁개방 추세는 한국 기업계의 강한 흥미와 세심한 배려를 유발했다.

이 과정에서 1979년에 시작된 홍콩 등지를 통한 중·한 중개무역은 그 액수는 보잘 것 없었지만 양국의 경제무역 관계가 건강하게 발전할 수 있는 좋은 전망을 보여주었다. 10년간의 대재난과 2년의 조정기를 끝맺고 대규모의 경제건설에 뛰어들어 개혁개방의 힘찬 발걸음을 내딛고 있는 중국의 입장에서 볼 때 경제의 고도성장 속에 있는 한국은 일본, 미국, 홍콩, 싱가포르의 뒤를 이어 중국의 경제건설을 위해 자금, 선진기술, 관리 경험을 제공할 수 있는 잠재적 동반자 국가였다. '문화대혁명'의 악몽에서 깨어나 사상 해방의 분위기가 고조된 가운데 새롭게 개안하여 세계를 바라보며 스스로를 반성하고 있었던 중국인의 관점에서 한국은 특별하게 다가왔다. 박정희 집권 시기에 경제 도약을 실현해 동아시아 신흥공업화 국가 대열에 오른 한국은 흡사 동중국해에서 솟구쳐 오른 한 마리의 용과도 같았다. 이와 함께 1950~1960년대 중국에서 형성된 진부한 한국관에 급격한 변화가 일어났다. 경시에서 중시로, 적대에서 우호로 그 태도가 바뀌어 바다를 사이에 두고 서로 바라보는 가깝고도 먼 한국에 대해 강렬한 호기심은 물론 서둘러 한국을 새롭게 인식하고 이해하고자 했다.

그러나 어느 동아시아 신흥공업화 국가나 지역이든지 간에 모두 비슷한 난제에 직면해 있었다. 즉 해당 국가나 지역의 경제는 해외자원의 공급, 국제금융 정세의 안정, 세계시장 수요의 강세에 깊이 의존할 수밖에 없었다. 한국으로 말하자면 그 상황이 다른 신흥공업화 국가와 지역보다도 더 심각했다. 1979년 1월부터 2월까지 이란에서 이슬람혁명이 발발하여 국왕 팔레비Pahlevi가 해외로 망명하고 이슬람 영수 호메이니Khomeini가 15년의 망명생활을 끝내고 귀국했다. 같은 해 6월, 이란은 국유화 조치를 실시하여 미국 등 타 국가가 가지고 있던 이란 내의 재산권을 몰수했다. 10월, 팔레비 국왕이 갖은 고초 끝에 미국에 들어가 정치 피난을 요청했고 이로 인해 이란과 미국의 갈등이 격화되었다. 11월, 이란 학생들이 수도 테헤란의 미국 대사관을 점령해 미국 외교관 60여 명을 인질로 구금하고 국왕을 이란에 인도해 이슬람 법률의 심판을 받도록 할 것을 요구했다. 1980년 4월, 미국 대통령 카터는 이에 맞서 대이란 수송 금지 실시, 외교 관계 단절 등의 제재조치를 선포했다. 양국 간의 대치 상태는 시간이 갈수록 더욱 치열해졌다. 더군다나 같은 달 미군의 테헤란 주재 미국 대사관 인질 구출 작전이 실패함에 따라 이란과 미국의 관계는 수습할 수 없는 지경까지 치닫았다. 같은 해 9월, 이라크와 이란 간의 국경전쟁이 갑자기 폭발하여 전면적인 이란·이라크전쟁으로 급속히 확대되었다. 이란과 이라크 양국은 모두 석유 생산국이기 때문에 이 전쟁은 석유의 생산과 수출에 지대한 영향을 미쳤다. 12월, 제59회 석유수출국기구(OPEC)회의는 원유 가격을 10% 인상하기로 결정했다. 이에 따라 동아시아 신흥공업화 국가와 지역은 즉각적으로 제2차 오일쇼크의 먹구름으로 뒤덮이게 되었다. 중화학공업을 기간산업으로 하는 한국 경제는 석유 부족과 유가 인상이 이중의 압력으로 느껴질 수밖에 없었다. 또한 한국의 자본 밀집형 산업의 과도한 집중과 확장은 국제금융 투자에 대한 의존도를 가중시켜 외채는 급격하게 증가했다. 통계에 의하면 1973년 한국의 외채는 43

억 달러였지만 1979년에는 203억 달러로 급등했는데 국외에 있는 한국 자산을 다 쏟아부어도 1979년의 국외 순수 채무가 여전히 140억 달러였다.[1] 이와 함께 동아시아 공업화 국가와 지역경제의 급속한 성장, 경제무역 수출 품종의 유사성으로 인해 한국은 미국, 일본, 유럽 등 선진국과의 등급이 다른 치열한 경쟁에 직면할 수밖에 없었다. 아울러 동아시아 네 마리의 작은 용 사이에서는 등급이 같은 내부의 더욱 치열한 경쟁에 맞닥뜨렸다. 조금만 주의를 놓쳐도 변화무쌍한 국제시장의 불안정 속에서 손실을 볼 수 있었고 경제 발전 곡선의 기복이 뚜렷이 커질 수 있었다. 1978년부터 1979년까지 수출성장이 19.9%에서 3.8%로, 그리고 1979년부터 1980년까지의 국민총생산은 6.5%에서 5.2%로 떨어지는 마이너스 성장을 보였다. 이러한 현상은 모두 정도가 다른 한국 경제의 상대적 취약성을 반영한 것이었다.

기타 동아시아 신흥공업화 국가나 지역에 비교해볼 때 1980년대 한국의 국내 정세는 극심한 변화와 끊이지 않는 충돌이 발생했을 뿐만 아니라 경제 발전에 필수적인 안정된 환경을 제공하기 어려웠다. 1979년 10월 4일, 집권당은 신민당 총재 김영삼이 박정희의 유신체제를 비난한 것을 보복하기 위해 국회에서 김영삼의 의원직 제명에 관한 결의를 공공연하게 단독으로 통과시켰다. 이와 같은 의회 민주 원칙을 유린한 야만적인 행위에 항의해 10월 13일, 신민당 소속 국회의원 66명이 집단 사퇴서를 제출했다. 소문이 퍼지자 한국의 대중은 격분했다. 10월 16일, 부산의 학생과 시민 3,000여 명이 가두시위를 벌였다. 10월 18일, 정부가 비상계엄령을 선포했지만 민중의 분노를 억누르지 못하고 마산에서도 폭동이 일어났다. 10월 26일, 대통령 박정희가 그의 심복인 중앙정보부장 김재규에게 암살당하는 비상사태가 발생했다. 이 사건을 추적 조사하는 과정에서 많은 군정계 고위급 인사가 연루되었음이 밝혀지면서 한국 정세는 불안하기 그지없었다. 12월, 육군 보안사령관 전두환과 제9사단장(노태우—옮긴이)이 군대를 이끌고 서울에 진입하여 '12·12숙군쿠데타[肅軍兵變]'를 일으켰다. 12월, 계엄사령관 정승화鄭昇和와 기타 40여 명의 고위급 장교가 체포되는 등 정국은 더욱 혼란에 빠졌다. 1980년 늦봄까지 학생 투쟁의 불길은 지속적으로 고조되어 급속도로 전국에 펴져나갔다. 5월 17일, 전두환 등의 협박으로 국무회의가 비상계엄령을 전국으로 확대 선포했다. 5월 21일, 광주 학생과 시민이 분연히 저항하여 군경의 무기를 빼앗고 광주시를 6일 동안이나 통제했다. 5월 27일, 전두환 등은 계엄사령부에 명령을 내려 정규군을 광주시에 급파함으로써 참혹한 민간인 사상자를 냈다. 이른바 피비린내 나는 광주사건이 빚어진 것이다.

국외의 각종 불리한 여건과 국내 정국의 동요 속에서 1980년 대통령에 취임한 전두환은 무엇보다도 경제의 지속적 성장을 유지함으로써 경제 성취를 이루고 국민생활의 개선을 통해 민심을 얻어 국내 국면을 안정시키고자 했다. 동시에 개인 기업을 육성하고 보호하는 데 더욱 중점을 두고 정부와 기업가들 간의 연계를 밀접하게 하여 기업가들이 정부를 지지하는 강력한 사회집단 세력으로 발돋움하게 했다. 1979년 4월, 한국 정부는 '경제안정종합조치'를 공포해 안정적 발전을 강조하고 1980년대에도 경제의 지속적 성장을 기본 방침으로 삼는다고 강조했다. 이를 위해 재정 긴축, 화폐 발행량과 임금 인상폭 통제, 산업 구조 조정, 금융 자유화 실행, 가공 생산의 국제화와 합리화 등의 종합 조치를 제시했다. 이들 조치는 정부의 개입 요소를 대폭적으로 감소하고 시장의 조절 작용과 사영私營 대기업의 주체성을 더욱 강조하는 것들이었다. 이것은 한국 경제 체제가 정부 주도형에서 민간 주도형으로의 전환이 이루어졌음을 보여주는 것이다. 예전에 이승만의 압제와 박정희의 육성하에 있던 한국의 기업계는 마침내 그 경제 실력이 증강되고 사회적 지위가 제고됨에 따라서 국가 경제 발전을 주도하는 핵심 세력이 되어 정부의 내정, 외교에 직접적인 영향력을 미치는 최대 이익집단으로 탈바꿈했다. 도전에 대한 대응과 발전 시기의 포착에 능숙한 한국 기업계 인사들은 재빨리 서쪽으로 그 눈길을 돌려 개혁개방의 열기로 들끓고 있는 중국에서 무한한 희망을 발견했다. 중국 대륙에 진출하여 무역, 투자 업무, 창업을 전개하고 더 높은 이윤을 창출하는 것이 결국 한국 기업가들의 공통된 목표가 되었다. 그리하여 한국 기업가들의 이런 목적의식은 솔선해서 중국에 들어와 사업을 개척하고 정부를 고무시켜 중·한 간 건설적인 접촉이 이루어질 수 있도록 하는 기본 역량이 되었다. 중·한 관계의 교착 상태를 타개한다는 측면에서 경제 관계의 건립은 정치 관계의 회복보다 앞서 진행되었다. 경제무역 관계는 시종 중·한 관계의 중추적인 역할을 했고, 이는 많은 부분 한국 기업계의 선택, 참여, 추동에 의한 것이었다.

중국과 한국이 필연적으로 적대적 대치에서 우호적 접촉으로 전환하게 된 기타 비경제적 내적 요인을 들자면 무엇보다도 유구한 전통적 역사문화를 꼽을 수 있으며 이것은 시종 양국 인사들을 연결하는 정신적 유대로 작용했다. 중·한 양국은 동아시아 문화권 내의 형제 국가로서 예로부터 유학, 불교, 도교를 주요 내용으로 하는 전통문화를 공유하고 있었다. 비록 오랜 세월 큰 변화를 겪으면서 전통문화에도 서서히 갱신과 변화가 일어났지만 그 기본적 바탕은 일월이 하늘에 뜨고 강물이 땅 위를 흐르는 것과 같이 장구한 시간 속에서도 쇠퇴하지 않고 그 토대가 깊고 두터웠다. 중·한 양국의 평화건설과 현대화 실현의 발전 과정에서 그 정수는 날이 갈수록 눈부신 광채를 발했다. 먼저 세계의 흥망이 모두에게 책임이 있다고 주장하는 유학은 예의규범, 자강불식, 평화박애 정신을 주장하여 항상 사회질서, 가정, 인간관계를 안정화 하고 극기봉공 의식을 불러일으키는 적극적 작용을 발휘함으로써 사람들에게 건공입업建功立業과 치국안방治國安邦의 인재가 되도록 독려했다. 또한 정사반성靜思反省, 수신양성修身養性, 이타주의를 강조하는 동아시아 불교문화 역시 사회를 위한 봉사의식을 불러일으키고 나아가 개인과 집단 관계를 조화하는 측면에서 민족과 집단의 결속력을 증진하는 역할을 했다. 천인합일과 자연순응을 중시하는 도교문화도 현대화 과정에서 나타난 사회병리, 환경문제, 사회 공중도덕 문제를 해결하는 데 일정 부분 그 방향을 제시했다. 중·한 양국이 대치에서 상호 접촉으로 나아가는 과정에서 경제적 이익과 협력 외에도 전통문화 분야에서 양국 인사들의 공통인식과 공명은 경제 요인에 버금가는 또 하나의 중요한 요소였다.

이것은 더욱 쉽게 공감대를 찾을 수 있는 특수한 영역이었다. 왜냐하면 전통문화 요소가 중·한 양국에 모두 특별한 연계작용을 했기 때문이다. 첫째, 중·한 문화교류는 아주 오래 전부터 진행되어왔다. 지금으로부터 대략 4,000년 전부터 양국의 역사문화는 이미 밀접한 관련을 맺고 있었으며 상호교류는 중국과 베트남, 중국과 일본 간의 문화교류보다 세기 차원에서 약간 앞서 시작되었고 그 특색이 독특했다. 둘째, 옛날부터 양국은 가치관, 흥취, 풍속, 나아가 성씨 등이 비슷하거나 똑같은 점이 매우 많았다. 그야말로 서로 스며들고 영향을 미쳐 그 깊이는 동아시아 다른 나라와 비교할 수도 없을 정도였다. 셋째, 문화 연계와 교류의 범위에서, 예컨대 고대의 정치 체제, 외교 관계, 부세賦稅 제도, 명절과 기일, 예의 풍습 등 중·한 양국은 여러 면에서 동질성이 많아 기타 나라와 구별되는 중·한 특유의 광범위한 동질성을 갖고 있다. 과거 양국 인사들이 문화교류를 통해 주고받은 시사가요詩辭歌謠나 수묵산수화水墨山水畵, 화조단청花鳥丹青 등은 오늘날도 양국 기업계와 문화학술계의 교류에서 문화적 동질감을 느끼게 함은 물론 우정을 돈독히 하고 영혼을 이어주는 적극적 역할을 하고 있다. 특히 '냉전' 대치가 완화되고 이념 논쟁이 무디어짐에 따라 전통문화는 더욱 얼굴을 스치는 봄바람처럼 굳은 얼음을 녹이고 상호 접촉을 촉진시키는 긍정적인 역할을 하고 있다.

이 밖에도 중·한 양국 간 우호교류의 유구한 역사에는 사람을 깊이 감동시키는 많은 미담이 전해온다. 특히 명나라 이후 양국의 군인과 백성들은 함께 외적의 침입에 맞서 정의롭게 싸웠다. 그로 인해 형성된 순망치한脣亡齒寒과 동고동락同苦同樂의 밀접한 관계는 근대 일본 군국주의 침략 압박에 저항하고 민족 독립과 완전한 영토를 수호, 회복하는 긴 투쟁에서 더한층 공고화되고 승화되었다. 이념을 초월한 귀중한 역사 유산과 기억하고 발양할 만한 전통적 요소들은 은연중에 얼어붙은 중·한 관계의 빙산을 녹이고 양호한 접촉을 실행하게 만들었다. 아울러 양국 관계가 재건되고 전면 발전하는 데 사람들의 끊임없는 노력을 고무시켰다.

중·한 양국이 서로 접촉하는 데 또 하나의 유리한 조건은 양국의 지리적 위치가 지척에 있어 상호 간의 거래에 매우 편리함을 제공해주었다는 점이다. 이러한 지리적 조건의 이점은 중·한 양국의 경제무역 연계에서 특히 두드러졌다. 오늘날 세계 경제무역 연계의 교통수단으로는 해상, 육로, 공중 운수 3가지가 있다. 세계 경제무역 활동에서 해상 운수가 전체 운수량의 약 80%를 차지한다. 중·한 경제무역 활동에서 이 해상 운수량이 차지하는 비율은 이보다 훨씬 높아 해상 운수가 가장 중요한 운송수단이다.

중국의 해안선 길이는 1만 8,000킬로미터인데 이 해안선을 따라 135개 대소 항구와 15개 항구도시가 11개 성, 시급의 경제개발구와 14개 국가급 개방도시에 분포되어 있다. 4대 해역에서 남중국해를 제외하고 황해, 보하이해, 동중국해 3대 해역이 중·한 양국을 이어준다. 북에서 남으로 3대 해역을 둘러싼 랴오닝遼寧, 허베이河北, 산둥山東, 장쑤江蘇, 저장浙江 등 5개의 성과 베이징, 톈진, 상하이 등 직할시는 모두 중국의 경제 발전지역이며 한국과도 가깝다. 그중에서도 중국 산둥성 웨이하이항威海港에서 한국의 제2대 항구 인천까지 190킬로미터밖에 되지 않아 해상운수로 20시간 정도면 도착할 수 있다. 중국 북방과 동부의 대항구도 한국의 인천, 군산 등 천연항구와 멀리 마주하고 있으며 베이징, 다롄, 상하이 등 공항의 운용도 중·한 경제무역의 입체적 연계망을 형성하고 있다.

이 밖에도 중국이 개혁개방의 힘찬 발걸음을 내딛고 세계로 나아감에 따라 동쪽 중국 장쑤성 롄윈항連云港에서 유럽, 아시아 7개국을 경유해 서쪽 네덜란드의 로테르담Rotterdam에 이르는 유라시아 대륙교의 연계가 강화되고 있다. 태평양과 대서양을 연결하는 유라시아 대륙교는 한국의 경제무역망을 아시아 나아가 서유럽의 교통 중심지와 만나게 만들 것이고 그 전망은 실로 고무적이다.

1970년대 후반, 미국과 소련의 전략적인 조정, 중국과 미국의 화해, 중국과 일본의 국교 정상화, 그리고 중국에서 일어난 개혁개방의 붐, 한국 경제의 새로운 개척지역 탐색, 중·한 양국의 전통적 역사문화와 비교적 유리한 지리적 조건 등의 종합적이고 복합적인 요인들에 의해 양국이 긍정적인 접촉을 실현할 수 있는 환경과 조건이 형성된 것이다. 즉 이것은 장기간 단절, 대치된 국면을 타개하는 그야말로 막을 수 없는 역사 발전 추세가 되었다.

2장 일본 군국주의에 대한 비판 속에서 공감대 발견

동북아시아 근대사의 발전 과정 중에 중국, 일본, 한국 3개국은 각기 다른 길을 걸었다. 중국은 주권 독립의 봉건 국가에서 반식민지, 반봉건 국가로 전락하여 열강들이 앞다퉈 세력 범위를 확정하고 잠식, 병탄하는 가장 큰 분배 대상이었다. 일본은 메이지유신明治維新과 대외 확장을 통해 민족 압박에서 벗어나 동북아시아 신흥 자본주의 국가와 극동의 패권자로 변모했다. 한국은 압력에 의해 개국하여 중국과의 전통적인 종번宗藩 관계를 끊고 열강들이 마음대로 그 영토와 주권을 유린하는 사냥터가 되어 끝내는 나라를 잃고 식민지로 전락했다. 중국, 일본, 한국이 격렬하게 분화하고 변천하게 된 데는 다방면적인 원인이 있다. 그러나 중·한 양국으로 볼 때 일본 군국주의의 탄생과 팽창, 그리고 반도와 대륙을 향한 끊임없는 침략 확장은 중·한 양국이 몰락하게 된 가장 큰 외적 요인이었다. 갑오년(1937년) 중·일전쟁은 중국이 영토를 할양하고 손해를 배상하며 전례 없는 주권 상실에 이르게 했다. 이로 인해 제국주의가 중국을 분할하는 심각한 사태를 초래하여 미증유의 민족 위기가 깊어져 국력을 더욱 쇠퇴시켰다. 중·일전쟁 이후 일본 군국주의의 중국 침략 예봉은 더욱 날카로워졌다. 러·일전쟁을 통해 일본은 제정 러시아의 요동遼東반도에 대한 식민 특권을 탈취하여 관동주청關東州廳, 만주철도, 관동군을 설치함으로써 중국 동북지역에서의 침략 확대를 위한 교두보를 구축했다. 제1차 세계대전 당시 구미 열강이 미처 동쪽을 돌볼 수 없었던 절호의 기회를 틈타 일본은 중국을 멸망시키고자 하는 의도의 '21개조' 요구사항을 제기했다. 전후에는 대국클럽에 가입함으로써 산둥山東에 대한 독일의 식민 권익을 접수했다. 또한 계속해서 미국, 영국 등 구미 강국과의 외교적 협조를 통해 '동방회의'를 소집하여 중국 동북을 분할하는 침략 방침을 확정했다. 이어 즉각적으로 장쭤린張作霖을 폭사시킨 황고둔黃姑屯사건과 동북 3성을 병탄한 '9·18사변'(만주사변—옮긴이)을 일으켜 대규모의 중국 침략 전쟁의 불길을 점화시켰다. 더욱이 1937년에는 '7·7노구교蘆溝橋사변'을 도발하여 전면적인 중국 침략 전쟁을 개시했다. 난징南京에서 대학살을 감행하고 우한武漢을 무차별적으로 폭격함은 물론 광저우廣州를 공격해 점령했다. 침략자의 군화발이 중국 국토의 절반을 짓밟았고 형용할 수 없는 참혹한 만행을 저질렀다. 전체 중국인은 이 일을 영원히 잊지 않을 것이다.

일본 군국주의는 중국을 침략하는 동시에 한국에 대한 침략 또한 신속히 진행했다. 1874년 일본은 타이완을 침략하고 1875년에 운양호雲揚號로 한국의 강화도를 포격하여 1876년 최초의 불평등조약인 '강화도조약'을 강제적으로 체결했다. 그 후 1882년의 '제물포조약', 1884년의 '한성조약', 1904년의 '일·한 의정서', 1905년의 '일·한 보호조약', 1907년의 '일·한 협약' 등을 체결했다. 일본은 이 일련의 불평등조약을 통해 영사재판권, 일방적인 최혜국 대우에서부터 군대 주둔권, 내정 간섭권에 이르기까지 한국의 경제 명맥을 장악하는 것은 물론 한국의 행정권, 군사권, 경찰권, 외교권을 강제적으로 접수해 관리했다. 최종적으로는 1910년 8월 29일, '일·한 병합조약'을 체결해 한국을 일본 판도에 넣고 일본 총독부의 혹독한 통치하의 식민지로 만들었다. 35년의 긴 식민통치 기간 동안 일본 군국주의는 한국의 애국지사와 혁명가들을 야만적으로 체포하고 죽였음은 물론 고혈을 짜내듯이 한국의 자원, 식량을 약탈하고 인력, 물력을 남용하여 경제개발을 중국 침략 전쟁과 태평양전쟁의 가용수단으로 삼았다. 이와 동시에 의도적으로 노예화 교육을 추진하여 한국의 민족정신을 말살하고자 했다. 이를테면 '일선동조日鮮同祖', '황국신민화皇國臣民化'의 구호 아래 '창씨개명創氏改名' 방침을 강제적으로 실시하여 한국 성씨와 한국어의 사용을 금지함으로써 한국인을 일본 군국주의의 순종 도구나 침략 전쟁의 총알받이로 만들고자 하는 등의 이루 다 헤아릴 수 없는 범죄행위를 저질렀다. 망국 멸종의 고통은 한국인들의 가슴속에 깊이 각인되어 비록 세월이 흘렀다고 하더라도 그 깊은 정신적 상처는 치유할 수 없다.

이 때문에 전후 중·일, 일·한 관계의 발전 과정에서 일본 정부가 명백하게 군국주의와 한계를 긋는가의 여부, 침략 전쟁과 중·한 양국에 저지른 전쟁 범죄에 대해 깊이 반성하여 중·한 양국을 포함한 아시아 각 피해국의 양해와 신임을 얻을 수 있는가 하는 문제는 시종 일본의 동북아시아 외교 내지는 아시아 외교의 중대한 원칙적 문제였다. 그러나 미국은 일국의 사적인 이익에 얽매어 단독으로 일본을 점령하고 전후의 일본이 더 이상 미국의 위협이 되지 않도록 하는 것을 민주화 개혁의 최대 목표로 삼았다. 이로 인해 일본의 비군국주의화와 민주화를 실시하는 과정을 장악하기는 했지만 실제로는 군국주의에 대한 타격에서 무기력한 모습을 드러내 여러 군국주의 분자를 보호하고 말았다. 나아가 냉전이 시작되자 미국의 대일 정책은 급격한 변화를 보였다. 일본은 극동의 반공 방파제와 아시아의 병기공장으로 화하여 일본을 타격해 무력화시킨다는 본래의 개조 방침이 공개적인 육성 방침으로 전환되었다. 1948년 11월, 극동국제군사재판의 결과를 보면 천황의 전쟁 책임 문제는 아무런 추궁도 받지 않았고 유죄로 선고된 25명의 피고 중에서 태평양전쟁을 발동한 도조 히데키東條英機 등 7명이 교수형에 처해졌다. 그 외에 기도 고이치木戶幸一, 고이소 구니아키小磯國昭, 시게미쓰 마모루重光葵 등에게는 각각 무기형 또는 징역형이 언도되었고 오카와 슈메이大川周明, 마쓰오카 요스케松岡洋右 등은 병을 핑계로 또는 병으로 죽어 판결을 받지 않았다. 조선전쟁을 전후로 한때 공직을 박탈당했던 20여만 명의 군국주의 혹은 국가주의 분자, 직업군인, 헌병, 첩보원 등 '대일본제국'의 모신책사謀臣策士, 핵심인원, 앞잡이들이 최초에는 당황해 어찌할 바를 모르다가 진지하게 반성하거나 죄를 뉘우치지도 않은 채 재빠르게 처분에서 벗어나 정계, 경제계, 여론계에 복귀하여 서로 결탁하면서 의기투합했다. 그들은 기회를 엿보아 '일본제국'을 위해 억울함을 호소하고 망령을 불러 침략을 부인했다. 더군다나 역사를 왜곡시키고 우익 세력을 키우는 사상적 온상과 토양을 마련했을 뿐만 아니라 때때로 뛰쳐나와 풍파를 일으켰다. 특히 일본 경제가 고도성장하여 일거에 경제 대국이 되면서 일본인들은 민족적 자신감과 자존심이 고조되었다. 군국주의 부활을 잊지 못하고 제국주의 꿈을 부추기거나 자신을 포함한 불명예의 과거를 은폐하고자 하는 한 줌도 안 되는 세력들이 더욱 기세등등하여 시비를 흐리고 심지어 흑백을 뒤엎는 반역사적인 역류를 일으킴으로써 심각한 외교적 충돌을 빚었다.

이러한 군국주의 침략 전쟁을 뒤집는 일본의 반역사적 행위는 특히 1982년 문부성이 교과서를 심사해 결정하는 과정에서 노골적으로 드러났다.

교과서는 청소년 학생들을 가르치기 위해 편찬하는 교재로 각국 정부가 보편적으로 중시하는 것이다. 각국 정부는 교육을 주관하는 부서를 따로 두고 관리해 그 교육 방침을 관철함으로써 해당 국가와 사회에 필요한 인재를 육성한다. 일본에서는 더더욱 그러했다. 메이지유신의 문명개화 시기 정부는 외래사조에 자유방임 정책을 취했다. 당시 교과서는 대부분 구미 교재의 일역본이었으며 민간이 자체적으로 선택, 발행하고 정부는 일체 관여하지 않았다. 구미 풍조는 사상에 활력을 불어넣기도 했지만 혼란을 조성해 반정부의 자유민권운동에 사상적 무기를 제공하여 정부의 통치 위기를 초래했다. 1878년 메이지 천황이 친정親政하여 처음으로 교육에 칼을 댔다. 천황의 뜻에 따라 교육 방침이 문명개화에서 인의충효를 새롭게 주입하는 도덕교육으로 전환되었으며 교과서를 발행하는 주도권 역시 점차 정부로 넘어갔다. 1880년 메이지 정부는 민간에서 교과서를 편찬하되 반드시 문부성의 허가를 받고 등록해야 발행할 수 있는 인정제도를 실시했다. 1886년부터는 검정제도를 더욱 강화해 실시했다. 즉 교과서를 민간에서 편찬하되 문부성의 심사결정[審定]을 거쳐 합격해야만 발행, 사용할 수 있게 했다. 나아가 1903년에는 이것이 국정國定제도로 승격되어 문부성이 교과서의 편찬, 발행, 사용을 통일적으로 시행했으며 민간의 개입은 완전히 배제되었다.

전후 초기의 민주화 개혁 과정에서 교과서 국정제도가 취소되고 다시 심사결정제도를 도입했다. 그 구체적 방법은 다음과 같았다. 민간의 교과서 편찬자와 출판 발행자는 반드시 교과서 원고를 문부성에 보내 심사결정을 받으며 문부성 소속 조사팀의 심의를 거쳐 채택되거나 문부성의 의견에 따라 원고를 수정한 후에 최종적으로 문부 대신의 인정합격을 받아야 출판 발행을 허가한다. 그러므로 교과서의 편찬과 출판은 민간에서 진행하지만 심사결정권과 허가권은 여전히 문부성이 독점하고 있었다.[2] 이 과정에 문부성 관리가 편저자나 출판자에게 보낸 핵심적 용어 수정에 대한 지도성 의견은 반드시 받아들여야 한다. 그렇지 않으면 심사해 결정할 때 '불합격'으로 처리된다. 따라서 교과서 문제가 발생했을 때 그 문제를 초래한 책임은 민간에 있지 않고 문부성 당국에 있다고 볼 수 있다.

1982년 6월, 일본 언론은 문부성의 심사결정이 이루어진 1983년도용 초등·중등학교 신판 교과서의 용어 변동을 보도했다. 7월 7일, 『마이니치신문每日新聞』은 글을 발표하여 침략을 정당화하는 반역사적 행위를 규탄했고 "오늘날 일본인들은 일본이 '중국을 침략'한 일을 정확히 인정해야 하며 일본이나 중국 모두 이 사실을 어린 학생들에게 일깨워야만 '자자손손' 진정한 의미의 일·중 우호 관계를 건립할 수 있다"라고 강조했다. 7월 15일, 『일본과 중국日本與中國』은 글을 실어 "교과서에 대한 문부성의 수정 결정은 사람들을 격분하게 한다기보다 무엇보다 사람을 수치스럽게 한다"[3]라고 지적했다. 보도에 의하면 신판 교과서는 주변 국가에 대한 근대 일본의 침략 확장을 언급할 때 침략을 미화하고 전쟁 진상을 모호하게 하는 등 역사를 왜곡하는 대량의 표현 수법을 도입했다. 예를 들면 일본군의 난징대학살 만행을 "중국 군대의 완강한 저항으로 일본군이 큰 손실을 입자 이에 격분한 일본군이 많은 중국 군민軍民을 살해했다"라고 묘사함으로써 오히려 그 책임을 중국 군대에 돌렸다. 또한 문부성은 심사결정 시 원래 교과서의 내용인 "중국 희생자는 20만 명 이상에 달했다", "일본군은 강간·약탈·방화를 자행했으며 …… 국제적 비난을 받았다"라는 등의 몇 단락의 내용을 고의로 삭제했다. 그리고 일본군의 '화북 침략', '중국에 대한 전면적 침략' 등 침략 전쟁이 언급된 부분은 일률적으로 '침략'을 '진출', '진격' 등으로 고쳤다.[4]

일본은 한국에 대한 근대 일본의 침략 확장을 기술할 때도 이와 동일한 수법으로 사실과 역사를 왜곡했는데, 한국 학자들의 집계에 따르면 그 왜곡 부분이 최소한 7군데에 이른다고 한다. 러·일전쟁 이후 한국에 대해 을사조약을 체결하도록 핍박하여 침략을 감행했다는 사실을 "포츠머스조약을 체결한 다음부터 정식적으로 한국에 진입하기 시작했다"라고 고쳤는데 여기에서 '침략'이 '진입'으로 둔갑한 것이다. 또한 '일·한 보호조약', '일·한 협약' 등 한국의 내정권, 외교권 '박탈' 행위를 내정권, 외교권의 '접수'로 고쳤다. 일본은 식민 통치 기간에 헌병과 경찰을 동원해 무단통치를 실시하고 한국의 독립운동을 잔혹하게 탄압한 사실을 "헌병과 경찰 기구를 기초로 삼아 치안 유지를 강구하고 조선인의 권리와 자유를 엄격히 제한했다"로 수정했다. 한국이 자유, 독립, 주권을 회복하기 위해 떨쳐 일어나 싸운 '3·1운동'을 "경성에서 조선 독립을 선포하는 집회를 가졌으며 시위와 폭동이 조선 전역에 파급되었다"로 고쳤다. '토지조사'를 통해 한국 농민의 100여만 정보町步의 토지를 약탈한 야만적 행위를 "대규모의 토지조사에 근거해 토지 소유권을 확인했다", "광대한 토지를 접수해 국유지로 삼아 관리했다"로 고쳤다. 한국어 교과과정을 정식 개설하는 것을 중지시키고 일본어를 강제로 사용하게 한 사실을 "일본어를 조선어와 함께 공동어로 삼아 사용하게 했다"로 수정했다. '황국신민화'를 강제로 추진한 중요 수단인, 한국인에게 신사神社 참배를 강요하고 참배를 거부한 자를 박해한 사실을 얼렁뚱땅 "신사참배를 격려했다"로 고친 것 등등이다.[5]

이 밖에도 태평양전쟁 동안 일본 군국주의가 동남아시아를 침략하고 '대

동아공영권'의 기치 아래 피비린내 나는 식민 통치를 저지른 만행에 대해서도 힘써 미화하고 역사를 왜곡시켰다.

그해 문부성이 심사결정한 신판 교과서가 폭로되자마자 일본 군국주의의 침략과 압제를 받은 국가나 지역민들의 지대한 분노는 물론 아시아 여론의 맹렬한 비난을 샀다. 그 가운데 역사상 일본 군국주의의 피해 기간이 가장 길고 손실이 가장 컸던 그리고 그 저항 또한 가장 완강했던 중국, 한국, 북조선의 입장과 태도는 특히 단호했다. 이들 국가들은 일본 군국주의 침략을 폭로하고 문부성의 역사교과서 왜곡에 대한 항의라는 공동목표 속에서 이념 대립을 초월하는 수많은 공감대를 서로 발견하게 되었다. 이미 일본과 국교 정상화를 실현한 중·한 양국은 더욱더 외교적 항의 행동에서 서로 호응했으며 양국 간 전례 없는 새로운 형세가 부각되어 그 이후 전개된 긍정적 접촉에 예비적 기초를 마련했다.

같은 해 7월 20일, 『인민일보』는 일본 문부성의 초등·중등학교 교과서 심사결정에 대해 「반드시 이 교훈을 기억해야 한다(必須記住這個教訓)」라는 제목의 단평을 발표했다. 이 단평은 "일본 문부성이 교과서의 역사에 대한 기재 부분을 심사결정할 때 여러 곳에서 침략 사실을 왜곡했는데 이는 중국 인민의 극대한 분노를 자아내지 않을 수 없다"라고 날카롭게 지적했다. 또한 "일본 군국주의의 침략 확장 정책은 중국, 동남아시아의 각국 인민은 물론 일본 국민에게도 매우 큰 재난을 가져왔다. 이 역사적 사실을 반드시 존중해야 하며 절대로 왜곡해서는 안 될 것이다"라고 강조했다. 단평은 1972년 총리 저우언라이가 중국과 일본의 국교 정상화를 실현할 때 발표한 연설문에서 "일본 군국주의자들의 중국 침략으로 인해 중국 인민은 큰 재난을 당했으며 일본 국민들도 큰 손해를 보았다. 이전의 교훈을 잊지 않으면 훗날의 귀감이 될 것이다. 우리는 마땅히 이러한 경험과 교훈을 마음속에 확실히 새겨두어야 한다"라는 말을 인용하여 "중·일 관계가 새로운 국면을 맞이하고 있는 이때에 더더욱 역사를 존중하여 우리의 자손 후대가 이 교훈을 영원히 기억하여

대대로 우호적인 관계를 유지해야 한다"라고 강조했다.[6]

『인민일보』의 이 단평은 즉각적으로 일본 언론계의 강력한 반향을 일으켰다. 7월 21일, 『마이니치신문』, 『요미우리신문讀賣新聞』, 『아사히신문朝日新聞』, 『도쿄신문東京新聞』, 『산케이신문産經新聞』 등 6대 신문이 연이어 논평과 보도를 통해 『인민일보』에서 발표한 정면 공박과 강경한 어휘 표현에 관해 지대한 관심을 나타냈다.

또한 거의 동시에 한국의 『동아일보』, 『서울신문』 등 큰 신문사들도 문부성이 교과서를 심사결정할 때 역사를 왜곡한 사실에 대해 특히 한국 독립운동의 획기적인 기점이 된 '3·1운동'을 '폭동'이라고 표현한 행위에 대해 강력히 항의했다. 7월 24일, 『코리아타임즈』는 교과서 수정 문제에 대해 다음과 같은 사설을 발표했다. "이 사태는 한국, 중국은 물론 금세기 초반 일본과의 고통스런 경험을 가진 기타 아시아 국가들에게도 민감한 문제이다. 일본 정부는 보완 조치를 취해 진실하고 정확한 역사사실을 그들의 학생들에게 가르쳐야 한다."[7] 7월 27일, 『동아일보』는 한국 학자들이 일본 신판 교과서 내용 중 한국의 침략 사실을 왜곡한 7곳의 사례를 조사하여 역사적 사실을 근거로 반박한 장편의 글을 실어 다음과 같이 전했다. "권위적인 국사학자 등 해당 인사들로 구성된 이 기구는 일본 고교용 『일본사』와 『현대사회』 등 2종류의 교과서와 5권의 교과서 내용을 정밀하게 검토한 바 있다. 일본의 한국 침략, 한국 주권의 침탈, 한국 독립운동의 탄압, 토지 약탈, 3·1운동에 대한 인식, 한국어 말살 정책, 신사 참배 강요 등 7가지 측면의 내용을 조사하여 역사사실 기록과 해당 문건을 근거로 분석했다. 그 결과 잘못된 사실을 확인하고 그 자료를 정부 등 해당기관에 제공했다. …… 정부는 이 자료를 기초로 왜곡된 일본 교과서에 대해 그에 합당한 조치를 취할 계획을 세웠다."[8]

동남아시아 각국의 언론계 역시 일본 문부성의 역사 왜곡에 항의하는 대세에 합류했다. 7월 27일, 싱가포르 『성주일보星洲日報』는 "일본 정부는 당시의 침략 행위를 조금도 뉘우치지 않고 아직도 당시의 군국주의자들을 '미화'하고 있다. 이처럼 역사사실을 왜곡하고 일본의 청년세대들을 잘못 인도하는 작태는 일본이 다시 군국주의의 옛 노선을 밟고자 하는 의미가 아니겠는가? 이것은 심사숙고해야 할 문제이다"[9]라는 내용의 사설을 발표했다. 같은 날 태국의 『성섬일보星暹日報』도 사설을 발표해 문부성이 교과서 심사결정시 역사사실을 왜곡한 것은 일부 일본인들이 "아직도 '대동아공영권'의 미몽에서 깨어나지 못한 증거"라고 주장했다. 필리핀 『매일쾌보每日快報』 편집국 책임자는 "문부성은 일본 어린이들을 기만하지 말아야 한다"라고 말했다. 인도네시아 주간잡지 국제부 주임은 "일본은 침략 사실을 교과서로 은폐할 수는 있어도 영원히 덮어 감출 수는 없을 것이다"라고 지적했다.[10] 타이완과 홍콩의 간행물들도 역사를 왜곡하고 군국주의를 부추기는 문부성의 행위를 잇달아 규탄했다. 북조선의 조선역사연구소 책임자는 담화를 발표해 일본 문부성이 조선을 침략한 역사를 왜곡한 것은 조선 인민에 대한 모독이라고 비난했다. 일본의 국내 여론과 각계 양심 있는 인사들도 현실을 직시하고 교과서 기술에서 나타난 심각한 착오를 진지하게 시정할 것을 정부에 요구했다.

국내외의 들끓는 항의에 직면하여 일본 정부의 내부 갈등도 격화되었다. 외무성은 일본과 중국의 국교 정상화 성명의 정신을 어기지 말고 조속히 행동을 취하여 양국 관계를 회복시켜야 한다고 주장했다. 문부성은 우익 세력의 압력에 겁을 먹고 또한 체면을 지키기 위해 교과서 심사결정은 "객관적이고 공정하다"라고 우겼다. 심지어 국외 언론들의 공박은 '일본 내정의 간섭'이라는 여론까지 퍼뜨렸다. 국토청 장관 마쓰노 유키야스松野幸泰는 "한국 교과서가 일본의 한국 병합과 관련하여 일본이 한국을 '침입'했다고 기술한 것이 오히려 잘못되었다"[11]라고 비난했다.

분명한 것은 단지 여론 압력만으로는 문제 해결에 도움이 되지 않는다는 것이었다. 중·한 양국은 마침내 약속이나 한 듯이 외교 행동을 취했다. 7월 26일, 중국 외교부 제1아시아국장 샤오샹첸肖向前은 중국 주재 일본공사 와타나베 코지渡邊幸治를 회견하고 교과서 심사결정에 대한 문부성의 태도는 '중·일 공동성명', '중·일 평화우호조약' 정신에 어긋난다고 지적했다. 그리고 중국 인민의 감정에 상처를 입혀 양국 평화 우호 관계를 공고히 하고 발전시키는 데 이롭지 못하니 이 잘못된 조치에 대해 시정할 것을 일본 정부에 요구했다.[12] 한국 외무부 역시 주일 대사관 등에 해당 사실을 조사하여 그에 상응한 진척된 대책을 취하라고 지시했다.

7월 27일, 국무원 국무위원 지펑페이姬鵬飛가 일본 대표단을 회견할 때 "역사를 왜곡한 것은 심각한 문제이다. 문부성은 교과서에 대한 심사결정이 내정 문제라고 하는데 이것은 잘못된 생각이다"라고 지적하고 "일본 정부는 이 문제에 있어 세계의 반응과 요구를 수렴하고, 잘못된 교과서를 바로잡아야 한다"라고 강조했다.[13] 7월 30일, 『인민일보』는 「충언은 귀에 거슬려도 행동에 이롭다[忠言逆耳利于行]」라는 단평을 발표하여 일본 국토청 장관 마쓰노 유키야스 등 각료들이 '진입'을 '침략'으로 수정하라는 요구를 '내정 간섭'이니 '사실 왜곡'이니 떠드는 터무니없는 논조에 대해 강력히 논박했다.[14] 8월 1일, 교육부 외사국장外事局長 리타오李滔는 중국 주재 일본공사 와타나베 코지를 급히 만나 문부성 해당 관리가 잘못된 교과서 심사결정의 책임을 떠넘기는 것과 중국 인민의 강력한 불만을 표출시킨 등의 사태를 감안하여 예정된 문부대신 오가와 헤이지小川平二의 중국 방문 접대를 취소한다고 통지했다.

8월 3일, 한국 외무 장관 이범석이 한국 주재 일본 대사 마에다 도시카즈前田利一를 만나 공식적으로 항의각서를 전달했으며 "일본 정부의 태도는 한국 국민의 더욱 강력한 항의를 불러일으키고, 양국의 친선 관계에 악영향을 미칠 것"이라고 강조했다. 그리고 "한국 정부는 일본이 즉각적으로 시정 절차를 취할 것을 강력하게 요구한다"라고 밝혔다.[15] 8월 5일, 중국 외교부 부부장 우쉐첸吳學謙이 주중 일본 대사 시카토리 야스에鹿取泰衛를 만나 "일본 군국주의의 중국 침략에 대한 인정 여부는 중·일 관계의 발전에 있어 중대한 원칙 문제임"을 강조했다. 아울러 이것은 "'중·일 공동성명'의 원칙 수호와도 관계되는 문제로서 단지 일본의 내정 문제로만 볼 수 없으며 침략 전쟁의 피해 당사자로서 태도를 표명할 권리가 있다"라고 하면서 문부성의 착오를 즉시 시정할 것을 요구했다.[16]

중·한 양국의 강경한 외교 입장에 직면한 일본 정부는 8월 5일, 외무성과 문부성의 고위급 관리를 각각 베이징과 서울에 파견하여 교과서 문제에 관해 해명하기로 결정했다. 8월 6일, 한국 정부는 "일본에 대한 한국인의 감정이 악화되고 있으며 방문의 시기가 적합하지 않다"라는 이유로 일본 정부의 제의를 거부했다. 8월 8일, 9월 하순에 중국을 방문하기로 예정한 총리 스즈키 젠코鈴木善幸는 나가사키에서 가진 기자회견에서 처음 공개적으로 다음과 같은 태도를 표시했다. "현재 중국, 한국 등의 국가들이 문제를 제기하고 있다. 그들의 주장과 비판에 대해 겸허하게 받아들이고 성의를 다해 처리할 것이다."[17] 그러나 그는 착오 시정 여부에 대해서는 명확한 태도를 표명하지 않았다. 스즈키 젠코는 베이징을 방문한 두 국장의 귀국 종합보고를 들은 다음에 그 문제를 확실히 처리할 속셈이었다.

같은 날, 외무성 정보문화국장 하시모토 히로시橋本恕와 문부성 학술국제국장 오사키 히토시大崎仁가 비행기 편으로 베이징에 도착했다. AFP통신은 "오늘 중국 관리가 이 일본 대표단을 영접하러 공항에 나가지 않았다"[18]라고 보도했다. 8월 10일, 외교부 제1아시아 국장 샤오샹첸과 교육부 외사국장 리타오가 하시모토, 오사키와 제1차 회담을 가졌다. 양측은 각자 정부의 입장을 설명하고 의견을 나누었지만 국면을 타개하지는 못했다. 12일, 중국 외교부 부부장 우쉐첸과 중국 주재 일본 대사 시카토리 야스에가 회담에 참가했다. 13일, 하시모토 등이 베이징을 떠나 귀국했다. 외교부 일본처장 왕샤오셴王效賢 등이 공항에 나가 배웅했다. 교도통신共同通信 북경 주재 기자는 "두 국장이 도착했을 때 중국 측은 아무도 영접하러 나오지 않았다. 돌아갈 때는 왕 처장이 배웅을 했는데 이는 중국 측의 태도에 미묘한 변화가 생겼음을 설명해준다"[19]라고 보도했다. 같은 날 저녁 무렵, 하시모토 일행은 스즈키 젠코에게 달려가 종합보고를 했다. 일본 정부는 정부 견해를 발표하고 조속히 교과서 문제를 해결하기로 했다. 하시모토는 뒤이어 기자회견을 열어 중·일 회담의 요점을 다음과 같이 피력했다. "중국 측도 교과서 문제가 원만하게 해결되기를 간절히 바라고 있다. 그러나 중국 측의 태도는 기본적으로 변화가 없으며 단호하다."[20]

하시모토 등이 귀국하기 전날인 8월 12일, 외상 사쿠라우치 요시오櫻內義雄가 교과서 문제와 관련해서 "정정해야 한다"라는 견해를 발표했다. 지지時事통신은 "외상의 견해는 '신속하게 태도를 바로잡아야 한다'라는 견해를 표명한 것인데 고육지계苦肉之計라고 할 만하다. 그 목적은 '잠시 가능한 앞을 내다보는 태도를 제기해' 특히 한국 측의 비판 강도를 무마하려는 데 있다"[21]라고 논평했다. 외무성의 외교 의도를 폭로하기는 했지만 중·한 양국의 비판 강도에 대해 이 논평은 절반밖에 맞추지 못했다. 실제로 7월 20일, 『인민일보』가 단평을 발표한 후부터 9월 중순에 이르기까지 중국은 즉각적으로 문부성의 역사 왜곡을 규탄하고 일본 군국주의의 중국 침략 범죄행위를 성토하는 일련의 여론을 고조시켰다. 중앙과 지방의 각종 간행물들이 각 당파, 각 인민단체 책임자들의 항의연설, 항일 전사들의 회상록, 침략 전쟁 피해자들의 피눈물 나는 규탄, 역사학 연구자들의 논평과 분석, 국제 여론의 동향 등 각종 글, 뉴스 보도, 문예 창작물을 대량으로 실었다. 중·일전쟁, 난징대학살, 무인無人지대, 삼광三光 정책, 세균전 등 그야말로 일본 군국주의의 중국 침략 범죄행위를 낱낱이 독자들 앞에 폭로했다. 그럼으로써 군국주의에 대한 강한 증오심과 일본 문부성의 역사 왜곡에 대한 비할 데 없는 의분을 격발시켰다. 8월 15일, 『인민일보』는 「지난 일을 잊지 말고 뒷일의 교훈으로 삼자前事不忘, 後事之師」라는 장편 사설을 발표했다. 사설은 메이지유신 이래 일본 군국주의가 탄생한 역사배경을 분석하고 일본이 대륙 정책을 실시하는 과정에서 중국과 조선에 대한 몇 차례의 침략, 그리고 태평양전쟁 기간 진주만을 기습하고 동남아에 침입하여 연속적으로 일으킨 피맺힌 원수의 산더미와 같은 참사 등의 침략 행위를 회고했다. 또한 '카이로선언', '포츠담선언', '극동국제군사법정헌장', '유엔헌장' 등 일련의 국제문건을 인용하여 국제사회가 일본이 중국에 대해 침략 전쟁을 감행했음을 보편적으로 인정하고 있다는 사실을 논증했다. 사설은 다음과 같이 적었다. "일본이 중국, 조선, 동남아와 태평양지역의 주변 국가를 침략한 것은 객관적으로 존재하는 역사 사실이며 침략을 받았던 각국 인민의 기억 속에 여전히 큰 상처로 남아 있다. 일본의 중국, 조선, 동남아 침략 역사를 다시 들추는 것은 결코 묵은 빚을 청산하기 위해서가 아니다. …… 중·일 2,000년의 우호역사 속에서 중국에 대한 일본의 침략은 단지 짧은 한 페이지에 불과하다. 우리가 일본의 침략을 언급할 때마다 언제나 다수의 일본 국민과 극소수의 군국주의 분자는 엄격하게 구분해야만 할 것이다. 침략의 책임은 한 줌도 안 되는 오직 군국주의 분자들에게 있으며 일본 국민은 무고하다. 그들 역시 일본 군국주의와 침략 전쟁의 피해자이다. 일본 문부성이 침략 역사를 왜곡하고 군국주의를 미화하는 것은 완전히 일본 국민의 뜻이 아니며 전적으로 일본 국민의 뜻에 위반된다. …… 지금까지의 교훈을 받아들이지 않고 침략 전쟁을 극력 미화하는 자들이 형세를 잘못 판단하지 않도록 해야 한다. 중국 인민이 중·일 친선 협력 관계의 발전을 중요시하는 것을 중국이 일본에 다른 요구사항이 있기 때문이라고 생각해서는 안 된다. 일본이 제멋대로 침략 역사를 왜곡하든 중국 인민의 민족 감정과 존엄을 모독하든 간에 중국 인민이 되도록이면 넘어가려 하거나 수모를 꾹 참고 견딜 것이라고 여기게 해서는 절대 안 된다."[22] 이처럼 사설은 몹시 위험한 동향에 경각심을 높여 중·일 관계를 건강하게 발전시킬 것을 호소했다. 이 사설은 교과서 문제에 초점을 맞추어 중국 정부의 원칙적 입장을 전면적으로 천명했다. 또한 근 1개월간 문부성의 역사 왜곡에 대한 규탄은 물론이고 일본 군국주의의 중국 침략 범죄행위를 폭로하는 정의로운 성토 의미를 총결總結하는 성격도 겸했다.

한국의 여야는 죄를 뉘우치기를 거부하는 일본에게 직설적인 방식으로 중오심을 표했다. 8월 9일, 망국의 고통을 당한 1,000여 명의 나이든 한국 민중이 집회를 가지고 일본 문부성이 침략 역사를 왜곡한 사실에 대해 항의했다. 약 2,500명의 택시기사들이 "일본인은 태우지 않는다"라는 팻말을 내걸거나 "일본 승객 거부"라는 문구가 새겨진 띠를 둘렀다. 어느 술집 업주는 "일본인은 받지 않는다"라는 팻말을 내걸었고 어느 사진관 주인은 "일본이 교과서를 시정하기 전까지는 절대로 일본인에게 필름을 팔지 않겠다"라고 말했다.[23] 8월 10일, 서울 등 5개 도시에서 항의집회가 열렸으며 항의집회는 결의에서 일본이 교과서를 바로잡지 않는 한 일본과의 외교 관계를 끊고 일본상품의 수입을 금지해야 한다고 호소했다. 분노한 시민들은 일본 식민지 시대에 건설한 어느 다리의 기념비까지 파괴했다.[24]

8월 3일, 한국 정부는 한국 주재 일본 대사에게 항의 비망록을 전달했지만 일본 정부는 회답을 질질 끌었다. 11일, 한국 정부는 회의를 열고 새로운 대책을 강구했으며 "사태를 해결하기 위해 일본 정부는 오로지 구체적이고 신속하게 회답해야 하고 역사 기술을 수정할 것을 보증해야 한다"[25]라고 강력하게 주장했다. 8월 12일, 한국 외무부 아주국장 최동진崔東鎭은 한국 주재 일본공사를 급히 만나 8월 3일 한국 정부가 일본 정부에 보낸 항의 비망록의 요구를 재천명했으며 "만일 일본이 이 문제에 관해 시정조치를 취하지 않는다면 한국의 반일감정은 더욱 고조될 것"이라고 경고했다.[26]

같은 날 한국 갤럽조사연구소는 국민의 반일정서를 반영한 청우계晴雨計를 공포했다. 이 연구소가 그해 1월에 실시한 여론조사에 따르면 "가장 싫어하는 국가는?"이라는 물음에 "일본"이라고 대답한 응답자가 36.5%를 차지해 가장 높았다. "일본에 대한 인상"을 물었을 때 "일본의 제국주의 통치"라고 응답한 수치가 29.1%를 차지했다. 그다음으로는 "간교하고 교활하다", "경제 대국", "잔인하다", "경제동물", "가증스럽다", "이기적이다" 등이 그 뒤를 이었다.[27] 같은 날 발행된 『조선일보』는 전면 특집을 실어 "분노만으로는 일본을 이길 수 없다"라고 강조하면서 "전 국민의 '극일克日운동'을 시작하자!"라고 호소했다. 『중앙일보』와 『경향신문』도 각각 「민족의 분노를 극일의 결의로 승화시키자」, 「극일의 길은 일본을 아는 데 있다」 등의 글을 발표했다. 여기서 말하는 '극일'이란 일본을 극복하고 제압한다는 뜻이다. 이렇게 '극일'을 호소하게 된 이유는 한국 여론이 교과서 문제의 근원이 전통적으로 일본이 한국을 멸시하는 민족 우월감에 있다고 인식했기 때문이다. 그러므로 마땅히 교과서 문제를 계기로 민족정신을 진작해 국가의 경제 실력을 증강함으로써 일본을 극복, 제압해야 한다고 믿었다.

8월 15일은 일본이 패전해 항복하고 한국이 일본 식민 통치에서 벗어나 독립을 선포한 역사적인 기념일이다. 1982년 8월 15일은 교과서 문제의 발생으로 인해 더욱 특별한 함의를 지녔다. 그날 오전 대통령 전두환은 독립기념일 연설을 발표했다. 그는 한국에 대한 일본의 침략을 규탄하고 "우리는 현재까지도 벅찬 감정으로 이 해방의 날을 기념한다. 왜냐하면 36년간 일본 식민 통치 시기에 받은 고난이 아직도 우리의 마음속에 깊이 각인되어 있기 때문이다. 현재의 비극은 한국이 둘로 분할된 데 있다. 일본 제국주의가 한국을 강점하지 않았다면 나라는 분단되지 않았을 것이다"라고 강조했다. 이어서 그는 북측에 최고위급 회담을 개최하여 국가의 통일대계를 논의하자고 호소했다.[28] 같은 날 서울에서 1만여 명이 시위행진에 참여해 일본 문부성이 교과서를 심의할 때 잔학한 식민 통치를 숨기고자 한 데 대해 분노로 규탄했다. 탑골공원 집회에 참가한 시위자들은 혈서를 써서 항의를 표시했다. 일부 시위대는 한국 주재 일본 대사관에 몰려가서 "일본은 강도, 일제의 총칼에 숨진 애국 동포의 영령들 앞에서 사죄해야 한다!"라는 내용의 전단을 배포했다. 한국언어협회 800여 명의 회원들은 결의문을 채택하고, "행동하여 일본의 경제와 문화 침투를 방지하자"고 사람들에게 호소했다.[29]

8월 26일, 일본 정부는 관방장관 미야자와 기이치宮澤喜一와 문부대신 오가와 헤이지가 각각 담화를 발표해 "'일·중 공동성명'의 정신은 일본의 학교 교육과 교과서 심사결정 시 마땅히 존중받아야 한다"라고 밝혔다. 중국 등 주변 국가들의 비판에 대해 일본은 "아시아의 가까운 이웃 나라들과 우호친선을 추진하는 데 있어 이러한 비판들을 충분히 청취하여 정부가 책임지고 바로잡아야 할 것이며, 아울러 되도록이면 신속하게 조치를 취하겠다"라고 덧붙였다.[30] 그러나 이 담화 내용에는 착오 시정에 대한 구체적인 조치가 명확하게 제시되지 않았다. 이 때문에 28일, 우쉐첸이 재차 중국 주재 일본 대사 시카토리 야스에를 만나 "일본 정부가 적절하고 효과적인 조치를 취하여 문부성의 교과서 심사결정에서 범한 착오를 하루빨리 시정함으로써 이 문제가 만족스럽게 해결될 수 있도록 하라"[31]고 요구했다. 8월 27일, 한국 문화공보부 장관 이진희李振羲는 정부 성명을 발표하여 미야자와 기이치가 담화에서 표명한 일본 정부가 책임지고 교과서의 착오를 시정하겠다는 '정부 견해'에 만족을 표시했다. 그러나 새로 교과서를 검정하는 1985년에 수정이 실행된다는 데 대해 유감을 표했으며 "계속적인 외교 노력을 통해 일본의 교과서 수정에 대한 보증을 조속히 실현하도록 하겠다"[32]라고 강조했다.

같은 해 9월 26일, 중국을 방문한 총리 스즈키 젠코는 양국 정부의 정상회담에서 "일본 정부는 '일·중 공동성명' 중 '일본국은 과거 전쟁으로 인해 중국 국민에게 끼친 중대한 손실에 책임을 통감하며 깊은 반성을 표한다'라는 인식에 추호의 변화가 없음"을 새천명했다. 그리고 교과서 문제에 대한 중국의 비판을 충분히 듣고 "중국이 제기한 해당 기술에 대해 일본 정부가 책임지고 신속히 시정할 것이며 향후 성심성의껏 구체적 조치를 집행하여 반드시 이 문제를 원만하게 해결하겠다"라고 표명했다.[33] 중국 측은 이에 환영의 뜻을 나타내고 교과서 풍파가 일단락되었음을 고했다.

스즈키 젠코가 회담에서 거론한 '구체적 조치'란 다음과 같다. "일본 정부는 9월 중에 '교과서 심사결정 조사심의회'를 소집하여 11월 말 전에 교과서 제정의 기준이 되는 교과서 심사결정 표준에 대한 수정 결론을 내린다. 새로운 심사결정 표준에 따라 1982년부터 '침략', '난징대학살' 등과 같은 해당 부분의 기술을 바로잡는다. 이미 심사결정한 교과서에 대해서는 11월

말을 전후로 문부성 대신이 견해를 발표하고 『문부공보文部公報』에 기재하여 전국 초중등학교와 각급 교육위원회에 하달한다."[34]

한국에서도 교과서 문제를 둘러싼 교섭이 계속되었다. 8월 31일, 한국 외무부 담당자가 한국 주재 일본공사 고토 도시오後藤利雄를 만나 일본 정부는 즉시 행동을 취해 교과서 수정 날짜를 앞당길 것을 요구했다. 같은 날, 한국 정부 대변인은 불쾌감을 표시하고 "9월로 예정된 일·한 의원회의를 12월로 미룬다"고 선포했다.[35] 한국 학생들은 연일 항의집회를 통해 문부성의 역사 왜곡 행위를 성토했다. 9월 8일, 고려대학교의 1,000여 명의 학생들이 앞장서서 항의집회를 개최하여 역사 교과서 왜곡에 반대하고 한국 정부가 일본에 대해 보다 강경한 정책을 취해야 한다는 내용의 대회선언을 채택했다.[36] 9월 24일, 고려대학교와 연세대학교의 1,000여 명의 학생들이 서울 시가지 등에서 구호를 높이 외치면서 "잘못된 교과서의 내용을 시정하라"고 일본 정부에 요구했다. 또한 행진에서 한국 정부에 대한 불만을 토로하다가 경찰의 저지를 받기도 했다.[37] 국민의 압력에 직면한 한국 정부는 지속적으로 대일 교섭을 시도하면서 또 한편으로 법무부가 나서서 독립운동 자료수집 전담반을 구성했다. 독립운동 자료들을 수집해 독립기념관에 영원히 보존함으로써 후대를 교육하고자 함이었다.

이로써 일본 문부성의 역사 왜곡으로 인해 초래된 교과서 사건의 풍파가 잠시 가라앉았다. 이처럼 중·한 양국은 공동의 적인 일본 군국주의의 침략 범죄행위를 비판하는 과정 속에서 동서이데올로기의 대립을 초월하는 공감대를 찾을 수 있었다. 특히 양국 국민이 서로 보고 느끼는 와중에 '냉전' 시대의 빙산은 크게 녹아내렸다.

3장 우발적인 사건이 뜻밖의 계기가 되다
—최초 중 · 한 정부 측 대표의 긍정적인 접촉

1970년대 후반부터 중 · 한 양국 관계는 대치에서 접촉으로 전환될 수 있는 환경과 조건이 점차로 조성되었다. 1980년대 초반 일본 문부성의 교과서 심사결정에서 발생한 역사 왜곡에 대한 규탄 과정에서 양국 여론과 외교적 대응이 서로 협력하고 멀리서 호응하면서 은연중에 양국의 거리감이 좁혀졌다. 이러한 새로운 동향은 중 · 한 양국 관계의 개선과 발전이 이미 대세임을 보여주는 것이었다. 그러나 양국은 바다를 사이에 두고 30여 년 동안 대치해 왔기 때문에 경계심과 응어리가 일시에 사라지기란 어려운 일이었다. 이런 상황에서 뜻밖에도 우발적인 사건을 통해 양국 간의 긍정적인 움직임이 성사되었다. 지극히 이치에 합당한 사태였지만 이 사건은 의외의 큰 효과를 불러왔다. 이것은 당대 중 · 한 관계사의 발전 과정에서 인간 희비극이 동시에 일어난 사건이었다.

1983년 5월 5일 오전 10시 49분, 중국 민항 296호 여객기가 선양瀋陽 공항을 떠나 상하이로 향하고 있었다. 이 여객기에는 승무원 9명과 탑승객 105명이 타고 있었다. 11시 40분경, 비행기가 보하이해渤海 상공을 지날 때 형사범 줘창런卓長仁 등 6명의 무장폭도들이 갑자기 권총으로 조종사와 승무원에게 상처를 입히고 기장에게 한국으로 방향을 돌리라고 위협했다. 13시 10분, 296호 여객기는 서울 부근의 춘천春川 군용공항에 강제 착륙했다. 그날 중국 외교부 대변인은 담화를 발표하고 "'국제민간항공협약'의 해당규정에 근거하여 즉각적으로 항공기와 함께 기내 전체 승무원과 탑승객들을 중국 민항에 반환하고 항공기 납치범들을 중국 측에 인도해 처리할 수 있도록 하라"고 한국 당국에 요구했다. 대변인은 이 사태를 타당하게 처리하기 위해 중국 민항국장 선투沈圖가 사건대책반을 이끌고 서울로 가기로 했으며 양측의 민항기구가 이 사건과 관련해 연계를 취하면서 회답을 기다리고 있다고 밝혔다.[38] 중국 외교부 대변인이 발언에서 언급한 '국제민간항공협약'이란 공중납치에 관한 국제협약을 가리킨다. 구체적으로 말하자면 여기에는 주로 1963년 9월 14일 도쿄에서 체결한 '항공기 내에서 발생한 범죄와 기타 행위에 관한 협약'(약칭 '도쿄협약'), 1970년 12월 6일 헤이그외교회의에서 채택한 '항공기의 불법납치 방지를 위한 협약'(약칭 '헤이그협약'), 그리고 1971년 9월 23일 몬트리올외교회의에서 채택한 '민간항공기의 안전에 대한 불법적 행위 저지를 위한 협약'(약칭 '몬트리올협약')이 망라된다. 이상의 세 협약은 급속히 만연되고 있는 공중납치 사건에 대비해서 불법납치 징벌 규정을 점진적으로 명확히 하고 구체화했다. '도쿄협약'은 항공기 내에서 형법을 위반하고 항공기 및 그 탑승원이나 재산 안전을 해치고 건전한 질서와 기율 등에 위해를 가하는 행위에 대해 규정했다. 그리고 협약의 체결국은 "모든 합당한 조치를 취하여 기장의 항공기에 대한 합법적인 통제를 회복하고 보호해야 하며, 탑승객과 탑승원이 되도록 조속히 그 여행을 계속하게 하고 항공기와 화물을 합법적인 소유자에게 돌려주어야 한다"라고 규정했다. 그러나 공중납치 범죄의 정의와 처벌에 대해서는 명확히 규정하지 않았다. 이에 비해 '헤이그협약' 제1조는 공중납치 범죄에 대한 정의를 이렇게 규정했다. "무력이나 무력위협 또는 어떠한 기타 공갈방식을 통해 항공기를 불법적으로 탈취·통제하거나 혹은 이 같은 어떠한 행위를 저질렀다가 미수에 그친 것, 이러한 행위에 가담하거나 가담했다가 미수한 자의 종범從犯은 죄행이 성립된다." 제2조는 "각 체약국은 이 같은 죄행에 대해 엄하게 징벌해야 한다"라고 강조했다. 또한 체약국은 공중납치 범죄에 대해 신병을 인도해야 할 범죄로 간주해야 하며 만약 각 체약국 간 신병 인도에 대한 규정이 없을 경우에는 요청 국가의 법률 규정을 따르는 조건하에서 범죄를 그들 간에 인도할 수 있는 범죄로 인정해야 한다고 규정했다. 범죄자 소재지의 그 어떤 체약국이든 간에 응당 범죄자를 구속하고 범죄사실을 조사해야 함은 물론 구속된 정황을 항공기 등록 국가와 범죄자 국적 소속 국가에 즉각적으로 통지해야 한다고 규정했다. 그리고 만약 범죄자를 인도하지 않을 경우 마땅히 범죄자를 기소하고 자국 법률에 따라 엄정하게 제재할 범죄로 판결해야 한다고 규정했다. '몬트리올협약'은 더 나아가 비행 중이거나 혹은 사용 중인 항공기의 항공 안전에 위해를 가하는 범죄행위에 대해서는 모두 엄벌에 처해야 한다고 규정했다.[39]

중·한 양국은 모두 이상에서 서술한 협약 중 '헤이그협약'과 '몬트리올협약'의 체약국이었다. 그러므로 중국 외교부 대변인이 납치된 비행기, 승무원, 전체 탑승객을 반환하고 비행기 탈취범을 중국 측에 인계하라고 요구한 것은 국제협약의 해당규정에 부합하는 것이었다.

여객기 피랍사건은 즉각적으로 여러 측면에서 관심을 모았다. 일본 정부는 5월 5일, 철야회의를 열고 외교 절차 등의 구체적인 대책을 검토했다. 그리하여 '인도주의적 입장'에 기초하여 아직 외교 관계가 없는 중·한 양국 사이에서 조정 역할을 하여 승무원, 탑승객, 비행기가 중국에 송환되도록 힘쓰기로 했다.[40] 워싱턴 시간으로 5월 5일, 미국 국무부 부대변인 앨런 롬버그Alan Romberg가 기자들에게 "공중납치된 비행기는 이미 춘천 부근의 군용공항에 착륙하여 부상당한 2명의 승무원이 미 육군 제121병원에서 치료받고 있다"라고 설명하고, "승무원과 탑승객 99명은 석방되었고 납치범 6명(남5, 여1)이 한국 당국에 구속된 상태이다. 미·한 양측이 협력하여 기본적으로 '헤이그협약'에 따라 적절히 처리할 것이다"라고 덧붙였다.[41] 타스TASS통신도 신속히 여객기 피랍사건을 보도했고 "중국 민항국장 선투가 직접 서울에 가서 이 문제를 해결하겠다고 남측에 통보"[42]한 사실에 주목했다. 타이완 당국의 '외교부'와 '국방부'는 여객기 피랍사건 소식을 접한 후 즉각 특별행동반을 구성해 필요시 특사를 한국에 파견하여 교섭에 협조하겠다고 전했다.

타이완의 주한 '대사' 쉐위치薛毓麒는 명령을 받고 성명을 발표하여 비행기 납치 자체가 갖는 범죄 사실을 도외시한 채 이 사건은 반공 '의사義士'가 '자유를 찾는' 행위라고 억설을 늘어놓았다.[43]

전 세계의 이목이 서울을 주목하면서 사건의 공정한 처리를 기다리고 있었다. 5월 6일, 한국 문화공보부 차관 허문도許文道가 정부 대변인 자격으로 담화를 발표했다. 그는 "한국 정부는 '전적으로' 공중납치와 테러의 방지에 대한 국제협약 '정신'에 따라 납치된 비행기와 탑승원 문제를 처리할 것"이라고 선포하고, "한국 정부는 '중·한 간의 직접적인 교섭 제안'을 고려 중"이라고 밝혔다.[44] 같은 날 한국 외교부 제1차관보 공로명孔魯明은 서울 주재 미국 외교단 부단장 폴 클리블랜드와 납치된 비행기, 승무원, 탑승객에 대한 처리 문제를 토의했다. 같은 날, 한국 민간항공위원회 사무국장 김철용金徹容은 선투 국장에게 전보를 보내 교섭을 위한 그의 서울 방문에 동의한다고 회답했다.

그와 동시에 납치된 비행기의 탑승객과 승무원은 한국 정부의 배려에 따라 서울 주변 지역의 쉐라톤Sheraton호텔에서 머물게 되었다. 뜻밖의 봉변을 당한 중국 손님들이 호텔에 도착하자 민족 복장을 차려입은 여종업원들이 활짝 미소를 머금고 영접함은 물론 연장자들에게 환영 꽃다발을 선사했다. 중국 승객들은 흔쾌히 꽃다발을 받았으며 다른 투숙객과 호텔 직원들이 뜨거운 박수를 보냈다. 갑자기 들이닥친 중국 손님들을 영접하기 위해 호텔에서는 최고급의 중국 요리, 한국 요리, 일본 요리를 제공했다.[45] 같은 날 한국 교통부와 대한항공의 30명 고급기술자들로 구성된 전문가 팀이 춘천 군용 공항에 투입되어 296호 여객기를 검사하고 보수했다. 한국 경찰은 6명의 비행기 탈취범들을 감시, 관리했다. 사건 발생일에서 그다음 날까지의 일련의 조치들로 볼 때 한국 여야의 태도는 적극적이고 우호적이었다. 특히 중·한 양국이 아직 수교하지 않은 상태에서 한국 정부가 타이완 당국의 견제와 압력에도 불구하고 이처럼 예의 있고 단정하게 일을 처리한 것은 실로 대단한 것으로 미묘한 의미를 담고 있었다.

사태 발전을 시종 면밀히 주시하고 있던 일본 여론은 어떠한 단서도 놓치지 않고 적절한 시기에 대량의 보도와 논평을 내놓았다. 5월 7일, 선투를 위시한 중국 민항 사건대책반과 승무원 등의 일행 33명이 서울 김포 공항에 도착했을 때 붉은 양탄자를 깐 성대한 환영을 받았다. 그리고 한국 외무부 제1차관보 공로명, 외무부 아주국장 김병연金炳連, 한국 민간항공위원회 사무국장 김철용 등 고위급 관리들이 트랩 옆에서 기다리고 있었다. 선투 일행은 즉시 경찰들의 경호에 둘러싸여 신라호텔로 이동했다. 같은 날, 일본의 여러 큰 신문들은 이 소식을 잇달아 주요기사로 실었다. 『아사히신문』은 "선투 국장의 서울 방문이 비록 여객기 피랍사건을 처리하기 위한 목적이기는 했지만, 이는 지도적 위치에 있는 중국 당국 인사의 첫 한국 방문으로 향후 중·한 관계의 진전에 일정한 영향을 미치게 될 것이며, 장차 중·한 관계가 새로운 시대를 맞이하게 될 것"이라고 썼다. 『마이니치신문』은 "설사 협상에서 양측이 모두 만족스러운 결과를 얻지 못한다고 하더라도 첫 공식 외교 접촉이 갖는 의미는 여전히 크며, 중국 고위급 관리가 직접 비행기로 서울을 방문한 것만으로도 한국 측이 얻은 정치상의 이익은 아주 크기 때문에 한국 측은 성심성의껏 선투 일행을 환대하고 있다"라고 전했다. 『요미우리신문』은 "중국 민항기 피랍사건은 뜻밖에도 중대한 정치적 부산물인 중·한 고위급 관리의 첫 접촉을 가져왔다. 중국은 사건 발생 이후 갑자기 중국 민항국장 선투를 서울에 파견하겠다고 제의했는데 이것은 베이징을 주시하던 이들을 놀라게 했다"라고 전했다. 『일본경제신문』은 "중·한 양국 정부 간의 대화 진행은 줄곧 중국과의 관계 개선의 실마리를 모색해온 한국의 입장에서 볼 때 절호의 기회가 아닐 수 없으며 만약 이 사건이 전환점이 되어 양국이 직접 대화를 하게 된다면 분명히 동북아시아 형세에 큰 변화를 불러올 것이다. 이번 협상의 관건은 한국 측이 납치범 신병 인도에 관한 중국 측의 요구를 어떻게 처리하느냐에 달려 있다. 타이완과의 외교 관계를 유지하고 있는 한국은 고통스런 결단을 내려야 할 것이다"라고 전했다. 또한 이 신문은 "만약 자국의 재판 관할권을 주장하면서 범죄자 신병 인도의 요구를 들어주지 않을 경우에는 중국과의 관계 개선도 한국이 생각하는 것처럼 그렇게 순조롭게 진척되지는 않을 것이다"라고 덧붙였다.[46]

사태의 진전은 전후 중·일·한 동북아시아의 '신삼국연의新三國演義 활극'을 연출하는 일본 여론의 추측대로 중·한 관계의 역사적 돌파, 즉 정부 당국의 양호한 첫 접촉을 마련해주었다. 그러나 각종 요인의 종합적 작용으로 인해 전면적인 돌파 정도에는 도달하지 못했다. 중·한 관계의 근본적 돌파에는 아직 시일이 필요하다는 어려움이 있기는 했지만 그래도 양측이 가진 협상 과정에서 서로의 호의는 모두 충분히 구현되었다.

5월 7일 오후 4시 10분, 선투를 대표로 하는 9명의 중국 측 대표단과 공로명을 대표로 하는 9명의 한국 측 대표단은 신라호텔에서 제1차 회담을 가졌다. 회담이 시작되자 기자들의 카메라 플래시가 동시에 터지면서 선투와 공로명이 열렬히 악수하는 역사적 장면을 렌즈에 담았다. 20분간의 협상에서 양측은 협상 일정에 관해 신속히 협의했다. 96명의 승객·승무원과 비행기 화물의 반환, 비행기 반환, 납치범 처리 등의 3개 내용을 차례대로 토론했다.[47]

뒤이어 선투 일행은 병원을 찾아가 부상당한 항법사와 전신원을 위로하고 또 쉐라톤호텔에 가서 296호 여객기 기장 등 7명의 승무원을 만났다. 그날 저녁 선투 일행은 한국 측이 마련해준 성대한 저녁 연회와 예술 공연에 참석한 후에 다시 쉐라톤호텔을 방문하여 오후에 서울을 구경하고 돌아온 승객들을 만났다. 국장 선투가 그들에게 전국 인민의 동정과 위문을 전달하자 많은 사람들이 감동의 눈물을 흘렸다. 나아가 선 국장이 "나는 여러분과 함께 귀국할 것"이라고 말하자 주변에서는 오랫동안 열렬한 박수 소리가 울렸다. 선투를 안내 중이던 외무부 제1차관보 공로명도 "우리 정부는 일을 잘 처리하여 여러분을 고국으로 보내줄 것이다"라고 말하자 똑같이 열렬한 박수가

쏟아졌다.[48]

납치로 인한 공포와 초조함을 겪은 뒤 중국 승객들은 한국 국민의 우정에 깊은 감동을 받았다. 중국 승객들은 7일 오후, 한국 측의 안내로 서울을 구경했다. 남산타워에 오르기도 하고 백화점과 삼성전자의 공장을 참관하기도 했다. 가는 곳마다 행인들이 손을 들어 그들에게 인사했다. 서울 시민들은 중국 손님에 대해 깊은 관심을 나타냈다. 마침 일요일이라 백화점은 고객들로 붐볐다. 중국 손님들은 어디에서나 모두 열렬한 박수와 환영을 받았다. 심지어 중국 손님들이 모인 주변에는 한국 고객들로 인해 인간 담장이 만들어질 정도였다. 어떤 사람은 중국 손님에게 꽃을 안겨주기도 했다. 이에 중국 손님들도 박수로 한국인들에게 감사의 마음을 표함으로써 그야말로 분위기가 화기애애했다. 한 서울 주재 일본 기자는 "이처럼 열광적인 환대는 약간 지나친 감도 있다"[49]라고 보도했다. 한국 국민들이 비상사태로 한국에 온 중국 손님에게 보인 우호의 감정은 모두 가슴속 진심에서 우러나온 것이었다. 이는 중국과 한국의 역사적 우정에서 발로된 자연스런 표현으로 고의로 조장된 것이 아니었다. 이러한 전통적인 우정은 유구한 세월 속에서 점차로 형성된 것으로 이념의 대립을 초월하고 3년간 혈전의 상처를 치유하는 데 도움이 되었다. 아울러 중·한 수교와 수교 이후의 양지 관계가 급속히 발전할 수 있는 두터운 민의의 토대를 구축해주었다.

그러나 정부 당국의 접촉은 분명 민간의 자발적 교류와는 달랐다. 5월 8일 오전과 오후에 각각 진행된 제2차 협상에서 양측은 다음과 같이 협의했다. ① 여객기 납치범 6명은 한국에 넘겨 재판을 받게 한다. ② 탑승객과 승무원은 9일 오후 대표단과 함께 귀국한다. ③ 납치된 비행기는 기술적 문제가 해결되면 즉각 반환한다. ④ 부상이 심한 승무원 1명은 한국에 남아 치료를 받은 뒤에 귀국시킨다. 양측이 협상 과정에서 보인 가장 큰 이견은 범죄단체의 처리 문제였다. 중국 측은 신병 인도를 요구했지만 한국 측은 "각국의 여객기 피랍사건에서 범인을 인도한 전례는 없었다"[50]라고 하면서 거부했다.

9일 새벽, 선투는 서울에서 다음과 같은 성명을 발표했다. "1983년 5월 5일, 중국 민항 296호 여객기가 6명의 중국 범죄자에게 무장 납치를 당해 부득불 서울 부근의 춘천 공항에 착륙하게 되었다. 나를 비롯한 중국 민항 사건대책반은 5월 7일 서울에 도착하여 이 사건을 처리하게 되었다. 해당 국제협약의 규정에 따라 양측의 협상을 거쳐 중국의 탑승객, 승무원, 그리고 피랍된 비행기가 곧 조국으로 되돌아가게 될 것이다. 다만 승무원 1명은 부상이 심해 서울에 남아 치료를 받다가 조만간 귀국 조치될 것이다. [한국 측이] 우리에게 베풀어준 협조와 편리에 감사를 표한다. 6명의 납치범들은 그들이 여객기를 납치하기 전에 이미 우리 공안부에서 지명수배 중인 형사범들이었다. 그자들은 여객기 납치 과정에서 우리 승무원에게 총을 쏘아 부상을 입혔을 뿐만 아니라 비행기 내 탑승객과 승무원의 생명 안전을 심각하게 위협했다. 이로 볼 때 중국 법률과 해당 국제협약의 통념에 따라 이 범죄자들은 마땅히 우리 측에 인도되어 법에 따라 처벌을 받아야 한다. 그러나 현재 이 범죄자들은 아직도 우리 측에 인도되지 않고 있다. 나는 이에 대해 유감을 표시하며 진일보된 교섭의 권리를 유보한다."[51]

선투의 성명은 중국 측의 다음과 같은 기본입장을 표명하는 것이었다. '중국 측은 여객기 피랍사건의 처리 과정에서 제공해준 한국 측의 협조와 편리에 감사한다. 그러나 6명의 납치범들이 원래 지명수배 중인 형사범이고 이번 사건에서도 무력을 사용해 승객과 승무원의 생명 안전을 위협하는 항공기 납치 범행을 저질렀기 때문에 양죄병벌兩罪並罰할 수 있도록 중국 측에 신병을 인도해야 한다. 한국 측이 여객기 납치범들의 인도에 동의하지 않은 데 대해 유감을 표하고 계속 교섭할 권리를 유보한다.'

이 성명에서 주목할 만한 것은 한국이라는 공식 국호의 사용을 극력 피하면서 중국 대표단의 서울행을 여객기 피랍사건의 범위 내에 국한시키고 수행원을 '중국 민항 사건대책반' 으로 해석하여 되도록이면 양측 접촉의 정부 측 색채를 희석시켰다. 이렇게 성명에서 표현을 취사선택한 것은 중국 측의 기본적인 고려가 반영되었기 때문이다. 즉 여객기 피랍사건이 불러온 부정적 영향을 신속히 해소하고 승객과 승무원이 조국에 돌아와 가족과 함께할 수 있도록 함은 물론, 한반도 남북 대치의 냉혹한 형세를 직시하여 조선민주주의인민공화국과의 우호 협력 관계를 지켜야 했기 때문이었다.

상대적으로 말해서 한국 측도 외교적인 의도가 있었다. 이를테면 뜻밖의 이 좋은 기회를 잡아 가급적 정치 효과를 극대화하여 한·중 관계를 더한층 발전시키는 데 밑거름으로 활용하고 한반도 남북 대결에서 외교적 행동의 여지를 얻고자 했던 것이다. 동시에 각종 선전보도매체를 통해 10억 중국 인민을 포괄한 전 세계에 인도주의적 태도와 국가 현대화 건설의 새로운 성취를 펼쳐 보여 주권 국가의 이미지를 부각시키고자 했다. 물론 한국 역시도 여객기 피랍사건의 전체적인 교섭에 있어 외교 관계에 있는 타이완 당국을 고려해야 했으며 그 행동반경은 여전히 동서 대치 속 서방 진영의 입장이라는 제약을 벗어날 수 없었다.

중·한 양측의 고려 속에는 일치한 면도 있었고 다소 상이한 면도 있었다. 이 때문에 여객기 피랍사건의 처리 과정에서 양측은 탑승객, 승무원, 비행기를 중국에 반환하는 문제에서는 재빨리 합의를 달성했지만 비행기 납치범의 신병 인도 문제에서는 의견을 달리했다. 뒤이어 비밍록을 기초할 때 서명자의 정부 측 신분 문제로 또 한 차례의 새로운 이견이 발생했다. 이로 인해 9일 오후 서울에서 출발하기로 한 중국으로의 귀환 시간을 부득불 하루 연기할 수밖에 없었다.

양측 대표는 8일 오후 11시 30분경부터 비망록 초안에 대해 협의하기 시작했다. 한국 측은 양국 정부 간의 협상임을 강조하면서 탑승원과 기체를 중화인민공화국 정부 대표에게 송환하는 것으로 기록해야 한다는 입장을 견지했다. 그에 반해서 중국 측은 중국 민항 책임자가 서울에 와서 여객기 피랍사건을 처리한 것이지 결코 중국 정부를 대표한 것은 아니라고 주장했다.[52] 9일 오전과 오후, 양측은 비망록의 기초와 조인에 관해 계속 협상했다. 한국 측은 선투가 중공중앙위원회의 위원이기 때문에 중국 정부의 대표라고 생각했다. 그러나 선투는 그 자신이 중국 민항총국의 국장이자 부장 직위에 있기 때문에 마땅히 중·한 민항국 부장급 협상 비망록으로 표기해야 한다고 생각했다.[53] 중국 측은 대표단장 선투가 중국 민항총국 국장임을 강조하면서 조인 문건은 양국 항공당국 간의 비망록이 되어야 하며 양국의 공식적인 국호 사용을 피하고자 했다. 협상에서 중국 측은 한국 측이 보관하는 비망록에만 대한민국이라는 공식 국호를 사용하고 중국 측의 비망록에는 공식 국호를 사용하지 않는 방안을 제안했다. 이에 대해 한국 측은 "협상진행 장소인 한 주권 국가의 존재를 무시한다"[54]라는 이유로 이 제안을 받아들이지 않았다. 중국 대표단은 국내와 여러 차례 연락을 취하면서 계속 한국 측과 교섭하여 비망록의 기술 방식을 확정했다. 양측은 최종적으로 비망록 조인에 관해 협의했다.

5월 10일 오전 10시 30분, 양측은 서울 신라호텔 영빈관에서 비망록 조인 및 교환식을 가졌다. 비망록은 모두 9개 조항으로 이루어졌으며 다음과 같은 내용을 포함했다. "5월 5일 여객기가 납치되어 한국 춘천 공항에 임시 착륙했다. 한국 당국이 탑승객을 구조했으며 선투가 서울에 도착하여 한국 당국과 교섭했다. 양측은 해당 국제협약의 규정에 따라 되도록 빨리 승무원, 승객, 비행기의 반환에 대한 협의를 달성했다." 선투는 한국이 비행기의 안전, 승객의 건강, 부상당한 승무원의 치료를 위해 일련의 신속하고 합당한 조치를 취한 데 대해 감사를 표했다. 아울러 사건 처리 과정에서 남김없이 발휘된 상호협력 정신이 이후에도 양측과 관련된 비상사태 발생 시 계속 유지되기를 희망했다. 비망록 조인자의 낙관은 각각 "중화인민공화국 중국민용항공총국 국장 선투"와 "대한민국 외무부 제1차관보 공로명"이었다.[55]

한국의 텔레비전 방송국은 조인식 장면을 시청자들에게 생방송으로 중계했다. 차관보 공로명은 축사에서 "정부를 대표하여 외교 관계가 없는 중화인민공화국에서 온 대표단을 영접하고 사건을 원만히 처리할 수 있어서 기뻐게 생각한다"라고 말했다. 이에 국장 선투는 "여러 가지로 편리를 제공해 준 데 대해 감사하며 국제협약에 근거해 충분하게 협상했다"라고 소감을 밝혔다.[56] 비망록을 교환할 때 공로명과 선투는 뜨겁게 악수했다. 『동아일보』는 정부 대변인 권한 대행이자 문화공보부 차관인 허문도의 다음과 같은 담화를 실었다. "정부가 중화인민공화국 측과 피랍 여객기의 처리 문제에 관해 4일간의 협상을 진행했다. 현재 협상이 원만하게 끝나 귀환할 수 있는 탑승객, 승무원, 비행기를 넘겨주기로 결정했다. 여객기 납치와 관련된 범죄자는 국제협약과 관행 및 대한민국의 사법절차에 따라 처리될 것이다. 정부는 이번 여객기 피랍 문제에서 비록 중국과 수교는 하지 않은 상태이지만 인도주의와 이념을 초월한 선린우호 정신으로 국제협약을 존중해 문제를 처리했다. 그리고 우리나라 국민은 이번 사건을 통해서 조난을 당한 사람들에게 동정과 친절을 베풀고 평화를 사랑하는 정신을 구현했다. 정부는 이에 깊은 감명을 받았다. 정부는 국민과 함께 이 사건과 관련된 여러 문제들을 원만하게 해결할 수 있어서 자부심을 느낀다."[57]

5월 10일 오후 15시 45분, 선투 일행과 296호 여객기의 87명 승객, 8명의 승무원이 보잉707 특별기로 서울을 떠나 귀국했다. 공로명 등 한국 고위급 관리들이 공항에 나와 배웅했다. 떠나기 전 선투는 기지 담화를 발표했다. 그는 "한국 현지 관계자들이 중국의 승객, 승무원, 피랍 여객기를 배려하고 협조해 귀국하는 과정에서 보여준 노력에 감사"를 표하며 "아직 여객기 납치범 처리 문제에 있어서는 이견이 존재하지만 양측이 모두 이 같은 범죄자들은 마땅히 법에 따라 엄벌에 처해야 한다는 데는 인식을 같이하고 있다"라고 강조했다.[58] 보잉707 특별기는 그날 상하이 훙차오虹橋 공항에 착륙했다. 전체 귀국자들은 국무원, 중국 민항, 랴오닝성遼寧省 인민정부, 상하이시 인민정부 등에서 나온 각계 대표 200여 명의 열렬한 환영을 받았다. 그날 저녁 상하이시 인민정부는 성대한 초대연을 베풀어 귀국자들을 따뜻하게 위로했다. 5월 18일, 납치되었던 296호 여객기가 서울에서 베이징으로 반환되었다. 여기에는 이 여객기의 인수 비행을 책임진 승무원, 기술전문가, 그리고 296호 여객기에서 폭도에게 부상당한 승무원 왕융창王永昌과 그 의료 및 간호 요원 등이 탑승해 귀국했다.

5월 20일, 서울지검에서 비행기 납치범 6명을 공식 체포했다. 6월 1일, '항공기운항안전법' 위반 등의 혐의로 범죄자들을 기소했다. 7월 18일, 서울 형사지방법원에서 여객기 피랍 사건을 심리하기 시작했다. 이 과정에서 타이완 당국은 외교 경로를 이용하거나 변호사단을 서울로 보내 여객기 납치범의 죄책을 가볍게 하는 등 여러 수단을 통해 범죄자에 대한 재판심리를 교란했다. 8월 18일, 서울 형사지방법원은 주범 줘창런에 대해 징역형 6년을, 그리고 나머지 종범은 각각 5년 내지 4년의 징역형을 언도했다. 이 소식은 즉각 중국 측의 주목을 끌었다. 8월 25일, 중국 국제법학회 부회장 천티창陳體强은 『인민일보』에 「남조선 당국은 반드시 여객기 납치범을 엄벌해야 한다[南朝鮮當局必須嚴懲劫機犯]」라는 제목의 논평을 발표하여 다음과 같이 주장했다. "'헤이그협약'과 '몬트리올협약'에 따라 심각한 성격의 범죄사건과 동일한 방식으로 비행기 납치범을 심리해야 한다. 한국은 '항공기운항안전법'상 폭력이나 위협 등의 수단으로 비행기를 납치한 자는 무기형 또는 7년 이상의 징역형을 언도해야 하며 비행기 납치 시 사상자를 발생시킨 자는 사형 또는 무기형에 처해야 한다. 이상의 규정으로 보아 금번 비행기 납치범에 대한 4~6년의 징역형은 분명히 그 형량이 지나치게 가볍다." 이 글은 마지막 부분에서 "국제사회에서 그 어떤 여객기 납치범이라 할지라도 모두 극도의 지탄을 받는다. 남조선 당국이 협약 의무를 진지하게 이행하는가, 아니면 법률적 수법으로 세계 여론을 기만하는가에 대해서 우리는 더 지켜볼 것이다"라고 지적했다.[59] 1년 후인 1983년 8월 13일 한국 사법 당국은 6명의 납치범에 대해 "복역을 중지시키고, 국외로 축출한다"라고 선포했다. 8월 14일, 중국 외교부 대변인은 성명을 발표하여 한국 당국이 "타이완 당국의 압력에 굴복하여 앞당겨 6명의 범죄자를 석방한 것과 해당 국제협약의 규정을 어기고 국제민항의 안전을 해치는 행위를 종용한 데 대해 지대한 불만과 분개를 표하며 엄정하게 항의한다"[60]라고 밝혔다. 6명의 범죄자는 마침내 뻔뻔스럽게 타이베이에 모습을 드러내고 타이완 당국이 제공하는 '반공의사反共義士'의 모든 대우와 혜택을 누렸다. 그러나 6명의 여객기 납치범들은 악습을 고치지 못하고 타이완에서 몇 년간 살다가 또다시 살인과 약탈의 범죄를 저질러 타이완 당국을 몹시 난감하게 만드는 형사범이 되고 말았다.

여객기 피랍사건 이후 중·한 관계의 긴장 상태가 완화되는 또 하나의 우발적 사건이 발생했다. 1983년 9월 1일, 한국 보잉747 민항기가 소련 전투기 미사일에 격추되어 269명의 여객기 탑승객과 승무원이 전원 조난당한 비참한 사건이 일어난 것이었다. 사건 발생 후 신화통신사는 이 소식을 신속하게 보도했다. 1983년 9월 3일부터 9월 18일까지 『인민일보』는 거의 매일 이 사건과 관련된 각종 기사를 발표해 소련의 패권주의 행위를 규탄했다. 아울러 희생자에 대해, 즉 240명의 승객 중 한국인 85명, 홍콩과 타이완 동포 42명, 일본인 27명, 미국인 21명, 필리핀인 8명, 태국인 2명, 기타 55명, 그리고 29명의 한국 승무원에게 애도와 동정을 표했다.[61]

9월 2일, 미국, 한국, 일본, 캐나다, 오스트레일리아 등의 요구로 유엔안전보장이사회는 회의를 열고 소련 전투기의 한국 민항기 격추사건을 논의했다. 미국 대표가 먼저 발언하여 "소련의 행위는 무책임하고도 오래 전부터 획책해온 예정된 살인사건이며 인류문명에 대한 멸시"라고 격렬하게 비난했다. 또한 "소련은 공개적으로 사과하고 책임 있는 조사를 진행하여 이러한 유사 사건이 재발하지 않도록 약속하라"고 요구했다. 그러나 소련 대표는 적반하장으로 한국 여객기가 소련 영공인 사할린 상공을 침범하여 민항기로 정찰활동을 하고자 했으며 미국이 안전보장이사회 소집을 요구한 것은 "저들의 행위를 덮어 감추기 위한 선전수법"이라고 비난했다. 유엔 주재 한국 대사 김경원金瓊元은 발언에서 "소련의 행위는 법률 준칙과 보편적으로 받아들여지고 있는 국제민항 규정을 위반한 것이 자명하다"라고 규탄했다. 나아가 "소련 당국은 사건에 대해 전반적이고 자세한 보고서를 제공하고 전면 사과하는 것은 물론 손실 전부를 배상하라" 고 강력히 요구했다. 중국 대표 링칭凌青 역시 발언에서 "우리는 소련 전투기가 뜻밖에도 남조선 여객기 1대를 격추시켜 수많은 중국 타이완 성과 홍콩 동포를 포함한 269명의 승객과 승무원을 죽음에 이르게 한 사건에 대해 경악과 유감을 표한다" 라고 강조하면서 조난자 가족에게 애도와 위로의 뜻을 전했다.[62] 소련의 국제민항 규칙 무시와 무력 남용에 대해 공박하고 비난하는 등의 문제에서 중·한 양국은 재차 상호 간의 공감대를 발견했다.

사건조사가 진척됨에 따라 미국과 일본 등의 국가는 유엔에 자신들이 감청한 소련 비행사와 지상 지휘부 간의 통화 녹취록을 제공하여 소련 전투기가 미사일로 한국 민항기를 격추했고 미사일 발사 전에 이미 한국 민항기를 20분간 추격해 관찰한 사실을 확인했다. 같은 날 소련 정부는 성명을 발표해 국토반공군(소련방공사령부—옮긴이)의 저격기가 한국 민항기를 격추한 사실을 인정했다. 그러나 "그 민항기가 비행한 지역이 소련 무장 역량의 가장 중요한 전략적 핵심 역량기지" 라고 강조하면서 이 여객기가 침입한 같은 시간에 "이 지역 소련 국경선 부근의 동일한 고도 상공에 이와 유사한 미국 공군 RC135형 정찰기 1대가 날고 있었다" 라고 밝혔다. 그렇기 때문에 "이미 발생한 비극에 대해 미국 지도자가 전부 책임을 져야 한다" 라고 받아쳤다.[63] 사건의 진상은 더욱 미궁에 빠졌다.

9월 12일, 미국 등 16개국이 유엔안전보장이사회에 결의초안을 제출하여 소련 전투기가 한국 민항기를 격추한 데 대해 깊은 유감을 표하고 전면적으로 조사할 것을 유엔 사무총장에게 요구했다. 또한 국제상의 합의된 절차를 취해 영공을 침입하는 행위에 대처해야 한다고 강조하면서 국제 협력으로 민항 안전의 보증을 호소하는 한편 이 사건의 조난자 가족에게 합당한 배상을 요구할 권리가 있음을 인정하라고 촉구했다. 이 결의초안을 표결에 부치자 미국, 영국, 프랑스, 몰타, 요르단 등 9개국이 찬성표를 던졌으며 소련, 폴란드 두 나라가 반대하고 중국, 가이아나, 니카라과, 짐바브웨 등 4개국이 기권했다. 소련이 안전보장이사회 상임이사국의 부결 특권을 행사했기 때문에 이 결의초안은 채택되지 못했다. 중국 대표 링칭은 투표 전에 발표한 해명성 발언에서 중국 대표단이 9월 2일에 표시한 입장을 재천명함과 동시에 "여러 측이 제공한 상황으로 볼 때 남조선 여객기가 항공 노선을 떠나 소련 영공에 진입했다. 그러나 소련이 이를 이유로 이 민항기를 격추시킨 것은 국제민항 안전을 보장하는 공인된 준칙을 심각하게 위반한 것이다"라고 밝혔다. 또한 "중국 정부는 민항 안전에 매우 관심을 갖고 있으며 이 사건의 진상조사에 찬성한다. 이 사건의 일부 문제에서 여전히 심각한 의견충돌이 존재하기 때문에 기권하지만 진상이 천하에 밝혀지기를 기대한다"라고 설명했다.[64]

9월 16일, 중국 외교부 대변인은 기자의 질문에 답할 때 한국 민항기 피격에 대한 중국 정부의 입장을 재차 밝혔다. "이 사건은 향후 국제민항 안전의 공인된 준칙을 어떻게 수호, 보장할 것인가에 관련되어 있다"라고 강조하면서 "진상조사에 찬성할 뿐만 아니라 조난자 가족에게 배상 요구권이 있다"는 데 동의했다.[65]

그 배경이 비교적 복잡하고 평범하지 않은 공중 조난사건에 대해 중국 간행물은 상당한 지면을 할애하여 장기간 보도했다. 그 원인을 따져보면 주로 당시 국제 형세와 연관된다. 1980년대 초기 미·소 대치의 냉전구도와 중·미·소 삼각구도가 병존했으며 개발도상국 결집력이 증강되어 다극화 전망이 더한층 분명해졌다. 소련은 여전히 살기등등한 진격 태세를 견지하면서 국제사회의 결속과 안전을 위협했다. 중국으로 말하자면 국방 안전에 대한 최대의 위협은 주로 소련에서 비롯되었다. 비록 미국이 타이완에 군수무기를 팔고 소규모의 책동으로 국부적 마찰을 빚고는 있었지만 크게 보아 소련 공세에 대처하는 측면에서 중국과 미국 간에는 여전히 공통된 전략적 이익이 존재했다. 유엔 논단에서 중국은 지금까지 개발도상국의 이익을 대표했다. 1982년 9월, 중공 제12차 대회는 독립자주의 외교노선을 시행하여 소련의 패권주의의 실체를 적극적으로 폭로해야 한다고 강조했다. 이러한 상황에서 그야말로 세계를 경악시킨 소련 전투기의 한국 민항기 격추사건의 발생은 소련 스스로가 자신의 무력 위협을 폭로한 생생한 교본으로, 중국 여론이 세상을 계도하는 큰 제목이 된 것은 당연했다. 한국 민항기 격추와 관련된 중국의 전체적인 사건 보도를 보면 그 창끝은 주로 소련을 겨누었지만 표현은 때때로 미국과 동조하면서도 다른 입장을 취했다. 그 견지한 입장이 객관적이고 공정했으며 선의가 다분했다.

그 답례로 이후 발생한 기타 우발적 사건에서 한국 역시도 협력적 태도를 보였다. 1985년 3월 22일, 중국 해군 어뢰 쾌속정 한 척이 군사훈련에 참가한 다음에 어뢰정에서 교전 충돌이 발생하여 한국 소흑산도小黑山島 수역에 표류한 것을 한국 어선이 구조해주었다. 한국 해경 당국은 이 어뢰정을 반도 서남해안의 하왕등도下旺嶝島에 예인하여 군부의 감독과 보호를 받게 했다. 23일에는 어뢰정의 탑승자들이 군산병원에 옮겨져 치료를 받았다. 사건 발생 며칠 후 한국 정부 대변인 이원홍李元洪은 "어뢰정과 인원을 중국 측에 반환한다"라고 선포했다. 사건 발생 후 중국 군함 3척이 조난당한 어뢰정을 구하기 위해 한국 해역에 진입했다. 그러나 한국 측이 극력 자제하는 태도를 보여 외교사건으로 이어지지 않았다. 후에 양측은 교섭을 거쳐 3월 28일, 한국 측은 어뢰정과 19명의 해군을 전부 중국에 되돌려보냈다.[66] 1950년대의 중·한 해사 충돌에서 긴장된 형세로 서로 치열하게 발포하던 것과 비교해 볼 때 어뢰정 사건의 순조로운 해결은 양 국민에게 싸움을 멈추고 화해를 도모한다는 느낌을 주었다. 같은 해 8월 24일, 중국의 일류신伊柳辛(Ilyushin) 경형폭격기 한 대가 산둥 칭다오에서 이륙하여 한국 전라북도 이리시 신흥동新興洞지역에 추락했다. 중·한은 담판 교섭을 거쳐 30일, 한국이 비행기 항법사 유해와 부상당한 전신원을 중국에 인도했다. 그뿐만 아니라 한국 정부가 직접 나서서 비행기 추락으로 빚어진 1명의 농민 사망자, 그리고 훼손된 큰

면적의 농작물, 하천제방 등의 모든 손실을 배상했다.[67] 한국 측이 비행기 추락사건을 처리하는 과정에서 분명한 선의를 보여준 것이다.

요컨대 중·한 양국은 이상의 우발사건에 대한 처리와 보도과정에서 기존의 적대성이 희석, 감소되고 선의적 요소가 크게 증가되어 양국 간의 관계가 긍정적 공존 방향으로 전환되고 있음을 보여주었다. 또 한편으로는 '3척의 얼음이 하루 추위에 생긴 것은 아니다'라는 속담처럼 중·한 간의 장기적 대치와 격리로 인해 생긴 간극과 장애를 완전히 제거하려면 아직도 다소간의 시간이 필요하다는 사실을 보여준 것이기도 했다.

제5부

교류 경로의 확대

1장 중·한 경제개발 전략의 상호 선택

역사의 수레바퀴는 언제나 빨리 돌아가는 법이다. 국제적 정치, 경제 형세가 발전하고 변화함에 따라 중·한 양국 관계 개선의 발걸음이 크게 가속화하여 상호교류의 통로도 갈수록 확대되었다.

1980년대 중반, 한국의 각계 인사들과 단체들은 활발하게 글과 담화를 발표하여 중국의 중요성에 대해 강조하고 경제, 문화, 체육 등의 분야에서 중국과의 관계 발전을 촉구함은 물론 중·한 관계 발전을 위해 적극적으로 계획을 내놓았다.

1985년, 한국 전국경제인연합회 회장 정주영鄭周永은 중국의 상황 및 한국 기업의 중국에 대한 경제무역 관계 발전을 위한 조치들을 전문적으로 연구한 한 편의 보고서를 정부에 제출했다. 「중국 경제의 현황과 전망」이란 제목의 이 보고서는 무려 191쪽에 달했다. 이것은 중국과의 경제 협력 관계 정립에 관한 한국의 첫 보고서이기도 했다. 이 보고서는 모두 4개 부분으로 이루어졌는데 중국의 국가제도부터 시작하여 중국의 경제제도, 대외 무역, 외자 정책 등 경제 정책과 대한국 관계 발전의 가능성을 자세하게 소개했다. 보고서는 한·중 경제 관계는 해외 경쟁적 측면도 존재하지만 이것은 부차적인 것이고 양국 경제의 상호 보완적 측면이 더 절실하다고 지적했다. 그리고 양국 경제의 상호 보완 경로를 구체적으로 분석하여 중·한 무역 확대 가능성이 매우 크다고 낙관했다. 중국은 한국의 중요한 에너지 공급원이 될 것이고 한국은 중국에 생산재, 반제품, 소비재를 수출할 가능성이 크다고 인식했다. 또한 보고서는 중국이 현재 대외개방 정책을 적극적으로 추진하고 있으므로 만일 한반도의 정세가 완화된다면 중국과의 협력 전망이 극히 밝다고 했다. 당시 중·한 양국은 아직 외교 관계가 수립되지 않은 상태였기 때문에 직접적인 통상거래는 불가능했다. 이러한 상황을 감안하여 보고서는 민간 경제가 선도하여 중국에 접근하기 위한 5항의 조치를 제기했다. ①중국과의 경제 관계 발전에 있어 홍콩의 캠프 역할을 충분히 활용한다. ②중국이 매년 두 차례 주최하는 광저우교역회廣州交易會 및 중국에서 거행하는 각종 상품 전시회에 적극 참가한다. ③한국 기업이 직접 중국 시장에 진출할 수 없는 만큼 미국과 홍콩에 한국 현지 법인을 설립하여 대중국 투자를 전개한다. ④중국에 대한 광고와 홍보 사업을 강화한다. ⑤민간 경제단체가 주체가 되어 중국 경제계와 다방면으로 접촉한다.

이 보고서는 한국 기업의 대중국 시장 진출을 위한 '입문가이드'이기도 했다. 『일본경제신문』은 "이 보고서가 한국 정부의 중국에 대한 태도를 반영한다"[1]라고 논평했다. 그해 한국의 '한스물산'은 처음으로 광저우에 14만 4,000달러를 투자하여 봉제완구를 생산하는 첫 중·한 합자회사를 설립했는데 이는 한국의 대중국 투자총액의 45%를 차지했다. 1987년 1월, 한국 '한두수산'은 산터우汕頭에 투자해 남화어업南華漁業유한공사를 설립했다.[2]

중·한 양국의 경제 관계가 급속하게 발전함에 따라 한국의 각계 인사들은 양국 경제 협력 전망에 대해 갈수록 열정이 충만한 견해들을 발표하여 여러 구체적인 조치들을 제안했다. 이러한 글과 담화는 대부분 저명인사들이 제기한 것으로 양국 관계의 발전에 긍정적인 역할을 했다.

1988년 1월, 한국 전국경제인연합회 신임회장 구자경具滋暻은 신년기자회견에서 "연합회는 민간 경제단체 자격으로 중국과의 관계를 더욱 발전시켜야 한다"라고 강조했다. 아울러 "아직 양국이 외교 관계가 없는 상황을 고려하여 한·중 경제 관계 민간 협상기관으로서, 중국과 통상 관계를 맺고 있는 기업이나 중국문제 연구전문가들로 구성된 정보교환 협의체를 설립하여 경제사무 처리를 도와야 한다"라고 제안했다.[3]

같은 해 1월 7일, 한국 대한상공회의소는 「한국·중공 경제 협력의 가능성에 대한 분석」이란 보고서를 발표했다. 이 보고서는 특히 한국 내 전문가들에게 위탁해 기초한 것으로 중국의 경제제도와 경제개혁 상황을 분석한 토대에서 한국과 중국의 무역, 기술협력, 직접투자에 관한 가능성을 토론했다. 그 결과는 고무적이었다. 보고서는 양국 간 무역 구조의 상이성으로 인해 일종의 상호 보완 관계가 필요하며 1990년대 양국 무역 전망이 아주 밝다고 분석했다. 또한 국교가 없는 상황에서 양국 간의 무역 확대는 큰 제한을 받고 있으며 단순한 무역 관계로는 한국에게 불리한 측면이 있다고 지적했다. 우선 대중국 직접투자와 기술 이전을 힘써 추진하여 양측의 경제 협력 관계가 정착되도록 해야 한다고 설명했다.[4] 한국의 『중앙일보』는 1월, 사설에서 이와 유사한 견해를 다음과 같이 발표했다. "중국과의 경제 관계 확대에 필요한 질서를 마련함에 있어서 무역 거래에만 치중해서는 안 되며 긴 안목으로 자본과 기술협력을 강화해야 한다. 그렇게 해야만 한국에 실질적인 경제 이익을 가져올 수 있으며, 특히 중국의 신뢰를 확보하여 양국 관계를 더한층 밀접히 하는 토대를 다질 수 있다."[5] 이 견해의 뚜렷한 특징은 단순한 무역 관계만 강조하는 경향을 비판하고 양국 간의 보다 깊이 있는 협력을 장려하는 것이었다.

1988년, 한국의 월간지 『신동아』 11월호는 전국경제인연합회 경제사회개발원 부원장 조규하曺圭河의 「사회주의 국가가 한국 시장에 희망을 줄 것인가」라는 글을 게재하여 한국은 북방 국가에 대한 교역의 80%를 중국에 의존하게 될 것이라며 다음과 같이 전망했다. "중국의 현대화 실현에 있어 태평양 세기의 도래에 주목해야 한다. 중국은 세계 경제 대순환에 참여하여 노동집약적 수출 전략을 실시할 것이다. …… 중국은 현재의 경제와 기술 수준, 광활한 토지, 방대한 인구를 감안해 한국의 자본과 기술이 중국에 가장 적합하다고 여기고 있다. 이 판단에 근거해보면 향후 상당히 긴 기간 동안 한국을 필요로 할 것이다. 아울러 긴 안목에서 볼 때 중국의 경제 성장과 수입 증가는 한국 경제 성장에 유익하며 정치와 사회 안정에도 유익하므로 중국의 경제 발전을 힘껏 도와야 한다. 그러나 기업 차원에서 이를 추진하고자 한다면 어려움이 따르기 때문에 정부의 적극적인 역할이 필요하다."[6] 이 글은 양국 관계에 대한 시각에 있어 기존의 협애한 순경제 이익 범위를 벗어나 정부의 보다 적극적인 태도를 촉구했다는 측면에서 일부 참신했다.

그 밖에도 한국 경제계 인사들은 다국적 기업 혹은 제3국과 합작하는 방식으로 중국 시장에 진출하거나 또는 중국에 비공식적 대표단을 파견하는 등의 다양한 방식으로 중국 해당 부문과의 접촉을 확대하자고 제안했다. 1980년대 중국은 미국 옥시덴털 석유회사 회장 아먼드 해머Armand Hammer의 투자를 이용해 산시山西로부터 친황다오秦皇島에 이르는 철로를 부설하여 한국이 요구하는 고품질 무연탄을 수송했다. 또한 1987년도에는 이미 제3국의 화물선을 이용해서 직접적으로 한국에 수송할 정도로 발전을 거듭했다. 이러한 비공식적인 직접무역 거래가 상당히 빠르게 진척되었는데 주로 화북華北, 화중華中 등지에서 목화, 식량, 석탄 등 대량의 물자를 생산하여 북방의 일부 항구에서 직접 한국으로 수송하는 방식이었다. 1988년 2월, 교도통신共同通信은 한국과 중국 간의 직접무역이 급속히 증가해 1987년도 양측의 무역총액 12~14억 중 절반 이상이 직접수송으로 실현된 반면에 홍콩을 통한 운송비율이 점차 줄어들고 있다고 보도했다.[7] 1987년 말, 『일본경제신문』은 중·한 무역이 빠르게 확대되고 있으며 그중에서도 비공식적 직접무역이 급속히 발전하고 있다고 보도했다.[8] 그러나 양측 무역의 주요방식은 여전히 홍콩 등지를 경유하는 '삼각무역'이었다.

한국의 경제계는 일본이 중·한 양국과 모두 비교적 밀접한 관계를 맺고 있었기 때문에 적극적으로 일본의 도움을 받아 중국과의 접촉을 확대하고자 했다. 특히 1987년 말부터 1988년 3월까지 한국 경제의 중추적 위치에 있는 6대 재벌 총수가 연속적으로 일본을 방문했다. LG그룹 회장 구자경, 한화그룹 회장 김승연金昇淵, 효성그룹 회장 조석래趙錫來, 금호그룹 회장 박성용朴晟

容, 쌍용그룹 회장 김석원金錫元, SK그룹 회장 최종현崔鍾賢이 그들이었다. 이렇게 막강한 한국 재계 실력자들이 일본을 방문하게 된 주요 목적은 일본 경제계의 총수들과 회담하여 한·중 관계가 발전할 수 있도록 도움을 요청하기 위해서였다. 일본 측은 이에 협력하기로 동의하고 한국 기업의 직원이 일본 방문단과 함께 중국 상인들과 접촉하는 것을 허용했다. 양측은 또한 섬유와 식료품 분야에서 대중국 직접투자 계획에 합의했다. 일본의 『요미우리신문』은 이 사실을 자세하게 보도하면서 한국 재계 총수들을 '최고의 세일즈맨'[9]이라고 칭했다.

중·한 양국 간의 특허 교류 차원에서도 일본은 중요한 위치에 있었다. 1988년 3월, 『일간공업신문日刊工業新聞』은 다음과 같은 보도를 실었다. "많은 한국 기업들이 중국과 관계가 깊은 일본특허정보기구와 특허사무소에 의뢰하여 중국 경제에 관한 정보를 수집함은 물론 중국에 특허를 신청했다. 일본은 중·한 양국 간의 특허 교류에 있어 '중계거점'이 되었다."[10]

특히 한국 재계를 매료시킨 것은 중국의 노동력, 그중에서도 조선족 노동력이었다. 현대그룹 명예회장 정주영은 일찍이 "시베리아지역 진출에 있어 북조선과 중국 교포의 노동력 활용에 대해 고려해야 한다"라고 말했다. 중국의 조선족이 한국인과 언어 풍속이 서로 통하고 인건비가 한국 노동사보다 훨씬 적게 들었기 때문이다. 현대그룹은 시베리아 개발을 결정할 때 4,000명의 인력을 고용할 계획이었다. 한국 철강회사는 중국의 야금冶金회사를 통해 중국 정부와 교섭한 후 1989년 11월, 처음으로 지린성吉林省의 20명 조선족을 사우디아라비아 현지 합자공장에 송출했고 향후 지속적으로 인원을 늘리기로 했다.[11]

한국 인사들은 중국과의 교류를 적극 확대하는 동시에 중국 상황을 정확하게 파악하고 이해하기 위해 심혈을 기울였다. 한국 인사들은 중국의 정치, 경제, 사회, 문화, 무역 등에 대한 체계적인 연구를 강화하기 위해 정부, 기업, 학계의 협력 체제를 구축하여 중국문제 연구전문가와 학자를 양성했다.

아울러 다른 나라와 중국의 관계, 아직 중국과 국교가 없는 기타 나라들 간의 경제무역 상황 등에 관한 심층적인 연구를 진행했다.[12]

과거 사회주의 국가에 대한 연구를 주도했던 한국의 대학들도 잇달아 이와 유사한 연구기구를 증설했고 재계는 더욱 경쟁적으로 전문기구를 설립했다. 1979년 6월 설립된 한국공산당국가연구협의회는 공산당 국가를 연구하는 학자와 학계의 협상기구로 구성원은 11개 대학에 분포되어 있었고 반드시 3년 이상의 연구 경력과 1편 이상의 논문을 발표해야 했다. 또한 한양대 중소연구소는 계간季刊 『중·소연구中蘇硏究』를 창간하여 3개월에 한 번씩 국내 학자의 중·소문제연구발표회를 개최하는 한편 월간 『중국시장정보中國市場情報』도 발간했다. 이 밖에도 각 대학이 설립한 중국연구전문기구로는 국민대학교 중국문제연구소, 단국대학교 중국연구소, 숙명여자대학교 중국문화연구소, 한국외국어대학교 중국문제연구소, 부산대학교 중국문제연구소, 부산산업대(현 경성대학교—옮긴이) 중국문제연구소, 계명대학교 중국학연구소, 대구대학교 중국문화연구소 등이 있었다.[13]

재계는 더욱 적극적으로 중국 시장에 진출하기 위해 언어 인재 양성에 주력하는 한편 중국문제 전문가를 자문기구에 초빙했다. 현대, 삼성, 대우 등의 그룹은 잇달아 무역 부문에 특별사업팀을 구성하고 중국 경제정보를 수집, 분석하여 무역 관계 발전을 촉진했다.[14] 1985년 1월 한국무역협회는 중국 경제팀을 설립하고, 1988년 5월 특수지역조사과로 그 규모를 확대했다. 협회는 1988년에만도 무역대표단을 세 차례 중국에 보냈고 중국 무역대표단을 두 차례 접대했다. 아울러 한국무역협회가 발간하는 월간 『무역』을 통해 「중국 제6차 5개년 계획 성과와 제7차 5개년 계획 방침」 등 47편의 글을 발표했다.[15] 1988년 2월 24일, 한국 정부계 신문 『서울신문』은 전국경제인연합회가 이미 '한·중 경제관계민간협의회'를 설립하고 전문적으로 중국 관련 문제를 보도하는 잡지를 발행해 토론회를 개최한다고 보도했다.[16] 줄곧 북방무역을 주도해온 대한무역투자진흥공사는 1975년에 설립된 특수사업부를 1984년에 특수사업과로 축소했다가 1988년 7월에 다시 특수사업부로 확대했다. 1988년 10월 28일 설립된 국제민간경제협의회는 한국의 모든 민간기업을 대표해 중국과의 무역, 투자, 기술 이전 등 문제를 협상하는 것은 물론 중국을 포함한 사회주의 국가와 접촉할 수 있는 창구역할을 했다. 전前 부총리 이한빈李漢彬이 회장을, 전前 한국개발연구원 부원장 황인정黃仁政이 부회장을 각각 맡았다. 고문은 전국경제인연합회 회장 구자경, 한국무역협회 회장 남덕우南悳祐, 대한상공회의소 회장 김상하金相厦, 중소기업협동조합중앙회 회장 이석주李錫周, 은행연합회 회장 신병현申秉鉉, 그리고 노태우 대통령의 처남 김복동金復東 등 6명으로 구성되었다. 이런 화려한 거물급 구성원은 이 협회의 중요성을 상징하는 것이었다. 또한 이 협회가 중·한 경제교류에 있어 거대한 추동력을 발휘할 것임을 쉽게 상상할 수 있었다.[17]

이처럼 수많은 연구기구의 설립은 분명히 중·한 관계 발전의 수요에 부응한 것이었다. 광범위하고도 깊이 있는 연구는 중국에 대한 한국인의 이해를 더욱 정밀하게 함으로써 보다 정확하게 중국 업무에 대한 의사결정을 내릴 수 있게 했다. 한국의 『주간매경周刊每經』은 1988년 1월 28일, 한국무역협회에서 중국 관련 업무를 담당하고 있는 이은호李殷浩의 「성공적인 홍콩 공략의 첫 관문」이란 제목의 글을 실었다. 중국 경제를 분석한 이 글은 한국의 중국에 대한 인식이 한 걸음 진전되었음을 반영했다. 글은 주로 세 측면에서 중국 대륙 경제 발전을 전망했다. "첫째, 경제 체제 개혁하에 중국 경제가 매우 빠르게 발전하고 있다. 둘째, 중국공산당 지도층의 인식이 통일되어 있기 때문에 경제 정책의 안정성과 연속성이 보증되어 있다. 셋째, 중국은 경제 성장에 필요한 인력과 물력을 갖추고 있다. 중국은 완비된 공업 기초, 훌륭한 생산 능력, 매우 강한 적응력을 구비했다. 중국은 비교적 풍부한 기술 인력과 그 기술 인력을 양성하는 기구가 존재하며 상당한 수준의 국방과학과 우주항공산업 기술을 소유하고 있다. 그리고 새로운 체제하에서 끊임없이 민수民需 상품 생산으로 전환됨은 물론 대학교가 급속히 증가하고 대량의 유학생이 지금 서방의 기술과 과학을 습득하고 있다. 중국은 그 광활한 토지와 방대한 인구로 인해 지구상에 남아 있는 최대 시장으로 부상할 것이다." 이 글은 이러한 중국 시장의 다음과 같은 특징을 올바르게 파악해야만 정확하게 접근하고 진입할 수 있다고 인식했다. "첫째, 사회주의 국가 시장의 특징이다. 대륙 시장은 원래 국가의 통일적인 계획관리하에 공영, 국영 기업이 무역을 책임지고 있었지만 현재는 이미 상당히 많은 부분에서 개인경영을 허용하고 무역권을 지방의 성省·시市에 넘겨주는 조치를 취하고 있다. 중국 무역 권한의 소속 관계를 명확히 알아야만 사업상 불필요한 우회로를 피할 수 있다. 둘째, 대륙 시장은 장기적 시장이며 중동처럼 오일쇼크와 같은 기회로 갑자기 확대되는 시장이 아니다. 다시 말해 경제 발전과 수출 증가에 따라 부단히 늘어나는 시장이다. 장기적인 안정성이 있어서 믿을 수 있고 큰 공력을 들여 장기적인 계획을 수립할 만하다. 셋째, 중국공산당이 경제주도권을 장악하고 있어 전기냉장고, TV, 자동차 등의 제품수입은 모두 정부에서 통일적으로 계획하며 외국에서 중국 시장을 독점하고 교란시키는 행위를 단호히 반대한다."[18]

이상의 설명에서 우리는 한국의 경제계가 중국과의 경제무역 및 그 협력 관계를 발전시키고자 하는 뜻이 매우 절박하다는 사실을 간파할 수 있다. 이러한 열정은 특히 1980년대 중반 이래 한국 경제 환경의 변화에서 시작되었다.

오랫동안 한국 경제는 미국의 시장, 자금, 기술에 지나치게 의지해왔다. 미국에서 '닉슨충격'이 돌발하고 무역보호 정책이 실시됨에 따라 양국 간의 특정한 역사조건 아래 형성되었던 그동안의 정감 있는 경제 관계가 변화하기 시작하여 점차 치열한 무역 마찰로 치달았다. 특히 1980년대부터 한국의 대미 무역이 적자에서 흑자로 진입하자 미국은 한국에 대한 우대 정책을 취소하는 등 점점 더 엄격한 제한조치를 취했다. 그에 따라 양국 간의 무역 마찰 역시 갈수록 격렬해졌다.

한국은 일본과의 무역에서 원자재와 반제품을 장기적으로 수입했기 때문에 줄곧 적자상태였다. 한국이 다방면으로 대일 적자상태를 개선하고자 노력했지만 일본은 효과적인 조치로 이를 방어했다. 한국은 불만스러웠지만 강력한 조치를 취할 힘이 없었다. 또한 한국 경제의 일부 산업이 일본의 자금과 기술로 발전했지만 그 제품이 국제시장에서는 일본 제품의 강력한 경쟁자가 되었다. 이러한 현상은 일본이 한국에 대한 지원을 거듭 재고하고 유보하게 만들었다. 반면에 한국은 경제 발전을 위해 반드시 일본과의 경쟁력을 강화하지 않을 수 없었다.

이 때문에 한국이 선진공업국을 목표로 매진하면서 더 이상 1960년대나 1970년대와 같은 미국과 일본의 경제 원조를 바랄 수 없게 되었다. 뿐만 아니라 에너지와 원자재를 수출하는 많은 국가들은 1970년대에 국유화 정책을 실시하여 에너지와 원자재 수출을 줄이고 그 가격을 높여 자신의 장기적 이익을 보호했다. 따라서 에너지와 원자재를 주로 수입에 의존하는 한국과 같은 국가들은 새로운 공급처를 찾지 않을 수 없었다.

1980년대 중반 이후 한국은 경제, 무역 구조의 대조정을 실시하여 새로운 경제활동 분야를 찾고 있었다. 그러한 상황 속에서 중국은 분명히 잠재력이 큰 경제 파트너가 아닐 수 없었다.

중국과의 경제무역 협력 관계를 발전시키는 문제에 있어 한국의 정부와 기업가의 의견은 일치했다. 일정한 준비 기간을 거쳐 1988년, 대통령 노태우는 '서해안 개발계획'을 공식 추진하여 중국과 바다를 사이 둔 서해안 연해지대를 중점적으로 발전시켰다. 철도, 항구 건설을 대대적으로 진행하고 대규모의 공업기지를 건설함으로써 이 지역의 낙후된 면모를 일신하여 대외적으로 중국과의 경제무역 협력의 교량을 구축할 수 있었다. 대통령 노태우는 "서해안 개발계획이 중공과의 관계 개선에 있어 중요한 일환"이라고 여러 차례 강조했다. 이러한 서해안 개발의 정책 결정은 국제적 경제그룹화 추세에 적응하고 중국의 연해지역 개발전략에 부합되기 때문에 '황해경제권'

구상에 유리했다. 한국 정부의 기본 방침은 인천, 목포 간의 서해안고속도로 건설과 군산, 장항의 공업기지와 항구 건설을 추진하기 위해 정부가 특별법을 제정하는 것이었다. 1988년 3월 23일, 한국 법제처장 현홍주玄鴻柱는 대통령 노태우에게 업무를 보고하는 자리에서 다음과 같이 건의했다. "향후 중국과의 무역대표기구를 설립하고 서남지역에 수출자유구를 건설하기 위해서는 100여 개의 각종 법령을 제정하거나 수정해야 한다. 이를 추진하기 위해서는 '법령정비위원회'를 설립하고 그것을 국무총리 산하에 귀속시켜야 한다." 이것은 법률상 북방 정책을 지원하기 위한 일환이었다. 이 밖에도 법제처는 '공산당국가 법령정보센터'의 역할을 수행함은 물론 이들 국가의 통상에 관한 법률과 자료를 충분히 수집하여 관계 부처에 제공해 활용하도록 했다.[19] 1989년 10월 10일, 정부는 서해안 개발의 구체적인 계획을 확정했다. 이 계획은 서해안개발추진위원회의 결의를 거쳐 민정당과 당정 협의를 통해 진행되었다. 이 야심찬 계획은 2001년까지 한화 22조 3,133억 원을 투입하여 126건의 건설공사를 실행하는 것이었다. 만약 계획이 순조롭게 진척된다면 대규모의 민간 설비투자를 동원하여 지방경제를 더욱 활성화함으로써 서해안지역 총생산액은 1987년의 15조 1,000억 원에서 42조 3,000억 원으로, 제조업의 비율은 1987년의 24.1%에서 36%로, 취업 창출 효과는 51만 5,000명으로, 1인당 지역총생산은 1987년도의 169만 원에서 469만 7,000원으로 늘어나 전국의 평균수준을 따라잡게 될 것이었다. 전체 투자액의 62.2%인 13조 8,873억 원은 정부 재정에서 부담하고, 25.7%인 5조 7,362억 원은 정부 투자기관에서 충당하기로 했으며 8.6%인 1조 9,226억 원은 민간부문에서 투자하기로 했다. 계획의 총체적 임무는 서해안에 산업기지와 항구를 건설하고 소련과 중국에 대한 무역 교두보를 구축하여 현지의 산업 구조 수준을 제고하고 국내 불균형 발전 국면을 전환하는 것이었다.[20]

이와 함께 중국은 개혁개방 정책을 실시한 이래 매우 큰 업적을 이루어 그 기본이 되는 '경제특구—연해개방도시—연해경제개발구—대륙'이라는 다층적 차원의 중점적인 개방 구도를 형성했다. 연해지구는 외자, 국외 선진기술, 과학적인 관리 경험을 흡수, 유치하고 경제정보를 전달하는 기지가 되었다. 산둥山東, 랴오닝遼寧 등지는 지리적으로 한국에 접근하기 쉽고 일정한 경제력을 갖추고 있어 한국과 경제무역을 연계할 수 있는 유리한 조건을 갖추고 있었다. 대외개방이 실시됨에 따라 중국은 외자와 국외 선진기술을 유치하기 위해 일련의 우대 정책을 실시하여 투자 환경을 개선해나갔다. 1989년 말부터 시작하여 중국은 인민폐人民弊 환율을 수차 조정하여 점차로 국제수준에 근접하도록 했다. 1990년 전국인민대표대회 상무위원회는 '중외합자경영기업법 개정에 대한 의안修改中外合資經營企業法的議案'을 채택하여 중국은 외국상인 투자에 대해 국유화를 실시하지 않으며 합자 기한의 길고 짧음을 제한하지 않는다고 선포했다. 그리고 중외中外 양측이 모두 이사장 등을 맡을 수 있다고 거듭 천명함으로써 외국상인의 중국 투자에 대한 활력을 불어넣었다. 각 지역도 대외개방 과정에 있어 점차적으로 현지 발전 상황에 적합한 방법을 모색하여 외자유치를 위해 더 좋은 조건들을 만들어나갔다.

이러한 측면에서 산둥, 랴오닝, 톈진天津 등지는 더 많은 조치들을 실행했는데 산둥성山東省 칭다오시青島市가 그 좋은 실례이다. 한국의 자금유치 측면에서 칭다오시는 선국 선두를 달렸다. 1988년부터 1993년 5월 말까지 전체 시市가 모두 150여 개의 한국 투자기업을 비준했는데 외자 이용계약 액수가 무려 3억 달러에 달했다. 칭다오시가 활용한 한국 투자는 한국 기업의 대중국 투자액 3분의 1을 차지했다. 한국은 1980년대 말부터 '서해안 개발계획'을 제정해 시행하기 시작했다. 칭다오시는 개방 정책의 지도 아래 이 기회를 포착하고 자체적 우위와 지정학적 이점을 활용하여 한국과의 민간교류를 적극적으로 전개했다. 상호 이해를 증진하고 친선을 맺어 양측의 민간무역과 쌍무 경제 협력을 발전시켰다. 칭다오무역촉진회는 당시 현실에 입각하여 외국상인이 도시 주변지역 농촌에 투자하도록 유도함으로써 현저한 효과를 거두었다. 칭다오는 실천적으로 '외국인이 농민을 포용하게 하는' 협력방식을 모색해냈다. 중국 측이 경제적 효과와 이익을 얻는다는 것을 전제로 외국 상인의 투자위험을 낮추어 외자유치에 유리한 환경을 조성했던 것이다. 칭다오는 또한 '참여식 전방위적 서비스' 촉진 방식과 '내가 할 일은 내가 모두 하고 다른 사람이 관계치 않은 일도 내가 모두 관여한다'라는 서비스정신을 전국에서 제일 먼저 고안해냈다. 그 전제는 참여이고, 핵심은 서비스였다. 또한 목적은 현행 관리 체제가 바뀌지 않은 상황에서 하나의 중개기구를 통해, 즉 칭다오무역촉진회의 협조로 사무처리 효율과 성공률을 제고하는 것이었다. 위탁 총도급 서비스, 중개 협조 서비스, 참여식 과도過渡 서비스를 통해 중국과 외국 양측의 상호 간 이해를 증진시키는 것은 물론 한국 투자기업이 칭다오시의 경제 환경에 적응하도록 돕고 양측이 협력하는 각종 관계를 조화시켜 분쟁을 해결했다. 칭다오시가 제공한 수준 높은 서비스는 한국 측의 호평을 받았다. 한국 『중앙경제신문』 특파원 장현준張鉉俊은 「중국경제기행(칭다오편)」에서 다음과 같이 썼다. "칭다오는 확실히 한국 기업이 투자하여 공장을 건설할 만한 최적지이다. 칭다오는 서울과 한 시간 정도의 비행거리밖에 안 되며 지금 화물선 말고도 '금교호金橋號' 여객선이 매주 두 차례 운항하면서 왕래하는 손님과 기업의 원자재 수송을 위한 좋은 운수조건을 제공하고 있다. 요컨대 칭다오는 유리한 지리와 교통 조건, 공업 기초, 정부 해당 부문의 주도면밀한 서비스로 보다 많은 한국 기업의 투자 유치를 이끌었으며 갈수록 한국 기업계의 주목을 받고 있다."[21]

또 다른 예로 특기할 만한 것은 랴오닝성遼寧省 다롄시大連市이다. 1989년 12월, 한국은 다롄의 첫 투자기업인 다롄 사금석재沙金石材유한회사를 설립해 다롄에 대한 한국의 투자 서막을 열었다. 다른 국가나 지역에 비해 한국의 다롄 투자는 비교적 늦은 편이었지만 투자기업의 발전 속도는 매우 빨랐다. 다롄과 자금협력 관계에 있었던 50여 개의 국가와 지역 중에서 한국의 순위가 급속히 상승해 홍콩, 마카오, 일본, 미국 등을 이었다. 한국인이 다롄에서 성공한 이유는 주로 투자업종을 합리적으로 선택하고 자금을 집중적으로 충분히 활용한 데 있었다. 한국 투자가들은 다롄의 편리한 교통 여건, 저렴한 노동력, 자원 우세를 겨냥하여 의복 가공, 스니커즈 생산, 지방특산물 가공, 전자제품 조립 등 노동밀집형 업종을 주요투자 방향으로 설정했다. 중국 측에서도 적극적이고 효과적인 협력을 제공했다. 양측의 공동노력으로 1989년 다롄시에 첫 한국 투자기업이 설립된 이래 해마다 높은 성장추세를 이어갔고 발전속도 역시 갈수록 가속화되었다. 아울러 다롄 투자 환경의 지속적인 개선과 다롄시 경제 상황에 대한 한국인의 이해가 점차 깊어짐에 따라 한국 투자가들의 다롄에 대한 투자신뢰 역시 갈수록 높아졌다. 갈수록 보다 많은 한국인들이 중국에 투자하고 자금 규모도 꾸준히 확대되어 기술 함량이 부단히 제고되었다. 일부 투자와 기술 수요가 높은 항목, 예를 들면 LG의 엘리베이터, 하드디스크 드라이브 등이 잇달아 생산에 들어갔다.[22]

이상의 2가지 실례만으로도 중·한 양측의 노력으로 양국 경제 협력 관계가 급속히 발전한 상황을 구체적으로 간파할 수 있다. 총체적으로 보아 양국이 아직 외교 관계가 없는 상황에서 양측의 경제교류 형식은 주로 간접무역이었다. 중·한 양국의 간접무역 초창기라고 할 수 있는 1984년에는 교역액이 4억 4,200만 달러였지만 1985년부터는 양측의 무역액이 대폭 성장했다. 1985년 무역총액은 12억 9,200만 달러였고 그 후로도 해마다 증가했다. 1991년에 이르러 무역총액은 모두 57억 7,000만 달러로 상당한 규모에 달했다. 뿐만 아니라 위에서 거론한 양측의 무역액 중에 간접무역 비중이 점차 줄어들고 직접무역 비중이 급속히 늘어났다. 이러한 현상은 양국의 경제교류가 갈수록 깊고 빈번해짐을 의미할 뿐만 아니라 양국의 외교 관계 설정이 확실히 시급한 과제임을 설명해주는 것이었다.

2장 중·한 경제무역 협력 관계의 급속한 발전

중국의 개혁개방 이후 세계 경제의 일체화와 동아시아지역 경제 협력 발전의 추동 아래 중·한 양국의 경제무역 관계는 단기간에 상당한 속도와 규모에 도달해 세인의 주목을 받았다.

중·한 양국 경제 관계의 최초 성립 시기는 1970년대 말기였다. 당시 중국은 복귀한 덩샤오핑鄧小平의 주재하에 경제건설을 당과 국가 정부 사업의 중심 과제로 삼았다. 중국 정부의 중심 과제는 개혁개방이었다. 개혁개방 정책을 추진하면서 중·한 양국 간의 무역도 전면적 금지 상태에서 간접적 진행으로 전환되었다. 전략적 두뇌가 있는 한국 경제인들은 즉각적으로 중국 시장에 주목했다. 대담한 한국 경제계 인사들은 홍콩, 싱가포르, 일본 등의 국가와 지역을 통해 중국 대륙과 최초의 간접무역 관계를 설정했다. 그 후 양측은 상호 간 거대한 무역 수요와 투자 매력에 이끌려 경제 관계를 추진함으로써 중·한 경제무역 관계가 급속히 발전했다. 양국 무역은 제3자를 통한 간접무역·간접운수에서 직접무역·직접운수로, 투자도 간접투자에서 직접투자로 발전 과정을 거쳤다. 무역과 투자 규모 역시 모두 부단히 확대되었다.

쌍무 무역에서 볼 때 중·한 경제 관계의 발전은 단계적 특징으로 나타났다. 〈표 1〉의 통계자료가 이러한 상황을 설명해준다. 이 표로 볼 때 1979년부터 1983년까지의 기간은 중·한 무역의 시작단계라고 할 수 있다. 이 시기의 쌍무 무역액은 수입이든 수출이든 간에 모두 작은 규모에 그쳤다. 쌍무무역은 0에서부터 출발했고 변화 역시 아주 더뎠다. 그러나 1983년에서 1984년 사이 쌍무 무역액은 급격히 증가해 수입과 수출이 모두 배 이상 성

〈표 1〉 한 · 중 무역 통계[23] (단위: 달러)

	1979	1980	1981	1982	1983	1984	1985	1986	1987	1988	1989
한국 대중국 수출	400만	1억 1,000만	1억 8,700만	4,100만	4,600만	2억 900만	6억 8,300만	6억 6,800만	8억 1,300만	17억	14억 3,800만
한국 대중국 수입	1,500만	7,300만	1억 4,800만	8,100만	8,300만	2억 3,300만	6억 700만	6억 2,100만	6억 7,300만	13억 8,700만	17억 500만
한·중 무역 총액	1,900만	1억 8,300만	3억 3,500만	1억 2,200만	1억 2,700만	4억 4,200만	12억 9,000만	12억 8,900만	14억 8,600만	30억 8,700만	31억 4,300만

(자료출처: 朴養春, 「論90年代中韓貿易關係的發展」, 『延邊大學學報』, 1995년 4期, 70쪽)

장하고 무역총액은 전 시기에 비해 약 3.5배로 증가했다. 즉 1983년의 1억 2,700만 달러에서 1984년에는 일약 4억 4,200만 달러로 늘어난 것이었다. 1985년 중 · 한 무역은 동일한 발전 속도를 유지하여 무역총액이 12억 9,000만 달러로 늘어났다. 이는 중 · 한 무역이 급속히 발전한 시기이다.

1988년 이전의 중 · 한 무역은 주로 제3자를 통한 간접무역이었다. 전체적으로 보아 간접무역은 중 · 한 쌍무 경제 관계를 낮은 수준에 머무르게 했다. 과거의 '무無' 상태와 비교해볼 때 쌍무 무역액의 절대치는 아주 빨리 성장했지만 쌍무 무역액이 양측의 국가 무역총액에서 차지한 비중은 그다지 크지 않았다.

1988년은 중 · 한 경제무역 관계에 있어 하나의 새로운 기점이 되었다. 중국의 개혁개방이 심층적으로 발전하고 한국의 '북방외교' 정책이 전개됨에 따라 중 · 한 양국 관계는 점차 공감대가 형성되어 양국 정부는 민간 방식으로 계획적이고 단계적으로 직접무역에 착수하기 시작했다. 1988년 4월, 중국 정부는 산둥성과 랴오닝성에 대한 한국의 직접투자를 허가했다. 그해 여름 서울에서 열린 제24회 올림픽대회는 중 · 한 양측이 이해를 증진하는 중요한 창구가 되었다. 대한무역투자진흥공사와 중국국제상회의 주도로 중 · 한 양국은 직접무역을 발전시키기 시작했다. 그해 쌍무 무역총액은 전 해에 비해 2배로 늘어났다. 그 이후로 중·한 무역은 직접무역과 간접무역이 병행되었으며 직접무역의 비중이 급격히 늘어났다. 1989년 말, 양국의 직접무역 비중은 중·한 무역총액의 39.7%를 차지했다.

1989년, 특수한 정치 원인으로 인해 중·한 무역은 단기간의 침체상태에 빠지게 되었다. 1990년, 베이징에서 제11회 아시안게임이 개최될 때까지만 해도 서방국가는 여전히 중국에 제재를 가하고 있는 상황이었다. 한국 경제인들은 오히려 이것을 기회로 삼아 남들보다 한발 먼저 중국 시장에 진출했다. 경영 안목이 뛰어난 한국의 현대자동차는 아시안게임에 100대의 현대자동차를 기증함으로써 단번에 아시안게임의 중요한 찬조기업이 되어 중국 정부의 관심을 끌었다. 같은 해 한국의 대한무역투자진흥공사는 양측의 무역관계 발전을 위해 베이징에 무역대표부를 설립하는 데 합의했다. 대한무역투자진흥공사는 많은 국가와 지역에 지사와 사무처를 두었는데 이는 모두 한국과 이 지역들 간 경제 발전의 중요한 관리기구라고 할 수 있었다. 한국 상품의 대규모 중국 시장 진출의 전초전을 잘 치루기 위해 한국은 대사급 외교관 노재원盧載源을 중국에 파견하여 대한무역투자진흥공사 베이징 무역대표부의 업무를 주관하게 하는 등 한·중 무역에 대한 전폭적인 지원을 아끼지 않았다.

1990년대부터 중·한 양측의 공동 노력으로 중·한 경제무역 관계 발전의 새로운 시기를 맞이했다. 양국 정부는 경제의 중요성이 갈수록 높아지고 있는 국제 형세에 발맞추어 정치문제와 경제문제를 구별해서 처리한다는 원칙을 암묵적으로 명확히 하여 쌍무 경제무역 관계 발전을 대대적으로 촉진시켰다. 또한 중·한 양국 정부는 양국의 경제무역 발전 추진활동에 더 적극적으로 참여했다. 새로운 형세에서 양국 경제무역 관계는 한 단계 더 높은 위상으로 발전하여 중·한 양측 모두 상대방의 10대 무역 동반자 중의 하나가 되었다. 동시에 경제 관계도 단순한 유무상통有無相通이나 무역 교류에서 조직적이고 정규화된 형태로 발전했다. 1991년 초, 중국국제상회도 서울에 무역대표부를 개설했다. 서울 무역대표부는 대한무역투자진흥공사의 베이징 무역대표부와 마찬가지로 한국에 대한 중국 경제업무를 책임지고 처리했다.

중·한 양국이 상호 무역대표부를 설립한 이후 상호 간 이해는 더욱 증진했고 경제 관계 발전 역시 크게 촉진되었다. 1991년 12월, 중·한 양측은 첫 번째 무역협정인 '중·한 민간무역협정'을 체결했다. 1992년 5월, 양측은 더 진일보하여 '중·한 투자보호협정'을 체결했다. 이러한 쌍무협정이 체결, 발효됨에 따라 중·한 민간 차원의 경제무역 활동의 적극성이 더욱 제고되었다. 양국 간의 무역, 투자, 노무, 기술양성 등 광범위한 분야에서 협력이 다양한 형식으로 급속히 진행되었다.

그리고 쌍무 무역 관계 역시 미증유의 속도로 발전하게 되었다. 쌍무 무역의 발전은 만족스러울 정도였다. 중국 세관의 통계에 따르면 1990년도 중·한 간의 수출입 무역총액은 약 38억 2,100만 달러였다. 아울러 1991년 말에는 57억 6,500만 달러로 상승하여 전년도에 비해 50.9% 증가했다. 1992년 2월, 중·한 민간무역협정이 발효됨에 따라서 중국은 한국 상품 수입에 대한 5~30%의 '차별적인 고高관세'를 취소했다. 양측은 그야말로 상호 최혜국 대우와 최저관세율을 적용하기 시작했던 것이다. 이로써 1988년부터 시작된 중·한 쌍무 직접무역 비중이 대폭적으로 늘어났다. 1992년 6월 말에는 중·한 간의 직접무역이 양측 총무역에서 차지하는 비중이 이미 77%에 달했다. 추정에 의하면 1992년 이전의 12년간 중·한 무역의 평균증가율은 31.8%에 달했다. 한국 경제기획원(현 재정경제부—옮긴이) 조사통계국의 한·중 무역 상황에 관한 통계(〈표 2〉) 역시도 쌍무 무역액이 1990년대에 진입한 이후로 급속히 변화된 상황을 보여준다. 중·한 양국은 양측의 투자 환경이 한층 개선되고 또한 이 속도로 계속 발전해나간다면 중·한 쌍무 무역액이 1991년도의 약 58억 달러에서 1992년 말에 가서는 약 100억 달러로 상승하게 될 것이라고 낙관적으로 예견했다.

이 밖에 중·한 양국 간의 투자 협력 관계도 크게 강화되었다. 한국 기업의

〈표 2〉 한 · 중 무역통계[24]

(단위: 달러)

년도	1980	1981	1982	1983	1984	1985	1986	1987	1988	1989	1990	1991	1992
수출	1억 1,500만	2억 500만	4,800만	5,100만	2억 2,900만	6억 8,300만	7억 1,500만	8억 1,300만	17억	14억	15억 5,000만	23억 7,000만	44억 9,200만
수입	7,300만	1억 6,000만	8,100만	8,300만	2억 3,300만	6억 900만	6억 8,100만	6억 7,300만	13억 9,200만	17억 1,000만	22억 7,000만	34억	37억 2,500만

(자료출처: 한국 경제기획원 조사통계국, 수출: 한국 대중국 수출, 수입: 한국 대중국 수입)

대중국 투자는 1985년부터 시작되었다. 1985년 한국 기업의 대중국 투자는 단지 1개 부문에서만 이루어져 그 투자액도 14만 4,000달러에 그쳤다. 그 이후 몇 년간 비록 어느 정도의 발전은 있었지만 투자 항목이 많지 않고 규모도 작았다. 그러나 1990년대 이후 한국의 대중국 투자는 질적인 비약이 이루어졌다. 1990년과 1991년 2년 동안 한국의 대중국 투자 항목은 150개, 투자금액은 일약 1억 4,100만 달러로 늘어났다. 투자 항목이나 투자액으로 볼 때 이 2년 동안 증가된 수치는 1985년부터 1989년간 총화의 약 5배에 달했다. 무역 발전과 마찬가지로 쌍무 투자 관계도 홍콩 등지를 통한 간접투자에서 직접투자로 전환되었고 직접투자 비율도 갈수록 늘어났다. 한국의 대중국 직접투자는 1988년부터 시작되었다. 1988년, 한국 기업의 대중국 직접투자는 겨우 2개 항목에 불과했지만 1989년에는 12개 항목으로 늘어났다. 1990년, 한국의 자금이 대거 중국 시장에 집중 투입되어 직접투자 항목이 일약 36개로 늘어났다. 화폐로 계산된 항목 금액만도 1989년의 900여 만 달러에서 일약 약 5,100만 달러로 증가했다. 이 여세를 몰아 1991년부터 1992년까지 한국의 대중국 투자는 더한층 발전했다. 1991년, 한국의 대중국 직접투자 항목은 111개, 총투자액은 약 8,100만 달러였다. 그런데 1992년 상반기 5개월 동안은 전년도를 초월하는 추세를 보였다. 〈표 3〉은 1988년 이래 한국의 대중국 직접투자 변화를 반영하고 있다. 이 밖에도 한국은행의 통계에 따르면 한국은행이 1990년도에 허가한 대중국 투자액은 5,900만 달러였는데 1991년에는 7,900만 달러로 늘어났다. 그리고 한국은행은 1992

〈표 3〉 한국의 대중국 직접투자 통계표[25]

(기간: 1988년~1995년 6월 30일)

	연도	1988	1989	1990	1991	1992	1993	1994	1995
실제 허가	건수	2	12	36	111	265	616	901	419
	금액 (단위: 달러)	340만	932만	5,166만 1,000	8,135만 3,000	2억 1,668만 3,000	5억 9,746만 5,000	7억 1,962만 2,000	5억 1,222만
실제 투자	건수	0	7	23	69	171	375	830	345
	금액 (단위: 달러)	0	636만	1,576만 2,000	4,246만 8,000	1억 4,052만 3,000	2억 5,990만 7,000	6억 9,092만 1,000	3억 1,147만 2,000

(자료출처: 한국은행 '각 연도별 해외투자현황')

년 상반기 6개월 동안만 7,600만 달러에 달하는 대중국 투자를 허가했다. 누계로 보면 1988년부터 1992년 8월까지의 4년 남짓한 기간에 한국 기업의 대중국 직접투자는 0에서 시작하여 360개 항목, 그리고 2억 5,000만 달러 규모로 급속히 증가했고, 계속해서 그 성장세를 이어나갔다.

총체적으로 보건대 중·한 경제무역 관계의 진정한 발전은 1988년 서울올림픽 이후로부터 시작되었다. 서울올림픽은 양국 상호 간 이해와 소통의 문을 열었고 양국의 경제 교류를 촉진시켰다. 1988년부터 1992년까지의 짧은 5년 동안 중·한 경제무역 관계는 사람들의 예측을 훨씬 뛰어넘는 수준으로 급속하게 발전했다. 서울올림픽 이전에는 중국인의 한국에 대한 이해는 백지장이나 다름없었다. 1990년대에 들어서서 한국의 경제 침투로 인해 중국인들은 아시아의 '네 마리 작은 용' 중 하나인 한국에 대해 점차 명확한 인식을 갖게 되었다. 베이징의 수도국제공항에 도착한 사람들은 항공청사를 나서게 되면 "베이징에 오신 것을 환영합니다—현대"라는 문구가 적힌 커다란 광고판과 마주하게 된다. 또한 중·한 직항노선이 아직 개통되기 전에 이미 한국 항공회사의 광고판을 북경 최고 번화가인 왕푸징王府井 거리에서 만날 수 있었다. 이는 한국의 상품이 중국의 소비시장 한가운데로 진출하고 있음을 보여주는 것이었다. 한국의 LG나 삼성의 전자제품이 이미 중국인의 가정에 자리 잡았고 한국의 방직물이 시장에서 유행하는 옷감과 의복이 되었다. 정부 측 보도 가운데서 양국 정치 관계에 관한 뉴스는 여전히 사소한 것들이었지만 1990년대 중국의 입장에서 한국은 더 이상 단절되거나 생소한 미지의 국가가 아니었다. 중국인은 한국 상품을 통해서 최근 몇 년간 중·한 관계의 급속한 변화를 감지할 수 있었다. 이러한 변화들은 경제 발전 법칙과 양국 경제의 객관적인 필연성 때문임은 물론 양국 정부와 관련 조직의 능동적인 추진과 유도의 결과이기도 했다.

한국의 대한무역투자진흥공사와 중국의 중국국제상회는 양국 경제 발전을 촉진하는 데 크게 기여했다. 경제무역 초기 양측의 경제인들은 상대방의 정책과 시장상황에 대한 이해가 부족했던 까닭에 항상 제3자(국가나 지역)를 통한 간접무역 방식을 택할 수밖에 없었다. 특히 대륙과 인접한 홍콩이 중·한 간접무역 시기에 상당히 중요한 역할을 했다. 이 때문에 중·한 경제 교류에 있어 간접무역이 줄곧 높은 비중을 차지하게 된 것은 당연한 일이었다. 1990년대 초, 중·한 양측이 상호 무역대표부를 설치한 이후부터는 제3자를 통한 중간 역할을 점차 무역대표부가 대신하게 되었다. 양국의 경제 채널 소통을 목적으로 하는 상회는 양국 간의 자금, 상품의 유통과 상호 간의 이해에 큰 편리를 제공했다. 양국의 상회는 쌍무 경제 관계에 있어 중간 역할을 톡톡히 했다. 양측 경제계의 상호 간 이해를 촉진시키기 위해 대한무역투자진흥공사는 중국에서 몇 차례 한국상품전시회를 개최했다. 동시에 서울에 있는 중국국제상회도 중국의 각 부部 및 각 성省의 상품을 조직하여 한국에서 중국상품전시회를 개최했다. 대한무역투자진흥공사와 중국국제상회는 중·한 쌍무 경제 협력을 위해 최선을 다했을 뿐만 아니라 중개, 자료 수집, 투자와 상품에 대한 정보 제공 등의 역할을 했다. 대한무역투자진흥공사 베이징 무역대표부는 준準대사관 직책을 수행했다.

중·한 경제무역 관계가 급속하게 발전하게 된 또 다른 중요한 원인은 양국이 지리적으로 인접해 있어 상호 간 매우 강력한 경제적 보완성을 가진 데 있었다. 이 역시 양국의 공동 경제 발전과 시장 번영 차원에서 소홀히 할 수 없는 하나의 전제이기도 했다. 한국은 국토가 작고 자원이 부족하며 국내시장이 극히 제한적이었다. 그러나 중국은 국토가 넓고 자원이 풍부하며 시장이 광대하여 노동력이 상대적으로 저렴하고 지리적인 위치도 가깝다는 이점이 있었다. 중국의 입장에서 한국은 1970년대의 고도성장을 거쳐 1980년대에는 신흥공업화 국가 반열에 올랐고 선진기술, 풍부한 자금, 모범적인 공업화 발전 경험을 갖고 있었다. 한편 한국의 입장에서는 1990년대의 경제적 불황과 대외무역의 부진을 감안한다면 중국의 자원, 노동력, 시장이 경제를 자극하고 무역을 촉진하며 산업 구조를 갱신, 개혁할 수 있다는 매우 큰 매력을 지니고 있었다. 이처럼 상호 간의 수요는 양국이 경제적 교류와 협력의 길로 나아갈 수 있는 견인차 역할을 했다.

중국은 1970년대 말부터 실시된 개혁개방 이래로 줄곧 외국과의 경제적인 교류와 협력을 확대하고자 하는 강렬한 염원을 갖고 있었다. 아울러 중국 경제는 1978년 이후 국민총생산이 연평균 9%의 성장률을 유지하면서 지속적인 발전을 거듭하고 있었다. 이러한 고도성장은 여러 나라의 투자자들이 중국의 발전 잠재력에 주목하도록 만들었다. 세계은행, 국제통화기금, 일부 서방의 주요 투자 및 금융기관은 중국을 세계에서 경제 발전 속도가 가장 빠른 지역의 하나로 꼽았고 매우 큰 경제적 잠재력과 활력을 지닌 국가로 인식했다. 세계 각국은 잇달아 무역과 투자의 목표를 중국에 집중시켰다. 개혁개방 초기에는 사람들이 중국 정부가 실시하는 정책에 대해 선입견과 회의를 가졌기 때문에 중국에 대한 무역과 투자는 여전히 부진 상태에 있었다. 그러나 개혁개방이 심화되고 중국 투자 환경이 점차적으로 개선됨에 따라 중국 시장은 급속히 확대되었고 경제는 갈수록 활기를 띠게 되었다. 1991년 말, 중국의 외환 보유액은 400억 달러, 무역 흑자는 81억 달러, 수출 증가율은 16%, 수입 증가율은 20%에 달했다. 1992년 상반기, 중국 국민총생산액의 증가율은 12%에 달했다. 중국 경제의 성장과 강세, 그리고 거대한 시장 수용력은 세계 각국의 투자자들을 매료시켰다. 한국인 역시도 예외일 수는 없었다.

이렇듯이 생기 넘치는 중국의 경제상황과 달리 한국 경제는 1980년대 후

반부터 상대적으로 둔화되었다. 통계자료에 따르면 1988년부터 1991년까지의 4년 동안 한국의 경제 성장률은 여전히 9%의 높은 수치를 나타내고 있었다. 그러나 이미 한국 경제의 노화가 시작되고 있어 시급한 전환이 필요했고 갓 시작한 경제적 전환마저 여러 면에서 문제를 노정하고 있었다. 한국 경제기획원에서 발표한 통계수치에 따르면 1991년, 한국의 인플레이션 비율은 9.5%에 달했다. 이 수치는 1981년의 인플레이션 비율인 13.8% 이후 가장 높은 수치였다. 동시에 대외무역 적자문제도 아주 심각했다. 대외무역 적자는 1990년도의 48억 3,000만 달러에서 일약 96억 6,000만 달러로 배로 늘어났다. 이에 따라 1991년 한국 국민총생산액의 실제적 증가율은 1990년의 9%에서 8.6%로 내려갔다.[26] 이 밖에도 한국의 대외채무 문제 역시 매우 심각했다. 이러한 상황에서 정부는 경제 발전 부양을 사업의 중점으로 삼았고 중·한 무역의 발전에 힘입어 한국의 특정 제품에 대한 중국의 수요를 활용하여 대외수출을 확대하고자 했다. 그럼으로써 대외무역 적자를 줄이고 한국 경제의 쇠퇴를 완화하여 경제회생을 촉진하고자 했다. 어떤 의미에서 중국과의 경제무역 관계 발전은 한국 경제 발전의 내재적 수요로서 한국이 적극적으로 중국 시장에 진출하도록 하는 추동작용을 했다.

중·한 양국의 쌍무 무역 진행상황은 이와 같은 양국 경제의 상호 간 수요와 보완을 반영했다. 수출 상품의 구조로 볼 때 1988년 이래 한국은 중국에 기초건설을 발전시키는 데 필요한 대량의 고부가 가치 공업완제품을 수출했다. 1992년 통계자료에 따르면 이러한 공업완제품은 주로 강철재 등 금속완제품, 화학공업제품, 섬유방직제품, 자동차와 기계제품 등 4가지였다(〈표 4〉). 이 4가지 제품의 수출은 한국의 대중국 수출제품의 76.2%를 차지했다. 그와 대조적으로 중국의 한국에 대한 수출제품은 농산물, 광산물 등의 자원성 초급初級제품이 매우 큰 비중을 차지했다. 이것은 또한 한국 경제 발전의 수요이기도 했다. 이러한 상품들도 4종류로 나눌 수 있는데 주로 농림수산물, 광산물, 화학공업제품, 방직섬유류 제품이 그것이다(〈표 5〉). 이 4가지

〈표 4〉 한국 4대 제품의 대중국 수출 분포 비율(1992년)[27]

제품유형	강철재 등 금속완제품	화학공업제품	섬유방직제품	자동차와 기계류 제품
분포 비율	32.3%	19.6%	17.3%	7.0%

(자료출처: 鄭永祿, 「韓國對中國貿易及投資的現狀與展望」, 『國際貿易』, 1993년 9期)

〈표 5〉 중국 4대 제품의 대한국 수출 분포 비율(1992년)[28]

제품유형	농림수산물	광산물	화학공업제품	방직섬유류 제품
분포 비율	34.1%	13.8%	15.0%	21.6%

(자료출처: 鄭永祿, 「韓國對中國貿易及投資的現狀與展望」, 『國際貿易』, 1993년 9期)

제품은 중국의 대한국 수출총액의 84.5%를 차지했다.

더군다나 투자상황으로 볼 때 중·한 투자활동이 개시된 이후 한국의 대중국 투자는 주로 산둥山東, 랴오닝遼寧, 톈진天津, 헤이룽장黑龍江, 지린吉林, 베이징北京 등시에 집중되어 있었다. 이것은 지리적 위치가 가깝고 교통이 편리할 뿐만 아니라 한국 자체의 환보하이해, 황해와 인접한 서해안 개발계획에 호응하기 위한 것이었다. 투자업종별 분포로 볼 때 한국의 대중국 투자는 주로 국내 산업 구조 개편으로 인해 소외된 노동 밀집형 내지는 자원 밀집형 산업을 중국으로 이전시키는 것이었다.

쌍무 경제무역 관계의 급속한 발전에는 매우 큰 가격적인 요인이 있었다. 중국에서 개최된 국제입찰 경쟁에서 한국 기업은 항상 가격적 우세로 입찰해 발전자금이 아직 부족한 중국 시장에 신속히 진출할 수 있었다. 마찬가지로 중국의 농업과 광산업 초급제품 역시 가격적 우세로 한국의 주목을 받았다. 중·한 무역이 시작된 최초 몇 년 동안 한국은 중국의 농산물과 광산물 원자재를 수입한 비중이 매우 컸다. 한국은 한때 저렴한 중국의 농산물과 광산물 원자재 등을 대량으로 수입했기 때문에 대외무역 적자가 나타났다. 이후 한국이 적기에 전략을 조정한 다음부터 한국의 공업제품이 중국 시장에 대량 진출할 수 있었다. 또한 한국의 대중국 투자가 일정한 규모로 발전하자 한국은 비로소 한·중 무역적자 문제를 극복할 수 있었다.

1992년은 중·한 양국의 경제 발전에 있어 중요한 한 해였다. 뿐만 아니라 양국의 쌍무 경제 관계 발전에 있어서도 하나의 이정표가 된 해이기도 했다. 이 해 초, 중국 개혁의 총설계자 덩샤오핑이 남방을 순방하면서 선전深圳 등 개혁실험특별구를 시찰하고 '남순강화南巡講話'를 통해 더한층 개발을 확대하고 개혁을 심화할 것을 호소했다. 중국은 대외개방과 사회주의 시장경제 체제 정립을 위한 발걸음에 박차를 가했다. 이와 거의 같은 시기에 한국 대통령 노태우도 대폭적인 경제 발전을 추진하고 한국 경제의 쇠퇴 위기를 극복할 계획을 수립했다. 노태우는 신년연설에서 모든 힘을 다해 먼저 경기 부양을 실현하고 인플레이션을 통제하며 국제수지 상황을 개선하는 데 정부 정책의 중점을 둘 것이라고 선포했다. 또한 임금 안정, 수출 증대, 경쟁 회복을 주요 내용으로 하는 일련의 구체적인 조치들을 제시했다. 양국 정부의 적극적인 추진으로 인해 1992년 상반기는 미증유의 중·한 경제 호황기를 맞이했다. 이 시기 중·한 민간무역협정이 발효되고 중·한 투자보호협정이 조인, 발효되었다. 쌍무 무역의 만족스러운 증가세는 2000년에는 중·한의 쌍무 무역액이 250~300억 달러에 달할 것이라는 낙관적인 예측을 내놓게 했다. 이 수치는 5년 전에는 상상조차 할 수 없었던 엄청난 규모였다.

쌍무 경제 수요는 마치 거대한 자석처럼 30년 동안 단절되었던 중·한 양국을 함께하도록 바짝 끌어당겼다. 경제는 양측이 보다 발전된 형태로 교류를 확대하고 긴밀하게 연계할 수 있게 만들었다. 그러나 1992년 상반기까지만 해도 한국의 상인과 기업가들은 중국에서 경제활동을 하는 데 여전히 주저했다. 그들은 중국 시장 체제의 불완전성과 그와 관련한 법률의 불건전성에 대해 우려하면서 대중국 투자가 너무 위험이 크다고 생각했다. 특히 대기업은 중국 시장에 쉽사리 발을 들여놓지 못하고 있었다. 중소기업은 규모가 작고 시장 반응에 탄력성이 있을 뿐만 아니라 자금 회전이 빨라 상당히 긴 기간 동안 줄곧 중·한 경제무역 관계의 중요한 버팀목이 되었다. 1992년 8월까지 한국의 대중국 투자는 모두 2억 5,700만 달러에 이르렀는데 이러한 투자 대부분이 중소기업과 경공업기업에 집중되어 있었다.

중국의 경제개혁이 심화되고 경제가 발전함에 따라 한국 경제계는 갈수록 중국에 대한 투자규모를 확대했다. 한국의 대기업들은 국내 인건비가 부단히 인상되고 국내 경제 성장이 둔화된 상황에서 중국이 하나의 새로운 수출 역량의 원천이 되어줄 것을 기대했다. 중·한 경제무역 관계의 급속한 발전과 중국 경제의 활성화는 한국의 유명 대기업들이 잇달아 중국 시장에 눈길을 돌리게 만들었다. 그들은 중·한 경제무역 관계의 발전을 위해 웅대한 개발계획을 수립했다. 한국 기업들은 연해지역인 톈진天津, 옌타이煙臺, 칭다오靑島 등의 도시에 공업제조 기지를 설립하고 중국의 기계에서부터 전자제품에 이르는 소비시장에 전면적으로 진출하고자 했다. 1991년부터 한국의 유명 재단과 기업들은 연달아 중국을 방문하여 투자 환경을 고찰하기 시작했다. 산둥반도의 옌타이를 예로 들어보면 1991년, 한국의 대우, 삼성, LG 등 유명 기업이 수차 사람을 보내 현지를 시찰했고 1992년 이후에는 SK, 한독 등의 기업들도 이 행렬에 가세했다. 1991년, 이러한 한국 기업들은 옌타이 투자에 있어 영의 돌파를 실현했다. 1992년 8월까지 옌타이가 한국 자금을 유치한 협력 건수는 32개, 계약 투자총액은 2,077만 달러에 달했다. 총체적으로 보았을 때 투자협력 규모는 그다지 크지 않았지만 한국 대기업의 중국 시장 진출의 절박한 염원과 협력발전 전망을 시사해주는 것이었다.

1992년, 한국 대기업들의 중국 진출계획이 전면적으로 전개되었다. 대우는 3억 달러를 투자하여 대형 시멘트공장을 건설하려고 계획했으며 현대는 중국에 철강공장과 자동차공장을 건설하고자 했다. 기아는 지린성에서 택시용 승용차를 조립하고자 계획했고 삼성전자도 톈진에 540만 달러를 투자해 비디오공장을 건설하려고 했다. 그 밖에도 일부 대기업들은 충전제 완구 계열의 화학공업제품 등 여러 가지 제품 생산을 계획했다. 8월에 한국 상공부는 한국 기업이 계획하고 있는 대중국 투자 참여 항목이 대략 1,000건 정도에 달한다고 발표했다. 한국의 유명 기업인 대우와 삼성은 우선적으로 중국의 저렴한 노동력을 활용하여 공장을 건설하고 생산원가를 줄여 한국 제품의 수출경쟁력을 강화할 것이라고 밝혔다. 한국의 기업들은 무엇보다도 갈수록 확대되고 있는 중국의 전자제품 시장을 겨냥했다. 대우그룹 지역총괄실 중국팀 부장 김재경金在景은 "현재 중국의 단색 컴퓨터와 흑백 브라운관의 수요량이 매우 크다"라고 밝히면서 한국이 생산 능력을 갖고는 있지만 한국의 높은 인건비 때문에 생산 원가가 너무 높다고 마음을 졸였다. 대우그룹은 중국의 저렴한 노동력을 활용하여 중국에 공장을 세워 컴퓨터 브라운관을 생산하고자 했다. 이렇게 되면 중·한 시장의 수요를 충족시킴은 물론 다른 국가와 지역에도 수출할 수 있을 것으로 기대했다. 대우는 이를 중점 발전 계획에 넣었다고 밝혔다.

양국의 경제무역 관계가 확대되고 투자와 무역 활동이 증가함에 따라 양측 모두 현재의 투자 환경이 지닌 한계를 타파해야 할 필요성을 느꼈다. 중국은 한창 사회주의 계획경제로부터 시장경제로의 전환기에 처해 있었다. 중국은 장기간 폐쇄되어 있었던 국내시장 통제와 외환 관리제도 등의 측면에서 모두 문제가 있었다. 아울러 양국의 경제 체제 차이와 정치 관계 상황은 경제 교류에 많은 불편을 불러왔다. 발전하고 있는 양국 경제무역 관계도 경제적 마찰을 증가시켰다. 1991년, 대한상사중재원大韓商事仲裁院에 심의를 신청한 분규는 74건인데 비해서 1992년에는 상반기에만 중재를 신청한 분규가 무려 60건을 넘어섰다. 상인들은 투자에 대한 법률적 보호를 요구했고 될수록 위험을 줄이려고 애썼다. 일부 대기업들도 이 점을 강력히 요구했다. 아울러 양국 정부가 현재 당면한 양국 관계의 경직된 상황을 돌파하고 건전하고 완벽한 관련 경제 법규 마련을 위해 공동으로 협의할 것을 요구했다. 대우의 한 이사장은 한국 기업계의 목소리를 한마디로 이렇게 요약했다. "우리는 줄곧 중국에 대규모 투자를 하고자 하지만 정식 수교가 이루어지지 않아 그저 생각뿐이다." 경제 발전은 분명히 양국 간의 더한층 긴밀한 관계를 요구했으며 정치적 제약의 틀을 제거하기를 기다리고 있었다.

3장 체육경기와 국민교류의 봄

국제 정세가 변화하고 경제 연계가 늘어남에 따라서 중·한 양국의 관계 개선 채널이 부단히 확장되고 경제, 체육, 국민 간의 교류가 모두 늘어났다. 체육교류는 국가 간 상호 이해의 중요한 경로 중의 하나이다. 특히 중국과 미국은 일찍이 체육교류 형식을 통해서 공식수교를 위한 토대를 닦았고 '탁구외교' 방식을 만들어 제도가 다르고 장기간 대립상태에 있었던 양국 간 왕래의 문를 열었다. 세계의 성지부대에서 체육은 그 속성상 영원히 정치에 종속된다. 그러나 중·미 간의 경험에서도 증명된 바와 같이 정치적 기초가 기본적으로 구비된 상황에서 여러 면의 조건이 아직 성숙되지 않았을 경우에는 체육교류가 수교 촉진의 좋은 방식이 될 수 있다. 한국의 정치가들도 절박하게 중국의 문호를 열고자 했고 중국 역시도 한국이 필요했다. 이처럼 중·한 양국의 외교 관계의 조건이 아직 구비되지 못한 상황에서 체육을 통해 양측의 이해를 촉진시키고 양측의 감정을 깊게 하는 것은 공식수교를 위해 길을 닦는 수단으로서 최선의 선택이 아닐 수 없었다.

노태우는 비교적 원대한 식견을 갖춘 정치가였다. 그는 1981년, 정무부장관으로 있을 때 한국의 1988년 서울올림픽대회 주최를 결심하고 이를 위해 동분서주했다. 심지어 1982년, 이 일의 성공을 위해 실권적인 정무부 장관직을 사퇴하고 당시 별로 중요하게 여겨지지 않았던 체육부의 초대 장관을 맡았다. 노태우는 외교에 있어 체육이 갖는 가치를 깊이 이해하고 있었다. 그 후 그는 중국과의 관계 개선을 위해 다음의 3단계로 그 절차를 정리했다. "제1단계는 체육과 문화교류를 진행한다. 제2단계는 경제교류를 진행한다. 제3단계는 외교 관계를 수립한다."[29] 그가 당시 진행했던 일이 바로 제1단계에 해당했고, 이후 역사발전 과정으로 보았을 때 노태우의 계획은 탁월한 성과를 거두었음을 알 수 있다.

1984년 12월 31일, 노태우는 대한체육회 회장의 신분으로 다음과 같은 신년사를 발표했다. "1985년에는 아시아 체육 발전과 평화를 위해 적극적으로 중국과 체육교류를 진행할 것이다. 나아가 국교 관계가 없는 국가들과도 체육교류를 전개하기 위해 최대한 노력할 것이다." 당시 그는 서울올림픽위원회의 위원장도 겸임하고 있었던 까닭에 신년사에서 다음과 같은 의지도 밝혔다. "우리는 조선민주주의인민공화국과 중단되었던 대화를 재개하려고 한다. 서울에서 열리는 1986년 아시안게임과 1988년 올림픽대회를 계기로 대한체육회와 서울올림픽위원회는 모든 노력을 아끼지 않고 체육 외교활동을 펼칠 것이다."[30]

중·한 양국은 사실상 1984년부터 이미 체육교류를 시작했으며 상호 간 체육경기와 국제회의에 참가하는 데 협의했다. 1984년, 한국 여자농구대표단이 중국을 방문했다. 이것이 중·한 간 최초의 체육교류였다. 같은 해 중국 청소년농구대표단이 서울에서 열린 제8회 아시아청소년농구선수권대회에 참가했다. 그리고 중국 수영대표단은 서울에서 열린 제2회 아시아수영선수권대회에 참가했다. 한국의 테니스대표단도 중국 윈난雲南 쿤밍昆明에서 열린 국제테니스경기(데이비스컵대회—옮긴이)에 참가했다.

양국 간 체육교류에 있어 첫 번째의 성대한 모임은 1986년 서울에서 열린 제10회 아시안게임이었다. 이 대회는 중·한 양측의 공동노력으로 이룩한 첫 결실로서 양국 관계사에 있어 대서특기할 만하다. 첫 번째 결실이었기 때문에 그 맛이 다소 시큼하기도 했다. 한국 정부는 각 나라에 적극 참여해줄 것을 호소했지만 일부 한국과의 관계가 그다지 친밀하지 않은 국가들은 여전히 여러 문제를 고려한 나머지 아시안게임의 참가를 거절했다. 북조선은 보다 명백하게 불참의사를 밝혔는데, 아시안게임 역사상 정치적 이유로 인해 명백하게 배척 의사를 표명한 것은 북조선이 처음이었다. 한국은 그 대회를 아시안게임 역사상 가장 성대한 대회로 만들려고 했지만 그다지 기대에 미치지는 못했다. 서울아시안게임은 경기 참가 선수는 가장 많았지만 참가국가는 단지 27개국에 그쳤다. 그러나 그 전前 대회인 뉴델리아시안게임의 참가국은 33개나 되었다. 한국 국내의 정치 상황은 여전히 안정된 상태는 아니었지만 한국의 주요 정당들의 서울아시안게임에 대한 지지입장은 일치했다. 9월 13일, 한국 3대 정당의 대표들은 한자리에 모여 어떻게 국민들을 독려하여 아시안게임의 순조로운 진행을 위해 협력하도록 만들 것인가에 대해 토론했다. 그들의 가장 큰 걱정은 운동권 학생들이 아시안게임을 반대하고 심지어 파괴하는 행위였다. 각 당은 각기 조치를 취하여 학생들에게 아시안게임 기간 동안에는 시위를 자제하도록 하자는 데 동의했다.[31] 9월 15일, 법무부 장관 김성기金聖基와 내무부 장관 김종호金宗鎬는 공동성명을 발표해 학생들이 '진정한 애국주의'를 발양하여 폭력시위를 자제해줄 것을 촉구했다.[32] 정부가 일정한 노력을 했지만 결국은 뜻대로 되지 않았다. 9월 16일, 40개의 정견을 달리하는 조직들이 하나의 연합성명을 발표하고 "정부가 아시안게임을 개최하는 것은 긴급한 국내문제에 대한 국민의 주의력을 돌려보려는 시도이며 가난한 사람들의 이익을 희생하는 전제하에서 거행되는 것이다"[33]라고 비판했다. 급진적인 학생들은 시위활동을 끊임없이 전개하면서 서울아시안게임의 개최를 반대했다. 서울 9개 대학의 8,000여 명의 학생들은 9월 16일 오후, 시위에 참여하여 "아시안게임을 저지하자"[34]라는 등의 구호를 외치며 경찰과 폭력충돌을 빚었다. 더욱 심각한 것은 9월 14일, 김포공항에서 폭발 사건이 발생해 한국인 5명이 폭사하고 29명이 부상을 입었다는 것이었다.[35]

그러나 중국의 참가는 서울아시안게임에 상서로운 기운을 불러왔으며 서울에 들끓는 '중국열'을 일으켰다. 중국은 서울아시안게임에 참가했을 뿐만 아니라 규모가 방대한 체육대표단을 파견했는데 참가 공무원과 선수가 무려

500여 명에 달했다. 비록 중국 정부가 체육과 정치는 서로 별개의 문제라고 특별히 해명했지만 중국과 한국의 관계 발전에 중대한 추동력이 된 것은 사실이었다. 1986년 9월 12일, 중국 체육대표단 154명이 먼저 중국 민항비행기로 서울에 도착했다. 이것은 항공기 피랍사건 등의 특수한 상황 외에 중국 항공기가 정상적인 상황에서 서울에 착륙한 최초의 일로 기록된다. 김세원金世源 서울올림픽위원회 부위원장은 중국 항공기의 한국 직항을 환영하면서 다음과 같이 말했다. "이것은 중·한 교류에 있어 매우 경사스런 일이다. 줄곧 정치에 의해 좌지우지되었던 체육이 이번에는 오히려 정치보다 우선하게 되었으니 좋은 일이 아닐 수 없다. 다음 아시안게임(1990년)에는 한국 체육대표단이 한국 항공기로 베이징에 직항하여 경기에 참가하게 되기를 기대한다."[36] 중국 대표단이 서울에 도착하자 서울아시안게임조직위원회의 뜨거운 환영을 받았다. 그날 한국의 주요 신문들은 모두 제1면의 상당한 지면을 할애해 이 소식을 전했다. 『코리아타임즈』는 "중국 대표단의 방문은 중국인 최초의 공식적인 한국 방문이다. 한국은 중국과 외교 관계가 없지만 양측은 항공, 해운 등 방면에서 직접적으로 접촉하기 시작했다"라고 설명했다. 『한국선구자보』는 "지난 몇 년간 중국 체육대표단이 3차례에 걸쳐 서울에서 개최된 경기에 참가했지만 이번처럼 규모가 큰 경우는 처음이다"라고 전했다. 『아시아선수촌신문』은 중국 대표단이 도착한 이후에 한국 기자들이 벌떼처럼 모여들어 각종 질문을 던지고 촬영기자들이 셔터를 분주히 눌러대면서 경쟁적으로 촬영하는 상황을 상세하게 보도했다. 그리고 이에 앞서 일군의 중국 기자들이 이미 서울에 도착해서 연일 참관하고 취재 활동을 하는 일조차도 현지의 신문, 라디오방송국, TV방송국의 보도 제목이 되었다고 보도했다.[37] 한국 국민의 중국 대표단에 대한 관심은 양국 인민의 우정을 보여주는 가장 좋은 증거가 되었다.

9월 15일 저녁, 아시안게임 아시아예술축제가 서울의 국립극장에서 개막되었다. 일부 사람들은 휴게실에서 한담을 나누면서 "중국이 체육경기에만 참가하고 예술공연에는 참가하지 않은 것이 정말 유감스럽다"라고 말했다. 또 어떤 이들은 "이는 대사이므로 조급해하지 말고 점진적으로 추진해야 한다. 작년까지만 해도 중국이 이처럼 많은 사람들을 아시안게임에 파견할 줄 몰랐다. 덩샤오핑은 대단한 인물이다. 그의 개방 정책은 인심을 얻고 있다. 중·한 관계는 더욱더 발전할 것이다"라고 했다. 또한 많은 사람들이 일본에 대해 반감을 표출하면서 "일본인은 오직 경제동물일 뿐이며 믿을 수 없다. 한국의 미래 파트너는 중국이다"라고 말했다.[38] 이러한 반응들은 1986년의 아시안게임을 통해서 중·한 간의 신뢰감을 효과적으로 강화하고 사람들이 양국의 우호 전망에 더욱 자신감을 가지게 되었음을 나타내는 것이었다. 중국 대표단이 불러온 중국 영향은 서울에서 '중국 붐'을 일으켰다. 서점에서는 주석 마오쩌둥과 당시 중앙고문위원회 주임 덩샤오핑의 사진을 실은 서적과 잡지가 팔리기 시작했고, 주간지 『주간한국週刊韓國』은 덩샤오핑의 초상화로 앞표지를 장식했다. 에드거 스노Edgar Snow의 명작 『서행만기西行漫記』(우리나라에서는 『중국의 붉은 별』이란 제목으로 소개되었다—옮긴이)의 한국어 번역본이 표지에 마오쩌둥과 주더의 사진을 실은 채 서울의 제일 큰 도서매장에 대량으로 진열되었다. 해리슨 솔즈베리Harrison Salisbury의 명작 『장정신기長征新記』(우리나라에서는 『대장정』이란 제목으로 소개되었다—옮긴이)도 발 빠르게 번역 출판되었다. 또한 한국에서는 한양대학교 교수 리영희李泳禧가 중국 문제를 주요 내용으로 쓴 평론집 『우상과 이성』도 폭넓게 읽히고 있었다. 기타 중국을 소개한 책과 간행물도 큰 인기를 끌었다. 한 한국 번역계 인사는 "출판계의 '중국열'은 1979년 덩샤오핑의 지도 체제가 확립된 이후 중국이 상당히 큰 변혁을 맞이했기 때문"이라면서 "당신이 좋아하든 그렇지 않든 간에 중국은 이미 하나의 이웃으로 우리 앞에 나타났다"라고 말했다.[39] 또한 서울에서는 어학으로서의 중국어도 유행했다. 1970년대 중반 서울에는 2~3개의 고등학교에서 중국어를 제2외국어로 선정했지만 당시는 이미 15개 학교로 늘었고, 중국어전문학교도 이미 20개에 달했다. 아울러 대략 250개

의 종합외국어학교에서도 중문학과를 설치했다.[40]

서울아시안게임 이후 2년도 되지 않아 서울올림픽대회가 열렸다. 이로써 아시안게임이 불러온 중·한 친선 열기가 더욱 강력한 기세로 재가열되었다. 올림픽대회의 긴박한 준비과정 속에서 중·한 교류 역시 더 큰 발걸음을 내딛었다. 양국의 국민들은 올림픽대회 이후의 중·한 관계에 대해 큰 기대감과 자신감으로 충만해 있었다.

1987년 초, 한국 외무부는 중국, 소련, 동유럽 등 국가와의 관계를 개선하는 데 계속적으로 노력함으로써 올림픽대회의 순조로운 개최를 도모하겠다고 밝혔다.[41] 1987년, 한·중 간 인적 교류가 보다 빈번해졌다. 중국에서는 약 400명이 한국을 방문했는데 그들은 주로 동북 3성의 조선족이었다. 한국의 중국 방문자 수도 1,000여 명에 달했으며 대부분 상인과 기술자였다.[42] 인적 왕래는 양국 간의 우호 관계를 보다 강화했다. 중국의 올림픽대회 참가 결정은 한국의 중국에 대한 자신감을 북돋아주었다. 한국의 증권시장에서는 중국 관련 주식이 호황을 누렸다. 『일본경제신문』은 1987년 12월 26일, "중국과 무역 관계에 있는 대우와 효성물산 등 상사商社 주식이 연일 최고치를 기록하고 있으며 건축회사와 가전공장의 주식도 전부 판매되었다. 이로써 종합주가 지수는 12월 24일, 사상 최고의 기록을 돌파하여 517.99에 달했고 1,516만 주가 거래되었다. 교역액은 한화로 2,152억 200만 원에 달해 2종목 모두 역사상 최고기록을 갱신했다"라고 보도했다.[43] 한국 경제계는 중국 시장을 조기에 열고자 하는 자신감으로 충만했다. 대우그룹 회장 김우중金宇中은 1987년 말에 "우리는 내년 안에 중국과 직접무역을 실현할 것이다. 일단 연계가 이루어지기만 하면 우리는 해마다 중국과 100억 달러에 달하는 거래를 하게 될 것이다"[44]라고 예측했다. 이와 같이 눈앞에 펼쳐질 만족스런 전망에 초점을 맞추어 한국 기업들은 여러 가지 적극적인 움직임을 보였다. 일본의 무역회사를 통해 중국과 무역을 협의하는 것은 한국의 무역그룹이 이용하는 상투적인 형식의 하나였다.

경제계의 활동에 호응하여 한국 정부도 매우 자신감 있게 여러 활동을 전개했다. 1988년 2월 6일, 노태우는 처음으로 구체적인 계획을 명확하게 제시하고 일본의 알선을 통해 중·한 관계를 더 발전된 형태로 조정할 것을 약속했다. 그는 먼저 경제무역 관계의 수립을 통해 중국의 문호를 열고자 계획을 수립했다. 중국 동북부의 지린성과 랴오닝성에서 석탄, 석유 등 에너지 자원을 직접 수입하여 중국과 바다를 사이 둔 황해 연안의 전라도에 전력, 강철 등 공장을 건설하고자 했다. 특히 석탄을 제3국의 배로 직접 랴오닝성의 다롄으로부터 전라도의 군산과 목포 등지에 수송할 방안을 구상했다. 이를 위해 그는 특별히 사절을 파견하여 일본 정계의 주요인사와 협상을 진행했다.[45]

한국의 노력은 중국의 관심을 얻어냈다. 중국은 1988년 2월, 홍콩에서 한국 기업난을 대상으로 하는 투자설명회를 열어 한국의 대중국 이해를 도왔다. 서울올림픽대회 개최 당시 중국은 재차 방대한 대표단을 파견하여 경기에 참가했다. 이것은 의심의 여지없이 한국에 대한 강력한 지지였다. 한국은 마침내 서울올림픽을 역대 참가국이 가장 많은 대회로 개최하는 데 성공했다. 이어 중국은 10월, 서울에서 열린 장애인올림픽대회에도 참가했다.

올림픽을 계기로 중·한 간의 인적 교류는 비약적으로 발전했다. 1988년 양국의 인적 왕래는 2,000명도 되지 않았지만, 1989년 양측 간의 인적 왕래는 2만 명으로 늘었다. 한국의 대중국 투자도 급속히 발전하여 1989년, 18개 항목의 투자총액은 1,430만 달러에 달했고 같은 시기 대소련 투자는 겨우 2개 항목의 50만 달러에 불과했다.[46]

1990년 9월, 베이징아시안게임에 한국은 700명의 방대한 대표단을 파견했다. 이것은 중·한 관계사에 있어 또 한 번의 성대한 체육교류로 중·한 관계가 부단히 발전한 결과이기도 했다. 1990년 2월, 노태우는 공개적으로 "중국과 국교를 수립하는 데는 다소의 시간이 필요할 것이다. 그러나 금년 가을에 열리는 베이징아시안게임이 하나의 중요한 계기가 될 것이다"[47]라고 선언했다. 한국은 중국의 아시안게임 주최에 대한 지지를 표하기 위해 전체 아시안게임 비용의 20%에 달하는 자금을 제공했다. 한국 기업이 아시안게임 기간에 지출한 고액의 홍보비용은 15만 달러를 초과했다. 아시안게임 기간 동안 4,000명의 한국 관광객들이 중국을 방문했다.[48] 재계의 거물들과 수행원들이 잇달아 중국을 방문하여 경제 협력 문제를 협의했다. 이 시기 가장 중요한 외교적 성과는 1990년 10월 21일, 일·한·중 무역조직이 체결한 상호 간 대표부 설립에 관한 협정이었다. 이것은 양측의 경제교류에 큰 편리를 주었을 뿐만 아니라 특히 공식적인 외교 관계 수립을 위한 길을 마련해주었다. 중·한 양국은 마침내 직접적으로 교류할 수 있는 경로를 갖게 되었다. 그 후 2년간 중·한 교류는 고위층 지도자 간 협상단계에 진입하여 머지않아 공식적인 외교 관계가 수립될 날을 기다리고 있었다.

4장 문화교류의 유대를 만든 사람들

나날이 밀접해져가는 중·한 양국의 경제연계는 서로를 더한층 가깝게 끌어당기는 튼튼한 유대를 형성했다. 경제무역 관계의 발전과 더불어 학술과 문화교류도 점차 강화되어 중·한 양국을 더욱 가깝게 하는 또 하나의 튼튼한 문화유대가 만들어졌다.

문화유대가 이처럼 작용할 수 있었던 까닭은 무엇보다도 중·한 양국의 전통문화가 그 근원이 동일하여 서로 공감대를 형성할 수 있었기 때문이다. 예로부터 중·한 양국은 수천 년 동안 내려오면서 문화교류의 역사적 전통을 이루었다. 중국의 『시경詩經』, 『춘추春秋』, 『논어論語』, 『맹자孟子』 등의 고전 경전들이 가장 먼저 한반도 여러 나라에 전해졌다. 그 후로 도가제경道家諸經, 정주이학程朱理學 등의 경전 학설들도 부단히 한반도에 전해져 긴 세월 속에서 양국은 모두 유儒, 불佛, 도道 3교를 신봉하는 유서 깊은 전통문화를 형성했다. 그 밖에도 중국의 천문, 지리, 의약, 농상農桑, 사학史學, 시부詩賦 등 각 분야의 최신 성과는 항상 한반도에 즉각 전파되어 매우 흡사한 문화심리와 의기투합의 취향을 만들어냈다. 그럼으로써 고대 중국인은 '그 제도와 문물이 중화와 다를 바가 없다'라고 인식했고 한반도인 역시도 '자신의 몸이 비록 해외에 있지만 삼강오상三綱五常은 중국과 같다'라고 인식했다.[49] 문화교류란 예로부터 쌍방향으로 진행되어 상호 영향 속에서 빛을 주고받아 더욱 빛나는 것이다. 수당隋唐 시대 고구려, 신라, 백제의 음악과 춤은 그 청아한 곡조와 우아한 자태로 독특한 이국의 풍치를 이룸으로써 수당의 무용과 음악의 반열에 들어 이후 중국의 음악과 무용에 영향을 주었다. 명대明代에 우량한 한반도의 벼 품종이 중국에 전해졌고 이황李滉(이퇴계李退溪)의 퇴계학과 권득기權得己 부자의 도산학道山學은 정주이학의 연구를 새로운 경지로 끌어올려 동아시아 유학儒學 발전에 크게 공헌함으로써 중국의 석유碩儒들에게 존경을 받았다. 이러한 유서 깊은 전통문화의 형성과 교류는 유구한 역사와 함께 길이 전해지고 있다. 이 튼실한 역사는 양국 인사들의 정신과 문화 토양에 깊이 뿌리를 내려 시간이 지나도 퇴색되지 않았을 뿐만 아니라 수많은 고난 속에서도 강인한 생명력을 과시하면서 견고한 유대를 이루고 있었다.

문화유대가 작용할 수 있었던 또 다른 이유는 문화유대가 상호 이해와 소통을 갈망하는 강대한 정신적 추동력을 생산하고 있었기 때문이다. 문화교류의 각 층면은 다종다양하여 표면적인 물질적 문화, 즉 농공백업農工百業, 제도문물 등을 포괄한다. 또한 그 이면적인 정신문화에는 문학예술, 철학사상, 가치 취향, 도덕규범 등이 있다. 일반적으로 표면적 차원의 문화교류는 국가경제와 국민생활과 관련되는데 효과의 우열이 일목요연하여 긴 시간이 필요 없이 기대한 효과를 얻을 수 있다. 그러나 이면적 차원의 문화교류는 마음의 소통, 정신적 교류, 관념 차원의 상호 교섭과 관계되어 단기간 내에 이루어질 수 없다. 그것은 긴 세월 동안의 교류와 축적을 통해 점차 이면적 차원의 문화교류의 중추와 집산점이 형성되는 것이다. 그러므로 부단히 지속되는 항구성과 초월성이 이러한 문화교류의 특징을 구성한다고 하겠다. 어떤 의미에서 말하자면 이면적 차원의 교류는 고차원의 진정한 문화교류라고 할 수 있다. 이와 같은 양측의 문화교류는 항상 상대방에 대한 이해와 소통의 강렬한 갈망을 낳아 강력한 상호 흡인력을 만들고 문화유대의 견인성과 강인성을 구현해냈다.

그 밖에도 중·한 양국이 바다를 사이에 두고 이웃하고 있는 지리적 환경 역시 문화인의 왕래와 교류에 편리를 제공했다. 중국의 개혁개방이 강화됨에 따라 한국과 인접한 산둥반도山東半島와 랴오닝반도遼東半島가 한국 인사들이 중국에 들어오는 편리한 지름길이 되었다. 특히 한국과 바다를 끼고 위치한 산둥반도는 더욱 솔선하여 한국과 직접무역을 추진함은 물론 한국 자금을 유치하는 창구의 역할을 했다. 1988년, 중국 정부는 특별히 산둥성에 한국 상인들의 입국비자를 발급하는 권리를 부여하여 중국국제여행사 등 4개의 큰 여행사가 한국 손님의 입국비자 수속을 책임지도록 했다. 나라의 문호가 활짝 열리자 중·한 양국의 인적 교류 채널이 막힘없이 확 트였다. 이에 따라 양국의 기업계, 무역계 인사들이 베이징과 서울 사이를 드나들면서 경제 협력, 무역연계, 투자개발을 협의했고, 이와 동시에 중·한 양국의 문화 인사들의 교류도 소리 없이 시작되었다. 이 과정에서 양국을 연결하는 문화유대가 급속히 회복되어 갈수록 그 역할을 발휘했다. 양국의 저명한 학자들이 이 문화유대를 재건하고 엮어가는 사령관과 사자使者가 되었다.

한국에서는 고려대학교가 최전선에 나섰다. 1984년, 당시 고려대학교 민족문화연구소 소장이었던 문학박사 홍일식洪一植 교수가 『중·한대사전中韓大辭典』을 편찬하기 위해 한국 배드민턴대표단을 따라 중국에 와서 베이징대학을 방문했다. 이후 홍 교수는 중국을 수십 차례 방문했다. 그의 다년간의 노작인 『중·한대사전』 편찬은 성공리에 마무리되어 중·한 문화교류 촉진에 크게 기여했다.[50] 홍 교수가 비교적 일찍 중국에 와서 언어와 문화 연구를 할 수 있었던 것은 그가 다년간 중국과 한국의 역사를 연구해왔기 때문이었다. 그는 중·한 문화사의 비교연구를 위해 불굴의 탐구정신으로 분투하면서 조금도 해이해지지 않았다. 이처럼 고려대학교에서 홍일식 교수와 같이 첨병부대의 선구자로서 중·한 문화교류에 열성적인 일군의 학자들이 중·한 문화교류 사업을 재개하고 발전시킬 수 있었던 배경에는 전 고려대학교 총장이자 법학박사인 김준엽 교수의 역량이 있었다. 전후 중·한 문화교류와 문화유대를 다진 인물을 거론할 때 김준엽 교수에 대해 언급하지 않을 수 없다.

한국 언론에서 '한국의 걸출한 지성'으로 일컬어지는 김준엽 교수의 인생 여정은 전기傳奇적인 색채로 가득 차 있다. 우여곡절 많고 파란만장한 인생을 걸어온 그는 수많은 고난과 역경을 거친 후 입신출세하여 부귀영화를 누리게 되었지만 시종일관 최초의 충심을 잃지 않고 전심전력으로 중·한 학술문화 사업의 상호교류와 공동 번영에 투신했다. 김준엽은 한국이 국권을 상실한 후 10년이 흐른 1920년 8월, 압록강 남안南岸의 평안북도 강계江界에서 출생했다. 청소년 시절 그는 강 건너편 중·한 항일인사들의 총포소리를 들으면서 신의주에서 5년제 중학을 마쳤다. 그런 뒤 일본 게이오慶應대학교에 입학하여 동양사를 전공함으로써 중국의 역사 연구와 떨어질 수 없는 학술적 인연을 맺었다. 김 교수는 1944년 1월, 복국보국復國報國의 뜻을 품은 한국 학도병이 되어 군대를 따라 쉬저우徐州에 왔다. 같은 해 3월, 끝내 위험을 무릅쓰고 일본군 병영을 이탈하여 중국 항일부대를 찾아갔다. 그로부터 얼마 후 뜻이 맞는 일군의 한국 학도병과 연계하여 6,000여 리 길을 걸어 충칭으로 옮긴 대한민국임시정부를 찾아서 광복군에 가입하여 중국 군민과 함께 일본 군국주의 침략에 저항했다. 항일전쟁에서 승리한 후에도 그는 쉽게 손에 넣을 수 있는 관직과 봉록에 흔들리지 않고 확고부동하게 학술의 길을 택했다. 김 교수는 학술연구를 통한 상호 정확한 인식과 이해만이 양국 간의 우의와 협력을 증진할 수 있는 중요한 요소라고 생각했다.[51] 1940년 2월, 김 교수는 충칭에 있는 국립동방어문전문학교의 최초 한국어 전임강사로 초빙되었다. 그는 한국어를 가르치는 것에서부터 시작하여 착실하게 중·한 문화학술교류의 첫발을 내딛었다. 1946년 여름, 동방어문전문학교가 난징으로 이전하자 김 교수는 이 학교에서 계속 교편을 잡음과 동시에 이듬해 국립중앙대학에 입학하여 중국 역사를 전공하면서 몇 년간 중단했던 학업을 다시 시작했다. 1948년 여름, 김 교수가 가르친 제1기 한국어학과 학생들이 졸업하여 전후 중·한 문화와 역사 연구를 위해 중요한 역할을 하게 되었다. 같은 해 그는 한국어학과 졸업생 중에서 양퉁팡楊通方, 쑹징즈宋敬之, 황신밍黃心銘 등 우수한 학생들을 선발하여 한국 국립대학교인 서울대학교에 유학생으로 보내고 본인은 다시 국립중앙대학에 돌아와 계속 중국 역사를 연구하고 공부했다. 1949년 1월, 국민당 정부가 붕괴되기 직전 김 교수는 한국으로 돌아가 양퉁팡 등 제1기 중국의 한국 유학생들을 정성껏 보살피면서 고려대학교에서 교편을 잡았다. 1950년 6월 25일, 조선전쟁이 발발했다. 3일 후 전쟁의 불길이 서울로 번졌다. 9월, 미군이 인천에 상륙하여 서울로 진격하자 양퉁팡 등은 명령을 받고 북으로 철수해 중국으로 돌아왔다. 그들은 이후 베이징대학 동방어문학과에서 교수로 재직하거나 과학 연구에 종사했다.

조선전쟁이 끝난 후 중·한 양국의 외교 관계는 완전히 단절되고 말았다. 1950년 6월 25일, 양퉁팡 등은 김 교수를 만나 황급히 이별을 고했다. "그 뒤로 사회주의와 자본주의의 두 세계로 갈라져 이 이별은 30여 년간이나 지속되었다. 또한 이 분단은 아주 철저하여 상호 간 아무런 소식도 알 수 없게 만들었다."[52] 전쟁 시기 김 교수는 온 가족이 남쪽으로 이사해 전란을 피했다. 그러나 황급히 서두르는 바람에 그가 중국에서 활동하던 시기에 기록한 모든 필기장을 분실하고 말았다. 김 교수는 다행히 전란 속에서 살아남기는 했지만 친필로 기록한 생동감 넘치는 귀중한 자료들을 전부 분실했기 때문에 몹시 가슴이 아팠다.

1955년 5월, 김 교수는 고려대학교 철학과 교수 이상은과 상의하여 중국학회를 창립했다. 이 학회에 가입한 학자들은 서울대학교, 고려대학교, 성균관대학교, 연세대학교 등의 저명한 학부에서 주로 중국의 역사, 문학, 철학을 연구했는데 당시 한국의 중국학 연구 분야에 있어 단연 최고의 단체였다. 1966년 9월부터 1971년 11월까지 김 교수는 모두 3번에 걸쳐 중국학회 회장을 역임했다. 이 시기에 중국학회는 장족의 발전을 거듭했다. 학회는 매년 2권의 학보를 출간하여 국내외에서 그 영향력을 확대했고 미국, 일본, 타이완, 홍콩 등지의 학자들을 초청하여 여러 차례 학술세미나를 개최함으로써 학회의 활동을 풍부하고 다채롭게 하여 활력을 불어넣었다. 이와 함께 1957년 창립된 고려대학교 아시아문제연구소의 학술활동 역시 광범위하게 전개되었다. 이 연구소는 중국학회와 서로 협력하여 고려대학교의 중국학 연구의 중심이 되었다. 김 교수는 중국학회장과 아시아문제연구소장을 겸임하면서 한국에 많은 중국학 연구 인재가 필요하다는 사실을 깊이 체감했다. 그는 자신의 학술적 지위와 영향력을 기반으로 한국 문교부에 중문학과를 증설할 것을 건의했고, 몇 차례의 호소 끝에 마침내 허가를 받아냈다. 이렇게 해서 중문학과가 설치된 대학은 서울대학교, 성균관대학교, 외국어대학교, 고려대학교 등 8개 대학에 이르렀다.[53] 중·한 양국 관계가 여전히 얼어붙어 있는 냉혹한 시대에도 김 교수를 대표로 하는 일군의 한국 학자들은 중·한 문화교류에 대한 집념으로 여러 고난을 헤쳐나갔다. 그들은 중·한 관계가 최악의 상황으로 좌초된 시기에도 인재를 양성하고 힘을 축적하고 학술활동을 전개하여 문화교류가 재개되는 그날을 준비했다.

1981년, 김 교수는 고려대학교에 중국학연구소를 창설했다. 1982년에 고려대학교 총장을 맡으면서도 지속적으로 중국학 연구에 대해 가능한 최대의 지원을 아끼지 않았다. 철이 바뀌고 중·한 수교, 중국 개혁개방, 세계화의 진척이 가속화됨에 따라서 오랫동안 단절되었던 중·한 학자들이 만날 수 있는 가능성이 현실이 되었다. 1986년 9월, 당시 베이징대학 동방어문학과 교수였던 양퉁팡은 미국 하와이대학교 한국연구소의 초청을 받아 하와이대학교에서 강의를 하게 되었다. 그에 앞서 하와이대학교를 방문한 김준엽 교수는 하와이대학교 한국연구소장 서대숙徐大肅 교수로부터 베이징대학 동방어문학과 양 교수가 곧 하와이대학교를 방문한다는 소식을 듣게 되었다. 그는 양 교수가 자신의 제자 양퉁팡이라는 사실을 확인했을 때 너무나 기쁘고 흥분한 나머지 일시적으로 의식을 잃기까지 했다.[54] 당시 중국과 한국이 아직 수교하지 않은 상태였기 때문에 스승과 제자가 36년이나 떨어져 있으면서도 베이징이나 서울에서 직접 만나지 못했다. 그런 까닭에 이 스승과 제자는 미국의 로스앤젤레스를 재상봉의 장소로 삼아 만났다. 36년이나 세월이 흐른 터라 전에 검은 머리였던 젊은이가 어느덧 반백의 노인으로 변해 있었다. 서로 만나자마자 두 사람은 흐르는 눈물로 얼굴이 뒤범벅이 되었고, 이 모습을 지켜보던 고려대학교의 미국 유학 교우회원들도 감동의 빛을 감추지

못했다.[55]

1988년 11월, 김 교수는 이별한 지 39년 만에 제2의 고향인 중국의 베이징, 상하이, 난징을 다시 찾았다. 귀국 후 그는 1989년 1월 1, 5, 6, 7일에 발행된 『동아일보』에 「다시 가본 중국」이라는 제목으로 장편의 글을 연재했다. 이 글에서 김 교수는 한국에서 일고 있는 '중국열'에 대해 분석하여 이 붐의 원인을 두 가지 측면에서 찾았다. "우선 양국은 지리와 역사 측면에서 가장 가깝지만 과거 40년 동안 서로 왕래가 없었다. 이러한 부자연스러운 관계는 사람들에게 더욱 서로에 대한 호기심을 불러왔다. 또한 중국이 새로운 거대한 무역 상대국으로 부상하면서 기업가들의 관심이 집중되고 있다."[56] 이어 김 교수는 그 자신이 조기에 중국을 간절하게 방문하고자 했던 특별한 이유를 다음과 같이 들었다. "첫째, 제2의 고향인 중국은 항상 그리워했던 곳이었다. 중국인은 인정미가 넘치고 감정을 겉으로 쉽게 드러내지 않으며 의리를 중시할 뿐만 아니라 인내심이 강하고 자중하며 도량이 넓다. 또한 몇천 년 동안 축적된 찬란한 문화를 가지고 있다. 둘째, 중국사를 전공한 만큼 중국의 다양한 역사 유적을 답사해야 한다고 생각했다. 역사는 두 다리로 배우는 것이다. 셋째, 한국 독립운동의 사적을 되새기며 대한민국임시정부가 있었던 장소를 방문하고 아직까지도 중국에 남아 있는 신규식中圭植, 박은식朴殷植, 노백린盧伯麟 선생 등 임시정부 요원들의 묘지를 찾아보기 위해서였다. 넷째, 지난날의 제자들을 다시 만나 사제 간의 옛정을 나누고 싶은 염원에서였다." 17일간의 방문이 짧게 느껴질 만큼 68세 고령의 김 교수는 젊은이와 같은 활력으로 가득 차 있었다. 또한 익숙한 중국어로 난징의 동방어문전문학교 옛터(현재 난징시 전염병의원), 일본군 난징대학살기념관, 부자묘夫子廟, 상하이 대륙호텔, 난징루南京路, 황푸黃浦 강가, 베이징의 톈안먼天安門, 왕푸징王府井 거리, 둥안東安 시장, 만리장성, 십삼릉十三陵을 돌아보았다. 김 교수는 중국의 거대한 변화에 놀라움과 흥분을 감추지 못하면서 "지금 중국이 비약적인 속도로 발전하고 있는 것은 지난 10년 동안 개방 정책을 실시하여 이룩한 현상”이라고 칭찬했다. 해협 양안의 갈수록 늘어나는 인적 교류에 대해 매우 부러워하여 “언제쯤 나도 북한의 환영을 받으면서 그곳에 있는 누님과 조카들을 만나볼 수 있을까”하고 탄식했다.[57]

39년이나 떠나 있었던 고장에 대한 재방문에서 김 교수는 학자로서의 사명감도 잊지 않고 중·한 문화교류 유대의 회복과 재편을 위한 노고를 아끼지 않았다. 그는 연이어 베이징대학, 중국사회과학원, 둥난東南대학(옛 중양中央대학), 난징南京대학, 푸단復旦대학, 화둥華東사범대학, 자오퉁交通대학을 방문하면서 60여 명의 학자와 전문가들을 만났다. 베이징대학에서 그는 왕쉐전王學珍, 지센린季羨林, 천위룽陳玉龍, 양퉁팡楊通方, 류진즈劉金質, 인훙위안殷洪元, 양융류楊永騮 등 20여 명의 교수들과 환담하면서 중국의 대학 상황을 이해하고 앞으로의 자료 교환과 학술교류의 추진에 대한 의견을 나누었다. 또한 베이징대학에서 단기간 강의를 하기도 했다. 중국사회과학원, 푸단대학, 화둥사범대학 등 과학연구 교수 부문에서 김 교수는 전문가들과 한국의 경제 발전, 학교 관리방법, 학술교류 등의 문제들에 대해서도 충분한 의견을 나누었다.

17일간의 중국 재방문은 실로 헛되지 않았다. 김 교수는 귀국한 뒤 진솔하고 객관적으로 글을 써서 한국 독자들에게 중국 개혁개방의 뜨거운 열기를 소개했고 방문기간 동안에는 중국의 학자와 학생들에게 현대 한국의 상황을 설명했다. 1989년, 김 교수는 재차 중국을 45일간 방문하여 지난날 중국 군민과 함께 일본 군국주의를 무찌르던 곳들을 하나하나 돌아보았다. 그는 중·한 양국 간의 심후深厚하고 뜨거운 우정을 원동력으로 삼아 여러 곳을 순방하면서 지속적으로 중·한 문화교류의 유대를 엮어나갔다.

1989년 4월, 랴오닝대학 총장 펑위중馮玉忠 교수 일행 7명이 한국을 처음 방문했다. 그들은 광운대학교에서 총장 조무성曺武成 교수를 비롯해서 전체 교직원과 학생들의 뜨거운 환영을 받았다. 2주간의 방문기간 동안 펑위중 총장 일행은 서울, 대전, 춘천 등의 학교, 학술단체, 정부 기관을 순방하고 각계 인사들의 환영을 받았다. 『중앙일보』, 『조선일보』 등의 신문 기자들이 이

행보를 뒤따르면서 밀착 보도하는 등 평위중 총장 일행의 방한은 예상 외의 큰 수확을 거두었다. 신문을 통해서 평위중 교수의 내방소식을 접한 풍영섭馮榮燮 선생은 1645년 조선에 이주한 명나라 유민 풍삼사馮三仕 의사義士의 제11대 자손이었다. 그 후 서신왕래를 통해 풍씨 족보를 찾아본 결과 두 사람이 모두 풍씨 1대조 평위馮裕의 제17대 자손이라는 사실을 알게 되었다. 두 풍씨 학자는 같은 조상과 뿌리를 가지고 있었던 것이었다. 이는 중·한 양국의 친선교류에 있어 길이길이 전해질 만한 전형적인 사례라고 할 수 있다.[58]

1991년 4월, 베이징대학 한국학연구센터가 설립되어 김 교수의 제자였던 양퉁팡 교수가 센터 주임으로 임명되었다. 베이징대학의 한국학연구센터는 중국 고등학부 가운데 비교적 일찍 설립된, 한국에 관한 학과, 학부, 연구소를 뛰어넘는 종합적 성격의 학술연구기관이었다. 이 센터는 중·한 전통문화 연구를 위주로 하여 근현대 한국의 정치, 경제, 사회, 언어, 문화, 역사, 교육, 사상, 중·한 문화교류 등 다방면 분야에 대한 연구를 진행했다. 학술 연간지 『한국학논문집』은 유연하고 개방적인 출간 방침을 도입하여 각지의 한국학 연구자들의 최신 학술 성과를 취합해서 공개적으로 게재하고 발표했다. 이 간행물은 중·한 학술교류와 한국학 연구를 촉진하는 적극적인 역할을 발휘했다. 『한국학논문집』은 한국 대우학술재단의 후원을 받아 발행되었는데 김준엽 교수가 열의를 다해 양국 산업계와 학술계의 협력을 이끌어냈다. 그 후 얼마 되지 않아 베이징대학의 한국학연구센터와 유사한 학술단체가 랴오닝遼東대학, 산둥山東대학, 푸단復旦대학, 항저우杭州대학에 연이어 설립되어 북쪽에서 남쪽에 이르는 한국학 연구 네트워크가 형성되었다. 이 학술 연구 네트워크를 이끌어낸 열성적인 사람들 역시 각 연구단체의 고문직을 겸임했던 김준엽 교수, 그리고 각 학교의 식견을 갖춘 책임자와 학자들이었다. 이러한 학술 연구 네트워크를 통해 양국의 연구단체와 학자들은 서로 연구 자료를 교환하고 공동연구를 전개해나갔다. 이들은 상호 방문이나 관련 강의, 국제학술세미나 등의 여러 가지 방식으로 상호 간 연계를 강화했다. 이처럼 중·한 양국은 수교 이전에도 문화교류를 통해 우호 협력과 상호 간 이해를 촉진시키고 양국 정치 관계의 정상화를 위해 기여했다.

1991년 5월, 양국 학술단체의 기획과 연계로 베이징대학 학술계의 권위자인 지셴린 교수, 중국교육국제교류협회 주임 리타오 교수, 베이징대학 한국학연구센터 주임 양퉁팡 교수 등이 초청을 받아 한국을 방문했다. 그들은 한국에 도착해 각계 인사들과 만나 학술문제뿐 아니라 중·한 관계의 여러 가지 문제를 토론했다. 다소의 공감대를 형성한 후에 손님과 주인은 모두 중·한 간의 전면적 관계 설정과 발전에 대한 자신감으로 가득 찼다. 중국 외교부에서도 지셴린, 리타오, 양퉁팡 교수 일행의 출국 방문을 중시하여 출입국 측면에서 편리를 제공함은 물론 이 방문의 상담 상황에 대해서도 예의 주시했다. 같은 해 10월, 김준엽 교수는 한국 사회과학원 이사장 명의로 한국의 전前 유엔 주재 한국 대사 김경원金瓊元 박사, 고려대학교 경영대학 교수 겸 한국금융통화운영위원회 위원인 지청池淸 박사와 함께 중국을 방문했다. 이 3명의 한국 인사는 중국 방문기간에 각 분야 인사들과 널리 접촉하고 교류함은 물론 중국에서 수집한 최신 정보를 한국에 전달하기도 했다. 연이어 진행된 이 같은 양국 고위층 학자들의 상호 방문은 양국 간의 학술교류를 촉진했고 각자 자국 정부 해당 분야의 학자로서 긍정적인 건의와 이성적인 사고를 제안했다. 이처럼 이들 학자들은 정부의 의사결정 과정에서 유익한 자문을 제공함으로써 중대한 공헌을 했다.[59]

학술문화교류가 갈수록 활성화됨에 따라서 한국 각계의 식자층 인사들은 큰 열정을 품고 중·한 양국의 상호 이해와 우호 증진을 위한 행렬에 가담했다. 1990년 초 가을, 한국 국제민간교류협회 부회장 김헌범金憲範이 중국을 방문했다. 이 방문의 주요 목적 중의 하나는 베이징대학 역사학과를 방문하는 것이었다. 청년시절 김헌범은 중국 역사에 큰 흥미를 느껴 베이징대학 역사학과를 지망했다. 그러나 1937년 7·7사변(노구교蘆溝橋사건—옮긴이)이 발발하여 일본 군국주의가 중국 침략 전쟁을 전면적으로 감행하자 베이징대학은 남쪽 쿤밍으로 옮겨가게 되었고 그의 희망도 물거품이 되었다. 이것이 한평생 한으로 남았던 그는 반세기가 지난 뒤 마침내 베이징대학 역사학과를 방문하게 되었고 열렬한 환영을 받았다. 김헌범은 귀국한 후 오래지 않아 한국국제민간교류협회 회장이자 의학박사인 이익순李翼淳을 대동하고 다시 베이징대학을 방문하여 또 한 번의 열정적이고 우호적인 접대를 받았다. 1991년 5월, 회장 이익순의 초청으로 베이징대학 부총장 뤄하오차이羅豪才, 역사학과 주임 마커야오馬克堯, 현대화연구센터 주임 뤄룽취羅榮渠 교수 등 일행이 한국을 방문했다. 회장 이익순은 뤄하오차이, 마커야오 교수 일행을 안내하여 서울대학교, 고려대학교, 한양대학교, 연세대학교 등 한국의 유명 대학을 방문했다. 이들은 여러 대학의 책임자, 학자, 전문가와 만나 문화교류를 펼치고 양국의 학술교류 발전 등의 문제를 적극적으로 모색하고 토론했다. 이는 중·한 양국 대학교의 학술교류를 위해 새로운 걸음을 내딛는 계기가 되었다.

나날이 빈번해지는 상호교류는 양국의 학술계와 출판계로 하여금 갈수록 상대방에 대한 더 깊은 이해를 갈망하도록 만들었다. 이에 따라 한국에서 수년간 지속되어온 중국학 연구가 어려운 경영난에서 벗어나 왕성한 기세로 대량의 새로운 연구물들을 내놓게 되어 한국 독자들의 수요를 충족시켰다. 중국에서도 오랫동안 침체되었던 한국학 연구가 소생하여 섬자 열기를 띠었다. 1981년 신화新華출판사는 『남조선경제고도장성요인[南朝鮮經濟高速度增長因素]』을 출간하여 학술계에 있어 한국 연구의 첫 포성을 울렸다. 그 후 1985년 세계지식世界知識출판사는 한국 사회, 역사, 문화, 경제, 산업 발전 상황을 전면적으로 설명한 『남조선南朝鮮』을 출판했다. 같은 해 랴오닝민족遼寧民族출판사는 『조선지식편람[朝鮮知識手册]』을 편찬하여 한반도 남북 양측의 여러 상황을 각각 설명했다. 1987년, 옌볜인민延邊人民출판사도 『조선연구논총朝鮮研究論叢』, 『조선역사연구논총朝鮮歷史研究論叢』을 출판하여 주로 학술적 각도에서 중국 독자들에게 한반도의 역사와 현황을 소개했다. 1988년 이후 중국 출판계는 한국 경제 발전에 관한 여러 종류의 도서들을 중점적으로 출판했다. 그해 싼롄

三聯출판사는 『남조선의 대외무역 정책과 공업화 과정南朝鮮的外貿政策與工業化過程』, 옌볜인민출판사는 『남조선대외무역南朝鮮對外貿易』과 『남조선의 10대 산업南朝鮮十大産業』, 신화출판사는 『아시아의 네 마리의 작은 용亞洲四小龍』을 각각 펴냈다. 1989년, 헤이룽장黑龍江인민출판사는 『남조선경제南朝鮮經濟』, 산둥山東인민출판사는 『남조선외향형경제개람南朝鮮外向經濟槪覽』, 인민교육출판사는 『35개국의 교육발전三十五國敎育發展』, 충칭重慶출판사는 『아시아태평양지역의 부상亞太地區的崛起』 등의 새로운 책들을 각각 출판했다. 1990년, 옌볜인민출판사는 『남조선경제의 비약南朝鮮的經濟騰飛』과 『남조선경제론南朝鮮經濟論』, 중국전망출판사는 『남조선40년南朝鮮四十年』을 펴냈다. 1991년, 지린吉林인민출판사는 『남조선기업그룹南朝鮮企業集團』 등의 서적을 출판했다. 중국의 신문과 잡지에는 객관적이고 선의적으로 한국을 연구하고 소개하는 글들이 점차 늘어났다. 전문적으로 한국학을 연구하는 학술간행물도 연이어 발표되어 바야흐로 상호교류는 힘차게 발전하는 추세를 보였다.

중국에서 한국학 '붐'이 점점 열기를 띠기 시작한 것은 치국治國 부흥을 자신들의 사명으로 삼은 학술계, 출판계의 열정적인 투입에 힘입은 바 크다. 아울러 국가 발전에 관심을 기울이면서 여러 해 동안 단절된 한국에 대해 이해하고자 갈망하는, 즉 호기심이 강한 중국의 광범위한 독자층의 강력한 지지를 받았기 때문이다. 총체적으로 보았을 때 한국학 '붐'의 가장 큰 특징은 한국의 다른 어떤 영역보다도 경제 방면의 소개와 연구가 가장 큰 비중을 차지한다는 사실이다. 중국인들이 관심을 갖는 몇 가지 중요한 문제를 짚어보면 다음과 같다.

① 한국 경제 비약의 원인—한국은 국가의 정세와 환경이 경제에 유리했고 경제개발 전략이 시기 적절하고 타당했다. 정부가 정책 결정에 있어 주도적인 역할을 발휘했는데 교육을 중시하고 인재 자원의 개발과 투입, 국민의 진취적 정신 등을 이끌어냈다.

② 한국 기술 도입의 성공 경험에 대한 총결산—조사, 계획과 경제 입법을

우선시하고 도입, 소화, 창조, 국제시장 진출 등이 하나로 연결된 기제를 만들어 적시에 경제개발 전략의 변화에 순응하고 도입 방침을 조정하며 기술 도입에 대한 투입을 증대하는 것 등을 들 수 있다.

③ 정부 주도하에서의 시장경제 체제에 관한 연구—경제개발 전략의 수립, 산업 구조의 전환, 기업 경영에 개입 등 방면에서 한국 정부의 역할을 충분히 긍정함은 물론, 한국 경제가 정부 주도형에서 민간 주도형으로 전환하는 문제를 주의 깊게 탐구했다.

④ 한국 대외투자의 동향, 특징, 변화의 예측—예컨대 대기업이 점차적으로 중소기업의 주력군 지위를 대체하고 수량 증가와 기술 함량을 제고하는 것 등이 그것이다.

그 밖에 한국 금융 체제, 아시아태평양지역에 있어 한국의 지위와 역할, 한국 현대화 발전 과정 등에 대해서도 상당한 분량의 소개와 연구가 있었다.

중·한 관계의 채널을 확대하는 과정에서 양국은 경제 관계를 가장 전열前列에 세우고 체육경기로 국민교류의 붐을 북돋았으며 문화와 학술교류가 그 뒤를 따르게 함으로써 보다 심층적인 차원의 촉진 작용을 일으켰다. 이처럼 무형이나 유형의 협력을 이루어 최종적으로 중·한 정치 관계 설정을 위한 기초를 다졌다. 또한 수교의 발걸음을 재촉하기 위해 적극적으로 여론을 조성했다. 경제인과 문화인이 먼저 행동을 취한 다음 그 뒤를 이어 정치가들이 시대와 정세를 파악하고 시기를 포착했다. 그럼으로써 외교협상의 성과를 유도하여 중·한 관계의 정상화를 향한 원만한 종지부를 찍었다.

제6부 중·한 국교 수립

1장 남북 고위급 회담과 남북한 유엔 동시 가입

1988년 2월 25일, 새로 당선된 한국 대통령 노태우는 취임 연설에서 대한민국의 대통령으로서 국토 분단 국면의 종결을 요구하는 국민들의 강렬한 염원에 부응하여 북측과의 협력을 통해 한반도의 화해를 실현하겠다고 선포했다. 노태우는 조선 남북 관계 개선과 북방 국가와의 관계 개선을 외교 정책의 상호 보완적 양면으로 보았다. 7월 7일, 노태우는 '민족자존과 통일 번영을 위한 대통령 특별선언'이라는 연설에서 민족 화해를 실현하기 위한 6가지 주장을 제시했다. ① 남북 각 분야 인사들의 교류와 해외 거주 한국인들의 자유로운 왕래를 추진하겠다. ② 1,000만 명 남북한 이산가족의 상호 방문을 실현하겠다. ③ 남북 간의 무역을 민족 내부의 무역으로 간주하겠다. ④ 비군사적 물자에 한해서 한국의 우호국들이 북측과 교역하는 것을 반대하지 않겠다. ⑤ 한국은 북측이 국제사회에 공헌하는 데 협조하고 남북 대표들이 국제무대에서 자유롭게 만날 수 있도록 하겠다. ⑥ 한국은 북측이 일본, 미국과 관계를 개선하는 데 협조하겠다.[1] 이 연설은 북측에 대해 적대적 정책을 중단하겠다는 중요한 메시지를 담고 있었다. 동시에 중국, 소련 등의 국가들과 관계를 개선함으로써 국제 형세 변화의 요구에 부응하여 조선의 남북대화와 협력을 촉진할 것을 강조한 것이다. 결국 '북방외교'의 기치를 더한층 명확하게 한 것이다.

1989년부터 1991년 사이에 소련과 동유럽은 전혀 예상치 못한 변화를 겪었다. 50년 동안 국제 관계 구도의 기반이 되었던 얄타 체제가 순식간에 붕괴되고 만 것이다. 이로 인해 대통령 노태우의 '북방외교'는 단시간에 일련의 행동으로 옮겨져 세인이 주목하는 괄목할 만한 효과를 거두게 되었다. 당시 변화의 소용돌이에 처한 소련과 동유럽 국가들 역시 국제사회의 지지를 적극 모색하고 있었기 때문에 '북방외교'는 널리 환영을 받았다.

1989년 2월, 한국은 먼저 헝가리와 국교 정상화를 실현했다. 이어서 1989년 11월과 12월, 폴란드, 유고슬라비아와 수교했다. 1990년 3월, 체코슬로바키아, 불가리아, 루마니아와 수교했다. 그리고 9월, 한국은 소련과 외교 정상화를 실현했다. 1991년 8월, 한국이 알바니아와 수교하는 것을 끝으로 짧은 30개월 동안 한국은 소련 및 동유럽 각국들과 국교 정상화를 전부 실현했다. 1990년 3월, 한국은 몽골인민공화국과도 수교했다. 북방외교는 일시에 큰 성과를 거두었다.

이처럼 한국이 소련과 동유럽 국가들과의 관계가 순탄하게 진행되었던 것에 비해서 이 시기 '북방외교'에 있어 중·한 양국의 정치 관계는 진척되지 못하고 있었다. 이 시기 중·한 양국 간의 정치 관계는 팽팽한 대치 상태에 처해 있기는 했지만 양국 간의 경제무역 관계와 민간인 왕래는 오히려 현저하게 늘어났다. 이것은 당시 중·한 관계의 방향이 정치와 경제가 분리되어 경제 관계의 발전과 국제 분위기의 완화 속에서 두 나라 모두 정치적인 접근의 가능성을 탐색하고 있었음을 말해준다. 그러나 양측은 모두 이러한 접근이 반드시 한반도 남북 관계의 개선을 중요한 전제로 삼아야 한다는 사실을 너무나 똑똑히 알고 있었다. 남북 양측이 상대방을 독립국가의 실체로 인정할 때만 비로소 중국이 북조선과의 특수한 동맹국 관계에 영향을 주지 않고 북조선에 대한 국제적 의무를 이행하는 기초상에서 한국과의 정치 관계를 발전시킬 가능성이 있는 것이었다. 결국 중·한 관계의 발전은 여전히 남북 관계라는 제약 속에 있었다.

그러나 국제 정세의 급속한 변화와 특히 '냉전'이라는 동일한 배경 속에서 동서로 분열되었던 독일의 통일은 한반도의 남북 양측에 강력한 영향을 미쳤다. 그 밖에도 1970년대에서 1980년대 사이 한국 경제의 눈부신 발전은 남북의 총국력, 경제성장지표, 국민생활 수준 등의 측면에서 남측에 유리하게 작용했다. 대통령 노태우가 주도한 '북방외교'가 여러 면에서 성과를 거두었고 소련과 동유럽 국가들도 한국의 입장을 지지함으로써 한국이 국제무대에서 주동적인 위치를 점유할 수 있었다. 북조선은 국제 형세와 한반도 역량의 대조에 근거하여 더 넓은 생존과 발전 공간을 얻기 위해 대남 정책을 급히 조절했다. 남북대화도 민간 차원에서 단번에 총리급의 고위회담으로 격상되었다. 8차례의 예비회담을 거친 다음에 남북 양측협상은 중대한 진전을 거두어 첫 고위급 회담을 서울에서 개최하기로 결정했다. 1990년 9월 4일, 북조선 정무원 총리 연형묵延亨默을 위시한 북측 대표단이 판문점의 군사분계선을 넘어왔다. 또한 한국 측은 남북 고위급 회담의 부드러운 분위기를 조성하기 위해 서울의 모든 반공표어들을 철거하고 북조선을 '북괴뢰 정권'으로 칭하는 것을 정지했다. 각종 접견장소에서 모두 총리 연형묵에 대해 '조선민주주의인민공화국 총리'의 칭호를 사용함으로써 한국이 북조선을 하나의 국가 정치 실체로 인정하는 새로운 태도를 보여주었다.[2]

9월 5일, 남북 제1차 고위급 회담이 서울 인터컨티넨탈 호텔에서 정식으로 시작되었다. 양측 총리들은 각기 기조연설을 했다. 북조선 총리 연형묵은 연설에서 우선 협상 전全 과정에서 지켜야 할 3개 원칙을 제의했다. ① 양측은 1972년 7월 4일 체결한 '공동성명'에서 천명한 '자주', '평화통일', '민족대단결'이라는 3대 통일원칙을 철저히 준수해야 한다. ② 양측은 일방의 이익보다 민족 공동의 이익을 준수해야 한다. ③ 양측은 회담 분위기를 흐리게 하거나 회담의 진전에 저촉되는 일을 하지 않아야 한다. 이어 연형묵은 정치적으로 적대시 상태를 해제할 구체적 조치를 제안하고 이를 위해 시급히 해결해야 할 2가지 문제를 제기했다. 첫째, 유엔 가입 문제는 마땅히 남북이 통일된 후에 하나의 국가로서 해결하는 것이 가장 합리적이다. 각자 가입할 것이 아니라 하나의 의석으로 공동 가입해야 한다. 둘째, 방북 구속자를 석방해야 한다. 이 외에도 연형묵은 군사 대치 상태를 해소하는 문제와 관련해서 다음과 같이 제안했다. 군사훈련과 군사 연습을 제한하고 남북이 단계적으로 군대를 철수해야 한다. 양측은 군사 장비의 현대화를 중단하고 군사분계선의 비무장지대를 평화지대로 바꾸어 우발적인 충돌을 방지하는 안전조치를 취해야 한다. 그리고 외국 군대를 철수시키고 미·한 합동군사훈련을 중단해야 한다.[3]

북측의 기조연설 이후 한국 총리 강영훈姜英勳은 연설에서 다음과 같이 제의했다. 자유 왕래와 사회 개방을 실현하고 설과 추석 때 일정기간 민족대교류를 실시해야 한다. 60세 이상 노인들의 이산가족 고향 방문을 즉각적으로 실행해야 한다. 또한 부총리를 영수로 하는 경제 협력공동체를 설치해 자원을 공동으로 개발하고 협력하여 투자할 수 있도록 해야 한다. 양측은 무역부문에서 접촉을 갖고 남북 간의 간접무역을 직접무역으로 바꾸어야 한다. 남북 관광코스를 개발하고 중단된 철도와 도로를 복구하고 연결하며 통항, 통신, 통상과 관련된 합의문 체결 등 남북 화해와 협력에 유리한 구체적 조치를 취해야 한다. 정치, 군사 측면에서의 상호 신뢰 구축 문제와 관련해서는 여단급 이상의 부대가 움직이거나 기동훈련을 할 경우 미리 상대방에게 통보한다. 공격형 전략을 방어형 전략으로 전환해 동등한 원칙에 따라 균등하게 군비를 감축하는 등 5가지 군비 감축 방안을 실행해야 한다. 우발적인 군사 충돌을 방지하기 위해 양측 국방장관 간 직통전화를 가설한다. 군비 감축을 감독하기 위해 상주 감시단을 구성한다. 군계 인사들 간의 상호 방문과 교류를 실현하고 군사정보를 서로 공개적으로 교환한다. 서울과 평양에 상호 상주 대표기구를 설치하고 서로 라디오, TV, 신문 간행물을 개방한다. 이런 제안과 함께 강영훈은 남북 관계 개선에 대한 기본 합의문의 초안을 제시했다. 여기에는 남북통일 전까지 상대방의 체제를 서로 인정하고 존중하며 상대방을 공격하는 모든 비방과 중상을 중단하고 상대방의 내정을 간섭하지 않는다는 등의 내용이 담겨 있었다.[4]

9월 6일, 양측은 기조연설에서 제기한 각종 제안들을 둘러싸고 토론을 벌였다. 이 토론을 통해 양측은 군비 감축 실시, 군사훈련 규모의 제한, 영구적인 평화협정 체결, 상호 공격 비방 중단, 양측 군사당국 간 핫라인 설치, 상대방의 정치사회 제도를 상호 인정하는 등의 문제에 대해 많은 의견 일치를 달성했다. 그러나 유엔 가입 방식, 통일 과정, 민족의 화해를 실현하기 위한 선행 조치 등의 측면에서는 여전히 의견 차이를 보였다. 비록 그렇기는 하지만 회담 분위기는 활기차고 우호적이었다. 같은 날 오후 연형묵 등 11명의 북측 고위급 관리들은 대통령 노태우를 방문했다. 연형묵과 노태우는 뜨겁게 악수를 나누고 서로의 어깨를 다독이면서 만면에 환한 웃음을 지었다. 연형묵은 노태우를 '대통령 각하'로 칭하면서 노태우에게 보내는 김일성의 인사를 전했다. 노태우는 "상호 협력의 기초 마련을 위해 양측의 정상이 조속히 만날 수 있기"를 희망했다. 또한 "현 세기에 통일을 실현하기 위해 남북 당국은 마땅히 대화를 지속하여 통일의 길을 열어야 한다"라고 강조했다.[5] 공식 회담은 그날로 종결되었으며 양측은 그해 10월 16일부터 19일까지 평양에서 제2차 고위급 회담을 갖기로 약속했다. 한국 대변인 홍성철洪性澈은 기자들에게 "이번 회담은 현실적인 토론의 장이 되었다. 회담은 성공적이었고 앞을 향해 진일보한 발걸음을 내디뎠다"라고 평가했다. 북조선 대변인 안병수安炳洙는 "회담이 진전을 가져올 수 있다는 점에서 낙관한다"라고 밝혔다.[6]

남북 고위급 회담은 국제 여론의 광범위한 주목을 끌었다. 교도통신共同通信은 "북조선 총리 연형묵이 최초로 한국 대통령 노태우와 회담을 가졌다. 이것은 북조선이 사실상 노태우 정권을 이미 인정하고 있음을 나타내는 것"이라고 논평하면서 노태우가 주석 김일성에게 제안한 남북 정상 회담은 "남북한 관계가 급속히 개선되는 단초가 될 가능성이 매우 크다"라고 인식했다.[7] 말레시아의 『남양상보南洋商報』는 "남북 총리 회담이 관계를 개선하고 적의를 해소하는 첫 걸음이 될 것이다. 이 회담은 한반도가 제2차 세계대전이 종결된 이래 갖는 최고위급 접촉이기 때문에 어쨌든 중대한 의미를 갖는다"[8] 라고 보도했다. 싱가포르의 『연합조보聯合早報』는 "남북 고위급 회담은 정치

상의 중대한 돌파구로서 더없이 귀중한 성과들을 거두었으며 사람들을 고무해 미래를 향해 큰 걸음을 시작했다"[9]라고 보도했다. 9월 9일, 『인민일보』도 「조선 인민의 빛나는 경축일을 축하한다[祝賀朝鮮人民的光輝節日]」라는 제목의 사설을 발표하여 "최근 조선의 남북 측 총리들이 서울에서 첫 고위급 회담을 가졌는데 이것은 양측 간의 갈등을 해소하고 이해를 증진시키며 조선의 통일 진척에 적극적인 작용을 할 것"이라고 밝혔다. 또한 "가야 할 길이 얼마나 멀든지 간에 조선의 통일은 조만간 꼭 실현될 것임을 굳게 믿는다"라고 덧붙였다.[10] 1992년 5월까지 남북 양측은 서울과 평양을 오가면서 모두 17차례의 총리급 회담을 진행했다. 남북 고위급 회담의 진전은 양측의 유엔 가입을 위한 새로운 기회를 만들었다.

1991년 신정, 주석 김일성은 '신년헌사'에서 국가통일 실현을 쟁취하기 위한 정치회담을 계속적으로 진행할 것을 제안했다. 이 제안은 한반도 남북 양측의 대화에 새로운 희망을 더해주었다. 그해 4월, 남북 측은 단일팀을 구성하여 제41회 세계탁구선수권대회에 참가했고 국제적 스포츠 무대에서 처음으로 민족통일의 새로운 모습을 보여주었다. 5월 6일, 남북 측은 재차 단일국가축구대표팀을 조직하여 제6회 세계청소년축구선수권대회에 출전함으로써 푸른 잔디밭에서 민족통일의 새로운 면모를 과시했다. 스포츠경기에서의 단일팀 구성은 남북통일의 진전이 새로운 단계로 접어들었음을 보여주는 것이었다. 한반도 양측의 유엔 가입은 이제 시간문제나 다름없었다.

같은 해 5월 3일, 북조선 정무원 총리 연형묵의 초청으로 중국 총리 리펑李鵬이 북조선을 방문했다. 북한을 방문하는 총리 리펑을 중공 중앙총서기 장쩌민江澤民 등의 지도자들이 특별히 공항에까지 나가 전송할 정도로 이 방문의 의미는 특별했다. 북조선 정부는 평양에서 성대한 환영식을 거행했다. 양국 총리는 그날 오후 즉시 회담을 갖고 양측은 당면한 국제 형세가 복잡하고 혼란스러운 상황을 감안하여 양국 지도자들이 항상 의견을 교환하고 상황을 서로 공유하는 것이 무엇보다도 중요하다는 데 견해를 같이했다.[11] 5월 4일,

주석 김일성이 총리 리펑을 회견하고 아주 솔직하면서도 우호적이고 화기애애한 담화를 나누었다. 김일성은 리펑에게 한반도의 정세와 그와 관련된 상황들을 소개했다. 이에 리펑은 다음과 같이 밝혔다. "한반도 정세가 완화 추세를 보이는 것은 시대의 흐름을 따르는 것이다. 중국은 북조선의 조국 자주 평화통일을 쟁취하기 위한 투쟁을 시종일관 지지한다. 아울러 김일성의 '하나의 민족, 하나의 국가, 두 개의 제도, 두 개의 정부'에 기초한 연방제 방식으로 통일을 실현한다는 주장에 대해서도 지지한다."[12] 이는 북조선 측이 연방제를 강조하고 남북이 서로 상대방을 제도가 다른 정부로 인정하는 것을 감안하여, 중국은 북조선이 유엔에 가입함으로써 장래의 통일 조건을 만드는 것에 대해 명백히 지지한다는 입장을 천명한 것이었다. 또한 이러한 상황에서 만약 한국도 유엔 가입을 신청한다면 중국은 당연히 부결권을 행사하지 않을 것이라는 의미도 담고 있었다. 5월 27일, 북조선 외교부는 유엔 가입을 준비하겠다고 선포했다.

1991년 9월 17일, 제46차 유엔총회는 연례회의를 소집했다. 이 회의의 주요 절차는 에스토니아Estonia, 리투아니아Lithuania, 라트비아Latvia, 조선민주주의인민공화국, 대한민국, 마셜Marshall 열도, 미크로네시아Micronesia 연방공화국 등 7개국을 새로운 유엔 회원국으로 승인할 것인가에 대한 문제를 토의하는 것이었다. 같은 날, 총회는 이 7개국의 유엔 가입을 지지하고 찬성했다. 9월 18일, 북조선 외교부는 성명을 발표해 북조선의 유엔 가입을 지지하고 환영해준 모든 유엔 회원국들에게 깊은 감사를 표했다. 그리고 '유엔헌장'을 존중하고 유엔 성원국으로서의 의무를 이행하며 자신의 역할을 다할 것이라고 밝혔다. 동시에 비록 유엔에 가입했더라도 조국과 민족을 통일하는 것이 북조선의 기본 정책이라는 점에서는 변함이 없음을 강조했다. 북조선 외교부는 "국가와 민족이 일시적으로 분단된 현실적 상황에서 우리는 통일을 유리하게 한다는 차원에서 부득불 유엔 가입 문제를 고려할 수밖에 없었다"라고 설명하면서 "유엔 가입의 기회를 이용하여 두 개의 조선 형식으로 국가의 분열을 고정하려고 하는 어떠한 기도도 허용하지 않겠다"라고 밝혔다.[13] 같은 날 북조선의 외교부 부부장 강석주姜錫柱는 뉴욕에서 한국 기자들에게 담화를 발표했다. 강 부부장은 "남북의 유엔 동시 가입은 조국 통일을 위해 유리한 환경을 마련한 것이다. 양측이 이미 유엔에 가입했고 국제사회에서도 합법적 정부로 인정받은 이상 남북 정상의 최고위급 만남도 이루어져야 한다"라고 밝혔다. 그러면서 "김일성 주석도 북과 남의 정상 회담을 희망한다"라고 강조했다.[14] 강석주의 연설은 노태우가 재삼 요구한 남북 정상 회담에 대해 북조선 측이 최초로 피력한 적극적인 호응이었다. 한국 측은 남북의 유엔 동시 가입에 대해 만족을 표하면서 한반도의 통일을 실현하는 4가지 절차를 제안했다. 첫째, 양측은 상대방의 국가 실체를 인정해야 한다. 둘째, 교류와 협력을 통해 신뢰 관계를 구축해야 한다. 셋째, 국가 연합을 실현해야 한다. 넷째, 최종적으로 통일을 실현해야 한다.[15] 객관적으로 말하자면 남북의 유엔 동시 가입은 북조선과 한국이 제각기 유엔의 한 회원국이 되어 국제사회에 진출한 것으로 한반도 통일 계획의 첫 번째 목표를 실현한 것을 의미했다. 그러므로 한국 외무 장관 이상옥李相玉도 "유엔에서 남북 양측을 동시에 받아들인 것은 대화에 중요한 길을 열어준 것"[16]이라고 말했다.

남북 유엔 동시 가입은 국제사회에서도 환영받았다. 일본 외무성은 "이것은 일日·조朝 국교 정상화 협상에 있어 유리한 새로운 요인을 더해주었다"[17]라고 밝혔다. AFP통신은 "유엔이 조선 북남 양측을 회원국으로 받아들임으로써 역사적으로 가장 어려운 고비를 결정적으로 종결했다"[18]라고 보도했다. 유엔 주재 미국 대사 토머스 피커링Thomas Pickering은 "유엔이 남북 양측을 동시에 받아들인 것은 서울과 평양의 통일 추진 노력을 도운 것이다"[19]라고 말했다. 9월 20일, 『인민일보』는 단평을 발표하여 "이번의 조치는 한반도의 긴장 완화와 안정에 유리하고 조선 자주평화통일의 대업을 추진하는 데도 중요한 의미를 갖는다. 중국 인민은 이에 대해 뜨거운 환영을 표하는 바이다"라고 밝혔다.[20] 9월 25일, 제46차 유엔총회에 참석한 중국 외교부장 첸치천錢其琛은 "이번 유엔총회에서 조선 북남 양측을 유엔의 정식 회원국으로 받아들인 것은 한반도 정세를 완화시키는 데 일조한 중요한 사건이다. 우리는 조선 북남 양측이 계속 대화와 협상을 통해 관계를 개선하고 교류와 협력을 확대하며 대립과 갈등을 해소하여 최종적으로 국가의 자주평화통일을 실현하기를 바란다"[21]라고 발언했다. 10월 4일, 중공 중앙 총서기 장쩌민은 댜오위타이국빈관釣魚臺國賓館에서 북조선 국가주석 김일성과 회견을 가지고 9월 17일 북조선이 유엔 회원국이 된 데 대해 뜨겁게 축하했다. 장쩌민은 "우리는 한반도의 정세 발전에 깊은 관심을 갖고 있다. 한반도 지역의 긴장 완화와 안정은 동북아시아와 전체 아시아의 정세 발전과도 관련되기 때문이다. 최근 한반도의 정세가 점차 완화되고 있고 북남 관계도 어느 정도 개선되고 있다. 이것은 조선 인민들의 이익뿐만 아니라 아시아 각국 인민들의 염원에도 부합된다. 우리는 김일성 주석이 제기한 연방제 통일 방안을 지지한다"[22]라고 말했다. 총서기 장쩌민의 연설과 외교부장 첸치천의 발언은 모두 한반도 남북 측의 유엔 가입이 갖는 현실적 의미와 깊은 영향에 대해 충분히 긍정하고 한반도 통일에 대한 중국의 입장을 다시 한 번 밝힌 것이었다.

개괄적으로 말해서 중국의 원칙적인 입장은 다음과 같다. 첫째, 한반도 양측이 협상을 통해 평화적인 통일을 실현하기를 진심으로 바란다. 중국이 이런 입장을 취한 것은 결코 우연한 일이 아니다. 역사적 전통으로 볼 때 한반도는 언제나 분열에서 통일로 나아갔다. 한반도는 초반부터 고구려, 신라, 백제 등 삼국이 장기간 대치하는 분열 국면이 나타났다. 당시 중국은 왕조가 서늡 교체되기는 했지만 항상 한반도의 안정, 나아가 통일을 이룰 수 있도록 외부의 적극적인 자극 역할을 했다. 고려, 조선 왕조가 한반도를 통일한 뒤에도 중국의 역대 황제들은 언제나 한반도 정권의 교체를 시인해주었음은 물론 한반도 정권과 화목하게 지냈다. 지연이나 정치 차원에서 보았을 때 중국과 한국의 외래 세력들이 한반도에 분란을 일으켰을 때마다 중국은 항상 그 중심에서 휘말리곤 했다. 그럴 때마다 중국은 매번 엄청난 대가를 치렀다. 국제 형세와 중국 자체의 평화 건설을 위한 현실적 필요에 의해서도 중국은 주변 국가들과 선린 관계를 구축하여 국내 경제 발전을 위한 유리한 국제환경을 만드는 것이 절실하게 요구된다. 동서남북을 둘러보아도 한반도의 안정과 평화는 중국의 평화 건설에 직접적 영향을 미치는 가장 중요한 외부 요인 중의 하나이다. 그러므로 중국은 항상 한반도 정세의 추이에 매우 큰 관심을 갖는 것이다.

둘째, 중국은 지금까지 한반도 양측의 자주적 통일 실현을 주장해왔다. 예로부터 한반도 통일은 외래 세력의 정正과 부副라는 양면적 영향을 받아왔다. 근대에 이르러 특히 제2차 세계대전 이후의 사태는 더욱 그러했다. 역사의 경험으로부터 얻은 교훈은 분열과 통합이라는 격심한 변화를 겪어온 4,000년 문명사를 가진 한반도 민족이 민족 내부의 분쟁을 해결하고 민족 대화합과 한반도의 통일을 실현할 수 있는 지혜가 있음을 보여주는 것이었다. 1972년 7월 4일 남북 양측의 '공동성명' 발표, 그리고 1991년 12월 남북 고위급 회담이 거둔 의욕적인 성과는 남북 양측이 민족 자체의 협상으로 분쟁을 해소하고 화해했다는 점에서 세계를 놀라게 하는 중대한 진전을 가져왔다. 무턱대고 외부 세력에만 의존하게 되면 한반도 남북의 대립과 분쟁은 계속 격화될 수밖에 없고, 심지어 내전을 초래할 수도 있다. 다시 그 내전은 국제전쟁으로 비화되어 스스로 민족과 국가를 폐허로 만들 수 있다.

셋째, 한반도 통일의 원칙적 입장은 중국이 적극적으로 제창한 평화공존 5원칙에 근거한다. 근대 이래 침략 전쟁과 제국주의 강권 정치의 온갖 고통을 겪을 대로 겪은 중화 민족은 줄곧 다음과 같은 세상이 오기를 갈망해왔다. 즉 힘으로 약자를 능멸해서는 안 되고 평등하게 대할 것, 다른 나라의 주권과 영토를 제멋대로 침범하거나 상호 내정을 간섭해서는 안 되며 영토 주권을 존중할 것, 일방적인 최혜국 대우가 아니라 호혜적인 관계가 될 것, 전쟁이 아닌 평화로운 신세계를 추구할 것 등이 그것이다. 신중국이 성립된 이후에야 중국 인민은 이러한 외교 원칙을 실현할 수 있게 되었다. 1954년 4

월, 중국 정부는 인도 정부를 상대로 중국 티베트지역과 인도 사이의 통상 및 교통협정을 협의함에 있어 상호 주권 존중과 영토 보전, 상호 불가침, 상호 내정 불간섭, 평등 호혜, 평화공존을 내용으로 하는 평화공존 5원칙을 제시했다. 그해 6월, 제네바회담 때 총리 저우언라이周恩來는 인도 총리 네루Nehru, 미얀마 총리 우누UNu와 2개의 공동성명을 발표하면서 상기 원칙을 재천명했다. 평화공존 5원칙은 제출된 그날로부터 중국이 세계 각 나라들과 상호 관계를 맺을 때 준범으로 삼는 종합 원칙이 되었다. 한반도 남북 양측의 문제도 당연히 그 가운데 포함되었다. 그러므로 중국이 주장하는 한반도 평화통일 원칙은 한반도 문제 처리 중에 평화공존 5원칙이 집중적으로 구현되었다. 북조선과 한국이 유엔에 동시 가입함으로써 평화공존 5원칙의 적용 범위는 자연스럽게 북조선과 한국을 포괄했다. 이로써 중국은 계속해서 북조선과 친밀한 우호 관계를 유지함과 동시에 한국과의 정치 관계도 발전시킬 수 있게 되었다. 중·한 양국이 정치 관계상의 단절된 상태를 타개할 수 있는 날이 더욱 가까워지고 있었다.

2장 수교협상

1991년 9월, 한반도 남북 양측의 유엔 가입은 중·한 간 국교 수립에 있어 하나의 큰 난제를 해결해주었다. 이와 함께 10월, 중·한 외교 대표는 유엔총회 때 처음으로 회동을 가졌고 그 뒤로 3차례 만남을 더 가졌다. 11월에는 제3차 아시아태평양경제협력체(APEC) 각료회의가 서울에서 열렸다. 이 회의는 중·한 고위급 정치 접촉에 좋은 기회를 마련해주었다.

11월 12일, 중국의 국무위원 겸 외교부장 첸치천錢其琛과 대외경제무역부장 리란칭李嵐淸이 이끄는 중국 대표단이 서울에 도착했다. 이는 중국이 아시아태평양경제협력체회의에 최초로 참석한 것이자 중국 외교부장이 처음으로 서울을 방문한 것이기도 했다. 한국 측은 첸치천 일행의 서울 방문에 대해 상당한 의미를 부여했다. 11월 8일, 아시아태평양경제협력위원회 사무총장인 이시영李時榮이 정부 대변인(외무부 외교정책실장—옮긴이) 신분으로 언론과의 인터뷰에서 미국 국무 장관 제임스 베이커James Baker, 중국 외교부장 첸치천, 일본 외상 와타나베 미치오渡邊美智雄가 회의에 참석할 것이라고 전했다. 이시영은 중·한 양측의 쌍무회담 계획 여부를 묻는 기자들에게 구체적으로 설명하지는 않았지만 "쌍무회담의 기회는 존재한다"[23]라고 밝혔다.

12일 오후, 첸치천 일행이 서울 김포 공항에 도착하자 이시영을 비롯한 한국 관리들의 뜨거운 환영을 받았다. 『인민일보』 국제판은 외교부장 첸치천과 대외경제무역부장 리란칭이 비행기에 내려 환하게 웃으면서 이시영과 뜨겁게 악수하는 장면을 실었다. 그날 오후 한국 대통령 노태우가 회의에 참석한 각국 장관들을 회견했다. 노태우는 첸치천과 리란칭 두 부장을 단독으로 만나 약 40분 동안 회담했다. 노태우는 중국 손님들에게 한국의 핵무기 생산과 그 배치 계획의 포기를 보증함과 동시에 중국과의 관계 개선에 대한 희망을 설명했다. 기자들은 회담의 구체적인 내용에 관해 무척 궁금해 했지만 청와대 대변인 이수정李秀正은 아무런 내용도 밝히지 않았다. 다만 "이번 회담은 쌍무 문제와 지역적 문제와 관련해서 의견을 나누었다"고만 전했다. 그러나 국제 여론은 첸치천 일행의 한국 방문 및 노태우와의 회담에 대해 높은 관심을 보였다. AP통신사는 "중국의 외교부장과 베이징 측이 외교 관계가 없는 한국 대통령과 회담을 가지기는 이번이 처음이고, 첸치천은 유사 이래 한국을 방문한 최고위급 중국 관리"[24]라고 보도했다.

11월 14일, 외교부장 첸치천은 한국 외무 장관 이상옥과 회담을 가졌다. 외무부 아주국장 김석우金錫友는 기자들에게 회담 내용과 관련해서 양측은 한국이 제기한 한반도 비핵화지대 제의를 토의했고 중국 측은 대통령 노태우가 선포한 한반도 비핵화에 대한 지지를 표했다고 밝혔다. 양측은 현재 중·한 관계가 발전하고 있다고 인식을 같이했고 아울러 쌍무 접촉 범위를 확대하는 데 동의했다.[25] 이날 오후, 외교부장 첸치천은 서울의 신라호텔에서 기자회견을 가짐과 동시에 각국 대표 단장들의 공동 기자회견에 출석하여 각국 기자들이 던진 중국 및 중·한 관계와 관련된 물음에 답했다. 첸 외교부장은 "나는 이번 제3차 아시아태평양경제협력체 각료회의에 참가하기 위해 서울에 와서 회의 개최국 대통령, 외무 장관과 회동을 가졌다. 이것은 매우 자연스러운 일이다"라고 말하고 나서 다음과 같이 강조했다. "우리는 한반도가 핵무기를 보유하는 것에 대해 반대한다. 북측은 물론 남측도 핵무기를 보유해서는 안 되며 외국도 핵무기를 보유해서는 안 된다. 우리는 한반도의 비핵화를 주장한다. 이 문제는 마땅히 대화를 통해서 해결해야 한다. 중국은 압력 행사에 대해 찬성하지 않는다. 대화가 압력보다 훨씬 효과적이다." 첸 외장은 한반도의 최근 정세에 대한 중국 측 입장을 재천명하는 한편 "한반도의 일은 북남 양측 스스로가 해결해야 한다"라는 중국의 일관된 입장을 거듭 밝혔다.[26] 쳰치천 일행의 서울 방문은 여러 면에서 의미가 있었다. 중국 대표단의 회의 참석은 한편으로 중국 경제가 활기차게 발전하여 국력이 증강되었음을 보여주어 국제 경제사회의 주목을 불러일으켰고, 다른 한편으로는 중국이 아시아태평양경제협력회의에 참석하여 이 회의의 세계적 위상을 높여주었다. 그러므로 한국 외무 장관 이상옥은 13일 열린 개막식 연설에서 "중국, 타이완, 홍콩 대표단이 회의에 참석함으로써 의문의 여지도 없이 지역합작매체로서의 아시아태평양경제협력회의의 역할을 강화해주었다"라고 말했다. 각국 대표들도 이 점에 대해서 아주 높은 평가를 했다.[27] 그 중에서도 중·한 관계로 말하자면 한국 대통령 노태우가 단독으로 쳰치천 일행을 40분 동안이나 회견한 것은 중국 대표단에 베푼 특별한 우대였다. 한국은 이러한 방식을 통해서 전 세계에 중·한 관계가 새로운 전환점을 맞이하고 있다는 중요한 메시지를 전했다.

1992년 봄, 중국[神州] 대지에는 봄기운이 무르녹았다. 이 해 2월, 덕망 높은 덩샤오핑이 중국 남방을 빈번히 시찰하면서, 개혁개방의 물결을 일으킨 남순강화南巡講話를 발표했다. 중국의 경제 발전 속도가 더없이 빨라져 갈수록 전 세계의 주목을 끌었다. 바다 넘어 한반도에도 평화로운 서기瑞氣가 나타나기 시작했다. 그해 2월, 평양에서 이루어진 제6차 남북 고위급 회담에서 양측은 '남북 화해와 상호 불가침 및 교류 협력에 관한 협의서', '한반도의 비핵화에 관한 공동선언' 등의 역사적인 문건들을 체결했다. 3월에는 판문점에서 첫 남북정치분과위원회, 첫 남북군사분과위원회, 첫 남북 교류 및 협력분과위원회, 첫 남북핵통제공동위원회의 회의가 열렸다. 이렇게 많은 남북 간의 '첫 번째' 회의들은 한반도의 평화통일 진척이 사람들을 고무시키는 참신한 단계에 진입했음을 시사했다. 때마침 제48차 유엔 아시아태평양경제사회위원회회의(ESCAP, 이하 아태경제사회회의)가 4월 14일 베이징에서 이루어졌다. 세계 각국과 지역에서 온 110여 개의 대표단 대표 700여 명이 회의에 참석했다. 대회 개막식은 제47차 유엔 아태경제사회회의 의장이자 한국 외무 장관인 이상옥이 주재했다.

사실상 회의가 거행되기 2일 전인 4월 12일, 이상옥은 먼저 베이징에 도착하여 중국을 방문한 첫 한국 외무 장관이 되었다. 이상옥은 베이징에서 뜨거운 환대를 받았다. 4월 13일, 중국 총리 리펑이 이상옥을 회견하여 주인과 손님은 우호적인 분위기 속에서 이야기를 나누었다. 이상옥은 리펑에게 양국 간의 관계 정상화 실현을 바란다는 한국 대통령 노태우의 구두 메시지를 전했다. 이에 대해 리펑은 "서울이 지리적으로 베이징과 가까이 있고 이웃 간에는 늘 왕래해야 하는 법이다. 이로 볼 때 중·한 양국 지도자들도 직접적인 접촉을 가져야 한다"라고 화답했다. 이날 양국 외장들도 회담을 갖고 국제적 문제와 지역적 문제를 토의하고 아시아 태평양 경제사회에 대한 견해를 교환했다. 한국 외무부 아주국장 김석우金錫友는 기자들에게 "오늘의 외장 회담은 양국이 모두 외교 관계 정상화 실현이 필요하고 정확한 결정이라는 점을 확신하게 해주는 것이었다"라고 말했다.[28] 4월 23일, 9일간 열린 제48차 아태경제사회회의가 베이징에서 순조롭게 폐막되었다. 대회는 '베이징 선언'을 발표하여 각국과 지역 간의 경제 연대를 추진하고 아시아태평양지역의 발전과 번영을 가속화할 것을 강조했다. 중국으로 말하자면 회의의 성공적인 개최는 아시아태평양 국제 경제 발전의 행로에 보다 신일보한 모습으로 참여하고 있음을 보여주는 것이었다. 중·한 관계에 있어서는 양국 고위급 지도자들의 상봉은 수교 협상을 위한 큰 문을 활짝 열어놓은 것이나 진배없었다.

경제문화교류라는 튼실한 토대가 있었기 때문에 중·한 양국의 외교 관계 정상화 협상은 매우 순조롭게 진척되었다. '냉전'의 종식은 중·한 관계 대립의 가장 근본적인 원인을 제거해주었기 때문에 중·한 양측은 의견 일치를 신속히 달성할 수 있었다. 중국이 조선전쟁에 참전한 것은 '냉전' 시대의 산물이므로 중·한 양측은 마땅히 발전된 안목으로 이 문제를 처리해야 한다고 인식을 같이했다. 그 밖에도 중·한 양국은 영토 문제를 비롯한 전쟁 보상 및 교민 귀환, 군인 유해, 정부 원조 등의 문제에 대해서도 입씨름을 한다거나 시간을 끌지도 않았으며 기술적 문제에 대한 협상 역시 순조롭게 풀어나갔다. 이데올로기나 정치 관점 간의 분쟁 문제에서도 양측은 의견이 일치하는 점은 취하고 의견이 다른 점은 잠시 보류하는 원칙에 입각하여 상대방의 입장을 고려하면서 조속히 의견 일치를 달성하는 데 전력을 다했다.

협상에서 가장 골치 아픈 것은 한국과 타이완의 관계, 중국과 북조선의 관계를 어떻게 처리해야 하는가의 문제였다.

타이완 문제에 대해서 중국 정부는 일관적으로 '하나의 중국'이라는 입장을 견지해왔다. 중국 정부는 어떤 국가든 간에 중국, 타이완과 동시에 외교관계를 유지하는 것을 허용하지 않았다. 이런 점에서 한국 정부는 매우 난처하지 않을 수 없었다. 그것은 미국이 '냉전' 시기부터 한국과 타이완을 똑같은 극동지역의 공산주의 방어 보루로 삼아왔던 터라 한국과 타이완의 관계가 아주 밀접했기 때문이다. 다년간에 걸쳐 정치적으로는 물론 경제적으로도 한국과 타이완은 광범위한 연계를 맺고 있었다. 더욱이 1960년대부터 한국과 타이완은 모두 수출을 앞세운 외향형 발전 전략을 채용했기 때문에 양측의 경제 연계는 더욱 밀접해져 타이완은 줄곧 한국의 중요한 무역 동반자였다. 한국 정부는 만약 타이완과 국교를 단절하게 되면 한국 기업계의 경제이익을 건드려 국내 경제에 영향을 줌으로써 집권의 토대가 동요되지 않을까 걱정하고 있었다. 한국은 아시아에서 타이완과 가장 늦게까지 외교 관계를 유지했던 국가였으므로 한국 정부가 타이완을 포기하기란 참으로 어려운 문제였다.

중국 정부가 견지한 '하나의 중국'이라는 입장에는 추호의 변함이 없었다. 한국은 중화인민공화국이 중국의 유일한 합법 정부라는 원칙에 대해 반드시 명확한 태도를 표명해야 했다. 결국 한국 정부가 최종적으로 타이완과의 관계를 포기하기로 결심한 것은 다음과 같은 몇 가지 점을 고려한 데 따른 것이었다.

첫째, '냉전'이 종식된 후에 한국은 새로운 국제 정세의 변화에 순응해야 했다. 국가이익이라는 차원에서 볼 때 '냉전' 시기 한국은 국가 안전 및 북측과의 대치 상황이라는 현실적 필요에 의해 타이완과 밀접한 관계를 유지해 왔다. 그러나 '냉전'이 끝난 시점에서 국제 환경의 변화로 인해 동서는 더 이상 대립하지 않았다. 한국의 국가 안전 목표는 이제 더 이상 공산주의를 억제하는 것이 아닌 동북아시아지역의 평화와 안정을 수호하는 일이었다. 새로운 형세에서 한반도의 남북 대치는 이미 협력과 대화로 대체되었거나 한창 그런 방향으로 전환되고 있었다. 이에 따라 한국이 과거 타이완과 맺었던 동맹 관계의 토대는 이미 흔들리기 시작했다. 한편 중국 대륙이 한국의 국가 전략에서 차지하는 위치와 역할은 한창 상승하고 있었다. 1971년, 중국이 제26차 유엔총회에서 유엔의 합법적인 의석을 회복하고 아울러 상임이사국이 되면서 중국의 세계 정치에 대한 영향력은 부단히 확대되고 있었다. 유엔 5대 상임이사국 중의 하나인 중국은 동북아시아와 한반도의 평화 및 안정에 엄청난 영향력을 행사하고 있었다. 개혁개방을 실행한 이후부터 중국 정부는 실질적인 외교 정책 노선을 실시하여 외교에서의 유연성을 증강해 국제적 영향력을 재차 확대하고 있었다. 그 반대로 타이완의 국제적 영향력은 점차 위축되어갔다. 중국과 국교를 수립한 나라는 이미 136개국으로 증가한 반면에 타이완과 외교 관계에 있는 나라는 불과 30개국밖에 남아 있지 않았다. 발전적 안목으로 볼 때 한국이 중국 대륙과 외교 관계를 발전시키는 것이 그 의미가 훨씬 더 컸다.

둘째, 중국은 북조선 문제에 있어 중요한 발언권을 가지고 있었다. 한반도의 남북통일은 한국 정부가 직면한 중요한 목표이자 준엄한 과제였다. 비록 1990년대 들어 남북이 대화는 물론 일부 협력과 교류를 시작한 것은 사실이다. 그러나 북조선 정부는 줄곧 한국 정부가 제시한 통일 조건을 거부했으며 핵문제상에서도 강경한 입장을 고수하고 있다. 동유럽이 급변하고 소련이 해체된 상황에서 중국은 조선민주주의인민공화국의 유일하게 남은 중요한 동맹국이었다. 뿐만 아니라 한반도의 평화통일은 반드시 북조선, 한국, 미국, 중국 4자 간의 의견 일치를 달성해야 가능한 일이었다. 이러한 정세에 비추어볼 때 중국의 역할과 의미는 아주 중대했다. 중·한 관계가 밀접해지면 한국은 남북통일 문제에 있어 비교적 유리한 위치를 차지할 수 있었다.

셋째, 경제적 발전이라는 각도에서 보면 한국과 타이완의 경제무역 관계는 다년간에 걸쳐 매우 중요한 위치에 있었다. 그러나 최근 갈수록 성장하는 중·한 경제무역 관계는 전자의 기세를 크게 압도하고 있었다. 1991년도의 집계에 따르면 중·한 쌍무 무역액은 이미 한국과 타이완의 쌍무 무역액의 두 배에 가까운 수치였다(〈표 6〉). 중국은 미국이나 일본에 버금가는 한국의 3대 무역 동반국으로 부상했다. 1992년 상반기, 중·한 민간무역협정과 투자보호협정이 발효됨에 따라서 한·중 간 무역액과 투자액은 더욱 급속도로 증가했다. 1992년 1월부터 7월까지 한국의 대중국 총투자액은 3억 6,900억 달러에 달하여 과거의 총액을 훨씬 초과했다. 중국은 한국의 대외투자에 있어 홍콩, 일본 다음가는 제3위를 차지해 타이완, 싱가포르, 태국을 앞섰다. 같은 시기 쌍무 무역의 급속한 성장으로 인해 사람들은 중·한 무역액이 1992년 말에는 100억 달러에 도달할 것이라고 전망했다.[29] 중·한 경제무역의 중요성은 이미 한국과 타이완의 관계를 훨씬 뛰어넘었다. 그리고 중국의 광활한 대륙에 잠재하는 소비 수요와 시장 능력도 한쪽 구석에 위치한 타이완과는 비교가 되지 않았다. 한국 정부의 입장에서 보면 시기가 이미 성숙한 상태에서 계속 타이완과의 동맹만을 고집할 수는 없었다. 타이완으로 인해 실질적이면서도 전망이 무한한 중·한 관계를 포기한다는 것은 외교상에서도 현명하지 못한 선택이었다.

중·한 협상 과정에서 중국 대표가 '교차승인' 문제를 제기했다. 즉 중국이 한국과 수교하는 것을 미국과 일본이 조선민주주의인민공화국을 승인하는 것과 바꾸자는 것이었다.

'교차승인'의 생각은 1970년대 전前 미국 국무 장관 헨리 키신저Henry

〈표 6〉 1990, 1991년 한국과 타이완, 한국과 중국의 쌍무 무역 상황[30] (단위: 달러)

연도	1990년	1991년
한국과 타이완	27억	31억
한국과 중국	28억	58억

(자료출처: 로이터통신, 1992년 8월 23일, 電訊)

Kissinger가 제안한 것이었다. 당시 키신저는 중국과 소련이 한국을 승인하고 미국과 일본이 북조선을 승인하게 함으로써 동서 국제사회의 긴장 완화를 추진하고자 했다. 그러나 1970년대의 국제 환경으로 인해 키신저의 이러한 구상은 미처 실현되지 못했다. 중국은 한국과의 수교 협상에서 다시 그 이야기를 꺼내면서 국제사회의 한국과 북조선에 대한 동시 승인을 통해 중·한 수교가 조선민주주의인민공화국과 중·조 관계에 미칠 충격을 완화시키고자 했다.

중국의 요구는 결코 엉뚱하거나 갑작스러운 것이 아니었다. 1990년대에 들어서면서 국제 형세가 완화되고 다자간의 관계가 개선되기 시작했다. '냉전' 열점이 하나하나 소실되자 한반도의 긴장과 대립도 줄어들기 시작했다. 남북 양측의 국가단체들 사이의 대화가 전개되었다. 한국 정부의 '북방 외교'가 한국과 소련·동유럽 간의 관계를 개선하고 남북 간의 대화를 촉진했을 뿐만 아니라 조선노동당 정부도 일본, 미국과의 대화를 시작했다. 국제사회도 긴장 완화 추세의 거센 물결 속에서 '냉전'의 최후 보루 중 하나가 해제되기를 기대하고 있었다. 중국 대표가 '교차승인'을 제기한 것은 모든 이들이 원하는 바이기도 했다.

그러나 이 과정에서 한때 북측 핵시설의 안전검사 문제가 불거지기도 했다. 1992년 2월, '한반도 비핵화 공동선언'이 체결된 뒤 북조선이 국제원자력기구(IAEA)의 핵시설에 대한 전면검사를 거부했다. 국제 여론이 들끓었고 남북대화가 중단되었다. 또한 조·미, 조·일 쌍무협상이 이 때문에 교착상태에 빠졌다. 이런 상황에서 미국은 국제적 우려가 해소되기 전까지는 북조선과의 관계 개선을 절대로 하지 않겠다고 선포했다. 한국과 미국은 입장을 조율하고 행동을 통일했다. 한국 정부는 중·한 협상에서 중국의 '교차승인' 제안을 거부했다.

한국 정부는 북조선 정부가 '한반도 비핵화 공동선언'의 관련 규정을 엄격히 실행하고 남북 양측의 상호 핵시설 사찰을 허용함으로써 북조선의 핵 문제에 대한 국제사회의 의구심이 해소되어야만 한국 정부는 '교차승인'의 유효성에 동의할 수 있다고 밝혔다. 이 밖에도 한국은 1990년 9월에 이미 소련 정부와 수교했기 때문에 한·소 국교 수립은 '교차승인' 문제와는 관련이 없다고 주장했다. 이와 유사한 상황에 근거해서 한·중 수교 문제도 양국 간의 쌍무 문제로 전환되어야 하며 더 이상 다국다자 간의 문제와 연관시켜서는 안 된다고 덧붙였다.

중국 정부는 중·한 쌍무 관계 발전의 필요성을 감안하여 원래의 입장을 조정했다. 한국 측의 의견에 동의하여 더 이상 '교차승인'을 조건부로 하지 않기로 결정했다. 이렇게 되자 수교 협상이 급진전되었다. 한국과 소련의 수교 협상에서 이미 유사한 문제에 대한 선례가 있었기 때문에 중·한 협상에서 양측은 '조·소 우호호조협력조약'의 처리방법을 참조했다. 중국은 '중·조 우호협력호조조약'을 계속 실행하기로 했고, 한국 측도 중국이 조선민주주의인민공화국과 우호 협력 관계를 계속 유지하는 데 동의했다.

1992년 7월 29일, 중·한 양국은 베이징에서 국교 수립을 위한 최후의 비밀 협상을 진행했다. 이 회담에서 양측은 모든 문제에서 의견 일치를 보았다. 중국은 '교차승인'의 입장을 조정하고 밀접한 중·한 경제 협력 관계를 희망했다. 한국은 중국 정부가 견지해온 '하나의 중국'이라는 입장에 찬성하고 한·중 수교 이후에는 자동적으로 타이완과의 모든 외교 관계를 단절하기로 했다. 또한 한국에 있는 타이완 당국의 일체 자산(가령 대사관 관저 등)은 중국 정부에 양도한다고 밝혔다. 양측은 마땅히 동북아시아의 평화, 안정, 발전은 물론 한반도의 평화적 통일을 공동으로 추진하며 정치, 경제, 사회, 문화, 과학기술 등의 여러 분야에서 교류와 협력을 더한층 강화해나간다는 데 의견을 같이했다.

중·한 양국은 1992년 4월부터 7월까지의 3개월 동안 이루어진 수교 비밀 외교협상을 마침내 원만하게 마무리했다. 최후 협상에서 양측은 한국 외무장관 이상옥이 8월 23일부터 26일까지 중국을 방문하여 양국 외무 장관이 공동으로 양국 관계 정상화 조약 체결의식을 주관하기로 했다. 중국과 한국은 40여 년 동안의 단절과 대립을 극복하고 끝내 관계의 정상화를 맞이하게 된 것이다.

3장 중·한 수교

당시 중국이 일본과 수교할 때 겪은 많은 곡절과 복잡한 과정에 비하면 중·한 수교는 너무나도 순탄하게 이루어졌다. 중·일 수교는 '냉전' 시기에 논의되었기 때문에 당시 양국 간의 친교는 국제사회와 일본 국내의 중국을 적대시하는 세력의 온갖 저지를 받아 수교 과정에는 일련의 복잡하고도 첨예한 정치투쟁이 동반되었다. 1952년 중국과 일본이 처음 '민간무역협정'을 베이징에서 체결하면서부터 1972년 양국 외교 관계 정상화가 실현되기까지, 중·일 양국은 20년 동안이나 수많은 곡절과 번복을 함께 겪었다. 그에 반해서 거의 '냉전' 시기가 끝나갈 무렵에 발전하기 시작한 중·한 관계는 비록 시작은 늦었지만 상대적으로 순탄하게 진행될 수 있었다. 엄격하게 계산해보면 중·한 관계는 1988년 서울올림픽 이후부터 급진전된 것이다. 이 시기에 이루어진 중·한 관계의 발전은 상대적으로 안정된 국제환경에 처해 있었던 까닭에 기본적으로 강력한 국제적 적대 세력들의 간섭을 배제할 수 있었고 많은 곡절과 번복도 차단할 수 있었다. 만약 1991년 12월 중국과 한국이 최초 '중·한 민간무역협정'을 체결한 날로부터 계산한다면 중·한 수교의 과도기는 불과 8개월에 지나지 않는다. 이처럼 중·한 양국의 실제적 접촉기간은 길지 않았지만 당시 쌍무 관계를 발전시킬 수 있는 조건들은 이미 매우 성숙한 상태였다. 뿌리 깊은 전통적 우호의 역사를 비롯해서 당시 급속도로 발전한 경제무역 관계, 그리고 활발하게 전개되었던 사회문화교류는 양국의 관계 정상화를 위한 견고한 토대로 작용했다. 어느 모로 보나 중·한 수교는 매우 자연스러운 대세의 흐름이었다.

비록 그렇기는 하지만 공식적인 수교협의를 체결하기 전까지 가급적이면 의외의 사태가 발생하지 않도록 중·한 양국은 관련된 외교 관계 처리 면에서 상당한 신중을 기했다. 3개월 동안 양국 간의 외교협상은 줄곧 극비리에 진행되었다. 베이징과 서울은 모두 다른 동맹국들과의 관계에 손상을 주지 않기 위해서 중·한 수교가 외교상에서 발생시킬 수 있는 영향을 극소화하려고 했다.

외교협상을 마친 뒤 중국과 한국은 쌍무 무역을 더욱 발전시키기 위해 조속히 수교 소식을 선포하려고 했지만 8월 초, 서울 주재 중국 무역대표부에 도난사건이 발생했다. 일부 서류들과 800달러 정도를 도난당해 그렇게 크지 않은 손해에 불과했지만 중국은 이 사건이 서울 주재 타이완 '대사관'의 반동조직 소행이라고 주장하면서 철저히 수사할 것을 요구했다. 중국 정부는 이 사소한 사건으로 인해 중·한 수교 결정을 3주나 미루어 선포하게 되었다. 한국 역시 발표를 늦추면 중·한 수교가 한국과 타이완 무역에 미칠 충격을 감소시킬 수 있다고 생각했다. 중·한 양국은 모두 언론계에 수교 소식이 새어나가는 것을 봉쇄했다.

그러나 언론계는 결국 중·한 양국이 비밀협상 끝에 곧 수교한다는 소식을 입수했다. 1992년 8월 19일, AFP통신은 나이베이 소식통을 통해 "외교부 특별회의에 참석한 입법 위원에 따르면 한국이 최근 중국과 '베이징승인 협정초안'을 체결했기 때문에 타이완은 머지않아 동남아시아의 유일한 동맹국을 잃게 될 것"[31]이라고 보도했다. 이튿날 AP통신 역시 중국과 한국이 곧 외교 관계를 수립할 것이라고 보도했다. 같은 날, 타이완 측에서는 이 소식을 접하고 반응을 보였다. 20명의 항의자들이 모여 "한국인들은 물러가라!"는 구호를 외치면서 타이베이 주재 한국 대사관 앞에서 농성을 벌였다. 항의자들은 한국 국기를 불태우기까지 했다.[32] 그야말로 '산비(山雨)가 내리기도 전에 누각에는 바람이 가득 찬다'는 속담과 같은 상황이었다. 한국 외무부는 급기야 타이완 당국에 사실을 해명하고 중국에 20억 달러의 차관을 제공한다는 설을 부인했다. 한국 외무부 아주국장 김석우金錫友는 중·한 외교회담이 이미 진행되어 진전을 가져온 것은 확실하지만 양측이 어떤 비밀 협의에 서명한 것은 결코 아니라고 밝혔다.[33]

1992년 8월 21일, 한국은 중·한 양국이 공식적으로 국교를 수립한다는 소식을 공포했다. 외무부는 외무 장관 이상옥이 8월 23부터 26일까지 중국을 방문할 것이라고 선포했다. 같은 날, 한국의 방송들은 중국과 한국이 수교한다는 소식을 전하면서 수교와 관련된 모든 서류상의 협정은 이미 확정되었다고 보도했다. 그리고 공식 조인식은 이상옥의 중국 방문 일정에 맞춰 8월 24일 베이징에서 거행된다고 덧붙였다. 중·한 수교에 가장 민감한 반응을 보인 나라는 지금까지 한국을 특수 동맹국으로 여겨왔던 타이완 당국이었다. 한국이 수많은 조짐들을 통해 중·한 수교는 이미 시대의 대세임을 시사해왔던 터라 타이완 당국도 이에 대해 어느 정도 마음의 준비는 하고 있었지만 형세가 이렇게 급변한 데 대해서는 갑작스러움을 느꼈다. 중·한 수교로 인해 타이완은 아시아의 마지막 동맹국을 잃게 되었고 타이완 당국은 전면적인 보복을 감행했다. 8월 22일 오후, 타이완 당국 외교부장 첸푸錢復는 다음 4가지 방면에서 즉각적인 한국에 대한 보복조치를 취한다고 선포했다. 첫째, 중·한 수교 그날로부터 타이완은 한국과 즉각적으로 외교 관계를 단절한다. 둘째, 한국 정부의 특사단이 9월 초에 타이완을 방문하여 외교 관계의 단절 이유를 설명하는 데 대해 거부한다. 셋째, 중·한 수교 그날로부터 한국에 대한 모든 무역 우대 정책을 취소한다. 넷째, 타이완과 한국 관계의 새로운 기틀이 마련되기 전까지 9월 15일부터 양측의 민항협정 실행을 중단한다.[34] 타이완 당국은 단교각서를 타이완 주재 한국 대사 박노영朴魯榮을 통해 외무 장관 이상옥에게 전달했다.

같은 날, 타이완 경제부장 샤오완창蕭萬長도 한국과의 외교 관계 단절 이후 타이완은 이전에 한국에 제공했던 모든 특별 우대 정책을 취소함과 더불어 타이완과 한국 간의 기존 무역협정도 중지한다고 선포했다. 구체적으로는 한국 승용차와 한국 과일의 수입 우대조치를 중단하고 한국 제조업자들을 향후 타이완 국영사업에 대한 입찰 기회에서 배제시킨다는 내용들이 망라되었다. 이외에도 샤오완창은 타이완과 한국 간의 장관급 경제 협력회의도 더 이상 열지 않을 것이라고 강조했다.[35]

타이완 당국의 강력한 항의와 신속한 반응과는 달리 북조선은 중·한 수교 소식에 대해 자제하는 태도를 보였다. 22일, 조선노동당 기관지인 『로동신문』은 사설을 발표하여 인민들에게 "독립의 길을 견지하고 존엄과 영예를 지킬 것"[36]을 요구했다.

8월 23일 정오, 한국 외무 장관 이상옥이 예정대로 베이징에 도착했다. 그는 베이징 공항에서 중국 외교부 부부장 쉬둔신徐敦信의 환영을 받았다. 그날 오후 외교부장 첸치천은 외무 장관 이상옥과 회담을 가졌다. 그리고 회담이 끝난 다음에는 첸 외교부장이 이상옥 일행을 위해 연회를 베풀었다.

8월 24일 오전, 댜오위타이국빈관釣魚臺國賓館 팡페이위안芳菲苑홀에서 중국 외교부장 첸치천과 한국 외무 장관 이상옥이 공동으로 역사적인 '중화인민공화국과 대한민국의 외교 관계 수립에 관한 공동성명'을 조인했다. 약 100여 명의 기자들이 현장에서 취재했고 조인식이 위성을 통해 전 세계에 생방송되었다. 3분밖에 안 되는 의식이었지만 중·한 관계의 역사에 있어 매우 의미심장한 순간이었다. 이것은 중·한 양국이 적대 관계에서 우호 관계로 발전하여 이로부터 양국 관계사의 새로운 장이 열렸음을 의미했다. 중·한 수교는 중국의 펑더화이 원수가 1953년 7월 27일 '조선휴전협정'을 조인한 날로부터 39년 1개월이 흐르고야 이루어진 것이며 이로써 중·한 양국은 '냉전' 대립의 역사에 마침내 종지부를 찍게 되었다. 공동성명의 본문은 400여 자밖에 되지 않았지만 그 결실을 맺기 위해 얼마나 많은 지사들의 어려움과 분투노력이 있었겠는가! 그러므로 특별히 중·한 양국 수교 공동성명의 전문을 그대로 싣는다.

중화인민공화국과 대한민국의 외교 관계 수립에 관한 공동성명

1. 중화인민공화국 정부와 대한민국 정부는 양국 인민의 이익과 염원에 따라 1992년 8월 24일부터 상호 승인하고 대사급 외교 관계를 수립하기로 결정한다.
2. 중화인민공화국 정부와 대한민국 정부는 '유엔헌장' 원칙에 따라 상호 주권 존중과 영토 보전, 상호 불가침, 상호 내정 불간섭, 평등 호혜, 평화공존 원칙의 기초상에서 지속적인 선린협력 관계를 발전시켜나가는 데 동의한다.
3. 대한민국 정부는 중화인민공화국 정부를 중국의 유일한 합법 정부로 인정하며 오직 하나의 중국만이 있을 뿐이고 타이완은 중국의 일부분이라는 중국 측의 입장을 존중한다.
4. 중화인민공화국 정부와 대한민국 정부는 양국 수교가 한반도 형세의 안정과 완화, 그리고 아시아의 평화와 안정에도 도움이 될 것이라고 믿는다.
5. 중화인민공화국 정부는 조선민족이 하루 빨리 한반도의 평화적 통일을 실현하려는 염원을 존중하며 조선민족 스스로가 한반도의 평화적 통일을 실현하는 데 대해 지지한다.
6. 중화인민공화국과 대한민국 정부는 1961년의 '빈외교 관계 협약'에 근거하여 각자 수도에 상대방의 대사관을 세우고 그 직무를 이행하는 데 따른 모든 편리를 제공하며 되도록 빨리 대사를 파견할 수 있도록 상의해 결정한다.

중화인민공화국 정부 대표 첸치천
대한민국 정부 대표 이상옥
1992년 8월 24일 베이징[37]

그날 오후 중국 국가주석 양상쿤楊尙昆과 총리 리펑李鵬이 각기 이상옥 일행을 접견하고 우호적인 분위기 속에서 중·한 수교의 의미와 발전 전망에 대해 담화를 나누었다. 주석 양상쿤은 담화에서 "중·한 간 교류는 유구한 역사를 지니고 있으며 양국은 여러 분야 중에서도 특히 문화 분야에서 많은 공통점을 가지고 있다"라고 지적했다. 그리고 한반도 정세에 관심을 표하면서 "남북이 대화 협상을 통해 보다 발전된 쌍무 관계를 이루기를 희망한다"라고 밝혔다. 총리 리펑도 "중·한 양국은 경제무역 협력을 발전시킬 수 있는 매우 큰 잠재력을 가지고 있으며 이 분야의 합작에서 이미 상당한 규모의 성과를 이룩했다"라고 강조했다. 또한 그는 다음과 같이 덧붙였다. "중·한 수교는 양국 인민의 근본 이익에 부합되며 한반도의 긴장 완화와 안정은 물론 아시아태평양지역, 나아가 세계 평화와 발전에도 유리할 것이다. 중·한 수교가 장차 양국 경제무역 관계의 발전에 더욱 유리한 조건을 마련해줄 것이라고 확신한다. …… 한국 경제계 인사들이 중국에 투자해 공장을 창설하는 것을 열정적으로 환영한다. 중국도 한국과 여러 형태의 합작을 전개하기를 바란다." 주석 양상쿤과 총리 리펑은 각기 외무 장관 이상옥에게 대통령 노태우盧泰愚와 총리 정원식鄭元植의 안부를 물었다. 이상옥도 노태우와 정원식의 인사를 선달하면서 "한·중 수교가 양국 관계의 발전에 더욱 튼튼한 기초를 닦아줄 것"이라고 강조했다. 이상옥은 대통령 노태우의 말을 인용하여 "한·중 수교는 의미가 크고 국민들을 고무시킨다"라고 하면서 한·중 관계의 발전 전망에 자신감을 나타냈다

8월 25일, 『인민일보』는 「중·한 양국의 수교를 축하한다[祝賀中國與韓國建交]」라는 사설을 발표했다. 사설은 "중·한 수교는 양국 관계에 있어 하나의 대사大事로서 양국 관계 발전이 새로운 단계로 진입했음을 보여주며 중·한 양국의 외교 관계 수립은 향후 여러 분야의 우호 협력 관계 발전을 위한 폭넓은 전망을 열어주었다. 양국의 경제무역 관계가 현재의 기초상에서 더욱더 발전할 것이며 기타 분야에서도 양국의 협력 또한 강화될 것"[38]이라고 인식

했다. 한국 대통령 노태우는 8월 24일, 중·한 수교에 관한 특별성명을 발표하여 "한·중 수교는 한반도의 통일에 크게 기여할 것이며 한반도의 평화통일을 촉진시키고 동북아시아의 안전과 번영을 실현하는 데 큰 진전을 가져올 것이다. 나와 전체 국민은 이를 매우 기쁘게 생각한다"[39]라고 밝혔다.

수교 공동성명이 체결된 뒤 중·한 양측은 각기 기자회견을 갖고 기자들의 질문에 답했다. 중·한 수교 이후 중국이 조선민주주의인민공화국과의 관계를 어떻게 처리할 것인지에 대한 물음에 중국 외교부 대변인 우젠민吳健民은 "중·조 쌍무 관계가 중·한 수교로 인해 변화되지는 않을 것이며 중국은 북조선과의 조약 의무를 계속 이행할 것"이라고 말했다. 중·한 수교가 한국과 타이완의 관계에 미칠 영향에 대해 우젠민은 "우리는 중국과 외교관계가 있는 나라가 타이완과 정부 측 관계를 유지하거나 정부 측 왕래를 계속하는 것에 대해 반대한다. 그러나 그들이 타이완과 민간 관계를 유지하는 것에 대해서는 이의가 없다"라고 재천명했다.[40] 한국 외무 장관 이상옥도 기자의 질문에 대한 답변에서 "한·중 수교 이후 한국은 반드시 타이완과의 국교를 단절할 것이지만 경제나 문화 영역에서는 여전히 타이완과의 관계를 발전시켜나갈 것"이라고 밝혔다.

중·한 수교의 소식은 즉각적으로 각국 보도매체의 톱뉴스가 되었고 각국 정계 요인들도 잇달아 담화와 논평을 발표했다. 8월 24일 『크리스천사이언스모니터Christian Science Monitor』는 "아시아 냉전의 또 하나의 빙산이 녹아내렸다"라고 논평했고 『도쿄신문』은 "중·한 수교는 역사의 필연적 추세"라고 전했다.[41] 『일본경제신문』도 "중·한 수교 이후 중국을 중심으로 한반도, 홍콩, 타이완을 이어주는 경제권은 어떤 의미에서는 일본을 억제하는 작용을 할 것이며 일본도 중국의 경제 발전을 촉진하는 요소가 될 것이다"[42]라고 지적했다. 동남아시아의 각국 여론들도 보편적으로 중·한 수교가 동남아시아의 평화에 기여할 것이라고 여기면서 잇달아 환영의 뜻을 표시했다. 러시아 중앙TV방송은 논평을 발표해 중·한 수교는 "근본적으로 동아시아의 정세를 바꾸었고 의심할 것도 없이 아시아태평양지역에서의 양국 지위를 강화했다"[43]라고 평가했다. 8월 24일, 미국 국무원 역시 성명을 발표해 중·한 수교는 "한반도의 긴장상태를 완화시키는 데 유리하기 때문에 기본적으로 환영한다"라고 밝혔다. 일본 정부도 중·한 수교에 대해 높이 평가했다. 일본 외상 와타나베 미치오渡邊美智雄는 중·한 수교가 "동아시아의 평화와 안정에 기여할 것"이라고 했다.[44] 그리고 오스트레일리아 외무 장관 개러스 에반스 Gareth Evans 또한 성명을 발표해 중·한 수교를 환영하면서 "이는 비정상적인 상황의 종식을 상징하며 아시아태평양지역의 안정을 공고히 하고 동북아시아 경제의 활발한 발전을 자극하는 데 도움을 줄 것"[45]이라고 해석했다.

각국의 여론과 정부가 발표한 견해는 상이한 각도에서 중·한 수교의 의미를 평가한 것이므로 각자 모두 일리가 있었다. 동북아시아의 국제 상황에서 보면 '냉전'이 종식되면서 동북아시아지역의 주요 국가들이 동북아시아의 새로운 구도 구축에서 유리한 위치를 점하려고 한다는 평가가 그 보편적인 인식이었다. 소련이 해체된 이후 러시아는 한반도 남북 양측과의 관계 유지를 통해 양측에 모두 영향력을 행사함으로써 자신의 위치를 굳건히 하고자 했다. 경제 강국인 일본도 줄곧 조·일 협상을 통해 남북의 운명을 좌지우지할 수 있는 위치를 보색함으로써 자신의 정치적 영향력을 강화할 수 있기를 바랐다. 이러한 정세 속에서 이루어진 중·한 수교는 이 지역에서 중·한 양국의 정치적 영향력을 대대적으로 강화시켰다. '냉전' 이후 이념적 대립 요소가 약화되고 경제적 영향력이 갈수록 증대되어 강력한 경제무역 연계가 중·한 관계를 뒷받침해주고 있었다. 그런 까닭에 중·한 관계의 확립은 '냉전' 이후 줄곧 변동적이고 불확정적이었던 동북아시아의 구도를 밝게 했다. 경제 실력에서 출발하여 상호 제어적인 역량 차원에서 한국의 지위가 크게 제고되었다. 중국 역시 한편으로 한국의 경제력을 이용하여 중국 시장에서 갈수록 확대되고 있고 있는 일본 상품의 경제적 영향력을 약화할 수가 있었고, 또 한편으로는 수교 이후 남북 양측에 모두 효과적인 영향력을 행사하여 동아시아와 동북아시아지역에서의 역할을 강화할 수가 있었다. 이렇게 형성된 동북아시아의 새로운 구도는 '냉전' 시기 한반도의 남북 대립이 기초가 되었던 옛 구도와는 달랐다. 일종의 새로운 상호 제어적인 관계로서 각자 자신의 역할과 영향력을 모두 발휘했고 또한 예전 '냉전'의 적대와 대립은 협력으로 대체했다. 이와 같은 새로운 구도는 동북아시아지역의 평화와 안정에 중요한 영향을 미쳤다. 8월 23일, 일본 『아사히신문』의 논평과 같이 "중·한 수교는 장차 동아시아의 새로운 삼각구도가 형성될 것임"[46]을 상징했다.

중·한 수교는 중·한 양국이 각자의 국가통일 전략 목표를 실현하는 데도 중요한 의미를 지녔다. 중국은 지금까지 타이완의 대륙 접근을 촉진시켜 해협 양안兩岸의 통일 실현을 그 전략적 방침으로 추진하고 있다. 중국과 한국의 국교 수립, 그리고 한국과 타이완의 국교 단절은 타이완 당국에게는 아시아의 마지막 동맹국을 잃은 것이나 진배없었다. 때문에 영국 『인디펜던트Independent』는 "중·한 수교로 인해 가장 큰 피해를 입은 국가는 타이완"[47]이라고 했던 것이다. 그에 반해서 한국으로 말하자면 중·한 수교는 대통령 노태우가 1988년에 선포했던 '북방외교' 정책 중 가장 관건이 되는 중요한 목표를 실현한 것이었다. 중국과의 수교로 인해 '북방외교'를 훌륭히 끝맺을 수 있었던 것이다.

중·한 수교 이후 양국 관계는 새로운 역사 단계에 진입했고 중·한 경제관계의 발전 전망이 밝아지면서 경제 환경도 크게 개선되었다. 다년간 외교적 보호가 없었기 때문에 한국 기업들은 중국 시장에 대한 대규모의 투자를 꺼렸다. 수교는 이러한 상황을 철저하게 바꿨다. 한국 기업들은 12억 소비자와 세계 최대의 시장을 보유하고 있는 중국에 계획적인 진출을 희망했다. 중국 역시 한국의 더 많은 투자를 유치해 일본 기업의 중국 동북 연해지역 경제력을 제어하고자 했다. 수교 합의문이 체결되자 중·한 양국은 모두 이 같은 절박한 요구를 토로했다. 한국 경제기획원 관계자에 따르면 쌍무 관계 정상화 이후 양국은 곧바로 상호 간 '투자보호협정'과 '이중징세방지협정' 등의 체결에 착수함으로써 한국인의 대중국 통상투자 확대에 대한 더욱 큰 자신감을 심어주었다. 한·중 민간경제협의회 초대회장 김상하金相廈는 대중對中 경제교류 담화를 발표해 수교 이후 한·중 경제 협력의 밝은 전망을 높이 평가했다. 그는 "이제 양국의 무역이 장족의 발전을 거듭할 수 있게 되었을 뿐만 아니라 수교 이후 비수교 국가에 대한 차별대우 관세가 철폐됨에 따라 양측의 투자 조건이 크게 개선될 것"이라고 전망했다. 중국 외교부 대변인도 "수교 후 중국은 빠른 시일 내에 한국에 정부 대표단을 파견하여 쌍무 경제 협력과 투자 가능성에 대해 협의할 것"이라고 밝혔다. 양국 정부는 모두 더욱 발전된 쌍무 경제 관계를 기대했다.

중·한 수교 이후 대한무역투자진흥공사와 중국국제상회가 체결해 발효 중이던 쌍무 무역협정은 자동적으로 양국 정부 간 협정으로 격상되었다. 국교가 수립되자 양국은 경제, 무역, 과학기술, 문화, 교육 등 분야에서도 교류와 합작이 전면적으로 전개되었다. 중국과 한국은 곧이어 '항공협정' 체결에 대한 협상에 들어갔다. 베이징과 서울 직항이 개통되게 되면 양국 수도 간의 직항 노선이 75분 거리밖에 되지 않기 때문에 양국 간의 상대적 공간 거리가 크게 단축될 수 있었다. 8월 26일, 한국 교통부는 "먼저 중국 대륙 관광업을 점차 개방하고 각 부처와 협상한 후에 되도록이면 빨리 새로운 관광 준칙을 공포할 계획"이라고 밝혔다. 한국 당국이 경영하는 한국관광공사는 타이베이에 설치된 지사를 폐쇄하고 민간 경영 성격의 한국관광협회 타이베이 주재 사무소로 변경했다. 그리고 한국관광공사의 새로운 지사를 베이징에 개설하여 중·한 양측의 관광여행과 인적 교류에 편리를 도모했다. 다른 부서들도 중·한 교류의 순탄한 발전을 위해 적극적으로 준비를 같이했다.

중·한 양국 수교 공동성명에 근거하여 중·한 양국이 정식적으로 대사급 관계를 수립한 날부터 대한민국은 타이완과 국교를 단절하고 서울 주재 타이완 '대사관'도 공식적으로 중국 정부에 인도하게 되었다. 8월 24일 현지

시간 4시 정각, 서울 주재 타이완 '대사관' 정원에는 국민당의 청천백일기青天白日旗가 내려지고 '대사관' 직원들도 타이완으로 철수했다.

8월 26일, 주한 중국 대사관 공사 대리 페이자이裴家義가 한국 외무 장관 이상옥에게 중국 외교부장 첸치천이 페이자이를 주한 중국 대사관 공사 임시 대리로 파견한다는 추천서를 전달했다. 8월 27일 오전, 페이자이가 중화인민공화국 대사관 현판식을 주관하여 주한 중국 대사관의 공식적인 설립과 공무 집행의 시작을 알렸다. 그날 오전 10시, 대사관 전체 직원들이 장엄한 국기 게양식을 거행했다. 웅장한 국가國歌「의용군행진곡義勇軍進行曲」이 울려 퍼지는 가운데 산뜻한 오성홍기五星紅旗가 천천히 게양되어 한강에서 불어오는 산들바람에 유유히 나부꼈다. 국기 게양대 앞에 둘러섰던 중국 대사관 관원들은 국기를 바라보면서 감개무량한 벅찬 감정을 억제하기 힘들었다.

9월 12일, 주한 중국 대사관 초대 대사 장팅옌張庭延이 서울에 도착했다. 9월 15일, 장 대사는 청와대를 방문해 대통령 노태우에게 국서를 전달했다. 노대통령은 장 대사와 우호적인 담화를 나누고 한·중 수교의 의미를 다시 한번 높이 평가하면서 "중국이 한반도의 긴장 상태를 완화하고 아시아의 평화와 안정을 수호하기 위해 경주한 노력"에 찬사를 표시했다. 아울러 "중국 국가주석 양상쿤의 중국 방문 초청에 감사"를 전하면서 중국 방문에서 좋은 결과를 얻을 것이라는 자신감을 드러냈다.[48]

대등한 외교 행위로서 주중 한국 대사관 초대 대사 노재원盧載源도 베이징에서 대사관 개관 국기 게양식 거행은 물론 국서를 전달하고 외교 공무를 개시했다.

중·한 양국이 베이징과 서울에 각기 설립한 대사관은 중·한 우호 협력 관계가 새로운 시기로 진입했음을 상징했다.

4장 중·한 수교 의미의 구현
—한반도 핵 위기 해소의 전후 사정

중·한 수교 이후 국제 여론은 긍정적인 평가가 주를 이루었다. 8월 25일, 북조선 『로동신문』은 글을 발표하여 중·한 수교에 대한 직접적인 태도 표명은 하지 않았지만 중·한 수교협상에서 언급된 '교차승인' 문제를 언급하면서 다음과 같이 밝혔다. "현재 아시아지역의 평화 실현에서 지리적 위치나 역사적 상황으로부터 볼 때 한반도는 매우 중요하다. 그리고 조선의 분단은 아시아가 불안한 주요 원인으로, 이 문제를 해결하고자 한다면 반드시 '남북화해와 상호 불가침 및 교류 협력에 관한 협의서'를 이행하고 조·미 관계를 개선해야 한다. 미국은 한반도의 긴장 정세와 한반도 분단에 직접적인 책임이 있는 나라로서 한반도의 평화통일 실현을 적극 도와야 한다. …… 아시아의 평화를 실현하고자 한다면 반드시 조·미 관계를 개선해야 한다."[49] 이것은 중·한 수교 후 북조선의 적극적인 반응을 반영한 것이다. 동북아시아는 극적인 변화에 직면해 있었다. 적대적 관계에서 우호적 관계로의 전환은 중국과 한국, 북조선과 미국의 실제적인 행동으로 옮겨졌거나 바야흐로 옮겨지고 있었다.

중·한 수교는 한반도 평화통일의 발전을 가속화했다. 1992년 9월 17일, 평양에서 열린 제8차 총리회담에서 양측은 '남북화해공동위원회 조직에 관한 합의서'와 '남북 화해와 상호 불가침 및 교류 협력에 관한 협의서'의 이행에 관한 관련 부속합의서에 조인했다. 남북한은 그날로부터 효력이 발생하는 3개 합의문을 통해 양측의 새로운 관계에 대해 다음과 같은 구체적인 규정을 정했다. "양측은 서로의 사회제도를 인정하고 존중하며 상대방의 내정에 간섭하지 않는다. 또한 중상 비방과 파괴나 전복 활동을 중지하여 양측이 하루빨리 전쟁 상태에서 평화 체제로 전환함으로써 국제적인 협력을 쟁취한다. 상호 불가침 문제도 양측이 무력을 사용하지 않고 평화적으로 분쟁을 해결하며 우발적인 무장 충돌을 방지한다. 또한 경계선과 경계지역을 서로 침범하지 않으며 군사 직통 전화를 설치한다."[50] 이외에도 남북은 쌍무경제 협력교류, 사회문화의 협력과 교류 및 인도주의 문제 해결 등 다방면에서 상세한 문제들을 규정했다.

상술한 협정과 조약의 조인이나 효력 발생은 남북 관계의 정상화를 향한 양호한 추세를 보여주는 것이었다. 국제 여론은 이러한 남북 관계의 괄목할 만한 진전이 중·한 양측의 관계 개선과 무관하지 않다고 평가했다. 이처럼 사람들이 남북대화가 한반도 남북통일에 더 큰 진전을 가져올 수 있기를 간절히 바라고 있을 때 북조선 정부는 국제원자력기구의 핵사찰을 거부하는 사건을 일으켰다. 점점 개선되고 있던 남북 관계는 이로 인해 갑자기 긴장이 고조되고 정체와 후퇴 국면으로까지 치달아 전 동북아시아지역에 먹구름을 몰고 왔다. 이로써 갓 출발한 중국과 한국의 정상화 관계도 시련을 겪게 되었다.

한반도의 핵문제가 1992년 12월에 갑자기 첨예화되기는 했지만 그해 2월 남북이 '한반도 비핵화 공동선언'을 조인한 후부터 조짐이 나타나기 시작했다. 1992년 3월, 미국과 한국은 매년 실시하던 합동군사훈련을 잠시 중단했다. 4월, 북조선 정부는 국제원자력기구와 핵보장실행합의(핵안전협정—옮긴이)를 체결하고 국제원자력기구의 사찰을 6차례 받았다. 이 기초 위에서 한국과 북조선 양측은 또한 상대방의 핵시설을 동시에 사찰한다는 협의를 달성하고 양국 핵통제공동위원회를 결성했다. 그러나 양측은 구체적인 검사대상을 정하는 문제에서 의견 차이를 보여 조정 무효가 되고 말았다. 이로 인해 이 협의는 실현되지 못했고 뒷날 핵문제의 갑작스런 출현에 대한 복선을 남겼다. 그 후 일본의 핵문제 전문가들은 미국과 프랑스에서 군용이나 상업

용 위성으로 찍은 평안북도 영변군寧邊郡의 일부 불명확한 시설 사진에 대한 분석에 근거하여 북조선이 한반도 비핵화를 위반하고 이 지역에서 핵 개발을 진행하고 있다고 판단했다. 국제원자력기구는 이러한 사실의 진상을 규명하기 위해 영변 등 두 곳의 해당 시설을 개방하여 사찰받을 것을 요구했다. 북조선 정부는 "이것은 조선민주주의인민공화국의 주권과 내정에 해당되므로 국제원자력기구는 간섭할 권리가 없다"라고 밝혔다. 일시에 형세가 돌변하여 양측이 자신의 의견을 고집하고 조금도 양보하지 않는 바람에 상황은 대치 국면으로까지 치달았다. 북조선에 압력을 가하기 위해 10월, 한·미 양국은 1993년 합동군사훈련을 재개한다고 선포했다. 북조선 정부도 이에 맞서 '핵무기확산금지조약(NPT)'을 위한 한국과의 쌍무 대화를 동결凍結한다고 선포하고 1992년 12월에 갖기로 한 제9차 남북 총리회담도 취소했다. 1993년 1월, 북조선은 국제원자력기구의 사찰을 거부한다고 선포했다. 미국과 한국은 북조선을 가상의 적으로 하는 합동군사훈련을 진행했다. 3월 8일, 북조선 측은 한·미 합동군사훈련에 맞춰 9일부터 북조선도 '준準전시상태'에 돌입한다고 선포했다. 3월 12일, 북조선 정무원 부총리 겸 외교부장 김영남金永南은 유엔 안전보장이사회와 핵무기확산금지조약국에 서한을 보내 북조선은 공식적으로 '핵무기확산금지조약'에서 탈퇴한다고 통보했다.

이러한 북조선의 핵사찰 문제에 대한 강경한 입장은 '북방외교'를 실시한 이래 한반도에 모처럼 일었던 평화 분위기를 일소해버리고 재차 전쟁의 먹구름에 휩싸이게 하여 동북아시아의 긴장 상태를 더욱 악화시켰다. 북조선 정부가 '핵무기확산금지조약'에서 탈퇴하자 한·미는 이에 신속히 대응하여 북조선에 제재를 가하고 합동군사훈련의 재개를 선포했다. 양측의 대치는 일촉즉발의 위기를 불러왔다. 이러한 정세 속에서 국제사회는 북조선에 영향력을 행사할 수 있는 유일한 국가인 중국 정부에 기대를 걸고 있었다. 다시 말해 이 위기상황을 완화하고 양측의 대화를 이끌어낼 수 있는 중국 정부의 실질적인 태도 표시와 행동을 촉구했던 것이다. 중국 정부도 상당히 복잡한 국면에 직면해 있었다. 북조선과 미·한의 첨예한 대립, 다년간에 걸친 중·조 양국의 친밀한 관계, 중·한 수교 이후 상호 전면적으로 전개되고 있는 쌍무 교류와 협력의 심층적인 발전 기대, 중·미 양국 대화와 마찰의 교차적 발생 등등이 그것이었다. 그러나 이러한 복잡한 국면에도 불구하고 한반도 평화통일에 대한 중국의 정책은 명백했다.

1993년 3월 23일, 중국 외교부장 첸치천은 제8기 전국인민대표대회 1차 회의 기자회견에서 국내외 기자들의 물음에 답변할 때 이 문제에 관한 입장을 다음과 같이 분명히 밝혔다. "중국은 한반도의 핵무기 출현을 바라지 않는다. 북조선과 국제원자력기구 간에 발생한 문제는 인내심을 가지고 협상을 통해 타당하게 해결해야 한다. 그 문제를 안전보장이사회까지 끌고 가는 것은 문제를 더욱 복잡하게 만들 뿐이다. 국제원자력기구의 범위 내에서 해결할 수 있도록 노력해야 한다." 그는 또한 "중국은 제재 방법을 선택하는 것에 대해 반대한다"라고 명확히 표현했다.[51] 이러한 외교 방침 아래 중국은 양측이 협상과 대화를 통해 위기와 충돌에서 벗어날 수 있도록 적극 협조했다. 1993년 4월, 외교부장 첸치천은 방콕에서 한국 외무 장관 한승주韓昇洲와 만나 폭넓은 회담을 가졌다. 중국의 중재로 미국과 북조선 정부는 5월 10일, 베이징에서 고위급 회담을 갖기로 하고 핵 위기에 대한 해결 방법을 찾는다는 데 원칙적으로 동의했다. 그러나 북조선은 그달 초 '로동 1호' 미사일을 실험 발사함으로써 조·미 회담 계획은 무산되고 말았다. 이 미사일의 추정 사정거리는 1,000킬로미터로 핵탄두 하나로 한국, 일본, 중국, 러시아 등 국가의 목표물을 타격할 수 있어 동북아시아 국가와 국제사회의 관심을 불러일으켰다. 5월 11일, 유엔 안전보장이사회는 찬성 13표, 기권 2표로 제825호 결의를 채택하여 북조선에 '핵무기확산금지조약' 탈퇴 결정에 대한 재고를 요구했다. 유엔 주재 중국 대사 리자오싱李肇星은 기권표를 던진 뒤 해명성 발언에서 "중국은 핵 확산을 일관되게 반대하며 한반도에 그 어떠한 핵무기의 출현도 바라지 않는다"라고 강조했다. 그리고 "북조선이 국제원자력기구, 미국, 한국과의 대화와 협상을 통해 문제를 해결해야 한다. 그러나 북조선에 대한 압력 행사에는 반대한다"라는 입장을 밝혔다. 5월 12일, 북조선 외교부는 성명을 발표하여 "안전보장이사회의 제825호 결의는 북조선 내정에 대한 간섭과 주권에 대한 엄중한 침범이며 이로 인해 생기는 모든 결과를 책임져야 한다"[52]라고 미국에 경고했다. 이러한 상황 속에서 외교부장 첸치천은 사태를 완화시키고 조·미, 한·조 간의 첨예한 대립을 조정할 목적으로 5월 26일부터 29일까지 서울을 방문했다. 첸 외교부장의 방한은 중·한 수교 이후 처음으로 이루어진 중국 부총리급 방문이었다. 중·한 양국은 한반도의 어려운 형세로 인해 한반도의 핵문제 해결을 쌍무 정치회담의 중요한 내용으로 확정했다.

서울에서 첸 외교부장은 한국 대통령 김영삼, 외무 장관 한승주 등과 회담을 가졌다. 그는 중국의 입장을 설명하면서 "협상과 대화를 통한 북조선의 핵문제 해결 방침을 지지하며 또한 중국은 이를 위해 노력할 것"이라고 밝혔다. 그러나 "중국 정부는 북조선에 압력과 제재를 가하는 방법에는 반대하며 미국이 북조선의 핵문제를 유엔 안전보장이사회에 회부하는 것도 찬성하지 않는다"라고 덧붙였다. 첸 외교부장은 "우리는 진심으로 한반도의 정세 완화와 안정을 희망하며 핵 확산에 대해 지금까지 줄곧 반대의 입장을 취해왔음은 물론 한반도 어느 쪽도 핵무기를 보유하는 것에 대해 반대한다"라는 중국 정부의 방침을 재천명했다.[53] 중국의 입장은 한국의 양해와 환영을 받았다. 대통령 김영삼은 한반도의 정세 완화를 위해 노력하는 중국의 태도에 찬사를 표했다. 중·한 양측은 의견을 같이하여 공동 협력을 통해 한반도의 핵문제를 해결하자는 데 동의했다.

여러 방면의 외교 노력 끝에 1993년 6월 2일, 제1단계 조·미 고위급 회담이 뉴욕에서 열렸다. 6월 10일에 이르기까지 양측은 3차례에 걸쳐 회담을 가지며 사태 해결의 진전을 보였고, 회담 분위기도 호전되었다. 6월 11일, 양측은 제4차 회담에서 성과를 거두었다. 북조선 측 대표이자 외교부 제1부부장 강석주姜錫柱가 '핵무기확산금지조약'의 탈퇴를 잠시 유보한다는 결정을 선포하고 양측은 북조선 핵문제 해결을 위한 다음과 같은 3원칙에 합의했다. "첫째, 핵무기를 포함한 무력 사용의 위협에 반대한다, 둘째 공정한 비핵화보장협정의 준수를 포괄한 비핵화로 한반도의 평화와 안전을 보장한다, 셋째, 상호 주권을 존중하고 상호 내정을 불간섭하며 한반도의 평화통일을 지지한다." 양측은 이 내용을 '조·미 공동성명'에 포함시켰다. 강석주는 이 공동성명을 높이 평가하면서 "이것은 조·미 양국 관계사의 전환점이며 역사적 의미를 갖는다"라고 밝혔다. 미국 대표는 북조선의 결정은 "정확한 방향을 향해 내딛는 유익한 한 걸음이었다"라고 평가했다.[54] 미국과 북조선의 제1단계 회담이 끝나자 정세는 다소 완화되었다. 6월 12일, 중국 외교부 대변인은 담화를 발표하여 진전된 조·미 회담을 환영하고 "평등한 대화와 교섭은 갈등을 해소하고 문제를 온당하게 해결하는 유일한 효과적인 방법"[55]이라고 강조했다.

제2단계 조·미 회담을 진행하기 직전인 1993년 7월 10일부터 11일까지 빌 클린턴Bill Clinton이 한국을 방문하여 양국 정상이 한반도 핵문제에 대해 공동 대책을 토론했다. 서울에서 클린턴은 "만약 평양이 핵무기를 개발해 사용한다면 그것은 자신의 국가를 멸망의 길로 이끄는 것"이라고 의도적으로 큰 소리를 쳤다. 이에 맞서 북조선은 즉시 "누가 만약 우리를 건드리기만 하면 무자비하게 보복할 것"이라고 성명을 발표했다.[56] 7월 14일, 제네바에서 제2단계 조·미 회담이 진행된 후 양국 대표는 "협상이 모두 유익했고 큰 성과를 거두었다"[57]라고 발표했다. 7월 19일, 양측은 회담을 끝내고 '조·미의 핵문제에 관한 성명'을 발표해 6월 11일의 '조·미 공동성명' 원칙을 재천명했다. 즉 미국은 북조선을 무력으로 위협하지 않고 무기를 사용하지 않으며 북조선에 경수로를 제공한다, 북조선은 빠른 시일 내에 국제원자력기구와 접촉을 재개한다, 그리고 양측은 핵 보증과 북조선 핵시설 사찰 문제에 관해 교섭을 진행한다는 것이 그 내용이었다.[58] 두 차례의 조·미 고위급 회담은 긴장 정세를 크게 완화시켜 첫 번째의 한반도 핵 위기를 모면하게 했다. 1993년 12월, 유엔 사무총장이 한국과 북조선을 각각 방문했다. 남북 관계도 크게 완화된 추세를 보이면서 한반도의 주변 국가들은 안도의 한숨을 내쉬었다.

1994년 2월 15일, 북조선은 국제원자력기구와 협상하여 합의를 달성하고 북조선의 7개 핵시설 사찰에 동의했다. 2월 25일, 북조선과 미국은 그해에 있을 예정이었던 한·미 합동군사훈련 중지, 핵사찰의 순차적 시행, 남북 접촉, 조·미 제3단계 제네바회담 준비 등 일련의 합의들을 달성했다. 3월 3일, 남북은 상호 특사 파견 문제와 관련하여 판문점에서 회담을 진행하는 등 정세는 날로 완화되었다. 중국 외교부 대변인은 이러한 새로운 사태들에 대해 담화를 발표하고 환영의 뜻을 표했다. 3월 15일, 국제원자력기구의 사찰팀은 북조선에서 2주간의 핵사찰을 마쳤다. 그동안 북조선은 플루토늄plutonium 추출이 의심되는 제7핵시설 사찰을 거부함으로써 국제원자력기구의 사찰 업무에 차질을 빚고 있었다. 이에 대해 미국을 비롯한 일본, 한국 등의 여러 나라는 우려를 표시했다. 북조선은 국제원자력기구의 '무리한 요구'에 불만을 표하면서 3월 16일과 17일 이틀간 평양에서 연속적으로 방공훈련과 등화관제를 실시했다. 훈련 기간 동안 경보 소리가 요란하고 시내는 온통 어둠에 휩싸였으며 텅 빈 한적한 거리는 전쟁 분위기로 가득 찼다.[59] 3월 19일, 남북회담에서 북측 대표는 북조선에 압력을 가하는 한 "충돌과 전쟁은 면하기 어렵다"[60]라고 선포했다. 회담은 결렬되었다. 3월 21일, 클린턴은 한국에 패트리엇미사일을 배치한다고 선포했다. 같은 날 대통령 김영삼이 국가긴급안전회의를 열어 22일 전군에 특별경계 태세를 명령했다. 그날 유엔 안전보장이사회도 북조선 핵사찰에 대한 국제원자력기구 사무총장 한스 블릭스Hans Blix의 종합 보고를 청취했다. 블릭스는 종합 보고에서 "북조선이 이미 플루토늄을 확보하여 재가공으로 핵무기를 생산할 수 있는 능력을 보유한 상태"라고 밝혔다. 아울러 "북조선이 확보한 플루토늄은 사실상

승인된 수량보다 많을 것"이라고 덧붙였다.[61] 안전보장이사회 5개 상임이사국이 이 문제를 해결하기 위해 한자리에 모였다. 그들은 북조선에 유엔 핵전문가 팀의 사찰을 수용하도록 요구하는 결의 초안에 대해 토론했다.

북조선은 이러한 움직임에도 불구하고 전혀 동요됨 없이 즉시 전면적인 반응을 보였다.

우선 북조선 보도매체는 미국이 한국에 군사력을 강화하는 동향을 신속히 대량으로 보도했다. 북조선은 외신보도를 인용해 "미국의 40여 개 미사일 발사대와 850명의 병사로 이루어진 패트리엇미사일 대대가 지금 한국으로 출발했으며, 30척 군함으로 조직된 미군 함대가 24시간 내 조선 해안에 도착할 수 있는 지점에 이르렀다"라고 전했다. 그리고 미국이 "다음 단계의 조선에 대한 군사 조치를 연구하고 있다"라고 보도했다. 북조선 정부와 보도매체의 성명과 논평은 삽시간에 전운을 감돌게 했다.

다음으로 대통령 김영삼을 공격 목표로 삼았다. 조선평화통일위원회 대변인은 3월 22일 발표한 성명에서 "김영삼이 국가긴급안전회의에서 강구한 대책은 조선에 대한 일종의 전면적인 대치와 전쟁"이라고 밝혔다. 성명은 다음과 같이 호소했다. "김영삼이 외래 세력을 등에 업고 일방적으로 동족과의 대화를 중단하고 국가 형세를 위험한 전쟁의 지경으로까지 몰아가고 있으며 그 죄악은 바야흐로 심각한 사태를 만들고 있다. 대매국노이자 민족반역자인 김영삼과 같은 부류가 존재하는 한 북남은 평화통일을 실현할 수 없으며 외래 세력의 희생물이 될 수밖에 없다. 한국 인민은 과단성 있는 투쟁을 통해 이러한 매국노를 소멸해야 한다."[62] 북조선 『로동신문』은 연속적으로 여러 편의 논평을 발표하여 "미국과 한국의 모험적인 군사 동향과 조치는 한반도의 정세를 극단적인 국면으로 치닫게 함은 물론 형세를 갈수록 심각하게 만들고 있다"라고 밝히며 "한국이 미국의 조종하에 취한 심각한 군사 조치는 이미 우리에 대한 단순한 위협 단계의 수위를 넘어 극히 심각한 도발 행위로서, 한반도가 전쟁 위험이 눈앞의 사실로 변하는 그야말로 심각한 상황으로 치닫고 있음을 보여주는 것"이라고 평했다.[63] 3월 23일 조선중앙통신사는 "조선은 이미 무장 충돌과 협상의 두 가지 상황을 다 준비하고 있으며 대화에는 대화로, 전쟁에는 전쟁으로 대처할 것"이라고 선포했다. 『로동신문』은 논평에서 "조선은 강권 정치와 압력의 희생물이 되지 않을 것이며 그 어떠한 상황에서도 민족 존엄과 주권의 침해를 용납하지 않겠다"라고 말했다. 북조선이 제재를 두려워하지 않을 뿐만 아니라 압력에도 굴복하지 않음에 따라 형세는 매우 심각해졌다.

한반도의 형세가 급격히 악화되면서 1994년 3월 27일부터 31일까지로 예정된 한국 대통령 김영삼의 중국 방문이 더욱더 세계의 관심을 끌었다. 일촉즉발의 한반도 형세는 중·한 경제 협력 토론 의제의 중요성을 약화시켰고 특히 미·한이 북조선과 핵문제로 인해 갈등을 빚은 이후부터 북조선 핵문제에 관한 회담은 국제사회의 여러 보도매체의 최대 관심사로 떠올랐다. 워싱턴 측은 제재 수단과 전쟁으로 북조선을 위협해 양보를 받아내려고 했고 클린턴은 "어떤 대가를 치르더라도 평양을 지도상에서 지워버릴 것"이라고 말했다. 그러나 한국 측은 고압적인 수단은 한반도에 군사적 충돌을 불러올 것이고 그 피해자는 결국 조선 민족이기 때문에 정치 외교적 수단으로 눈앞에 닥친 문제를 해결해야 한다고 적극 주장했다. 이에 따라 김영삼은 빈번한 외교활동을 벌였다. 김영삼은 중국을 방문하기 전에 일본을 먼저 방문하여 평화적인 조선의 핵 위기 해결과 관련해 일본 총리 호소카와 모리히로細川護熙의 양해를 구했다. 그런 뒤 대통령 김영삼은 중국 정부의 태도가 대화와 협상을 통한 북조선 핵문제 해결의 관건이 된다는 신념으로 중국을 방문했다. 방일기간 동안 김 대통령은 미·한 합동군사훈련을 계속 진행할 것인가 하는 문제는 중국 방문 이후에 다시 확정할 것이라고 의사를 표시했다.[64] 김영삼은 중국을 북조선을 제어할 수 있는 유일한 나라로 보았다. 왜냐하면 중국은 유엔의 북조선에 대한 어떠한 제재도 부결할 수 있는 상임이사국이면서 또한 북조선의 중요한 동맹국이자 식품 및 에너지의 주요 공급자였기 때문이다. 김영삼은 중국이 동맹국 신분으로 북조선에 적극적인 영향력을 행사해주기를 바랐다. 그 밖에 미국과 한국 지도자들은 유엔총회에서 북조선 제재 결의에 대한 중국의 부결권 행사 여부에 대해서도 반드시 고려해야 했다. 중국이 부결권을 행사한다면 북조선에 대한 제재안은 백지화되기 때문이다. 이러한 상황에 기초하여 대통령 김영삼은 중국 방문의 성과를 기대하고 있었다.

중국 정부는 조선 핵 위기의 평화적 해결에 대해 재삼 책임감 있는 열정을 보였다. 이것은 중·한 쌍무 관계의 발전에도 긍정적인 의미가 있었다. 중국 국가주석 장쩌민, 국무원총리 리펑은 대통령 김영삼과의 회담에서 "중국은 한반도의 평화와 안정을 수호하고 발전시킨다는 대국적 견지에서 출발하여 4자 3각[四方三邊]의 대화 기틀 속에서 대화와 협상을 통해 북조선의 핵문제를 합리적으로 해결하는 방법을 찾을 수 있기를 희망한다"라고 밝혔다. 핵문제에 있어 지금까지 한국은 북조선에 경고하기 위해 미국의 패트리엇미사일 배치를 결정함으로써 한반도를 전쟁 분위기로 이끌었고 남북 양측의 군대도 전시 상태에 들어가는 등 끝없이 갈등이 심화되었다. 중국 정부는 만약 북조선에 대해 제재를 가한다면 지금의 긴장 상태가 악화되어 사태 수습이 더욱 어렵게 될 것이므로 북조선 제재는 현명하지 못한 행동이라고 여기고 있었다. 주석 장쩌민은 다음과 같이 강조했다. "중국은 군사훈련과 미사일 배치 등의 조치에 찬성하지 않으며 너무 성급하게 경제 제재를 가하는 강경한 태도에도 반대한다. 또한 중국은 장기적인 한반도의 평화와 안정이 확보되기를 진심으로 바라고 있으며 한반도의 비핵화 주장을 지지한다. 한반도의 평화와 안정이 없으면 아태지역의 진정한 평화와 안정을 이룰 수 없기 때문에 북조선 문제를 처리함에 있어서 한반도의 평화와 안정을 수호하고 발전시키는 대국적 차원에서 생각해야 한다. …… 한반도의 핵문제는 반드시 4자 3각 대화의 기틀 속에서 대화를 통해 타당성 있게 해결해야 한다."[65] 대통령 김영삼도 주석 장쩌민의 견해에 찬성하면서 "제재는 그 어떠한 효과도 거둘 수 없고 재난만 불러올 것"이라고 답했다. 3월 28일, 양국 정상회담은 약속 시간을 넘겨 장장 2시간 10분 동안 이어졌을 정도로 열띤 토론이었다. 양국 정상은 "한반도 비핵화 실현은 한반도의 평화와 안정을 유지하는 관건"이라고 인식을 같이하면서 "중국과 한국은 반드시 북조선 핵무기 연구제작 문제를 해결하기 위해 긴밀한 협조를 계속해나갈 것"이라고 밝혔다.[66] 또한 양국은 한반도의 평화 수호, 비핵화 실현을 쟁취하는 원칙 등의 측면에서 의견 일치를 보고 공동으로 노력해 타당한 방법을 찾아 북조선 핵사찰 문제로 인해 갈수록 악화되고 있는 분쟁을 해결하기로 의견을 모았다.

중국 측과 의견 일치를 달성한 후 한국 외무 장관 한승주는 베이징에서 직접 미국으로 날아가 한·중 정상회담의 결과를 통보했다. 50분간 진행된 국무 장관 워런 크리스토퍼Warren Christopher와의 협의에서 한승주는 미국에 "중국 측이 줄곧 대화의 중요성을 강조하면서 유엔 안전보장이사회가 효과적이고 현실적인 결의를 채택할 수 있기를 바라고 있다"는 점을 전했다.[67] 김영삼은 3월 31일, 중국 방문을 끝내고 전화로 미국 대통령 클린턴에게 베이징 방문 성과를 설명했다. 중·한 양측은 같은 입장에서 미국이 제기한 북조선에 대한 강경 제재 방침에 반대했다. 양국은 유엔이 비교적 부드러운 표현의 성명을 발표하여 북조선이 국제원자력기구의 핵시설에 대한 전면적인 사찰을 수용하도록 하기를 촉구했다. 국제법의 의미에서 보면 안전보장이사회의 성명은 안전보장이사회 결의와는 달리 투표로 가결할 필요도 없고 법률적인 구속력도 없으며 단지 도의적으로 매우 큰 영향력을 가질 뿐이었다. 1994년 4월 1일, 유엔 안전보장이사회는 중국이 기초한 북조선 핵문제에 관한 성명을 발표하기로 최종 결정하고 북조선 정부에 국제원자력기구의 전면적인 핵사찰을 받도록 촉구했다. 중·한 양국의 공동 노력으로 북조선 정부는 안전보장이사회가 성명을 발표하기 전에 협상 재개를 원한다는 소식을 전했다. 미국 정부도 어조를 낮춰 대화를 계속할 의사를 표시했다. 이리하여 안전보장이사회가 성명을 발표했을 때는 이미 한반도의 긴장 정세가 완화되고 있었다. 성명 발표 당일 북조선 『로동신문』은 외교부 대변인이 조선중앙통신사 기자의 핵문제에 관한 물음에 답하는 다음과 같은 글을 실었다. "만약 미국이 조선민주주의인민공화국에 대한 국제적 압력을 중지하고 조·미회담의 기초를 재건하고자 한다면 우리는 협상을 통해 이 문제의 해결책을 찾는 데 반대하지 않는다. 대화를 통한 핵문제의 해결은 우리의 일관된 입장이다. 향후 사태의 발전과 평화적으로 핵문제를 해결할 수 있을지의 여부는 완전히 미국의 행동에 달렸다."[68] 이 공개적인 성명은 3월 초 이래 나왔던 강경한 표현의 전쟁 경고에 비하면 호전적인 어조가 많이 희석되어 있었다. 북조선의 핵문제가 고도의 긴장된 분위기에서 완화의 방향으로 전환되면서 남북정상회담과 조·미 대화 일정도 다시 논의 선상에 올랐다.

그 후 조선민주주의인민공화국 주석 김일성은 미국과 일본의 언론계 인사들과 만났을 때 "언제 어디서든 대한민국 대통령 김영삼과 만날 수 있으며 조선 정부는 핵사찰 문제와 관련해서 국제원자력기구와도 새로운 회담을 가질 뜻이 있다"는 뜻을 피력했다. 6월 9일, 미국 정부는 북조선 주석 김일성의 초청으로 미국 전 대통령 지미 카터Jimmy Carter가 평양을 방문한다고 선포했다. 카터는 평양과 서울을 번갈아 방문했고, 그의 중재로 1994년 10월 21일 북조선 외교부 제1부부장(강석주—옮긴이)과 미국 국무부 차관보(갈루치Gallucci—옮긴이)가 각각 자신의 나라를 대표하여 '북조선 핵문제에 관한 기본합의문'을 정식으로 체결했다. 새로운 합의문에 근거하여 북조선 정부는 현재의 핵 계획을 동결하는 데 동의했다. 5메가와트 원자로에 새로운 핵연료를 첨가하지 않는 데 동의함은 물론 2개의 흑연감속 원자로 건설을 중지하고 핵연료 처리공장을 봉쇄하며 이러한 핵시설을 최종적으로는 철거하는 데 동의했다. 북조선과 미국의 핵문제 기본 틀에 대한 합의는 3년간에 걸친 한반도의 핵 위기를 극복하고 한반도에 평화적이고 안정된 새로운 국면의 기운을 불어넣었다.

한반도의 핵 위기를 해소하는 과정에서 중·한 양국의 협력은 적극적인 역할을 했다. 중국은 평화적인 협상을 통해 문제를 해결한다는 원칙을 시종일관 견지함으로써 한반도의 정세를 안정시키는 데 적극적인 역할을 하여 중·한 양국의 정치적 협력을 강화했다. 중·한 양국은 상호 절충과 협력으로 두 차례 위기 고조의 긴장 정세를 완화하고 각 측의 대화도 촉진했다. 비록 중·한 양국이 이념과 국가제도는 다르지만 동북아시아 정세를 안정시키고 평화적으로 발전한다는 측면에서는 인식을 같이했고 협력했다. 제1차 한반도 핵 위기 시기에 중국 외교부장 첸치천이 한국을 방문했을 때 한국은 주동적으로 중·한 수교 시 약속한 '하나의 중국' 원칙에 입각하여 한국과 타이완 관계를 처리할 것임을 약속했고 베이징의 2000년 올림픽 유치를 적극적으로 지지하고 협력할 것이라고 표명했다. 제2차 한반도 핵 위기 시기에 한국 대통령 김영삼이 중국을 방문했을 때 재차 중국의 '관세 및 무역에 관한 일반협정(GATT)' 가입을 지지할 것을 약속했다. 중국 정부도 아시아 안정이라는 대전제에서 출발하여 한반도 핵 위기 해결을 위한 대화의 길을 여는 데 최선을 다했으며 여러 면으로 중재 역할을 했다. 바로 이러한 상호 양해와 협력의 태도가 한반도의 핵 위기로 인해 이제 갓 수립된 양국 정치 관계를 손상하는 것을 막아주었을 뿐만 아니라 오히려 양국 정치 관계의 개선을 촉진했다. 이것은 중·한 양국이 국세정치에 있어 최초로 달성한 협의와 협력으로 중·한 수교가 위기와 시련을 이겨내고 동북아시아, 나아가 세계 평화를 수호하는 데 지닌 중대한 의미를 보여주었다.

제7부

쌍무 관계의 획기적인 발전

1장 경제무역 관계의 급속한 발전

일본 교도통신共同通信 기자는 논평에서 "중·한 수교는 양측 모두에게 취사선택할 수 있는 기회를 제공해주었다"라고 표현했다. 중국은 북조선과 이념상의 단결이라는 '명분'을 어느 정도 버리고 신흥공업국가인 한국과의 경제협력의 '실리'를 선택했으며 한국은 도의와 실리 중에서 후자를 선택하여 타이완과 다년간의 동맹국 관계를 포기했다. 수교로 인해 중·한 양측 모두는 이익을 얻었다고 말할 수 있다. 수교 성명이 발표된 후에 중국 외교부 대변인은 "한국의 대통령 노태우가 한국 기업가들로 구성된 대표단을 이끌고 9월 하순경에 중국을 방문할 것"이라고 밝혔다.

이는 수교 이후 양국 간 경제무역 관계의 발전은 여전히 양측이 추구하는 가장 중요한 목표임을 뜻한다. 양국의 국교 수립은 한국 대기업들이 그동안 숙원해왔던 중국 시장에 대거 진출할 수 있는 길을 열어주었다.

중·한 수교로 인해 한국 기업은 타이완에서의 경제 이익에 있어 일정 부분 손실을 감내해야 했다. 특히 한국의 건설회사는 타이완 경제 발전 계획의 중요한 건설공사에 입찰할 수 있는 기회를 잃었다. 그들은 그 기회를 잡기 위해 타이완에서 이미 6년의 준비 과정을 거쳤지만 한국과 타이완의 수교가 단절되면서 이로 인해 대략 820억 달러 가치의 입찰 기회를 놓치고 말았다. 한국 기업은 되도록 빨리 중국 시장에 진출함으로써 타이완에서의 경제적 손실을 보충하려고 했다. 한국 정부의 추동하에 이루어졌던 중국 시장 진출은 한국 대기업들의 경쟁 목표가 되었다. 한국 기업 간의 중원中原 쟁탈전은 양국 수교 이후 거의 폭발적으로 전개되었다. 한국의 석유화학공업은 이 분야에 있어 날로 늘어나고 있는 중국 소비 수요를 겨냥하고 중국을 이상적인 상품 판매 시장으로 삼고자 했다. 한국의 선박 제조업은 선진적인 기술과 전문지식으로 중국 조선업계와 협력하여 중국의 낙후된 선박공장의 개조를 도움으로써 한국 조선업의 임금, 복리, 그리고 새로운 산업 구조에 적응하는 과정에서 발생한 문제 등 여러 분야의 압력을 경감시키고자 했다. 더욱이 한국 건설회사는 타이완에서의 경제적 손실을 중국에서 보완할 수 있기를 기대했다. 그들은 중국에서 한창 확대되고 있는 기초건설 분야의 미래를 정확히 내다보고 중국의 건설 시장 가치가 머지않아 타이완을 초과할 것으로 판단하고 중국 시장 진출에 전력을 기울이고 있었다. 그때까지 한국 건설회사는 중국 건설업계에서 두 가지 계약만을 따냈을 뿐이었다. 하나는 현대중공업이 하이난성海南省에서 따낸 3,200만 달러의 석유 시추 공사였고, 또 다른 하나는 한국토지개발공사가 톈진天津에서 맡은 공업연합기업 공사였다. 그러나 한국의 건설업계는 여전히 중국에서 큰 성과를 거둘 수 있을 것으로 확신했다. 기타 한국의 방직, 전자, 화학공업, 자동차 등의 여러 부문에서도 대중국 투자와 협력을 고려하고 있었다.

중국은 경제건설과 개혁개방의 발걸음이 가속화됨에 따라 양국의 경제 관계를 강화하고 경제 협력을 가일층 밀접히 하는 데 큰 기대를 걸었다. 1992년 8월 29일, 중·한 수교 후 5일째 되던 날 산둥성山東省 부성장副省長 리춘팅李春亭이 이끄는 중국 무역대표단 272명이 한국의 수도 서울에 도착했다. 중국 무역대표단은 서울에서 열리는 산둥경제무역전시회에 참가하고 한국의 기업 상황을 살펴 양국 간의 이해를 강화하고자 했다. 중국 무역대표단의 방한은 원만한 성공을 거두었고 양측의 소통을 위한 정보들을 가지고 돌아갔다.

중·한 수교 이후 1개월 내에 이루어진 쌍무 경제 협력은 미증유의 폭발적인 성과를 거두었다. 한국의 여러 대기업들이 중국 무대에 등장한 것이다. 삼성은 톈진에 진출하여 비디오테이프공장을 세운다고 발표했다. 현대는 중국 시장에 전면적으로 진출하여 하얼빈哈爾濱에 자동차합자공장을 세워 소형 버스와 대형 트럭을 생산하고 우한武漢과 톈진에 소형 자동차공장을 세우기 위한 협상을 추진했다. 유명한 기업 대우는 상하이上海에서 버스를 생산할 계획을 세웠다. 또한 대우와 쌍용은 시멘트공장도 건설할 예정이었다. 현대는 아연광 개발에도 전력을 기울였고 LG는 베이징 부근에 기계제조공장을 세웠다. 9월 하순, 삼성건설은 중국에서 한국 회사로서는 최고 금액의 수주계약을 체결했다. 삼성은 지린성吉林省에 2억 달러 투자의 에틸렌화학공업공장을 건설하게 되었다. 이 수주계약은 중국 건설업에 대한 한국 기업의 대규모 진출을 의미했다. 한국의 대기업들은 중국에서 추진하고 있는 제8차 5개년 계획 건설공사를 두고 시장 가치가 3,000억 달러에 달할 것이라고 전망했다. 한국 기업들은 이를 한국 경제의 불경기를 자극하는 일대 동력으로 삼고자 기대했다.

중국과 한국이 수교하기 전에는 한국 기업의 대중국 투자는 동북지구, 베이징·톈진지구, 산둥반도에 국한되어 있었고 투자 규모도 그렇게 크지 않았다. 수교 이후 1개월도 안 되는 사이에 한국의 대중국 투자는 과거의 낡은 틀에서 크게 벗어나 대기업이 소기업을 대체했을 뿐만 아니라 한국 회사의 업무 범위도 과거 투자가 집중되었던 동북지구와 베이징·톈진지구, 산둥반도 이외의 지역에까지 확대되었다. 우후죽순처럼 일어난 이런 투자 붐은 수교 후 중·한 경제무역 관계의 전면적인 발전을 예고했다.

중·한 수교가 이루어지고 얼마 되지 않은 상태였기 때문에 한국 정부는 지나친 중국 투자 붐에 우려감을 표시했다. 대한무역진흥공사는 한국 기업들에게 너무 성급한 중국 시장 진출을 자제하라고 충고했다. 이런 상황에서 대통령 노태우의 중국 방문은 더욱 특수하고도 중요한 의미를 가졌다.

실제로 대통령 노태우가 중·한 관계 정상화 후 1개월 만에 중국을 방문한 자체가 바로 양국 정부 모두가 경제무역 관계의 발전을 매우 중시하고 있음을 보여주는 것이었다. 노 대통령의 방문에 즈음해 세계 제16위의 대기업이자 한국 내 최대 기업인 삼성의 베이징 사무처 대표는 "노 대통령의 중국 방문과 중·한 정부의 새로운 관계로 인해 한국의 대중국 투자가 비약적으로 발전할 것"이라고 예언했다. 노 대통령을 수행하여 중국을 방문한 한국 대표단에는 정부 고위급 장관 외에도 37명의 한국 유명 기업의 선임 기업가들로 구성된 민간대표단도 포함되어 있었다. 거기에다가 중국 시찰원과 수행기자까지 모두 합치면 대표단 구성원은 거의 500명에 가까웠다. 그중 경제계 인사들의 수행은 그 목적이 중국의 투자 환경을 더한층 전면적이고 치밀하게 관찰하고자 하는 것이었다. 노 대통령도 중국 정부 관리와의 회담에서 무역, 투자, 쌍무 경제 협력을 가장 중요한 의제로 삼았다.

노 대통령의 중국 방문 이후 중·한 양국 간의 정부와 민간 차원의 경제무역 교류는 더욱 활발해졌다. 1992년 8월, 중국은행이 서울지점 대표처를 설립했다. 같은 해 10월 23일, 한국 기업 삼성의 베이징 사무처가 정식으로 문을 열었다. 1993년에 들어서자 양측의 교류가 갈수록 빈번해졌다. 먼저 한국국제교류재단 회장이 2월에 대표단을 이끌고 중국을 방문했고, 그 뒤로 중국의 물자부 대표단, 화학공업부 대표단이 연이어 서울을 방문했다. 베이징시는 투자촉진단을 조직해서 한국을 방문하여 투자를 유치했다. 중국 대외경제무역협력부, 건설부 등은 한국 기업들의 대중국 투자 염원에 잇달아 환영의 뜻을 표했다. 중·한 해당 관리들은 양측의 협력과 관련해서 광범위한 교섭을 진행했다. 1993년, 중국 정부는 한국 자본의 유치를 위해서 적극적인 준비에 들어갔다. 이 해에 중국은 서울에서 중국경제무역전시회를 5차례나 개최했다. 5월 말과 6월 초에 중국 외교부장 첸치천錢其琛과 국무원 부총리 톈지윈田紀雲이 연이어 한국을 방문하여 경제 협력 강화와 관련된 문제를 연구, 토의했다. 톈 부총리는 서울에서 가진 한국 기업인들과의 회의에서 "한국 기업이 중국을 방문해 시찰하고 투자하는 데 대해 뜨겁게 환영한다"라고 밝혔다. 그야말로 중국은 한국에 대해 경제 문호를 활짝 열었던 것이다.

양국 정부의 공동 노력으로 중·한 수교 이후, 과거에는 가능하지 않았던 금융, 투자, 기술 합작 분야에서도 협력이 이루어지고 강화되었다. 중국은행이 서울에 대표처를 설립했고, 1993년 10월 한국 제일은행도 베이징에 대표처를 개설했다. 10월 29일, 중국은행은 쌍무 금융 협력을 강화하여 양국 자금 루트의 원활한 흐름을 보장하기 위해 한국의 수출입은행과 협력협정을 체결했다. 투자와 기술협력 분야에서 1993년 3월, 중국 창강長江 유역 투자 상담회의 대표단이 한국을 방문하여 한국 기술을 유치하고 중·한 협력으로 창강 유역을 공동으로 개발하기 위한 가능성을 모색했다. 같은 해 5월, 한국 기업 LG는 베이징에서 중·한 양국의 광케이블 첨단과학기술 분야에서 협력과 교류를 강화하기 위해 광케이블기술교류회를 열었다. 7월, '중·한 공간기술협력의 양해 각서' 출범은 첨단과학기술 분야에 있어 중·한 양국의 최초 협력이었다. 얼마 후 중·한 플랜트협력 세미나가 8월, 베이징에서 열렸다. 중국은 기술개발 분야에서 한국과의 전면적인 협력을 강화할 수 있기를 기대했다. 연말이 되자 중국과 한국은 기술 성과의 상품화를 촉진하기 위해 투자협력 상담회의를 개최했다. 1년여 기간을 통해 중·한은 단순한 투자에서 투자협력과 기술협력으로 그 관계를 신속히 전환해갔다.

1994년 새봄을 맞이하여 베이징에서 열린 다채로운 서울패션쇼는 앞으로 중·한 경제 관계에서 나타날 온갖 모습을 예시해주었다. 1월 6일, 한국 국회의장 이만섭李萬燮의 중국 방문은 한국이 중국과의 관계 발전을 백년대계로 여기고 있음을 보여주는 것이었다. 3월 한국 대통령 김영삼의 중국 방문과 10월 총리 리펑의 서울 방문은 중·한 쌍무 경제 관계에 활력을 불어넣어 중·한 관계를 재차 새로운 단계로 추동했다. 김영삼 대통령이 방문기간 중에 중국과 한국은 자동차, 비행기, 프로그램 제어 교환기, 고화질 TV, 핵발전核發電 등 5대 분야의 협력 문제를 협의했다. 중국 국가경제무역위원회 주임 왕중위王忠禹와 한국 상공자원부 장관 김철수金喆壽는 베이징과 서울이 공동으로 공업협력위원회(한·중 산업협력위원회—옮긴이)를 설립하자는 데 합의했다. 이 위원회는 급속히 발전하는 중·한 양국의 무역과 투자를 촉진하기 위해 세운 쌍무 공업 협력을 책임진 정부위원회이다. 김 대통령의 중국 방문을 통하여 중·한 경제 협력의 중심이 무역과 투자 분야에서 산업협력 분야로 옮겨갔다. 총리 리펑의 방한 기간에 중·한은 또한 '민간항공협정', '원자력 협력협정'과 '민용 여객기 공동개발에 관한 비망록'을 체결했다. 리 총리와 함께 방문한 이들로는 중국 대외경제무역부장 우이吳儀, 국가계획위원회 주임 천진화陳錦華, 국가민항총국장 천광이陳光毅, 그리고 중국 30여 개 대기업의 수뇌부들이 망라되었다. 그들은 삼성, 현대, 대우, LG 등 기업의 일부 공장들을 참관하고 여러 기업의 회장 및 경제단체 책임자들과 회담을 가졌다. 이 방문은 이미 시작된 한국 기업의 중국 시장에 대한 대형 투자를 더한층 가속화했다. 중국에 진출한 기존 대기업들은 투자를 더욱 강화했을 뿐만 아니라 새로운 많은 그룹과 기업이 중국 시장에 대거 진출했다. 같은 해에 한국 기업 우성宇成, 현우玄宇가 베이징에 사무소를 냈고 고합高合, 우방友邦은 베이징에서 열린 제6회 원남遠南장애인체육대회를 협찬하는 것을 계기로 중국 시장에 진출하기 시작했다.

1994년 중·한 경제 관계에서 나타난 가장 뚜렷한 특징은 한국 기업의 대중국 투자가 대형화로 발전했다는 것이다. 1994년 7월, 대우는 중국에 10억 달러의 자금을 투입하는 자동차부품공장 설립에 대한 계약을 체결했다. 중국에 이미 5개 생산기지를 보유하고 있는 삼성전자는 총리 리펑의 한국 방문 기간 중에 30억 달러를 투자하여 향후 20년 안에 톈진에 전자종합기지를 건설하기로 결정했다. 이 기지에는 가전, 통신과 기타 전자설비의 종합연구 및 생산 발전을 포함시키기로 했는데 여기에 드는 비용은 지금까지 한국의 대중국 투자총액과 맞먹었다. 그렇게 되면 20년 후 삼성전자의 종합기지 내 고용 직원만도 3만 명에 육박하게 된다. 같은 시기에 한국 최대의 타이어공장인 금호도 중국 난징南京타이어공장과 합자하여 대형 타이어공장을 세운다고 선포했다. 이 공장의 연간 타이어 생산량은 300만 개에 달하며 1997년도에 정식으로 생산에 들어가기로 했다. 이처럼 대규모의 협력이 필요한 투자 분야는 양측 정부가 나서서 투자를 진작시켰다.

전체적으로 보자면 1992년 8월, 중·한 수교 이후 양국 정부의 적극적인 노력과 추진으로 중·한 경제무역 협력이 전면적으로 이루어져 급속히 발전함은 물론 또한 날로 깊어졌다. 이처럼 예상을 뛰어넘는 발전은 수교 역사가 깊은 국가와 비교해도 전혀 손색이 없었다. 갈수록 빈번해지는 쌍무 상무商貿 활동은 다음과 같은 3가지의 특징을 보였다.

①중·한 쌍무 경제 관계는 빠르고도 안정된 성장과 확대가 이루어졌다.

중·한 무역은 1990년이 시작된 이래 줄곧 점진적으로 확대되었다. 쌍무 무역이 처음 시작된 이래 1990년에는 쌍무 무역액이 28억 5,000만 달러였으나 1991년, 1992년, 1993년에는 각각 44억 4,400만 달러, 63억 7,900만 달러, 98억 8,000만 달러로 성장해 연간 증가율이 각각 약 55.8%, 69.7%, 70.3%에 달했다. 1994년에 들어와서도 중·한 쌍무 무역액은 계속 늘어나 전년도에 비해 28.6%나 성장하여 쌍무 무역총액이 116억 8,000만 달러에 달했다. 한국 경제기획원에 따르면 1991년부터 한국은 줄곧 중국과 3대 무역 동반자 관계를 유지했다. 특기할 사항은 중·한 무역의 성장이 계속 상승세를 타 큰 파동 없이 안정적으로 발전했다는 사실이다. 이것은 세계 각국의 무역 발전사로 볼 때 이례적이라고 할 수 있다.

투자 측면에서 보면 수교 이후 중·한 투자 협력 발전 추세는 더욱 고무할 만한 것이었다. 집계에 따르면 1990년도 한국의 대중국 투자 항목은 50건에 6,500만 달러였으나 수교 후인 1992년도 한국의 투자 항목은 265건에 2억 170만 달러로 늘어나 각각 약 5.3배, 약 3.3배로 성장했다. 1993년에는 투자 보장의 건전성과 투자 환경의 안정성으로 인해 한국의 대중국 투자는 더한층 확대되었다. 즉 투자 항목과 금액이 각각 616건과 5억 9,700만 달러에 육박하여 1992년에 비해 2.3배, 2.8배로 각각 성장했다. 1994년 6월에 이르기까지 한국의 대중국 투자 항목과 금액은 도합 1,539건에 13억 6,000만 달러로, 그중 확정된 투자 항목과 금액은 1,007건에 6억 9,200만 달러에 달했다. 한국 해외공보관은 1994년 3월 초 '대중국 진출 종합대책 연구'를 발표하여 한국과 다른 국가들 사이의 무역 및 투자를 비교했다. 보고서에 따르면 1993년 말 중국은 이미 한국의 가장 큰 투자 대상국으로 부상했다. 만약 이 추세대로 지속적으로 발전하게 되면 1997년도까지 한국의 대중국 총투자액은 40억 달러에 이르고 2001년도에는 100억 달러로 늘어나게 된다. 이 같은 투자액은 한국 해외 투자총액의 1/6을 차지한다(〈표 7〉, 〈표 8〉).

② 중·한 쌍무 경제무역 관계는 간접에서 직접으로, 집중에서 분산으로 전면 발전하는 추세를 보인다.

중·한 수교 이후 중·한 양국의 경제무역 관계는 직접무역과 직접투자로 신속하게 전환되었으며 제3국을 통해 진행되던 간접투자와 간접무역은 거의 사라졌다. 중·한 쌍무 경제 협력은 거의 모든 면에서 강화되어 '전방위'

〈표 7〉 한국과 다른 국가들 사이의 무역 및 투자[1]

국가와 지역	무역(10억 달러)		투자(10억 달러)	
	1987년	1993년	1987년	1993년
미국	27.1(30.7)	32.8(21.8)	165.3(40.3)	297.4(20.1)
일본	22.1(25.0)	28.7(19.1)	1.4(0.3)	0.7(0.05)
유럽공동체	11.2(12.7)	17.6(11.7)	6.5(1.6)	154.2(10.4)
중국	1.7(1.9)	8.1(5.4)	6.0(1.5)	597.5(40.4)
동남아	8.9(10.1)	25.0(16.6)	130.5(31.8)	211.0(14.3)

(자료출처: 1994년 3월에 발표된 한국 해외공보관의 통계자료에 근거한 것임)

〈표 8〉 한·중 무역 증가 규모[2]

(단위: 달러)

	1990년	1991년	1992년	1993년
대중국 수출	5억 8,000만	10억	26억 5,000만	45억 5,000만
증가율	약 33.7%	약 71.4%	약 164.7%	약 99.8%
대중국 수입	22억 7,000만	34억 4,000만	37억 2,000만	35억 4,000만
증가율	약 33.1%	약 51.7%	약 8.3%	약 3.4%
대중국 무역액	28억 5,000만	44억 4,000만	63억 7,000만	80억 9,000만
증가율	약 39.2%	약 55.7%	약 43.6%	약 41.9%

(자료출처: 1994년 3월에 발표된 한국 해외공보관의 통계자료에 근거한 것임)

적인 경제무역 관계로 발전했다. 양국의 무역은 중·한 수교 이전 농림수산물, 광산물, 화학공업제품, 섬유방직물에 집중되어 있었다. 그러나 수교 이후에는 이와 같은 제품에 대한 양국의 무역 협력이 강화되었을 뿐만 아니라 기계, 전자, 자동차, 석유화학공업 분야 등의 무역 교류도 갈수록 활발해졌다. 또한 수교 전에는 한국의 대중국 투자 기업은 일반적으로 섬유의류업체와 전자업체가 대부분이었으며 주로 동북3성, 베이징과 톈진지역, 산둥반도에 집중되어 있었다. 그러나 수교 이후 한국의 투자 분야는 점차 중국 경제개발의 여러 주요 분야로 확대되어 경공업, 방직업에서 중공업으로, 가공제조업에서 음식, 관광, 금융 등 서비스업으로, 에너지원 기초시설 건설에서 부동산 개발로 전방위적으로 심도 있게 발전했다. 투자지역도 북방에서 남방으로, 동부에서 서부로 전면 확대되었다. 과거 중국에 투자한 기업들은 대부분 한국의 중소기업으로 투자 규모가 작아 영향력이 그리 크지 못했다. 그러나 수교 이후에는 한국 대기업의 참여로 규모가 큰 투자 항목이 점차 많아지면서 쌍무 경제에 매우 큰 영향을 미쳤다. 한국 해외공보관이 1994년 3월에 발표한 자료 '한·중 경제 협력'에 따르면 중·한 수교 이후 한국의 장기적인 국제수지 적자 상태가 뚜렷이 개선되었다. 1992년 한국의 대중국 무역 수출은 그 전년도에 비해 약 164% 증가했고 또한 1993년에는 1992년에 비해 배로 늘어났다. 한국의 대중국 무역 수입은 수출처럼 그렇게 성장속도가 빠르지는 못했지만 상승하는 추세였다. 1991년은 1990년보다 약 51% 늘어났고 1992년은 그 전년도보다 약 8.3% 늘어났으며 1993년은 1992년보다 약 3% 성장했다. 1996년 한·중 무역에 대한 한국무역협회의 통계에 의하면 1995년 한·중 무역액은 이미 165억 4,500만 달러에 달해 한국 무역 총액의 약 6.4%를 차지했다. 1991~1995년까지 한국의 대중국 무역 연간 평균 증가율은 약 42.1%로 한국 무역 총액 증가율 14.0%를 훨씬 초과했다. 한국과 중국은 상대방의 무역 대상국 중에서 각각 제3위와 제5위를 차지했다(〈표 9〉, 〈표 10〉).[3]

종합적으로 볼 때 대외개방의 강화로 인해 중국 시장은 한국의 자동차, 철강, 화학공업, 전자제품에 대한 대량의 수요가 발생하여 한국의 수출을 상승세로 끌어올렸다. 대중국 무역은 한국 제품의 수출 상황을 크게 개선해 한국의 경제에 활력을 불어넣었고 한국이 추진하는 경제 구조 개혁을 크게 촉진했다.

동시에 중국으로 유입된 대량의 한국 자금과 중·한 무역의 대규모 발전은 중국의 국내 건설에 적극적인 영향을 미쳤다. 개혁개방 이래 중국의 경제는 고도성장을 지속했으며 중·한 경제무역 관계의 전면적인 발전은 중국과 동북아 교류를 가속화해 이 지역에서의 중국 대외경제 연계가 갈수록 중요한 위치를 점하도록 만들었다.

중·한 경제무역 관계의 전면적 발전에 있어서 또 하나의 중요한 측면은 수교 이후 중국인을 한국 시장에 진출하도록 촉진했다는 것이다. 중·한 수교 전 중국은 한국에 대한 투자가 거의 없었다. 수교 이후 한국 자본이 중국

〈표 9〉 한·중 5대 무역 대상국

(연도: 1995년, 단위: 달러)

한국			중국		
순서	국가	무역액	순서	국가	무역액
1	미국	545억 3,500만	1	일본	574억 6,800만
2	일본	496억 5,500만	2	홍콩	445억 7,500만
3	중국	165억 4,500만	3	미국	408억 2,900만
4	독일	125억 4,900만	4	대만	178억 8,200만
5	홍콩	115억 2,000만	5	한국	169억 8,200만

(자료출처: 한국무역협회의 『주요무역동향지표』)

〈표 10〉 한국의 대중국 투자현황(1991~1993년)

	1991년	1992년	1993년	누계
건수	109	269	629	1,007
액수(달러)	8,000만	2억 1,300만	6억 2,200만	9억 1,500만

(자료출처: 1994년 3월에 발표된 한국 해외공보관의 통계자료에 근거한 것임)

으로 대거 진출함과 동시에 중국 기업도 한국 시장에 눈길을 돌리기 시작했다. 1993년부터 투자 규모가 구체화되기 시작했다. 통계에 따르면 1989년부터 1995년 말까지 중국 기업의 대한국 투자 항목은 117건에 달했고 투자 금액만도 2,847만 2,000달러나 되었다. 그 밖에도 50개 기업이 한국에 지사를 세우고 영업을 시작했다. 상세한 상황은 한국 재경원의 '외국인 투자 및 기술도입 동향' 통계를 통해 확인할 수 있다(〈표 11〉).[4]

한국의 대중국 투자에 비하면 중국의 대한국 투자는 그 규모나 수량 면에서는 비교가 되지 않지만 쌍무 경제무역 관계 발전에 있어서 하나의 추세를 보여준다는 점에서 큰 의미를 갖는다.

③ 중·한 경제무역 관계에서 '확대 균형' 발전이라는 강력한 추세가 나타났다.

중·한 수교 이후 쌍무 경제무역 관계는 점진적으로 발전했다. 직접투자 규모가 확대됨에 따라 투자 업종도 이전의 노동 밀집형에서 자금과 기술 밀집형으로 전환되기 시작했다. 특히 삼성, 대우, 현대 등 대기업의 시멘트, 자동차, 기계, 석유화학, 전자, 정유 등의 산업에 대한 투자가 자금과 기술 함량

〈표 11〉 중국의 대한국 투자(입건과 접수된 항목을 기준)

(각 괄호 안은 단위)

	투자 항목수(건)	비례(%)	투자 금액(달러)	비례(%)
합계	117	100.0	2,847만 2,000	100.0
1989	1	0.9	280만	9.8
1990	1	0.9	10만	0.4
1991	3	2.6	69만	2.4
1992	6	5.1	105만 6,000	3.7
1993	29	24.8	672만 7,000	23.6
1994	32	27.4	620만 7,000	21.8
1995	45	38.5	1,089만 2,000	38.3
연평균 성장률 (1993~1995)	95.7		117.7	

(자료출처: 1995년 12월에 발표된 한국 재경원 통계자료에 근거한 것임)

측면에서 갈수록 제고되었다. 이러한 형세 속에서 쌍무 무역과 직접투자의 끝없는 확대가 중·한 양측이 단순한 상품 교역과 투자를 초월하는 길을 탐색하는 새로운 형태의 협력 양식이 되었다. 비교적 긴 준비기간을 거쳐 중·한 양국은 1994년 6월에 '중·한 산업협력위원회'를 창립했다. 이 위원회의 설립은 중·한 양국의 경제 협력이 획기적인 새로운 단계, 즉 산업협력 단계로 진입했음을 상징했다. 이러한 새로운 협력 방식은 중·한 양국이 모든 기술, 자금, 시장을 활용하여 신제품의 개발과 생산을 공동으로 진행하고 제3국 시장에 공동으로 진출해야 한다는 양국의 요청에 의한 것이다. 중·한 양측의 산업협력이 먼저 자동차, 프로그램제어기, 민용 여객기, 고화질 TV 등의 분야에서 진행되었고 이어 에너지원, 위성통신 등 분야로 확대되었다. 평등 호혜, 상호 보완, 협상 강화, 성심 협력, 기회 포착, 공동 발전은 중·한 양국 정부가 적극적으로 준수하는 경제 원칙이 되었다. 중·한은 균형을 확대하고 협력을 심화하는 경제무역 관계의 발전 속에서 1995년을 맞이했다. 산업협력의 확대는 중·한 경제 관계에 있어 하나의 새로운 내용과 중요한 전략 목표가 되었다.

1995년에 들어서자 한국 기업은 중국 시장에 진출하는 전략을 조정했다. 개혁개방 이후 중국의 상황이 크게 바뀌었기 때문에 지난날 한국 기업이 중국을 단지 '양호한 여건을 갖춘 생산기지'로만 보았다면 이제 정식으로 '거대한 소비시장'으로 인식하기 시작한 것이다. 삼성자동차 전무 신원기辛源基는 "중국의 12억 인구 가운데 한국의 중산층 수입을 초과하는 인구가 이미 1,000만 호에 달했다"라고 분석했다. 그리고 "그들 중 대부분은 일본 상품을 선호하기 때문에 한국이 경쟁력 없는 제품을 수출하거나 현지에서 조립해서 팔던 시대는 이미 끝났다"라고 말했다. 한국의 대중국 투자 비율이 높은 전자산업을 놓고 보아도 1995년 이후 삼성, LG, 대우 등 유명기업들은 모두 온 힘을 다해 앞다퉈 중국 시장을 선점하고 중국 각지에 전자제품 생산종합기지를 세웠다. 이에 대해 한국 재정경제원 국장 현정택玄定澤은 "한국 기업이 최근 중국 시장 선점을 위해 대형 투자를 늘리고 있는데 이것은 크게 바람직한 일"이라고 표현했다. 그는 "머지않아 중국의 구매력이 일본을 초과하게 될 것이며 21세기 중반이 되면 중국은 미국에 버금가는 제2대 시장이 될 것"이라고 예측했다.

중국이 제9차 5개년 계획을 실시하는 단계에 들어서고 한국이 경제세계화 전략을 폄에 따라 중·한 양국의 경제 협력이 더한층 강화되고 양국의 경제무역 관계도 갈수록 발전하게 될 것이라는 사실은 어렵지 않게 예측할 수 있다. 중·한 쌍무 무역은 전통적인 상품 교역 구조에서 벗어나 새로운 무역 영역을 개척하게 될 것이다. 경제현대화 발전의 수요에 적응하기 위해 중·한 하이테크 분야의 협력과 교류도 전면적으로 전개될 것이다. 양국 경제무역 협력 발전의 전망은 아주 밝다. 아울러 양국의 경제 협력 관계의 발전은 황해·보하이해 경제권을 둘러싼 동북아 경제 협력과 아태지역의 경제 발전에도 중요한 역할을 할 것이다.

2장 전방위적 문화교류와 협력

1992년 8월 24일, 중·한 양국 정부가 서명한 중·한 수교 문서는 양국 관계에 있어 새로운 한 페이지를 열었다. 이로부터 중·한 관계는 '냉전' 이래 형성된 비정상적인 단절 상태를 철저하게 타파했다. 새로운 시대를 맞아 양국은 여러 분야 내지는 여러 차원에서 전면적인 교류와 협력을 신속히 이끌어나갔다. 그중에서도 문화교류의 영향과 의미는 크고 깊었다. 이것은 향후 양국이 여러 분야에서 우호 협력교류를 발전시키기 위한 전도前導를 밝혀주었다.

국교가 수립된 지 1개월 만에 한국 대통령 노태우가 중국을 방문했다. 양국은 이 방문기간 중에 4개의 협정을 체결했다. 그 가운데 '중·한 과학기술협력협정'은 양국 문화교류의 발전을 가로막고 있던 장막을 걷어주었다. 1992년, 중·한 수교 이래 양국의 문화교류는 전방위적으로 힘차고 신속하게 발전해나갔다. 여러 쌍무 문화교류기구가 설립되면서 각종 정부와 민간 차원의 우호 왕래와 학술교류가 활발하게 진행되었으며 체육, 문예, 미술 분야 교류도 활기를 띠기 시작했다.

중국과 한국이 수교한 이후 각종 문화학술교류기구가 우후죽순처럼 출현했다. 1993년 5월 20일, 중국 사회과학원은 베이징에 한국연구센터를 설립하고 한국에 대한 종합연구의 전문기구로 삼았다. 6월 29일, 중국과 한국의 공동 추동 아래 중·한 우호협회가 창립되었다. 그 창립 목적은 중·한 우호교류를 전면적으로 추진하고 양국 국민 간의 이해를 증진하는 데 있었다. 중·한 우호협회의 설립은 중·한 양국 학자들의 왕래와 교류에도 유익했다. 1994년 4월 2일, 중·한 양국은 하이테크개발자문회사를 공동으로 설립했다. 이 회사는 양국 과학기술 분야의 합작교류와 개발을 위해 정보서비스를 제공하는 중개기구 역할을 했다. 뒤이어 한국문화언론처가 베이징에서 정식으로 개관하여 양국의 보도매체교류와 의사소통 부분에서 또 하나의 만족스러운 출발을 알렸다.

중국의 여러 대학교는 문화 전파와 교류의 기지로서 1992년 중·한 수교 이후 연이어 한국학을 연구하는 전문연구기구를 설립했다. 이미 1991년 4월, 베이징北京대학에 한국학연구센터가 설립되었고 그 뒤를 이어 1992년 10월, 푸단復旦대학, 산둥山東대학에서도 한국연구센터가 설립되었다. 1993년 4월에는 항저우杭州대학(현 저장대학-옮긴이)에 한국연구센터가 설립되었고 1994년 5월에는 랴오닝遼寧省대학에 한국학과와 한국연구센터가 설립되었다. 각 대학교의 한국학연구센터는 중·한 양국 간의 학술문화교류를 강화하고 두 나라 인민의 우의를 증진하는 것은 물론 여러 분야에서 협력 경로를 확대해 유구한 역사를 지닌 동방문명을 널리 알리는 데 그 취지를 두었다. 중·한 우호 관계가 점차 깊어짐에 따라 각 학교 연구센터의 연구진들도 갈수록 강화되었다.

각 학교 한국학연구단체의 연구 중점은 제각기 다르다. 베이징대학 한국학연구센터는 한국의 역사, 문화, 정치, 경제, 언어, 문학 등의 분야와 관련된 학술연구를 대대적으로 조직하여 조화, 촉진했다. 그리고 특히 한국의 교육학술연구기구 및 해당 전문가들과 연계하여 광범위한 학술교류를 진행하고 상호 이해를 증진했다. 이 센터는 30여 명의 연구원을 보유하여 역사, 언어, 문학, 사회, 문화, 현대 정치경제와 편찬번역 등의 과제연구팀을 설치했다. 또한 별도로 한국학총서편집위원회를 두어 『한국학논문집』의 편집업무를 진행했다. 그리고 중국 문화학계의 저명한 학자인 베이징대학 지셴린季羨林, 저우이량周一良 교수와 한국학계의 저명한 학자인 김준엽金俊燁 교수를 고문으로 초청하여 중요한 학술 활동과 중·한 양국의 학술교류를 이끌었다. 최근 몇 년 동안 한국학연구센터가 협조하거나 주최한 중·한 양국의 학술교류 활동은 특히 많았다.

푸단대학 한국연구센터는 대한민국임시정부, 근대 중·한 관계사, 현대 한국에 대한 연구에 중점을 두었다. 연구원 대부분은 한국 문제 연구에 종사하는 학자들로 그들은 종합대학 다학과의 이점을 이용하여 각 분과 영역에서 중·한 비교 연구를 수행했다. 동시에 이 센터는 한국 학자들의 우수한 학술 저작들을 번역, 소개함은 물론 비정기적으로 한국 연구 강좌를 개최하여 최신 연구 성과도 소개했다. 또한 학술연구 외에도 상하이 주재 대한민국 총영사관과 적극 협력하여 '상하이에서 어떻게 사업할 것인가' 등의 고급 강좌를 운영하여 한국 기업가들이 상하이에서 투자하고 사업하는 데 필수적으로 이해해야 할 여러 상황들을 소개하고 자문서비스도 제공했다.

산둥대학 한국연구센터는 종합적인 학술기구로 설립 초기부터 한국 서울대학교 사회과학연구원과 밀접하게 연계해 학교 간 연합방식으로 연구를 주관했다. 이 센터는 산둥성山東省 정부의 높은 관심 아래 인재 양성은 물론 비정기적으로 한국학에 관한 특정 제목의 보고회를 열어 최신 연구 성과를 발표했다. 그리고 그 산하에 역사문화연구실을 설치하여 유학儒學을 중심으로 하는 한국의 정치, 사상, 문화 분야의 역사, 현황, 발전 추세를 체계적으로 연구함으로써 중·한 문화교류의 발전 전망을 조망하고 양국 국민 간의 상호 이해를 증진했다. 한국과 이웃하고 있는 중국의 산둥성은 산둥대학을 선두로 삼아 여러 분야에서 중·한 교류를 줄기차게 추진했다.

항저우대학 한국연구센터는 학교 내 관련 학부의 모든 겸직 연구원을 기본 연구팀으로 삼아 국내외 한국 연구 분야 전문가들과의 협력으로 발전했다. 학술 연구는 전통문화 방면을 중점으로 삼아 한국의 역사, 현황을 포함한 중·한 문화의 비교와 교류에 주력했다. 이 연구소는 국내외, 특히 한국의 교육학술 연구기관과 연계하여 인적 교류를 강화했다. 또한 분기별 한국어 양성반을 열어 저장성浙江省을 비롯한 중국 남방에서 한국어 교육을 추진하고 비정기적으로 한국 연구 분야의 각종 학술토론회를 개최했다. 나아가 국내 각계에 한국과 관련된 도서 정보를 제공하기 위해 최선을 다했다. 뿐만 아니라 중·한 양국 간 전통적 문화의 근원과 현실적 사회 수요 등 각 분야의 교류와 협력을 위해 교량적 역할을 수행했다.

랴오닝대학 한국연구센터는 설립이 다소 늦었지만 성과는 괄목할 만했다. 이 종합학술기관에 배치된 학자, 교수들은 새로 설치된 한국학과의 교수를 겸임하면서 한국학의 과학적 연구와 교학을 유기적으로 결합해 센터의 두드러진 특색으로 만들었다. 랴오닝대학 한국연구센터는 학술잡지 『한국연구논총』의 정기적인 출간을 통해 한국 역사와 현황 연구에 관한 최신 학술 성과를 공개적으로 발표함으로써 훌륭한 사회적 효과를 거두었다. 이외에도 이 센터는 지리地利, 인화人和의 유리한 조건을 충분히 이용하여 여러 형식의 중·한 학술교류 활동을 대폭적으로 전개함으로써 한국학 연구 사업을 갈수록 활발하고 착실하게 수행했다.

문화교류기구가 창립되자 각종 학술교류 활동도 적극적으로 전개되었다. 1993년 8월, 한국의 전 총리 정원식鄭元植이 한국 세종연구소 대표단을 이끌고 중국을 방문하여 전국인민정치협상회의 부주석 우쉐첸의 친절한 접견을 받았다. 대표단은 중국 방문 기간 중에 각종 학술교류 활동을 적극적으로 전개했다. 같은 해 11월, 중국 국무원 발전연구센터와 한국개발연구원은 인민대회당에서 공동으로 2일간의 '중국과 한국의 경제 발전 유형 비교' 세미나를 열었다. 중·한 양측의 경제계 전문가와 학자들이 세미나에 참석했다. 중·한 수교 1주년에 즈음하여 양국의 경제 전문가와 학자들은 높은 수준의 학술교류를 활발하게 개최하여 양국 우호 관계의 공고화와 발전을 위해, 그리고 양국 경제와 기술 분야의 더욱 광범위한 협력을 위해 적극적으로 노력했다. 이 회의에 참석한 한국 전 부총리 김만제金滿堤, 한국개발연구원장 황인정黃仁政도 개막식에서 이 세미나가 한·중 경제, 학술기관의 상호 이해와 교류를 증진하고 양국 경제 발전을 추동하는 역할을 할 것이라고 강조했다. 개막식에는 중국 전국인민대표대회 상무위원회 부위원장 천무화陳慕華, 국가체제개혁위원회 부주임 우제烏杰, 주중 한국 대사 황병태黃秉泰가 참석했다.

초청 강의, 학술 방문, 유학 연수 등 각종 방식을 통하여 다양한 학자들의 교류가 광범위하게 전개되었다. 학자들의 왕래는 양국의 학술교류를 촉진했으며 각종 학술회의, 국제세미나가 잇따라 열렸다. 1992년 7월, '제1차 환태평양 한국학국제학술회의'가 미국 하와이에서 열렸다. 그리고 1994년 5월, '제2차 환태평양 한국학국제학술회의'가 일본 도쿄에서 열렸다. 각 대학교의 한국학 연구단체가 주최하는 국제회의도 갈수록 활기를 띠었다. 1995년 4월, 푸단대학 한국연구센터는 '한국 독립운동연구 국제학술회의'를 주최하여 중국, 한국, 일본에서 회의에 참가한 정식 대표 40여 명과 참관 대표 20여 명이 한국의 독립운동을 중심으로 한 외교 문제, 사상문화 문제에 관해서 구체적이고도 창의적인 연구와 토론을 진행했다.

1995년 10월, 항저우대학 한국연구센터는 중공 저장성 당위黨委와 성정부省政府의 지원을 받아 한국 아주대학교와 공동으로 항저우대학에서 '중(저장浙江)·한 경제발전 비교연구회'를 열었다. 중공 저장성 당위, 성정부의 주요 책임자와 해당 전문 학자들은 회의에 참석한 한국 아주대학교의 학자들과 함께 한국 경제 발전의 전체 유형, 중소기업 정책, 국제무역, 도시화 전략, 산업 구조의 변천 등 분야에서 한국의 경제 발전 경험을 연구하고 토론했다. 그리고 '한국의 경험을 거울삼아 저장 경제를 진흥시키자'라는 주제로 한국 학자들과 광범위한 토론을 벌였다.

같은 시기 베이징대학 한국학연구센터는 '한국 전통문화 국제학술세미나'를 열어 전통문화의 개념, 한국 전통문화의 특징과 그 작용에 대해 심도 있는 연구와 토론을 진행했다. 회의 참가자들은 '전통문화'를 사람들이 장기간에 걸쳐 사회역사 발전 과정 속에서 창조하고 축적한 사유 방식, 가치 취향, 이상적 인격, 국민 품성, 심미 정취 등의 총화로 보았다. 따라서 하나의 민족과 국가를 좀 더 심층적으로 이해하고자 한다면 반드시 그 민족과 국가의 전통문화를 심도 있게 연구해야 한다는 것이었다. 그리고 이들은 한국의 우수한 전통문화는 현재 한국인의 영혼과 민족정신의 소재처로서 경제 성과와 밀접하게 관련을 맺고 있기 때문에 지속적으로 깊이 연구해야 한다고 분석했다. 한국 전통문화에 대한 연구와 토론을 통해서 중국과 한반도의 비슷하면서도 서로 다른 역사문화에 관해 더욱 이해를 심화시킬 수 있었다. 한국 김준엽 박사, 미국 하와이대학교 서대숙徐大肅 교수, 랴오닝대학 총장 펑위중馮玉忠이 회의에 참석하여 다채로운 발언을 이끌었다. 회의는 철학과 종교, 역사와 고고학, 언어문학 3개의 분야로 나누어 진행되었는데 중·한 전통문화에 대한 심도 있는 연구가 이루어진 자리였다.

각종 학술회의가 개최됨과 동시에 도서 역시 문화 전파의 운반체로서 중·한 문화교류에 있어 독특한 역할을 수행했다. 1992년, 중·한 수교 이후 한국 교육부는 교과서의 중국에 대한 정확하지 않은 표현과 자료를 전면적으로 개정하기로 하고 '한·중 적대 관계'를 '선린우호 관계'로 고치고 출판, 발행되는 각국 국기 도안에 중국의 오성홍기를 추가하기로 결정했다. 또한 1995년, 초·중·고등학교 교과서를 개편할 때 중국에 관한 내용들을 전면적으로 수정하기로 했다.

1993년 6월 21일, 중·한 수교 1주년을 기념하기 위해 10일간의 일정으로 '중국 도서문화전'이 서울 연세대학교에서 개막되었다. 이 전시회에는 1만 종의 약 10만 권에 가까운 도서가 전시되어 문화적 측면에서 양국 국민들 간의 상호 이해를 증진하는 좋은 토대를 마련했다. 그리고 베이징대학 도서관과 서울대학교 규장각은 1994년 8월부터 10월 사이 각기 대표를 파견해 상호 방문을 진행했다. 두 도서관은 모두 고적古籍 소장 분야에서 유구한 역사를 지닌 세계적 일류 도서관이라고 할 수 있다. 이 상호 방문 행사는 중·한 수교 이래 첫 번째 교류로 양측은 서로 도서와 도서 목록을 교환하고 소장 도서의 유무를 통보함으로써 양측의 소장 상황에 대한 초보적 이해를 도모했다. 서로의 소장품을 감정하고 상대방에게 필요한 자료들을 시의 적절하게 제공해주었다. 한국 TV방송국은 이 사업의 과정을 상세하게 추적 보도했다. 11월 18일, 한국 기업 대우는 중국 대학에 책을 기증하는 의식을 인민대회당에서 거행했다. 인민폐 500만 원 가치의 특별 인쇄된 『중화고문명대도집中華古文明大圖集』 5,000권이 중국의 각 대학에 증정되었다. 의식이 끝난 뒤 국무원 부총리 리란칭李嵐淸이 대우 회장 김우중 일행을 회견하고 도서 기증 행사를 높이 평가했다.

체육, 문예, 미술 교류 역시도 수교 이후 과거의 단절된 상태에서 벗어나 빈번한 교류 활동을 시작했다.

1992년 10월 31일, 중·한 수교를 기념하기 위해 중국바둑협회와 한국기원이 공동으로 개최한 데이콤 배 중·한 컴퓨터 통신 위성경기가 진행되었다. 이것은 세계 최초로 국제 화상회의 시스템과 데이콤 컴퓨터 통신망을 통해 이루어진 프로바둑 선수경기였다. 또한 1993년 1월, 서울에서 제1회 진로 배 SBS 세계바둑 최강전이 열렸다. 1994년 8월과 1995년 8월, 한국 부산과 중국 상하이에서 제1회, 제2회 중·한 롯데 배 바둑대항전이 있었다. 경기에서 중국과 한국의 바둑 선수들은 이해를 증진하고 기예를 연마하면서 우호 관계를 발전시켰다.

1994년부터 양국의 축구단도 협력을 시작해 경기를 가졌다. 4월 1일, 베이징궈안클럽北京國安俱樂部 축구단과 현대자동차 호랑이 축구단이 계약을 맺고 형제팀이 되었다. 양측은 계약 후 여러 차례 상호 방문경기를 가지면서 감독과 선수의 협력을 강화했다. 바둑과 축구 협력 외에도 1993년 12월 양국 마라톤 감독과 선수의 상호교류와 공동 훈련, 1994년 5월 한국 여자 소프트볼팀의 방중 경기, 1995년 9월 중·한 사이클경기 등도 중·한 체육교류에 새로운 활력을 더했다.

미술교류도 빠르게 전개되었다. 1993년 2월, 중국과 한국이 처음으로 서울에서 미술교류전시회를 열었다. 5월에는 롱바오자이榮寶齋의 서화 진품珍品들이 서울에서 전시되었다. 그리고 10월에는 중국의 국제예원미술기금회와 한국의 학술통신이 한국 조각가 고혜숙高惠淑 여사의 작품 전시회를 공동으로 주최했다. 작품들은 작가의 풍부한 내면세계와 중·한 친선의 아름다운 염원을 반영했다. 1994년 6월 24일에는 중·한 수교 2주년을 기념하기 위해 중국 출판대외무역총공사에서 주최한 '중·한 서법, 전각 공동전시회'가 중국미술관에서 열렸다. 이틀 후 중국 국제문화교류센터에서 주최한 '중·한 그림 공동전시회'가 중국미술관에서 막을 올렸다. 또한 8월에는 서울에서 '공자孔子 고향정화전故鄉情畵展'이 열렸다. 그 밖에도 중·한 아동의 투박한 붓끝으로 양국 우호를 묘사한 아름다운 그림들도 전시되기 시작했다. 1993년 11월, '중·한 아동 미술소묘전'이 베이징 중국아동활동센터에서 열렸다. 1994년 4월에는 중·한 아동 미술작품이 서울에서 모두 한자리에 모였다. 같은 해 8월, 진秦나라 병마용兵馬俑이 한국에 전시되었다. 풍부하고 다채로운 예술교류 활동이 전방위적 문화교류의 중요한 측면을 이루었다.

중·한 수교 이후 가장 일찍, 그리고 가장 많이 진행된 교류 활동은 문예교류라고 할 수 있다. 1992년 8월 26일에 서울예술단의 중국 방문 공연이 있었고 11월에는 톈진시天津市 곡예단의 한국 방문 공연이 이루어졌다. 12월에는 한국 예술가 고봉신高鳳晨이 중국 방문 공연을 했다. 1993년 초 중국중앙교향악단이 처음으로 한국 방문 공연을 했고, 2월 한국 국립현대무용단이 베이징에서 첫 중국 방문 공연을 했다. 6월 중국 민족예술단이 처음으로 한국에서 공연했으며, 9월 한국 국립예술단이 베이징, 톈진, 상하이에서 대형 음악무용 야회夜會를 가졌다. 11월, 중국 장애인예술단이 서울에서 공연하여 열렬한 환영을 받았다. 1994년 4월, 중·한 수교 이후 중국에서 처음으로 한국 영화 주간 축제가 열렸다. 6월, 한국 피아니스트 우정일禹政一 선생이 베이징음악당에서 독주음악회를 가졌다. 9월에는 한국 국립현대무용단이 베이징에서 중국 방문 공연을 했다. 문예 활동은 다양한 형식과 방면으로 중·한 양국의 우호적인 교량 역할을 했다. 문예 공연은 양국 인민의 정신생활에 신선한 바람을 불어넣었고 양국 인민들의 중·한 전통과 현대 문예 발전에 대한 이해를 증진시켰다.

1992년 8월 수교 이후 중·한 양국의 문화 왕래와 문예교류는 양국 관계의 순탄한 발전을 상징할 뿐만 아니라 양국 각계 인사들의 상호 왕래를 이어준 튼튼한 유대이기도 했다.

세계 각국의 왕래에 있어 문화교류는 보통 민간방식으로 진행되기 때문에 정부 측의 정치적인 왕래보다 더욱 다채롭고 활발하게 이루어져 더 큰 내구성을 갖는다. 중·한 문화교류는 상기한 일반적 문화교류의 특징 외에도 양국이 동북아의 문명 고국古國에 속하여 모두 박대정심博大精深한 전통문화를 창조하면서 유구한 세월 동안 서로 교류하고 융합해왔다. 이 때문에 서로 강한 흡인력을 가지는 것은 물론 상호 본보기로서 손색이 없는 것이다. 일단 '냉전'의 벽이 허물어지고 교류의 문호가 활짝 열리자 중·한 문화교류가 그야말로 파죽지세로 전개되었다. 이것이 바로 국교 수립 이후 양국의 문화교류가 전면적이고도 급속하게 발전할 수 있었던 근본적인 원인이었다. 문화교류란 마음과 정신의 심층적 교류로 그 의미는 문화에만 국한되는 것이 아니다. 정치가든 사업가든 모두 정신과 문화 정감의 교류가 요구된다. 그러므로 문화 유대의 긴밀화는 필연적으로 정치, 경제 관계의 발전에도 적극적인 역할을 하게 된다.

3장 정부와 민간 차원의 상호 빈번한 방문

중·한 수교 이후 중·한 양국 정부는 외교 관계 정상화로 인한 쌍무 관계의 진일보한 발전에 큰 기대를 걸었다. 양국 정부 지도자들의 빈번한 상호 방문은 중·한 관계를 국교 정상화로부터 또 하나의 새로운 발전 과정으로 이끌었다.

1992년 9월 27일, 한국 대통령 노태우의 중국 방문은 중·한 양국 고위급 지도자들의 빈번한 상호 방문의 서막을 열었으며 그의 빛나는 '북방외교'의 한 페이지를 장식했다.

노태우는 몇 십 년 만에 처음으로 중국을 방문한 한국 정상으로서 중국 정부의 성대하고도 열렬한 환영을 받았다. 21발의 예포가 울렸고 3군 의장대의 사열이 있었다. 4일간의 방문에서 대통령 노태우는 중국의 당과 국가 지도자인 장쩌민江澤民, 양상쿤楊尙昆, 리펑李鵬 등을 각각 만나 광범위한 의견을 나누었다. 두 나라 지도자 간의 회담 분위기는 친절하고도 우호적이었다. 회담에서 중국 국가주석 양상쿤은 감개무량하여 다음과 같이 말했다. "중·한 양국은 아주 가까운 이웃으로서 밀접한 역사 왕래와 문화 전통에 있어 비슷한 부분들이 많이 발견된다. 역사적인 원인 때문에 지난 40여 년 동안 비정상적인 단절 상태에 있었지만 국제 정세의 변화와 한반도의 긴장 완화로 중·한 양국이 관계 정상화를 이루고 양국 관계가 새로운 시기로 진입한 것은 매우 기쁜 일이다." 중국 국무원 총리 리펑도 "아주 가까운 거리의 두 나라가 긴 시간 왕래하지 않았던 국면을 타개한 데 대해 기쁨을 느낀다. 중·한 양국이 인접한 지리상의 이점을 활용해 경제적으로 서로 보완하고 또한 양측 모두 경제무역 협력이 잘 이루어지기를 바라는 염원이 있기 때문에 양국의 호혜 협력은 그 전망이 매우 밝다"라고 밝혔다. 또한 그는 "노 대통령의 이번 중국 방문이 양국 관계 발전에 반드시 진일보한 추동 작용을 할 것"이라고 예언했다. 중공중앙총서기 장쩌민도 '천리를 다 보고 싶다면 한 층 더 올라가야 한다[欲窮千里目, 更上一層樓]'라는 당시唐詩를 인용해 대통령 노태우에게 "중국에서 많은 것을 보고 중국에 대한 이해를 심화시킬 것"을 제의하고 "중·한 양측도 높이 올라서야만 멀리 내다볼 수 있다. 나는 양측 지도자들이 높이 올라서서 멀리 내다보고 양국 관계를 발전시켜나갈 것이라고 확신한다. 이것은 양국 인민에게도 유리할 뿐만 아니라 이 지역의 평화와 발전에도 긍정적인 영향을 미칠 것이다"라고 말했다.[5] 양국 지도자 간에 형성된 친절하고 우호적이며 상호 신임하는 분위기는 중·한 관계를 더 높은 새로운 단계로 이끌어가는 중요한 전제가 되었다.

대통령 노태우 역시 이 방문을 매우 중시하여 사전에 주도면밀하게 준비했다. 9월 28일, 중국 방문 두 번째 날에 노 대통령은 초대 주중 대사 노재원盧載源이 댜오위타이국빈관釣魚臺國賓館에서 마련한 중·한 경제무역계 인사 오찬회에 참석했다. 노 대통령은 연설에서 "지금부터 양국 국민의 급선무는 진심으로 협력하고 어려움을 함께 헤쳐나가는 것이다"라고 강조했다. 그는 "이번 방문을 통해서 양국이 우호 협력을 증진하고 공동으로 미래를 개척하여 새로운 이정표를 세울 수 있기를 희망한다"라고 말했다.[6]

방문은 매우 성공적이었다. 9월 30일 오전, 주석 양상쿤과 대통령 노태우는 댜오위타이국빈관에서 열린 중·한 양국 정부의 4개 쌍무협정 조인식에 참석했다. 이 4개 협정은 '중·한 무역협정', '중·한 투자보호협정', '중·한 경제, 무역, 기술 연합위원회 설립에 관한 협정', '중·한 과학기술협력협정'이 그것이었다. 중국 대외경제무역부장 리란칭李嵐淸, 국무위원 겸 국가과학기술위원회 주임 쑹젠宋健, 한국 외무부 장관 이상옥李相玉, 상공부 장관 한봉수韓鳳洙, 과학기술처 장관 김진현金鎭炫 등이 각각 두 나라 정부를 대표하여 협정에 조인했다.

방문 기간 동안 중·한 양측은 정치상의 상호 양해를 구하기 위해 노력했으며 정상회담이 끝난 뒤 양국이 공동 발표한 '중·한 신문방송공보'에 이 사항이 충분히 반영되었다. 양국 지도자들은 한반도의 긴장 완화는 전체 조선 인민의 이익에 부합할 뿐만 아니라 동북아시아, 나아가 아시아 평화와 안정에도 유익하기 때문에 이 같은 완화 정세를 계속 발전시켜야 한다고 인식을 같이했다. 경제 협력은 중·한 관계의 중추적인 역할을 했다. 공보문은 "양국 지도자들은 동북아시아와 아시아태평양지역의 경제 협력 강화는 이 지역 국가들의 발전과 공동 번영에 유익하다고 인식하고 양측은 아시아태평양경제협력체(APEC) 회의 등을 지역기구 내에서 협력하여 추진하는 데 동의한다"[7]라고 밝혔다.

'신문방송공보'에서 중·한 양국 정부가 한반도 문제에서 상호 양해를 강화하고 공동으로 지역적 경제 협력을 촉진하겠다는 결심을 밝힌 것은 중·한 관계가 이제 낡은 틀에서 벗어나 새로운 발전 단계로 나아가고 있음을 의미했다. '신문방송공보'는 마지막으로 한국의 국가 원수가 중·한 수교 이후 곧바로 베이징을 방문한 데 대해 높이 평가하고 "중·한 양측은 대통령 노태우의 성공적인 중국 방문이 양국의 우호 협력 관계를 더한층 발전시킬 것임을 믿어 의심치 않는다"[8]라고 전했다.

노 대통령이 베이징 방문을 원만히 끝마치고 귀국하자 서울의 언론들은 논설을 발표해 이 방문은 다음과 같은 몇 가지 측면에서 중대한 의의가 있다고 지적했다. 첫째, 이번 방문은 '북방외교'를 원만히 완수하고 한국과 주변 국가와의 관계를 강화했으며 한반도의 평화와 안전을 공고히 하고 통일 실현을 위한 기초를 닦았다. 둘째, 한·중은 40여 년간 지속되었던 관계 단절을 청산하고 새로운 국가 관계의 기점을 확립했으며 양국의 정치, 경제, 외교 등 각 분야에서 우호 협력 관계의 토대를 구축했다. 양국은 이미 명실상부한 우호 국가가 된 것이다. 셋째, 이번 방문은 중·한 양국 경제 협력의 기틀을 마련했다.

이와 같은 논평은 노 대통령 중국 방문 이후 중·한 관계의 현실을 매우 정확하게 지적한 것이었다. 그로부터 중·한 관계는 국교 정상화에 입각하여 선린우호와 협력 관계로 발전했고 쌍무 경제무역 관계나 사회 문화 등 각 분야의 교류 협력에서 모두 끊임없이 새로운 역사 기록을 창조했다.

1992년 12월 초, 대통령 노태우가 중국을 방문한 지 채 3개월도 되지 않아 한국은 또 부총리 겸 경제기획원 장관인 최각규崔珏圭가 이끄는 대표단을 중국에 파견하여 중·한 경제기술협력을 더욱 확대하는 문제를 중점적으로 토론하게 했다. 최각규 일행은 중국 정부의 환영을 받았으며 국가주석 양상쿤, 부총리 쩌우자화鄒家華 등과 회담을 가졌다. 최각규의 중국 방문은 9월에 달성한 각 협의 사항에 대한 구체적인 이행을 앞당겼다. 주석 양상쿤은 최각규에게 얼마 전 폐막된 제14차 당 대회의 정황을 설명했다. 그러면서 그는 "중국은 개혁개방 정책을 계속 견지할 것이며 평등 호혜의 토대 위에서 한국을 포함한 세계 각국과의 경제 협력을 발전시키고 더 많은 외국 기업가들이 중국에 와서 투자하고 합자기업을 창설해줄 것을 희망한다"라고 전했다.

1993년 초, 한국은 한차례 중요한 정치적 변화를 겪었다. 새로운 대통령 선거에서 김영삼이 대한민국 제14대 대통령으로 당선된 것이다. 김영삼의 당선은 한국 건국 이래 다년간 계속되었던 군사정권 국면에 종지부를 찍었다. 김영삼은 한국의 첫 번째 문관文官 대통령이 되었다. 김영삼은 집권 후 개혁을 단행하여 부정부패와 권위주의를 소멸하고 '한국병'을 근절해 민주주의의 새로운 기원을 개창함으로써 '신한국'을 건설하고자 결심했다. 개혁은 현실적인 3대 과업, 즉 부패를 청산하고 경제를 부흥하며 국가의 기강을 바로잡는 것으로부터 시작했다. 김영삼은 대내적으로 정부기구와 인사제도를 개혁하고 군계의 정계에 대한 영향을 제거했으며 청렴을 대대적으로 제창했다. 그리고 '금융실명제'를 실시하여 '진정으로 민의를 구현하는 정부'를 세우고자 했다. 대외적으로 신新정부는 한국이 이미 세계 신흥공업국의 반열에 오른 발판 위에서 '신新외교' 정책을 적극 실시하고 정상 외교, 경제 외교를 대대적으로 전개하여 한국의 정치적 영향력을 확대했다. 김영삼은 집권한 지 얼마 되지 않아 태평양경제협의회에 참석했다. 회의에서 그는 "지난날 한국의 외교 정책은 평화통일, 한·미 관계 강화, 해외 교민 지원 등 일반적인 외교 문제에 국한되었지만 '신외교' 정책은 구체적인 외교 업무와 외교 정책에 있어 새로운 시대 한국의 요구를 구현할 것"이라고 말했다. 여기서 '신외교'란 1992년 5월, 한국 외무부 장관 한승주가 외교협상회의에서 제기한 5가지 내용 즉 세계화, 다각화, 다원화, 지역 협력, 미래 지향을 가리킨다.

1993년 한 해 동안 김영삼 정부는 사업의 중심을 내정 개혁에 두었지만 중·한 관계는 여전히 한국 외교에 있어 하나의 중요한 부분이었다. '신외교'는 1990년대 국제 형세 변화에 대한 한국의 반응이며 어느 각도에서 보든 간에 중국은 '신외교'의 중요한 국가였다. 이 한 해 동안 이루어진 양국 경제무역 관계의 발전과 국제 형세의 변화는, 증가된 중·한 양국 지도자의 상호 방문과 더한층 강화된 정부 간 교류 협력을 추동하고 있었다.

1993년, 북조선 핵 위기가 심화되자 중·한 양국 간 상호 방문이 빈번하게 이루어졌다. 북조선이 영변 5메가와트 원자로 연료봉을 바꾸면서 국제원자력기구와 이 문제에 관해 진행 중이던 기술협상이 무산되었다. 동북아지역의 평화와 안정을 위해 이 문제에 대한 밀접한 협력이 중·한 양국의 공동 관심사가 되었다. 1993년 5월 26일, 중국 외교부장 첸지천錢其琛이 서울을 방문하고 중·한 협상과 협력을 통해 한반도의 핵문제를 해결하려고 했다. 이것은 중·한 양국이 중대한 국제적 사건에서 구체적인 협력과 소통을 진행한 최초의 일이 되었다. 서울에서 첸 외교부장은 한국 대통령 김영삼, 외무 장관 한승주 등과 양국 관계, 국제 및 지역 형세 등의 문제에 관한 의견을 폭넓게 교환하고 만족스럽고 긍정적인 성과를 얻었다. 중·한 양국의 협력은 핵문제의 순조로운 최종 해결을 위한 조건을 마련해주었다.

서울을 방문한 외교부장 첸치천은 핵문제를 토론한 것 외에도 중국 정부를 대표해서 '중화인민공화국정부와 대한민국정부의 해운협정'에 조인했다. 대통령 김영삼은 중·한 양국이 경제 호혜 관계에서 정치 동반자 관계로 나아갈 수 있기를 희망한다고 의사를 표했다.

그 뒤를 이어 1993년 6월 6일부터 12일까지 중국 전국인민대표대회 상무위원회 부위원장 톈지윈田紀雲이 한국 국회 부의장 황낙주黃珞周의 초청으로 한국을 방문했다. 방문 목적은 양국의 경제 연계를 강화하기 위해서였다. 톈 부위원장은 대구직할시에서 한국 상공계 인사들을 상대로 '중국의 개혁개방 형세와 정책[中國的改革開放形勢和政策]'이란 연설을 통해 중국이 실시하고 있는 사회주의 시장경제 상황을 상세하게 설명했다. 그는 연설에서 "중·한 양국은 다 같이 아태지역에 위치한 나라로서 경제무역 분야에서 뚜렷한 상호 보완성을 가지며 양국 시장의 상호 의존성도 날로 증가하고 있다. 양국은 반드시 왕래를 강화하여 이 지역은 물론 세계의 번영과 발전을 위해 더욱 큰 공헌을 해야 한다"[9]라고 강조했다. 그는 한국 기업가들이 중국을 참관하고 시찰하여 자신의 사업을 개척하는 것을 뜨겁게 환영했다. 방문기간에 부위원장 톈지윈은 한국 대통령 김영삼, 국무총리 황인성黃寅性, 국회의장 이만섭李萬燮, 부의장 황낙주黃珞周, 경제기획원 장관 이경식李經植, 상공자원부 장관 김철수 등과 양국의 경제무역 관계 발전 문제를 중심으로 폭넓게 의견을 나누었다. 이와 더불어 또한 한국의 여러 큰 경제단체의 책임자들과도 회견했다. 톈지윈의 이 방문은 중·한 수교 이후 중국 전국인민대표대회와 한국 국회 고위층 간에 이루어진 첫 접촉이라는 매우 중요한 의미를 지녔다. 이 해 9월 말에는 중국 국무원 부총리 리란칭이 중국 정부 대표단을 이끌고 한국을 방문하여 양국 관계를 강화했다. 리란칭은 청와대에서 대통령 김영삼과 만나고 9월 28일 오전 대전엑스포의 한빛탑광장에서 성황리에 열린 '중국의 날' 행사에 참석했다.

이와 동시에 중국도 많은 한국 정부 인사를 맞이했다. 1993년 8월, 한국 국회보건위원회 위원장 김한규金漢圭가 이끈 한국 국회보건위원회 대표단, 전임 총리 정원식鄭元植이 이끈 한국 세종연구소 대표단의 중국 방문에 이어 10월 27일부터 31일까지 한국 외무 장관 한승주가 대표단을 인솔해 4일간 우호방문을 했다. 한승주는 총리 리펑, 총서기 장쩌민 등의 친절한 접견을 받았으며 중국 외교부장 첸치천과는 연내 제5차 회담을 진행했다.

회담에서 한승주는 "양국 경제무역 관계의 균형적인 발전을 기대하는 한국의 적극적인 염원"을 재천명하면서 "양국 간의 다른 협상도 계속적으로 이루어질 수 있기를 바란다"라고 밝혔다. 첸치천도 적극적인 태도를 보이면서 "여러 분야에서 중·한 양국의 호조와 협력을 촉진하겠다"라고 약속했다. 방문 기간 중에 한승주와 첸치천은 정부 간의 '환경협력협정'에 조인했다.

한승주의 중국 방문은 김영삼 정부가 이미 정권 과도기를 끝내고 한국에서의 정치 개혁을 순차적으로 진행하고 있음을 보여준다. 중·한 관계 역시 이로 인해 새로운 단계에 접어들었다. 그 후로 한국의 중국 방문이 빈번해지고 심화되었다. 1993년 12월, 한국은 경제기획원 차관 김영태金英泰를 중국에 파견하여 양국의 경제무역 협력 확대에 대한 한국 정부의 뜻을 전달했다. 1994년 1월, 새 봄이 시작되자 한국 국회의장 이만섭이 중국을 방문하여 중국 지도자 장쩌민, 리펑, 차오스喬石 등과 만남을 가졌다. 이 모든 것들은 양국 관계의 진일보한 발전을 위한 터전이 되었다.

1993년 11월 19일, 중국 국가주석 장쩌민과 한국 대통령 김영삼이 시애틀에서 열린 아시아태평양경제협력체(APEC) 비공식 정상회의 전야에 현지에서 처음으로 회담을 가졌다. 친절하고 우호적인 분위기 속에서 두 나라 최고지도자는 양국 관계와 국제 형세 등의 문제를 놓고 허심탄회하게 의견을 교환했다. 주석 장쩌민의 중국 방문 초청을 대통령 김영삼은 흔쾌히 받아들였다.

대통령 김영삼은 집권 1년 동안 한국의 개혁이 거둔 초보적인 성과와 중·한 쌍무 경제무역 관계의 활발한 발전 추세 그리고 동북아지역 국제 형세의 긴박한 변화로 인해 '신외교' 정책을 강력히 추진하고 외교 정책을 더한층 조정하여 중·한 관계를 밀접하게 하고자 했다. 또한 나아가 동북아 국제 관계에 있어 한국의 위치를 공고히 하고 그 역할을 발휘할 수 있도록 이끌고자 했다. 1994년 3월, 한반도의 핵 위기가 고조되어 남북은 전쟁 도발로 상대방을 위협했으며 양측의 군대도 긴급경계 태세에 들어갔다. 김영삼은 중국을 평화적 협상을 위한 위기 해결의 중요한 고리로 인식하고 위기와 긴장된 분위기 속에서 26일에서 31일에 걸쳐 4일간 중국을 공식 방문했다. 대통령 김영삼의 이 방문은 한반도 핵 위기의 평화적인 해결을 위한 관건이 되었다. 중·한 관계에 있어서도 양국 정치 협력을 밀접히 하고 경제무역 관계를 확대하는 데 모두 중요한 의미를 가졌다.

대통령 김영삼의 중국 방문은 정치적으로 볼 때 중·한 양국의 상호 이해와 협력 관계를 더욱 구축했다. 김영삼과 중국 지도자들은 한반도의 핵 위기에 대한 해결 방법과 대화 협상 등의 원칙적인 문제에서 중요한 양해와 의견 일치를 달성했다. 이러한 의견 일치는 향후 조·미 협상에 긍정적인 영향을 미쳤으며 '조·미 핵기본합의'의 최종 달성을 보장했다. 동시에 중·한의 북조선 핵문제에 대한 협력은 쌍무 정치 외교 관계에 있어 이념 요소를 크게 약화시켜 국제 관계의 형세 변화와 발전 요구에 부합되도록 했다.

또한 경제 협력 관계에 있어서도 양국의 경제 관계를 더욱 밀접하게 만들었다. 양측은 이 정상회담을 계기로 자동차, 비행기, 프로그램제어기, 고화질 TV, 원전 등 5대 분야에 대한 협력을 광범위하게 논의했다. 중국 국가경제무역위원회 주임 왕중위王忠禹와 한국 상공자원부 장관 김철수金喆壽는 쌍무무역장관회의에서 공업협력위원회 설립에 관해 합의했다. 그리고 2000년이 되기 전에 공동으로 약 100개 좌석의 중형 제트비행기를 연구 제작하는 것과 양국이 협력하여 자동차 완성품을 생산하기 위한 사전작업으로 먼저 자동차 부분품을 생산하는 데 동의했다. 또한 중국 체신부 부장 우지촨吳基傳과 한국 체신부 장관 윤동윤尹東潤은 프로그램제어기 공동 제작과 판로에 대한 양해비망록을 조인했다. 그리고 중국 재정부 부장 겸 국가세무국 국장 류중리劉仲藜와 한국 외무 장관 한승주는 '중·한 양국 정부의 소득세 이중과세 탈피와 탈세 방지에 관한 협정'에 서명했다. 이와 같은 비망록과 협정의 조인은 양국 경제무역 협력의 중점을 과거의 무역과 투자 분야에서 양국 산업 협력의 정식적인 경로 설정으로 전환하는 것은 물론 양국 경제무역의 비약적인 발전을 촉진했다. 그 밖에도 김영삼의 중국 방문 기간 중에 중국 문화부 부장 류중더劉忠德와 한국 외무 장관 한승주는 '중·한 정부문화협력협정'을 체결했다. 이 협정이 체결됨에 따라 중·한 양국은 교육, 과학, 문화, 예술, 언론, 방송, 영화, TV, 출판, 청소년, 체육 분야에서 교류와 협력을 강화하고 촉진하는 근거를 마련하게 되었다.

이러한 모든 것들은 주석 장쩌민이 대통령 김영삼과 회담할 때 지적한 바와 같이 양국 정부가 중·한 관계 발전에 있어 한반도의 평화와 안정을 추구하고 아시아지역의 발전과 번영, 나아가 21세기에 주목하고 있음을 의미했다.[10] 김영삼은 방문기간 중에 한국이 중국에 4,000만 달러를 경제 협력 기금으로 제공할 것이라고 밝혔다. 중·한 양국은 미래를 위해 양국의 우호 협력 관계를 더한층 발전시킬 것을 약속했다. 3월 29일 오후, 회담이 끝난 뒤 김영삼은 인민대회당에서 가진 기자회견에서 "이번 중국 방문은 중·한 양국의 실질적인 협력을 더욱 공고히 하고 발전시켰다는 데 깊은 의미가 있다"[11]라고 말했다.

사실상 김영삼의 중국 방문은 확실히 중·한 양국의 정치, 경제, 사회, 문화 각 분야의 협력을 전면적으로 발전시켰다.

김영삼의 중국 방문에 이어 중·한 양국 간 정부 지도자들의 상호 방문은 계속되었다. 1994년 10월 31일부터 11월 4일까지 중국 국무원 총리 리펑이 대통령 김영삼의 초청으로 5일간의 한국 친선 방문을 진행했다. 방문의 주요 목적은 조·미 핵기본협의가 달성되고 조선의 핵 위기가 잠시 진정된 국면에 접어든 것과 관련하여 한반도의 평화를 공고히 하는 토대 위에서 중·한 양국의 경제무역 협력을 더욱 강화하는 데 있었다. 아울러 리펑은 당시 외교부장 첸치천, 대외경제무역부장 우이吳儀, 국가계획위원회 주임 천진화陳錦華, 국가민항총국장 천광이陳光毅 등을 대동하여 한국을 방문했다. 그 밖에도 같은 시기 중국 30대 대기업의 중요 인물들이 한국의 상공계, 경제계와의 전면적인 회담을 위해 서울에 도착했다.

리펑의 방문은 중국 총리로서는 처음 이루어진 한국 방문으로 새로운 역사 시기 중·한 간의 정치경제 이익의 교차 관계를 반영하는 것이었다. 방문 기간 중에 중국과 한국은 '민간항공협정', '원자력협력협정', '민용 여객기 공동개발에 관한 비망록' 등 3개 협력 문건을 체결했다. 그중 '민간항공협정'의 조인은 서울과 톈진 항로 외에도 중국 동부연해의 선양瀋陽, 다롄大連, 칭다오靑島 등 대도시와 항로를 증설함으로써 양국 경제 관계를 강화하는 데 크게 일조했다. '원자력협력협정'은 중·한 간 평화적인 원자력 사용에 대한 협력을 규정함으로써 중국에 대한 한국의 원자로와 핵기술 수출을 위해 길을 열어주었다. 이로써 양국은 실질적인 협력 국면에 접어들었다.

리펑은 이 방문에서 대통령 김영삼, 의장 황낙주, 총리 이영덕 등과 정부 차원의 공식회담을 가짐은 물론 집중적으로 한국의 경제계, 상공계 인사들과 광범위하게 접촉했다. 리펑은 한국 상공계가 마련한 환영회에 참석하여 중국의 경제 정책과 개혁개방의 상황을 설명하고 대중국 투자를 환영한다고 밝혔다. 그 밖에도 한국의 유명 기업인 대우, 현대, 삼성 등의 산하 공장들을 참관하고 각 기업의 책임자들과도 심도 깊은 대화를 나누었다.

11월 4일, 리펑 일행은 중·한 관계 발전의 새로운 장을 연 큰 성과를 거두고 귀국길에 올랐다.

빈번한 지도자들의 상호 방문으로 양국 협력 관계는 더욱 강화되었고 중·한 관계 발전에도 큰 수확이 있었다. 경제무역 관계를 그 예로 볼 때 중·한 간의 무역액은 연평균 50% 속도로 성장했다. 1994년 양국 무역액은 거의 120억 달러에 달했고, 1995년에는 150억 달러에 달하거나 초과할 것으로 전망된다. 양국 간의 각종 경제 협력도 상이한 방식과 맹렬한 기세로 부단하게 확대되고 심화되었다. 이와 같은 우호 협력 관계를 더욱 공고히 하고 양국의 구체적이고 실질적인 협력을 증진하기 위해 1995년 정부급 방문이 예정대로 진행되었다. 5월, 한국 국무총리 이홍구李洪九가 중국을 방문하여 중국 정부에 "한국이 중국과의 관계를 중시하고 있으며 부단히 노력하여 양국 관계를 강화할 수 있기를 간절히 희망한다"라고 밝혔다. 이홍구는 베이징에서 열린 아시아협력회의에 참가하고 시안西安, 상하이上海 등지를 둘러보면서 중국의 투자 환경과 한국 투자 기업의 운영 상황을 살폈다. 총리 이홍구의 중국 방문은 양국 경제무역 협력을 심화시켰을 뿐만 아니라 이전에 다루지 못했던 군사교류 협력 분야에서도 의견 일치를 달성해 양국 관계를 더욱 밀접하게 만들었다.

1995년 11월 13일부터 17일까지는 중국 국가주석 장쩌민이 대통령 김영삼의 초청으로 5일간의 첫 한국 공식방문을 가졌다. 이 방문은 중국과 한국이 국교를 수립한 이래 3년 동안 이루어진 양국 관계 발전을 총괄하는 의미를 지녔다. 한국 국회의장 황낙주는 이번 방한을 하나의 '역사적인 방문'으로 뜨겁게 치하하면서 "이것은 중·한 양국의 선린우호 관계가 지속적으로 발전해나갈 수 있음을 보여주는 것"이라고 말했다. 장쩌민은 김영삼, 황낙주, 이홍구 등과 만나 솔직하고 깊이 있는 대화를 나누고 "수교 이래 양측의 공동 노력으로 양국 관계는 만족스러울 만한 발전을 이루었다"라고 평가했다. 아울러 "3년 동안의 여러 사실들이 충분히 증명해주는 바와 같이 양국 선린우호 협력 관계의 발전과 강화는 양국 인민의 근본 이익과 공동 염원에 부합되는 것이다. 중국은 긴 안목으로 한반도의 평화와 안정에 중점을 두어 중·한 양국 관계를 처리해나갈 것이다"라고 밝혔다. 대통령 김영삼은 장쩌민의 발언에 "21세기 인류의 평화와 번영을 위해 한국은 영원히 중국의 친밀한 이웃과 좋은 친구가 될 것"이라고 회답했다.[12]

또한 주석 장쩌민은 한국 상공계에서 마련한 환영 오찬회에 참석해 다음과 같이 밝혔다. "중·한 양국은 경제건설에 있어 각자의 우세한 점을 토대로 하여 호혜 협력을 확대할 수 있는 거대한 잠재력과 폭넓은 전망을 가지고 있다. 중국은 '평등 호혜, 우세 보완, 성심 협력, 공동 발전'의 원칙에 입각하여 한국과의 경제무역 관계를 지속적으로 강화해나가기를 바란다. 더 많은 한국 기업가들이 중국에 투자하여 새로운 협력 분야와 방법을 개척하고 중·한 친선 관계의 발전에 크게 기여해주기를 희망한다."

11월 14일 오후, 주석 장쩌민은 한국 국회에서 '상호 이해를 심화하고 공동 번영을 촉진하자[加深相互了解, 促進共同繁榮]'라는 제목의 연설을 발표하여 중국이 개혁개방 17년간 달성한 중대한 성과와 중국이 계획하고 있는 제9차 5개년 계획 등의 세기를 뛰어넘는 웅장한 청사진을 소개했다. 그리고 그는 중국 개혁개방 정책의 연속성과 장기적 안전성에 대해 보증하고 이른바 '중국 위협론' 등을 반박하면서 중·한 협력의 전망에 대한 충만한 자신감과 희망을 피력했다. 장 주석은 다음과 같이 강조했다. "아시아태평양지역의 경제 발전은 전 세계의 이목을 집중시키고 있으며 동북아시아에 위치한 중·한 양국의 영향력이 부단히 확대되어 국제사회의 광범위한 주목을 끌고 있다. 중국과 한국 모두 경제 발전에 진력盡力하는 이때에 평화적이고 안정된 국제환경이 필요하다. 중국은 평화공존 5원칙에 입각하여 세계 각국, 특히 주변 국가와 우호 관계를 발전시키기를 원한다. 한반도의 평화와 안정이야말로 중국이 한반도 문제를 처리하는 기본 준칙이다. 중국은 한국의 가까운 이웃으로서 남북 양측이 접촉과 대화를 통해 점차 믿음을 쌓고 관계를 개선하여 최종적으로는 민족의 화해와 국가의 자주 평화통일을 실현할 수 있기를 진심으로 바란다."[13]

장쩌민 주석은 부산, 경주, 제주 등지를 참관하고 가는 곳마다 한국 각계 인사들의 열렬한 환영을 받았다. 중국 국가주석으로서 최초로 이루어진 장쩌민의 한국 방문은 원만하고 성공적으로 마무리됨으로써 양국 관계사에 있어 중요한 역사적 의미를 지니게 되었다.

중·한 양국 정부 고위층의 빈번한 상호 방문과 함께 민간의 상호 왕래와

〈표 12〉 중국 방문자와 한국 방문자 인원수

(단위: 명, %)

연도	한국인 외국 출국자	한국인 중국 출국자	비율	외국인 한국 입국자	중국인 한국 입국자	비율
1991년	216만 5,725	1만 5,261	약 0.7	249만 2,824	4만 4,188 (3만 6,147)	약 1.8
1992년	235만 3,889	4만 3,234	약 1.8	249만 8,823	4만 5,187 (3만 1,005)	약 1.8
1993년	274만 1,500	11만 1,655	약 4.1	256만 8,494	4만 11 (1만 2,727)	약 1.6
1994년	347만 8,199	23만 5,452	약 6.8	275만 5,473	6만 3,302 (2만 2,605)	약 2.3
1995년	415만 5,799	40만 6,918	약 9.8	292만 3,642	8만 1,120 (1만 9,065)	약 2.6

주: ① 승무원 수는 계산되지 않았음.
② 괄호 안은 중국 조선족 인원수.
(자료출처: 한국 출입국관리국, 『출입국관리통계연보』, 1991~1995)

교류 협력도 전면적으로 전개되었다. 수교 이후 중·한 양국의 경제무역, 과학기술, 문화 등 여러 분야의 협력 관계는 나날이 발전하고 강화되었다. 1992년에서 1995년 사이 양측은 과학기술협력, 무역 투자 보호, 문화 협력, 산업 협력, 민간 항공기 협력, 환경 협력, 세관 협력, 해운 협력, 건설 협력, 체신 통신 협력 등 최소 14개 영역에 걸쳐 협정을 체결하여 양국 협력 관계의 발전을 약속하고 촉진했다.

중·한 민간 관계의 발전은 양국 인적 왕래의 성장 속도에서 그 단면을 볼 수 있다. 1993년에서 1995년까지 한국인의 중국 방문은 약 11만 2,000명에서 약 40만 7,000명으로 급속히 증가했고, 중국인의 한국 방문도 약 4만 명에서 약 8만 1,000명으로 늘어났다. 같은 시기 한국 유학생은 약 500명에서 약 5,000명으로 증가했고, 1996년에는 약 7,000명에 육박할 것으로 전망하고 있다.[14] 상세한 정보는 한국 출입국관리국이 『출입국관리통계연보』에서 밝힌 상호 방문자 수 통계표를 통해 알 수 있다(〈표 12〉).[15] 중·한 교류는 이와 같이 미증유의 성황을 이루었다.

중·한 수교 이후 양국 각계 인사들이 한자리에 모여 우호 발전 계획을 공동으로 협의하는 성대한 행사가 개막되었다. 1995년 12월 1일, 푸단復旦대학 발전연구원과 한국연구센터가 공동으로 '상하이 소재 한국 기업가 고급경제세미나'를 열었다. 중·한 양국의 학계, 기업계, 금융계 인사들이 한데 모였다. 또한 푸단대학 교무위원회 주임 첸둥성錢冬生, 상하이 주재 한국 총영사 윤해중尹海重이 간소하면서도 성대한 개막식에 참석하여 축하연설을 했다. 세미나에는 상하이의 기업계, 금융계 인사들이 참가하여 '상하이 경제 발전의 현황과 미래', '상하이 투자 환경 분석', '상하이 기업의 미래 발전 예측'을 비롯해서 '토지 임대 허가', '외환 정책', '세금 징수 정책' 등에 관한 의견을 나누었다. 대우, LG, 삼성, 포항, 백양 등 근 30여 개 상하이 주재 한국 유명 기업 대표들이 세미나에 참석하여 보고자와 열띤 토론을 벌였다. 1995년 12월 3일, 이 세미나에 참석한 한국 기업가들과 푸단대학 관리학원(경영대—옮긴이)에서 '공장장 경영 관리' 공부를 하고 있는 수강생들이 친목회 모임을 가졌다.

이 세미나가 중·한 협력과 발전대계를 협의하는 계기를 마련해주었다면 양국 정부의 적극적인 추진하에 진행된 '중·한 미래포럼'은 이러한 협력 토론을 더욱 심화했다. 1994년 6월 30일, 중국인민외교학회와 한국국제교류재단이 공동으로 주최한 '중·한 미래포럼'이 베이징에서 처음 개막되었다. 중·한 정부의 고위급 관원, 기업계 인사, 학술계 인사들이 행사에 참석했다. 전국인민정치협상회의 부주석 우쉐첸吳學謙은 개막식 연설에서 "중·한 양국이 수교한 지 2년이 채 안 되었지만 각 분야의 우호 협력 발전은 매우 빠르다. 이번 회의를 통해 신뢰 증진, 평화 촉진, 발전 협력에 효과적인 경로와 방법을 모색하는 측면에서 더 많은 공감대와 성과가 있기를 희망한다"라고 밝혔다. 한국국제교류재단 이사장 손주환孫柱煥도 중·한 양국이 기술, 자금, 노동 등 분야에서 상호 참여와 보완이 필요하다고 인식을 같이 했다. 회의에 참석한 각계 인사들은 경제무역 협력, 기술협력, 지역 개발, 문화교류, 국제 관심사 문제 등에 대해 광범위한 의견을 나누고 적극적인 토론을 벌였다.

1994년부터 1995년 말까지 중·한 미래포럼은 모두 4차례의 대규모 토론회를 개최했다. 매 회의마다 양국 기업계, 학술계의 저명한 인사들이 함께했으며 토론 의제도 갈수록 심화되고 광범위해졌다. 토론은 중·한 관계의 역사와 현황에 대한 인식에만 국한된 것이 아니라 양국 관계의 미래를 동북아시아와 아시아, 나아가 전 세계의 미래 발전이라는 관점에서 고민했다. '미래포럼'은 중·한 양국의 쌍무 관계에 대한 전면적인 인식을 촉진했을 뿐만 아니라 양국의 깊은 이해와 상호교류에도 유익했다. 또한 중·한 관계의 미래를 위한 밝은 전망을 제공함으로써 중·한 교류를 새로운 단계로 끌어올렸다.

'중·한 미래포럼' 외에도 수교 이후 양국은 거의 매년 정부가 주최하는 대형 학술교류회를 열었다. 정부에서 추진하는 이러한 학술교류 활동은 문화, 교육, 공업, 경제 등 각 분야에서 폭넓고도 심도 있게 진행되어 쌍무 관계의 강화를 강력하게 촉진하는 것은 물론 상호 이해를 심화했다. 1995년 8월 7일, 중국과 한국은 '교육과 지역개발 학술회'를 공동으로 개최했고, 22일에는 베이징에서 제4차 '중·한 포럼'을 개최했다. 이처럼 갈수록 빈번해지는 성대한 토론에 더하여 양측의 체육, 문예, 서화, 공업, 농업, 통신, 교육, 경제무역, 학술, 군대, 정당 등의 각계 대표단의 끊임없는 교류, 각종 협력기관의 설립, 상품무역전시회 개최 등은 수교 후 중·한 관계를 전면적으로 발전시켰으며 날로 번영하는 새로운 기상으로 아시아와 세계의 주목을 받게 했다.

종합하자면 수교 이후 중국과 한국은 '평등 호혜, 우세 보완, 성심 협력, 공동 발전'이라는 4대 원칙에 입각하여 양측의 관계를 지속적이고 안정되게 발전시켰다. 양국 정부가 추진한 정부 지도자의 빈번한 상호 방문은 쌍무 관계의 발전을 강력하게 지탱해주었다. 3년여 동안 각 분야에서 이루어진 중·한 우호 협력의 급속한 발전은 중·한 양국의 상호 이해와 양해를 증진했을 뿐만 아니라 양국 사회경제의 번영 발전과 문화교류의 전면적인 발전을 촉진했으며 양국이 우호 관계를 지속적으로 발전시키는 데도 값진 역할을 했다.

세계정치 형세가 완화되고 경제 일체화가 강화됨에 따라 중·한 양국 정부의 적극적인 추진으로 발전해온 새로운 시대의 중·한 선린우호 관계는 반드시 더욱 발전하게 될 것이다. 양국이 위치한 동북아는 세계에서 그 경제 발전이 가장 활력이 넘치고 가장 잠재력 있는 지역에 해당한다. 중·한 관계의 발전은 필연코 동북아지역 내지는 세계의 정치경제에 양국의 영향력을 강화할 것이다. 현재 중·한 양국 정부는 한반도의 핵문제 등 이 지역의 중대한 국제사건에 대해 협력하고 있을 뿐만 아니라, 아시아태평양경제협력체(APEC)와 같은 더 넓은 범위에서도 광범위하게 협력하고자 애쓰고 있다. 동시에 양국 정부는 그 목표를 환보하이해·환황해 경제권의 지역 협력에 두고 이를 통해 동북아지역의 중요한 구성 부분인 환보하이해·환황해 경제권 내에서 중요한 전략적 역할을 발휘하고 있다. 양국 정부는 양측의 협력에 대해 믿음과 희망으로 충만해 있다. 중·한 양국의 호혜 협력이 갖는 거대한 잠재력과 밝은 전망은 양국 관계를 끊임없이 지속적으로 발전시킬 것이다.

맺음말_ 21세기 동북아 국제구도와 중 · 한 관계

3년이 지나면 인류는 21세기에 진입하게 된다. 1991년 12월, 소련의 해체로 미 · 소 양극체제는 갑자기 붕괴되어 종말을 고했다. 이제 '냉전'은 과거의 일이 되어 세계는 새로운 국제 질서와 국면을 구축하는 신시대에 진입했다. 이 시대의 기본 특징은 다극화가 양극의 구체제를 대신하고, 경제 발전을 중심으로 하는 이익 추구가 예전의 이념 대립과 대결을 대체하게 되었다는 것이다. 그리고 지역화와 세계 일체화의 쌍방향 발전이 이루어졌음은 물론 패권주의를 추구하는 대국은 갈수록 고립되고 개발도상국의 발언권이 부단히 커졌다. 다극화의 새로운 시대에 각국은 자신의 주권과 이익 수호를 중심으로 경쟁했고 힘써 자국의 생존 발전에 유리한 국제환경을 만들고 국제의 새로운 구도에서 주동적인 위치를 차지하려고 최선을 다했다.

다극화, 이익 추구, 지역화와 세계 일체화, 국가 간 경쟁 등의 특징이 동북아시아에서 더욱 두드러지게 나타난 주요 원인은 다음과 같다.

첫째, 동북아시아는 세계 경제 발전에 있어 여전히 그 속도가 가장 빠른 지역 중의 하나로 어떤 의미에서는 아시아태평양 경제집합체의 중심이자 세계 경제 성장의 선두주자라고 할 수 있다. 통계에 따르면 1994년, 중 · 일 양국 국내 생산총액의 합계는 같은 해 미국 국내 생산총액과 비슷하며 영국, 독일, 프랑스 3개국 생산총액의 합계를 초과했다.[1] 만일 여기에 그해 한국의 국내 생산총액까지 합치면 한자권漢字圈 동북아시아 3개국의 국내 생산총액은 미국에 더욱 접근하며 영국, 독일, 프랑스 3개국의 생산총액을 압도한다.

다극화의 국제 경제 무대에서 동북아시아는 독립적인 한 축을 형성하여

21세기 국제 경제무역 대경쟁에 뛰어들었다. 자본이 풍부하고 첨단과학기술 밀도가 매우 높은 일본, 한국은 자본과 기술 수출 분야에서 두각을 나타냈다. 부단히 개혁개방을 강화하고 있는 중국 경제는 지속적으로 고도성장을 이어가면서 더욱 시장을 개방해 세계로 나아가고 있다. 러시아는 문호를 활짝 열고 동으로 확장하면서 동북아시아 기타 국가와의 경제 연계를 강화하고 있다. 그리고 북조선은 나진羅津, 선봉先鋒을 경제특별구로 지정하여 개혁개방을 한창 모색 중에 있으며 내륙 국가인 몽골도 고난의 시기를 넘기고 선두를 추격하고 있다. 비非동북아시아 국가이지만 이 지역에서 큰 영향력을 행사하고 있는 미국 역시 대안을 모색하며 이 지역에서의 전략적 입지를 공고히 하고 주도권을 잃지 않기 위해 노력하고 있다. 이 지역은 내부적으로 여러 세력의 경쟁도 만만치 않지만 한편으로는 각종 발전 기회와 거액의 이윤을 창출할 수 있는 곳이기도 하다. 그런 까닭에 동북아시아는 일찍부터 세계 각지의 기업가와 재단의 주목을 받았으며 각국 정부는 동북아시아의 경제개발에 참여하고 싶어했다. 이 지역은 현재 경제개발의 각축전이 벌어지고 있는 세계의 동북아시아로 부상하고 있다.

둘째, 동북아시아 국제무대에 집결되어 있는 여러 세력들은 새로운 발전 전략에 대한 한 차례의 조정과 조합을 진행하고 있다. 전 세계적 범위에서 볼 때 유엔 안전보장이사회 5개 상임이사국 가운데 중국, 러시아, 미국은 동북아시아에 위치해 있거나 아니면 이 지역에서 거대한 영향력을 행사하고 있는 국가들이다. 거기에다 일본까지 유엔의 개혁에 합세하여 상임이사국 자리를 다투면서 대국의 연합, 분열 국면이 갈수록 심화되었다. 그리하여 동북아시아지역의 국제정치는 점차 세계적인 색채가 짙어졌고 동북아시아는 세계의 주요 국제세력들이 힘을 겨루는 중요한 장소가 되었다. 세계적 경쟁과 지역적 경쟁에 있어 미국의 접촉과 확대 전략,[2] 일본의 기러기편대 전략, 한국의 세계화 전략, 중국의 전 방위 외교 전략, 러시아의 동서 병진 전략, 북조선의 홍기紅旗혁명 전략, 몽골의 해양 주향走向 전략 등이 앞다퉈 등장했다.

이와 더불어 변화 속에 있는 미·일·한, 중·미·일, 중·일·한, 중·조·러 등 전략적 삼각관계와 미·한, 일·한, 중·러, 중·일, 일·미, 중·조, 러·몽, 중·몽 등 여러 국가의 중요한 쌍무 관계들이 서로 교차되면서 21세기 동북아시아 국제 정세를 점차 더 복잡하게 만들고 있다. 어떤 의미에서 동북아시아는 세계 국제정치의 축소판이라고 할 정도로 독특한 특징을 가진다. 왜냐하면 동북아시아에는 오랜 자본주의 대국과 전쟁 패전 이후 다시 일어난 경제 대국 간의 마찰, 구소련 지역의 변화, 사회주의 국가와 자본주의 국가 간의 갈등과 대화 등 여러 국제정치증후군이 빠짐없이 존재하고 충분히 표현되어 있기 때문이다.

셋째, 동북아시아 각 나라들의 국가이익은 각국이 추구하는 영원한 목표에 해당된나. 사람들이 앞다퉈 말하는 세칭 '지구촌', '국제화'라는 개념도 각 국가의 국가주권, 영토 보전, 민족 독립에 우선할 수 있는 것은 결코 아니다. 또한 어떤 나라든 간에 경제력, 과학기술력, 군사력을 배경으로 정치적 영향력을 최대한도로 발휘하고자 한다. 중국, 미국, 일본, 러시아 4개 강국과 한국, 북조선은 동북아시아 협력과 경쟁 무대의 주요한 여섯 배우로 이들은 동북아시아, 나아가 전 세계 국제정치에서 그 발언권과 주도권의 쟁취와 각자의 국가주권 독립과 영토 보존을 위해서는 수단과 방법을 가리지 않는다. 이처럼 국가이익을 지키고 추구하는 과정에서 발생하는 대립과 충돌은 불가피한 것이다. 일·한 간의 독도 풍파, 중·일 간의 댜오위다오釣魚島 귀속 분쟁은 최근 동북아시아 국제 영토 문쟁에 있어 대표적인 사례이나. 일·러 간의 북방 영토 다툼은 반세기가 지나도록 해결 기미가 보이지 않는 오래된 난제 중의 난제이다.

이상의 요소가 존재하는 한 21세기 동북아시아의 새로운 국제구도의 다극화 기본 특징은 이미 정해진 것이나 진배없다. 이와 동시에 다음과 같은 불확정 요소들이 동북아시아 국제무대에 출현하여 장기적으로 존재함으로써 21세기 동북아 다극화의 형세 추측을 어렵게 하고 그 예측에 복잡성과 다

변성을 더해주고 있다.

첫째, 중·미 간의 마찰이다. 1970년대 소련의 확장에 대한 공동 대처라는 전략적인 고려에서 출발하여 중·미는 20년간의 억제와 반억제의 대치 상태를 끝내고 마침내 화해와 국교 정상화를 실현했다. 중·미 간의 화해와 이로 인해 형성된 중·미·러 삼각관계는 동북아시아는 물론이고 전 세계 국제정치에 강력한 영향을 미치게 될 것이다. 유엔 안전보장이사회에서 중국의 합법적인 상임이사국 지위 회복, 베트남전쟁 종결, 중·일 국교 정상화, 중·한 관계의 변화로 인한 정부 측의 첫 접촉 실현 등 일련의 사태들은 모두 중·미 화해와 협력의 유도체라고 할 수 있다. 소련이 해체됨에 따라 중·미·소의 전략적인 대삼각 구조는 이제 더 이상 존재하지 않게 되었다. 그러나 미국 국회의원 중에는 아직도 '냉전'의 굴레에서 벗어나지 못하고 중국을 적국으로 오인하는 이들이 존재한다. 이들은 '중국 위협론'을 고취함과 동시에 걸핏하면 인권, 지적 재산권, 미사일 수출, 최혜국 대우 등의 문제로 중국을 협박하고 시비를 걸면서 마찰을 일으킨다. 더 한심한 것은 홍콩 반환과 해협 양안의 통일에까지 개입하여 중·미 관계를 악화하는 일이다. 이렇게 미국 국회의 '냉전' 용사들이 패권주의를 견지하고 중·미 양국 정부가 조인한 공보 원칙을 제멋대로 어김은 물론 중국 내정을 간섭하고 타이완 독립을 부추기며 경제 문제를 정부화하고자 하는 일련의 행태는 큰 문제이다. 이 상황이 변하지 않는다면 중국과 미국 간의 마찰은 계속될 것이며 동북아 국제구도에도 영향을 미칠 것이다.

둘째, 일본의 정치와 군사 대국화이다. 동아시아에서 근 30년 동안 경제대국의 역사를 유지하고 있는 일본은 이미 세계적으로 자금의 풍부, 과학기술의 발달, 경제무역 경쟁력 등의 국제적 이미지를 견고하게 구축하고 있다. 이를 바탕으로 일본은 정치 대국화의 길을 한창 열고 있다. 국민총생산의 1%로 제한되었던 군비 지출 국면 타파, '해외파병 법안'의 국회 통과, 신방위 중기대강中期大綱의 축조逐條 확정, 세계 제2위를 차지하는 높은 군비 지출[3]

은 일본 군사 대국화의 조짐을 보여준다. 과거의 침략 전쟁과 식민 통치폭력에 대해서도 아직까지 정식으로 국가차원에서 이루어진 분명한 반성이 없는 상태이다. 과거와는 명백히 경계선을 긋는 일본 정부가 어떻게 정치 역량과 군사 역량을 운용하여 진정으로 국제사회에 기여할 수 있겠는가 하는 문제는 동북아시아뿐만 아니라 전 세계가 면밀히 주시하는 중대한 사안이다. 또한 이것은 21세기 동북아시아 국제구도를 구축하는 데 있어서도 반드시 고려해야 할 중요한 요소 중의 하나이다.

셋째, 타이완의 통일과 독립의 선택이다. 예로부터 타이완은 신성한 중국 영토의 한 부분이다. 해협 대치와 국토 분열은 국공 양당의 내전으로 인한 결과이다. 그러므로 전후 초기 미·소의 한반도에 대한 38도선 획분劃分이나 동맹국의 동서독 분할 점령과는 그 성격이 다르며 이는 완전히 중국 내정에 속하는 문제이다. 아편전쟁 이래 중화 민족은 국가주권 수호, 영토 보전, 유물 복구에 너무나 큰 대가를 치렀지만 결코 투쟁을 멈춘 적은 없었다. 10년간 혈전을 벌여오던 국공 양당이었지만 1930년대 나라가 위기에 직면하자 민족의 대의를 위해 손잡고 함께 항일의 길에 나섰다. 그리고 중국공산당과 소련공산당은 다 같이 마르크스·레닌주의를 신봉했지만 1960년대 소련공산당이 중국에서 패권을 행사할 수 없게 되고 오히려 중국의 반격을 받게 되자 중국 군대와 소련 군대가 동북, 서북지구에서 접전을 치르면서 두 개의 공산당이 완전히 반목했다. 이러한 사실들은 국가의 영토 보전과 민족 독립의 수호는 하나의 초당파적 근본 원칙임을 말해주는 것이다. 장씨 부자가 비록 반공의 입장을 일평생 동안 견지했지만 '하나의 중국'이라는 원칙은 공산당과 일치했다. 그러나 최근 들어 타이완 당국은 이전의 입장을 바꾸어 여러 방식으로 국제사회에 '두 개의 중국', '하나의 중국, 하나의 타이완'이라는 터무니없는 여론을 퍼뜨리면서 외국세력에 의탁해 '타이완 독립'의 획책을 강화함으로써 해협 양안의 화목을 깨뜨리고 갈등을 심화하고 있다. 금세기 홍콩, 마카오의 반환 시기가 가까워지면서 타이완 당국의 '통일' 혹은

'독립' 이라는 입장 선택은 갈수록 첨예한 문제가 되고 있다.

넷째, 한반도의 통일 과정과 방식이다. 한반도의 국토 분열, 민족 단절의 가장 큰 외적 원인은 일본 제국주의가 조선을 병탄한 것과 미·소 양국이 한반도를 분할 점령한 데 있다. 1970년대 초반부터 동북아시아 국제 정세가 완화되면서 한반도 양측도 서로 통일의 움직임을 보이기 시작했다. 자주, 평화통일, 민족 화합의 3대 원칙에서 남북은 의견을 같이했으며 양측의 한반도 비핵화 선언, 상호 불가침, 교류 협력 합의서 등 역사적 문건의 조인은 외세의 개입 없이도 얼마든지 우호협상을 통해 남북통일의 해결책을 찾을 수 있음을 보여주었다. 이와 동시에 지난 20여 년 동안의 회담 수준도 적십자회담에서 시작해 정부 총리회담으로 발전했으며 그 과정에서 여러 풍파를 겪고 우발적인 악재가 겹쳐 전쟁의 위험으로까지 치닫기도 했지만 모두 무사히 넘기고 화해할 수 있었다. 지난 세월 동안 남북대화는 때때로 긴장 대치 국면을 겪기도 했지만 곧바로 다시 대화의 새로운 진전으로 돌아서곤 했다. 이것은 통일의 과정이 비록 굴곡 많고 긴 시간이 필요하기는 하지만 전망은 여전히 밝다는 사실을 말해준다. 조선전쟁에서 얻은 피의 교훈은 남북 양측 누구도 무력으로 상대방을 정복할 수 없으며 일방적으로 한쪽이 상대편을 흡수할 수 없다는 것이다. 자주평화통일 방식만이 지혜로운 유일한 선택이다. 어느 한쪽이 무력을 사용하게 된다면 이것은 필연코 동족 간의 싸움으로 번져 삼천리금수강산이 삽시간에 혈흔이 낭자하는 전장으로 화할 것이다. 그렇게 되면 조선정전 이후 40년 동안 이룩한 산업시설은 하루아침에 잿더미로 변할 것이며 동북아시아는 또다시 동란에 휩싸여 국제 경제무역 경쟁에서 낙오되고 말 것이다. 요컨대 무력통일은 바람직하지 않으며 평화적 대화만이 가장 좋은 방식이다.

이상의 사실을 종합해볼 때 다극화에 내포된 대립과 갈등에 약간의 불명확한 요소까지 덧붙이면 21세기 동북아시아 국제구도가 형성되는 과정에는 수많은 우려가 중첩되어 있고 전망 또한 결코 밝지만은 않다. 그러나 21세기 동북아시아의 앞날에는 다음과 같은 낙관적인 요소들도 존재한다.

첫째, 평화·발전·협력은 여전히 동북아시아 국가 관계의 주류를 차지한다. 1930년대 초반부터 1950년대 초반까지 전쟁은 줄곧 동북아시아의 역사 발전에 수반되었지만 1970년대 초반부터 동북아시아 각국 간 대화와 조정은 갈등과 대립을 해결하기 위한 주요 수단이 되었다. 1980년대부터 정치적 동북아시아는 경제적 동북아시아로 변했으며 평화·발전·협력이 이 지역 역사 운행의 주류로 자리 잡았다. 특히 '냉전'의 종결과 함께 동서 양대 진영 간의 대치와 충돌 위험은 사라졌고 여러 노력으로 핵 위험 역시 소멸되면서 동북아시아 여러 국가는 새로운 발전 시기를 맞이하고 있다.

둘째, 경제지역화 추세가 점차 강화되고 있다. 동북아시아에 위치한 경제 대국 일본, 신흥공업화 국가 한국, 개혁개방이 심화되고 있는 중국, 러시아, 북조선, 몽골 등의 나라들은 지금 환보하이해권, 환황해권, 환동중국해권 혹은 환일본해권 등 경제개발권의 가능성을 탐색하고 있다. 이처럼 서로 인접, 중첩된 경제개발권이 환서북태평양의 해륙경제지역을 형성하고 있다. 이 생기 가득한 경제지역은 멀리 대양 저편의 북미자유무역지대와 마주하고 남南으로는 동남아시아, 서아시아 경제지역과 인접하고 서西로는 유럽연맹경제지역과 접하고 있다. 이로써 날로 강화, 증가되고 있는 경제 실력과 개척 기회로 다른 지역에 도전하거나 좋은 기회를 제공함으로써 전 세계 경제군의 주목을 끌고 있다. 최근 3년 동안 미국 시애틀Seattle, 인도네시아 보고르Bogor, 일본 오사카大阪에서 열린 아시아태평양경제협력체(APEC) 비공식 성상회의는 구체적이고 생동감 있게 동북아 경제지역화의 전망을 전 세계에 펼쳐보였다. 이러한 발전 전망과 함께 수반된 지역 공동이익은 21세기 동북아시아 국제구도 구축에 견고한 기초를 닦아주었다. 동북아시아 국가 관계에서 평화·발전·협력이 주류라고 하는 중요한 근거도 바로 여기에 있다.

셋째, 이념의 초월과 전통문화의 재현이다. 전쟁 이후 상당히 긴 시간 동안 동북아시아는 동서 양대 진영이 치열하게 대치하는 전초기지가 되었다.

여기에는 교전 양측이 원자폭탄을 제외한 각종 무기로 육해공 전쟁을 벌인 조선전쟁이 있었고, 20~30년에 달하는 적대적인 '냉전' 대립도 있었다. 그러나 1970년대 초반 국제 정세에 긍정적인 변화가 일어 동북아시아는 비약적인 경제 발전을 이룩하고 갈수록 대화를 확대하는 모습을 보였다. 이처럼 여러 국가들이 경제를 발전시키고 국민생활 수준을 향상하는 것을 최우선시하는 또 다른 상황이 전개된 것이다. 이리하여 건축 공사장에서 울려 퍼지는 불도저의 요란한 소리가 탱크와 대포의 포격소리를 대체하고 상이한 배경의 정계 요인들의 상호 방문이 지난날의 비방과 조소를 대신했다. 나아가 총명한 상업계의 홍정 속에서 자본주의냐 사회주의냐 하는 경계가 허물어지고 국가와 민족의 이익과 경제무역의 수지타산이 중요한 자리를 차지하면서 동서 이데올로기는 부차적인 문제로 밀려났다. 이와 동시에 유럽과 미국 공업화 사회의 각종 폐단이 폭로되어 일본, 한국, 중국 경제의 지속적인 발전과 선명한 대조를 이루면서 동아시아인의 자신감과 자부심이 크게 강화되었다. 미국의 동북아시아에 대한 주목, 서유럽의 대거 동진, 일본의 아시아 귀속 강조, 오세아니아 국가들의 탈구입아脫歐入亞 선포 등 새로운 동향들은 각국 학자들이 다른 시각에서 동북아시아 경제 기적을 탐색하도록 촉구하는 문화적 원인이다. '유학儒學 문화권', '한자 문화권', '젓가락 문화권' 이란 개념의 탄생과 그에 대한 광범위한 탐구를 통해 동북아시아의 전통문화 의식이 신속히 자리를 잡고 강하게 되살아나면서 문화에 대한 동일 인식과 친근감이 보편적으로 강화되었다. 갈수록 활발하게 진행되고 있는 문화교류를 통해 대륙문화, 한반도문화, 섬나라문화가 서로 어울려 빛을 발하고 있다. 이것은 '21세기 동북아시아의 새로운 국제질서 구축' 이라는 측면에서 필수적인 강인한 문화 유대라고 할 수 있다. 동북아시아에서 중국, 일본, 한국 3개국의 동아시아 문화와 러시아의 슬라브 문화, 미국 문화가 서로 거울삼아 융합되기도 하고 또한 배척하고 충돌하기도 하면서 21세기 동북아시아의 국제문화교류에 끊임없이 새로운 내용을 더해 줄 것이다.

따라서 21세기 동북아시아 국제구도 전망은 약간의 불변적 요소를 통해 대체적인 윤곽을 잡을 수 있지만, 또한 동시에 많은 불확정적인 요소로 종잡을 수 없기도 하다. 동북아시아 여러 국가들과 여러 세력들이 국제적인 새로운 구도를 구축하는 다극화 조합과정에서 중·한 관계를 마땅히 어떻게 인식하고 처리할 것인가 하는 문제는 장차 도래할 21세기를 위해 미리 강구해야 할 중요한 사안이다.

전 세계의 경제 일체화와 지역화의 물결이 거세지고 평화·발전·협력의 대세가 확정된 지금, 정보의 고속도로라고 할 수 있는 네트워크는 국가와 사람 간의 연계와 교류에 편리를 제공해준다. 현재는 첨단과학기술, 생산 고효율, 경제 성장률, 시장 점유율, 인력자원 개발, 국민교육 수준, 국민총생산, 국민생활 수준 등 일련의 지표들이 대국과 소국, 강국과 약국, 국가의 국제적 지위와 국민의 국제적 이미지를 가늠하는 공인된 기준이 되었다. 과거에는 국토 면적, 인구, 지하자원 등이 그 국가를 평가하는 지표가 되었지만 이제 이런 평가 요소들은 더 이상 국력의 강약, 국가의 등급을 판단하는 절대적인 근거가 되지 못한다. 이런 관점은 반드시 중·한 관계를 관찰하는 기본 출발점이 되어야 한다. 때문에 신흥공업화 국가인 대한민국이 비록 국토 면적은 10만 제곱킬로미터밖에 안 되고 인구도 4,700만 명에 불과하지만 국제 경제 무역 영역에서는 엄연히 세계의 선두주자인 대국이다. 또한 동북아시아의 평화를 수호하고 동북아시아지역 경제의 지속적인 성장을 촉진하는 중요한 국가일 뿐만 아니라 21세기 동북아시아의 새로운 국제구도를 구축하는 중요한 세력 중의 하나이다. 예로부터 중국은 동북아시아의 대국으로서 비록 근대사에 있어 100년 동안의 몰락과 제국주의 열강에 수모를 겪기는 했지만 결국에는 반파시스트 전쟁에서 승리를 거두었다. 또한 신新중국 성립 이후 새롭게 일어나 세계 민족 속에서 본연의 위치를 성립하고 개혁개방의 큰 조류에 따라 세계를 향해 힘차게 나아가고 있다. 국제적 문제 해결이나 동북아시아 새로운 국제구도의 구축 등에 있어 중국의 적극적인 참여는 이제 필수적인 것이 되었다. 동시에 중국 역시 발전 중에 있는 국가로서 장기적인 각고의 분투를 거쳐야만 21세기 전반기에 중등 수준으로 발달한 국가가 될 수 있다. 새로운 장정의 세기적 행로에서 중국과 이웃한 한국은 이미 중국의 4대 무역 동반자, 중요한 투자 국가, 문화교류의 적극적인 협력자, 그리고 양호한 정치 관계의 우호 국가로서 빠르게 성장했다. 중국도 이미 한국의 가장 큰 투자 대상국이자 3대 무역 동반자임은 물론 한반도의 평화통일과 문화교류의 중요한 협력자이기도 하다. 양국의 의존 관계와 친밀 관계는 날로 더 깊어지고 있다. 때문에 동북아시아의 중심지인 중국과 한국이 어떻게 공동으로 이 지역의 평화·발전·협력을 위해 기여할 것인가 하는 문제는 양국 관계만의 문제가 아니다. 그것은 평등·협력·평화의 21세기 동북아시아의 새로운 국제구도를 구축하는 전반적인 정세에 직접적인 영향을 준다.

특히 동북아시아에서 미국의 군사력이 점차 약화되고 있다. 러시아는 나라의 근간이 유럽에 뿌리를 두고 있고 대국의 위세를 다시 되찾으려면 아직 시간이 필요하다. 이러한 상황에서 한반도의 평화통일이 가능해질 21세기 동북아시아에서는 중국, 한국(북조선), 일본 3개국이 이 지역의 운명을 결정하는 주역이 될 것이다. 그때가 되면 중국은 자연히 정치 대국에서 경제 대국으로, 일본은 경제 대국에서 정치 대국으로 바뀔 것이며, 또한 고려연방공화국이나 코리아나국가로 통일되어 있을 한반도는 한국의 경제, 과학기술 실력, 북조선의 군사 역량을 배경으로 동북아시아에서 우뚝 설 것이다. 그때가 되면 중국, 한국(북조선), 일본은 동북아시아에서 새로운 『삼국연의三國演義』의 주역이 되어 새로운 동북아시아 국제구도의 개편을 직접 결정할 것이며 중·한 관계도 상당히 중요한 의미를 갖게 될 것이다.

21세기 새로운 국제구도 구축에서 중·한 관계의 중요성이 부각되는 까닭은 다음과 같다. 첫째, 전후 동북아시아의 국제 관계사에 있어 중·한 관계는 동북아시아의 대치와 완화 관계를 나타내는 청우계晴雨計 역할을 했다. '냉전'으로 인한 진영 획분이 동북아시아 국가 관계를 지배하고 동서 대립을 조성하면서 중·한 양국은 장기간 단절되고 적대적인 대치 상태에 처하게 되었다. 또한 반대로 이러한 대치 상태가 동북아시아의 '냉전' 상태를 악화하기도 했다. 여러 요소들이 서로 영향을 주면서 중국과 한국은 괴이한 음영에서 벗어나지 못하고 장기간 비정상적인 관계를 유지해왔다. 그러나 '냉전' 시대 이후 양국은 급속히 가까워졌고 길지 않은 시간의 협상을 통해 국교를 정상화했다. 중·한 수교는 '냉전'으로 인해 발생된 동북아시아의 역사적 큰 문제를 해결했다. 양국 관계의 획기적이고 전면적인 발전은 동북아시아의 평화적 발전에 새로운 내용을 더해주었을 뿐만 아니라 이 지역의 긴장 완화 분위기를 장기간 확보해주었다.

둘째, 동북아시아의 국부적 내지 전면적 국면으로 보면 중·한 관계는 동북아시아의 국세구도 속의 한 그룹의 쌍무 관계에 속한다. 전체 구도를 구성하는 국부적 부분인 동시에 미·일·한, 중·러·조, 중·일·미, 미·조·일과 같은 삼각관계나 중·한, 미·한, 일·한, 중·일, 중·미와 같은 쌍무 관계에 영향을 끼치는 국부적 구조이기도 하다. 중국과 북조선의 관계가 상대적으로 가깝고 미국과 한국은 동맹국이다. 여기에 중국과 한국 모두는 상기한 여러 그룹의 삼각관계나 쌍무 관계에서 없어서는 안 될 직접 구성국 또는 간접 참여국이기도 하다. 그런 까닭에 중·한 양국은 지역적 쌍무 관계에 긴장 대립이 조성되거나 어떤 불확실한 요소로 관계가 악화될 경우 중·미 대치에서의 한국이나 조·한 대치에서의 중국처럼 중간에서 적극적인 중재 역할을 발휘했다.

셋째, 동북아시아와 세계의 관계에서 볼 때 중·한 관계는 세계 차원의 중·한 관계로서 그 영향 범위가 아주 넓다. 급속도의 현대화 발전 속에서 한국의 경제무역은 세계시장의 구석구석까지 뻗어나갔다. 뿐만 아니라 경제무역 업무를 세계적으로 개척하는 세계화를 점차 실현하고 있다. 중국도 개혁개방의 열풍에 힘입어 세계적 경제무역 활동에 적극 참여하고 있다. 때문에 경제 발전, 세계 경제와 갈수록 밀접한 관련을 맺고 있는 중·한 양국의 상호 간의 경제 협력 상황은 양국의 절실한 이익에 직접적인 영향을 미치고 세계 경제에도 일정한 영향을 준다. 그와 반대로 세계 경제 상황이 어떤가에 따라 중·한 경제 협력은 일정한 제약을 받기도 한다. 이러한 상황에서 중·한 양국은 반드시 여러 경로를 통해 연계를 강화하고 대화의 문을 활짝 열어 평등하게 대화하고 관계를 조정하여 동북아시아 지역과 세계의 평화 발전에 기여해야 한다.

전후 50년 중·한 양국이 적대 관계에서 우호 관계로 발전한 노정을 돌아보면 우리가 배울 만한 다음과 같은 역사적 교훈이 존재한다.

첫째, 평화공존 5원칙을 준수하고 이를 양국 관계를 처리하는 기준으로 삼은 것이다. 상호 주권 존중과 영토 보전, 상호 불가침, 상호 내정 불간섭, 평등 호혜, 평화공존 등의 5원칙은 신중국 외교의 종합 방침이다. 이 5원칙을 최초로 주창한 나라인 중국, 인도, 미얀마는 제2차 세계대전 이전에 각각 반식민지 혹은 식민지 국가로 장기간 다른 나라의 침략, 약탈, 압박을 받았다. 그러므로 중국, 인도, 미얀마가 제기한 이 원칙은 과거 억압받던 민족과 국가가 식민주의와 제국주의 강권 정치를 부정하는 것이었다. 또한 이것은 독립한 지 얼마 되지 않은 제3세계 국가들이 국제 질서를 구축하고 국가 간의 상호 관계를 처리하는 근본적 이념과 출발점이 되었다. 평화공존 5원칙이 처음 제기되었을 때는 그다지 주목을 받지 못했고, 특히나 미·소 양 강대국은 이에 완전히 무관심했다. 그러나 공정하고 평등하며 정확한 5원칙은 역사의 시련을 이겨냈다. 국제 관계가 변화함에 따라 점점 더 많은 국가들이 이 원칙을 인정하기 시작했고 5원칙은 상이한 사회제도나 정치제도의 국가 간에 평화공존과 발전 협력을 꾀하는 지도 원칙이 되었다. 중·한 양국이 서로 다른 사회제도를 가졌기 때문에 일부 차이와 대립이 발생하는 것은 피할 수 없는 일이다. 더군다나 30여 년 동안의 단절과 대치가 남긴 일부 역사적인 문제들이 어느 순간 재현되어 양국 관계의 순조로운 발전을 방해할 수도 있다. 따라서 이런 문제를 해결할 수 있는 원칙과 방법을 항상 모색해야 한다. 중국은 원칙을 중요시하는 나라이다. 환란을 미연에 방지하고 난제를 해결하는 데는 평화공존 5원칙이 가장 기본적이고 효과적인 지도 방침이다. 이 원칙을 따를 때는 양국 관계가 정상적으로 발전했고 이 원칙을 어길 때는 대치와 충돌이 빚어졌던, 중·한 수교 전후 역사의 흐름이 이런 사실을 입증해준다. 21세기 중·한 관계를 전망할 때 이것은 무엇보다도 주의해야 할 중대한 원칙 문제인 것이다.

둘째, '중·한 양국 수교 공동성명'의 원칙을 충실히 지키고 타이완 문제와 남북통일 문제에 대해 잘 대처해야 한다. 이 공동성명의 6항 중에서 제2항, 제3항, 제5항이 이 성명의 핵심이다. 그 내용은 다음과 같다. "중화인민공화국 정부와 대한민국 정부는 '유엔헌장' 원칙에 따라 상호 주권 존중과 영토 보전, 상호 불가침, 상호 내정 불간섭, 평등 호혜, 평화공존 원칙의 기초 상에서 지속적인 선린 협력 관계를 발전시켜나가는 데 동의한다."(제2항); "대한민국 정부는 중화인민공화국 정부가 중국의 유일한 합법 정부임을 인정하고 오직 하나의 중국만이 있을 뿐이고 타이완은 중국의 일부분이라는 중국 측의 입장을 존중한다"(제3항); "중화인민공화국 정부는 조선민족이 하루 빨리 한반도의 평화적 통일을 실현하려는 염원을 존중하며 조선민족 스스로가 한반도의 평화적 통일을 실현하는 데 대해 지지한다."(제5항)[4] 중국은 신중국이 탄생한 날로부터 '오직 중국은 하나'라는 중화인민공화국의 원칙을 정중히 선포하고 이 원칙을 세계 각국과의 관계 처리, 외교 관계 수립은 물론 쌍무 관계를 수호, 발전시키는 차원에서 유일한 기준으로 삼았다. 정식으로 중국과 외교 관계를 수립하는 모든 나라들은 이 원칙에 대해 명확한 태도를 표시해야 했다. 중국과 국교를 수립한 국가들 중에서 타이완 문제에 가장 많이 연관되어 있는 미국과 일본이 이 원칙과 관련해 문제가 발생할 소지가 가장 많았다. 중·미, 중·일 관계의 변화가 그 기복이 심한 까닭은 미·일 양국이 타이완 문제에서 애매한 태도를 취하고 심지어 공개적으로 '하나의 중국, 하나의 타이완', '두 개의 중국'을 지지하면서 신의를 저버린 것과 관계된다. 그중에서도 미국의 태도는 더욱 심해서 최근 중·미 관계를 불안정하게 만들고 있다. 이에 비해 한국은 미·일이 타이완 문제로 일으키는 분쟁에 말려들지는 않았지만 역사적 원인과 현실적 경제 이익의 영향으로 타이완 문제에서 단번에 그리고 철저하게 발을 뺀다는 것은 그리 쉽지 않다. 그러므로 한국 정부는 '중·한 양국 수교 공동성명'에서 밝힌 타이완 문제에 대한 원칙을 절대적으로 지킴으로써 양국 관계를 정상적이고 순조롭게 발전시켜야 할 것이다. 동시에 중국도 성명에서 밝힌 대로 한반도 통일에 대한 약속을 이행하여 남북의 자주평화통일을 도와야 할 것이다.

셋째, 평화적이고 대등한 협상과 선린우호 정신으로 일부 의견 차이나 발생 가능한 문제들을 해결해야 한다. 중·한 수교 이후 양국의 관계 발전 추세는 좋은 모습을 보여주었고 세인이 괄목할 만한 진전을 가져왔다. 주류를 긍정한다는 전제하에 양국 각계 인사들은 서로 다른 경로를 통해 우호적으로 대화하고 교류하면서 일부의 의견 차이, 즉 장기간의 역사 과정에서 형성된 국경선이나 교과서상 상대국의 역사에 대한 기재와 같은 문제에 대해 점차 공통인식을 찾아갔다. 동시에 동중국해 대륙붕 개발, 황해 어로작업 구역, 중국 소재 한국 공장 기업가의 중국 직원에 대한 태도, 양국 무역수지 균형, 양국 협력의 질 제고 등 과거에 이미 존재했거나 장차 발생할 수 있는 문제들에 대해서도 공정하고 합리적인 해결책을 찾음으로써 양국 관계가 더 안정적이고 성숙하며 건강하고 심도 있는 발전을 지속할 수 있도록 했다.

1995년, 중국 국가주석 장쩌민은 한국 방문 기간 중에 '평등 호혜, 우세 보완, 성심 협력, 공동 발전'이라는 중·한 관계 발전의 16자 방침을 제시하여 양국 관계에 대한 중국 정부의 큰 기대감을 표명했다. 이에 대해 대통령 김영삼도 "한국은 영원히 중국의 친밀한 이웃과 좋은 친구가 될 것이다"[5]라고 화답했다. 이것은 한국 정부가 중·한 관계를 아주 중시하고 있음을 보여준 것이다. 중·한 수교 이후 양국의 경제 협력과 문화교류는 선행적으로 급속히 발전했다. 거기에 비해 중·한 양국의 정치 관계는 아직도 좀 더 발전해야 할 필요가 있다. 명확한 대비 사례를 보면 다음과 같다. 중국과 북조선이 '중·조 우호협력호조조약'을 체결한 후 35년 동안 이 조약은 중·조 양국 관계를 공고히 하고 발전시키는 중요한 역할을 했다. 중국과 일본은 양국 외교 관계 정상화에 대한 정부 '공동성명'을 발표한 것 말고도 우여곡절 끝에 패권반대 조항을 본문에 기입한 '중·일 평화우호조약'을 체결했다. 중국과 한국은 지금까지 '중·한 양국 수교 공동성명' 외에 양국 우호조약은 아직 체결하지 않은 상태이다. 그러나 '중·한 양국 수교 공동성명'에 양국 관계 발전의 기본 원칙을 명확히 기재했기 때문에 양측은 모두 국제조약과 동일한 구속력을 받는다. 다만 공동성명과 평화우호조약은 필경 동급은 아니다. 21세기 동북아시아의 평화 발전을 위해 중·한 양국이 국제 신新구도 구축에서 대등하고 적극적인 역할을 발휘하고자 한다면 반드시 정치 관계에 있어서도 지속적인 발전이 뒤따라야 한다. 동북아시아 다극화 시대에 각국의 상호 의존과 경쟁 추세가 날로 복잡해지는 상황에서 양국의 정치, 경제, 문화 관계가 균형적으로 발전하고 중·한 양국이 동북아시아지역의 평화적인 발전을 촉진하는 안정된 세력이 되는 것은 양국이 마땅히 공동으로 짊어져야 할 세기를 뛰어넘는 중대한 과제이다.

현대 중·한 관계사는 학술적 가치와 현실적 의미가 있는 중요한 연구 과제이다. 동시에 이것은 현대사회, 현대인과 밀접한 관련을 맺으며 한창 발전하고 있는 살아 숨 쉬는 역사이기도 하다. 이러한 역사를 제대로 쓰기란 매우 힘들다. 편찬자들은 이 책의 집필 과정에서 학식이 부족하다는 사실을 실감했다. 한국 분야의 자료가 찾기 힘들다는 것과 자료가 많이 부족하다는 것도 집필 과정을 어렵게 했다. 그러나 편찬자들은 중·한 관계사의 중요성을 깨달아 선배 학자들의 기존 연구 성과의 토대 위에서 한 걸음 더 나아가 찾을 수 있는 모든 자료들을 이용했다. 그럼으로써 반세기 남짓한 현대 중·한 관계사의 전모를 될수록 공정하고 객관적으로 기술하여 중·한 양국 관계의 건전한 발전을 촉진하기 위해 미력이나마 다했다.

미주

제1부 풍운의 조화

1 金九,『白凡逸志』, 民主與建設出版社, 1994, 257쪽.
2 金俊燁,『我的長征』, 東方出版社, 1995, 405쪽.
3 新華社(延安),『解放日報』, 1945년 8월 10일, 電訊.
4 新華社(太行),『解放日報』, 1945년 8월 13일, 電訊.
5 湯重南, 汪淼 等 主編,『日本帝國的興亡』, 世界知識出版社, 1996, 1467쪽.
6 吳相湘,『第二次中日戰爭史』(下卷), 綜合月刊社, 1973, 1185쪽.
7 石源華 編著,『韓國獨立運動與中國』, 上海人民出版社, 1995, 557~558쪽 참조.
8 『解放日報』, 1945년 8월 16일.
9 「延安狂歡夜」, "延安今夜誰還愿意睡覺? 寶塔山淸凉山都笑了.",『解放日報』, 1945년 8월 16일.
10 李華 · 林逑 · 張傳杰 等 著,『征途: 華林憶稿』, 遼寧民族出版社, 1995, 209쪽.
11 毛澤東,『毛澤東選集』(合訂本), 人民出版社, 1968, 340~341쪽.
12 蔣中正,『中國之命運』(增訂版), 臺北民報印書館, 1945, 88 · 103 · 107 · 163쪽.
13 毛澤東,『毛澤東選集』(合訂本), 人民出版社, 1968, 579쪽.
14 위의 책, 624 · 669쪽.
15 위의 책, 926~927쪽.
16 위의 책, 985~987쪽.
17 위의 책, 1037 · 1039쪽.
18 위의 책, 1022 · 1024쪽.
19 위의 책, 1968, 1046 · 1048쪽.
20 위의 책, 1968, 1061쪽.
21 金俊燁,『我的長征』, 東方出版社, 1994, 295쪽.
22 위의 책, 354 · 356쪽.
23 金日成,『金日成著作選集』(第1卷), 外國文學出版社, 1970, 3~5쪽.
24 新華社(延安), 1945년 8월 10일, 電訊.
25 石源華,『韓國獨立運動與中國』, 上海人民出版社, 1995, 564~567쪽.
26 위의 책, 575쪽.
27 위의 책, 593~597쪽.
28 위의 책, 341쪽.
29 위의 책, 445쪽.
30 『國際條約集』(1934~1944), 世界知識出版社, 1961, 407쪽.
31 石源華,『韓國獨立運動與中國』, 上海人民出版社, 1995, 500~501쪽.

32 石源華, 『韓國獨立運動與中國』, 上海人民出版社, 1995, 515쪽.
33 杜魯門, 「考驗和希望的年代」(1946~1953), 『杜魯門回憶彔』(第2卷), 世界知識出版社, 1965, 369 · 340쪽.
34 杜魯門, 「決定性的一年」(1945), 『杜魯門回憶彔』(第1卷), 世界知識出版社, 1964, 281~282쪽.
35 杜魯門, 「考驗和希望的年代」(1946~1953), 『杜魯門回憶彔』(第2卷), 世界知識出版社, 1965 370쪽.
36 石源華, 『韓國獨立運動與中國』, 上海人民出版社, 1995, 356쪽.
37 위의 책, 567쪽.
38 『解放日報』, 1945년 8월 29~30일.
39 石源華, 『韓國獨立運動與中國』, 上海人民出版社, 1995, 571 · 572 · 583 · 584쪽.
40 위의 책, 590쪽.
41 위의 책, 591쪽.
42 위의 책, 599~600쪽.
43 杜魯門, 「考驗和希望的年代」(1946~1953), 『杜魯門回憶彔』(第2卷), 世界知識出版社, 1965, 375쪽.
44 위의 책, 374~375쪽.
45 金九, 『白凡逸志』, 民主與建設出版社, 1994, 269쪽.
46 杜魯門, 「考驗和希望的年代」(1946~1953), 『杜魯門回憶彔』(第2卷), 世界知識出版社, 1965, 378쪽.
47 위의 책, 383쪽.
48 『中央日報』, 1948년 8월 13일.
49 毛澤東, 『毛澤東選集』(合訂本), 人民出版社, 1968, 1326 · 1324 · 1325쪽.
50 『對日和約問題史料』, 人民出版社, 1951, 54쪽.
51 『新華月報』, 창간호, 1949년, 3 · 10쪽.
52 AP통신(Washington), 1949년 10월 16일, 電訊.
53 中央社(臺北), 1949년 10월 5일, 電訊.
54 劉金質 · 楊淮生 主編, 『中國對朝鮮和韓國政策文件彙編』 第1卷(1949~1952), 中國社會科學出版社, 1994, 1 · 2쪽.
55 위의 책, 1쪽.
56 위의 책, 3쪽.
57 『國際條約集』(1948~1949), 世界知識出版社, 1959, 193쪽.
58 毛澤東, 『毛澤東選集』(合訂本), 人民出版社, 1968, 1378 · 1405쪽.
59 『新華月報』, 3월호, 1950년, 1085 · 1086쪽.
60 위의 책, 1086 · 1087쪽.
61 信夫淸三郎, 『日本外交史』 (下卷), 商務印書館, 1980, 760 · 761쪽.
62 『國際條約集』(1950~1952), 世界知識出版社, 1959, 728 · 729 · 780쪽.
63 沈志華, 『朝鮮戰爭揭秘』, 天地圖書有限公司, 1995, 151 · 152쪽.
64 위의 책, 162 · 163 · 164 · 286쪽.
65 和田春樹, 『朝鮮戰爭』, 巖波書店, 1995, 363 · 364쪽.
66 李海文, 「中共中央究竟何時決定派志愿軍出國作戰?」, 『黨的文獻』 第5期, 人民出版社, 1993, 85쪽.
67 沈志華, 『朝鮮戰爭揭秘』, 天地圖書有限公司, 1995, 120 · 121쪽.
68 AP통신(Washington), 1949년 10월 17일, 電訊.

69 解力夫,『朝鮮戰爭實錄』, 世界知識出版社, 1993, 27쪽.

70 沈志華,『朝鮮戰爭揭秘』, 天地圖書有限公司, 1995, 126·127쪽.

71 위의 책, 136쪽.

72 위의 책, 137·138쪽.

73 J. 哈里迪, B. 佧敏斯,『朝鮮戰爭: 內戰與干涉』, 岩波書店, 1990, 41쪽.

74 위의 책, 45쪽.

75 위의 책, 54쪽.

제2부 대치 시대

1 杜魯門,「考驗和希望的年代」(1946~1953),『杜魯門回憶泉』(第2卷), 世界知識出版社, 1965, 387쪽.

2 위의 책, 393·394쪽.

3 위의 책, 395·396쪽.

4 위의 책, 395쪽.

5 劉金質·楊淮生 主編,『中國對朝鮮和韓國政策文件彙編』 第1卷(1949~1952), 中國社會科學出版社, 1994, 7·8·12쪽.

6 杜魯門,「考驗和希望的年代」(1946~1953),『杜魯門回憶泉』(第2卷), 世界知識出版社, 1965, 422쪽.

7 미국 공보원(成功湖), 1950년 9월 30일, 電訊.

8 杜魯門,「考驗和希望的年代」(1946~1953),『杜魯門回憶泉』(第2卷), 世界知識出版社, 1965, 425·429쪽.

9 『人民日報』, 1950년 9월 19일.

10 劉金質·楊淮生 主編,『中國對朝鮮和韓國政策文件彙編』 第1卷(1949~1952), 中國社會科學出版社, 1994, 37쪽.

11 『人民日報』, 1950년 9월 25일.

12 劉金質·楊淮生 主編,『中國對朝鮮和韓國政策文件彙編』 第1卷(1949~1952), 中國社會科學出版社, 1994, 42쪽.

13 『周恩來外交文選』, 中央文獻出版社, 1990, 25·27쪽.

14 『人民日報』, 1950년 6월 27일.

15 劉金質·楊淮生 主編,『中國對朝鮮和韓國政策文件彙編』 第1卷(1949~1952), 中國社會科學出版社, 1994, 7쪽.

16 위의 책, 같은 쪽.

17 解力夫,『朝鮮戰爭實錄』(上卷), 世界知識出版社, 1993, 169·170쪽.

18 朱世良,『彭德懷在朝鮮戰場』, 遼寧人民出版社, 1996, 62쪽.

19 李英·王樹和 等,『揭開戰爭序幕的先鋒: 40年在朝鮮』, 遼寧人民出版社, 1996, 33쪽.

20 解力夫,『朝鮮戰爭實錄』(上卷), 世界知識出版社, 1993, 208쪽.

21 朱世良,『彭德懷在朝鮮戰場』, 遼寧人民出版社, 1996, 81·82쪽.

22 李英·王樹和 等,『揭開戰爭序幕的先鋒: 40年在朝鮮』, 遼寧人民出版社, 1996, 97쪽.

23 朱世良,『彭德懷在朝鮮戰場』, 遼寧人民出版社, 1996, 107·99쪽.

24 中央社(東京), 1950년 11월 24일, 電訊.

25 AP통신, 1950년 11월 24일, 轉急電.

26 朱世良,『彭德懷在朝鮮戰場』, 遼寧人民出版社, 1996, 128쪽.

27 杜魯門, 「考驗和希望的年代」(1946~1953), 『杜魯門回憶衆』(第2卷), 世界知識出版社, 1965, 455·456쪽.

28 위의 책, 463쪽.

29 로이터통신(淸川江前線), 1950년 11월 29일, 電訊.

30 劉金質·楊淮生 主編, 『中國對朝鮮和韓國政策文件彙編』(第1卷), 中國社會科學出版社, 1994, 80쪽.

31 UPI통신(成功湖), 1950년 11월 29일, 電訊.

32 劉金質·楊淮生 主編, 『中國對朝鮮和韓國政策文件彙編』(第1卷), 中國社會科學出版社, 1994, 81쪽.

33 杜魯門, 『杜魯門回憶衆』(第2卷), 「考驗和希望的年代」(1946~1953), 世界知識出版社, 1965, 516쪽.

34 解力夫, 『朝鮮戰爭實錄』(下卷), 世界知識出版社, 1993, 466·467쪽 참조.

35 위의 책, 470·471쪽.

36 『人民日報』, 1951년 6월 25일.

37 杜魯門, 『杜魯門回憶衆』(第2卷), 「考驗和希望的年代」(1946~1953), 世界知識出版社, 1965, 535·534쪽.

38 朱世良, 『彭德懷在朝鮮戰場』, 遼寧人民出版社, 1996, 383쪽.

39 杜魯門, 『杜魯門回憶衆』(第2卷), 「考驗和希望的年代」(1946~1953), 世界知識出版社, 1965, 599쪽.

40 解力夫, 『朝鮮戰爭實錄』(下卷), 世界知識出版社, 1993, 713쪽.

41 위의 책, 718쪽.

42 劉金質·楊淮生 主編, 『中國對朝鮮和韓國政策文件彙編』(第2卷), 中國社會科學出版社, 1994, 472쪽.

43 解力夫, 『朝鮮戰爭實錄』(下卷), 世界知識出版社, 1993, 719쪽.

44 朱世良, 『彭德懷在朝鮮戰場』, 遼寧人民出版社, 1996, 406쪽.

45 金文·古實 主編, 『大韓民國: 中國的新視野』, 中國物資出版社, 1993, 16쪽.

46 華慶昭, 『從雅爾塔到板門店』, 中國社會科學出版社, 1992, 233쪽.

47 劉金質·楊淮生 主編, 『中國對朝鮮和韓國政策文件彙編』(第2卷), 中國社會科學出版社, 1994, 492·493쪽.

48 위의 책, 584쪽.

49 『人民日報』, 1954년 1월 8일.

50 UPI통신(서울), 1953년 6월 8일, 電訊.

51 國際新聞社(서울), 1953년 7월 19일, 電訊.

52 UPI통신(서울), 1953년 7월 22일, 電訊.

53 로이터통신(서울), 1953년 7월 22일, 電訊

54 AP통신(서울), 1953년 7월 24일, 電訊.

55 UPI통신(서울), 1953년 7월 27일, 電訊.

56 『人民日報』, 1950년 7월 28일.

57 劉金質·楊淮生 主編, 『中國對朝鮮和韓國政策文件彙編』(第2卷), 中國社會科學出版社, 1994, 515·517쪽.

58 『人民日報』, 1960년 4월 29일.

59 劉金質·楊淮生 主編, 『中國對朝鮮和韓國政策文件彙編』(第2卷), 中國社會科學出版社, 1994,

496쪽.

60 위의 책, 528쪽.

61 위의 책, 628·629쪽.

62 UPI통신(Geneva), 1954년 4월 24일, 電訊.

63 로이터통신(Geneva), 1954년 4월 27일, 電訊.

64 UPI통신(Geneva), 1954년 4월 27일, 電訊.

65 UPI통신(Geneva), 1954년 4월 24일, 電訊.

66 UPI통신(Geneva), 1954년 4월 24일, 電訊.

67 AP통신(Geneva), 1954년 4월 27일, 電訊.

68 劉金質·楊淮生 主編, 『中國對朝鮮和韓國政策文件彙編』(第2卷), 中國社會科學出版社, 1994, 719~721쪽.

69 로이터통신(Geneva), 1954년 5월 3일, 電訊.

70 로이터통신(Geneva), 1954년 5월 3일, 電訊..

71 劉金質·楊淮生 主編, 『中國對朝鮮和韓國政策文件彙編』(第2卷), 中國社會科學出版社, 1994, 724~727쪽.

72 UPI통신(Geneva), 1954년 5월 22일, 電訊.

73 劉金質·楊淮生 主編, 『中國對朝鮮和韓國政策文件彙編』(第2卷), 中國社會科學出版社, 1994, 719~721쪽.

74 AFP통신·로이터통신(Geneva), 1954년 5월 4일, 電訊.

75 AFP통신(Geneva), 1954년 6월 5일, 電訊.

76 劉金質·楊淮生 主編, 『中國對朝鮮和韓國政策文件彙編』(第2卷), 中國社會科學出版社, 1994, 740·741쪽.

77 로이터통신(Geneva), 1954년 6월 15일, 電訊.

78 劉金質·楊淮生 主編, 『中國對朝鮮和韓國政策文件彙編』(第2卷), 中國社會科學出版社, 1994, 753쪽.

79 美國新聞處(Geneva), 1954년 6월 15일, 電訊.

80 로이터통신(Geneva), 1954년 6월 16일, 電訊.

81 로이터통신(鎭海), 1954년 6월 17일, 電訊.

82 『人民日報』, 1954년 6월 18일.

83 石丸和人 等, 「行動起來的日本外交」, 『戰後日本外交史』(第2卷), 三省堂, 1983, 299쪽.

84 劉金質·楊淮生 主編, 『中國對朝鮮和韓國政策文件彙編』(第2卷), 中國社會科學出版社, 1994, 858·859쪽

85 위의 책, 859쪽.

86 『人民日報』, 1955년 12월 28일.

87 『人民日報』, 1956년 1월 5일.

88 『人民日報』, 1956년 1월 5일.

89 『人民日報』, 1956년 10월 20일.

90 劉金質·楊淮生 主編, 『中國對朝鮮和韓國政策文件彙編』(第5卷), 中國社會科學出版社, 1994, 2084·2085·2166쪽.

91 劉金質·楊淮生 主編, 『中國對朝鮮和韓國政策文件彙編』(第4卷), 中國社會科學出版社, 1994, 2035·2036쪽.

92 時事社(東京), 1974년 1월 30일, 電訊.

93 『人民日報』, 1974년 2월 4일.

94 劉金質 · 楊淮生 主編, 『中國對朝鮮和韓國政策文件彙編』(第5卷), 中國社會科學出版社, 1994, 2193쪽.

95 『人民日報』, 1977년 6월 14일.

96 共同社(東京), 1977년 6월 13일, 電訊.

97 劉金質 · 楊淮生 主編, 『中國對朝鮮和韓國政策文件彙編』(第4卷), 中國社會科學出版社, 1994, 1672~1674쪽.

98 UPI통신 · AFP통신(Ho Chi Minh), 1964년 12월 17일, 電訊.

99 UPI통신(Ho Chi Minh), 1964년 12월 14일, 電訊.

100 로이터통신(Ho Chi Minh), 1966년 4월 16일, 電訊.

101 合同社(서울), 1966년 6월 1일, 電訊.

102 AFP통신(Washington) , 1966년 6월 22일, 電訊.

103 中央社(서울), 1966년 4월 24일, 電訊.

104 中央社(서울), 1966년 6월 7일, 電訊.

105 『人民日報』, 1961년 5월 21일.

106 劉金質 · 楊淮生 主編, 『中國對朝鮮和韓國政策文件彙編』(第4卷), 中國社會科學出版社, 1994, 2067쪽.

107 劉金質 · 楊淮生 主編, 『中國對朝鮮和韓國政策文件彙編』(第5卷), 中國社會科學出版社, 1994, 2162쪽.

108 『人民日報』, 1976년 3월 23일.

109 『人民日報』, 1976년 10월 20일.

110 『人民日報』, 1979년 10월 28일.

111 資中筠 主編, 『戰後美國外交史』, 世界知識出版社, 1994, 497쪽.

112 『國際條約集』(1953~1955), 世界知識出版社, 1960, 632 · 633쪽.

113 楊昭全 · 韓俊光, 『中朝關係史簡史』, 遼寧人民出版社, 1992, 399쪽.

114 李華 · 林逑 · 張傳杰 等, 『征途: 華林憶稿』, 遼寧民族出版社, 1995, 224~226쪽.

115 劉金質 · 楊淮生 主編, 『中國對朝鮮和韓國政策文件彙編』(第2卷), 中國社會科學出版社, 1994, 616쪽.

116 위의 책, 775쪽.

117 위의 책, 988 · 1022쪽.

118 위의 책, 617 · 618쪽.

119 위의 책, 1279 · 1280쪽.

120 劉金質 · 楊淮生 主編, 『中國對朝鮮和韓國政策文件彙編』(第3卷), 中國社會科學出版社, 1994, 1281쪽.

제3부 전환점

1 顧學稼 等 編著, 『美國史綱要』, 四川大學出版社, 1992, 496쪽.

2 위의 책.

3 顧學稼 等 編著, 『美國史綱要』, 四川大學出版社, 1992.

4 위의 책, 497쪽.

5 『人民日報』, 1971년 7월 15일.

6 『人民日報』, 1972년 2월 29일.

7 資中筠 主編, 『戰後美國外交史』, 世界知識出版社, 1994, 630쪽.
8 共同社(東京), 1971년 8월 6일, 電訊.
9 AP통신(서울), 1971년 8월 7일, 電訊.
10 AP통신(서울), 1972년 2월 28일, 電訊.
11 德新社(서울), 1978년 12월 18일, 電訊.
12 共同社(東京), 1972년 7월 5일, 電訊.
13 新華社(東京), 1972년 7월 19일, 電訊.
14 新華社(東京), 1972년 7월 17일, 電訊.
15 뉴욕타임즈통신(서울), 1972년 8월 10일, 電訊.
16 合同社(서울), 1972년 9월 29일, 電訊.
17 『東亞日報』, 1972년 9월 25일.
18 AFP통신(서울), 19960년 8월 13일, 電訊.
19 新華社(평양), 1960년 8월 15일, 電訊.
20 AFP통신(서울), 1970년 8월 15일, 電訊.
21 AFP통신(서울), 1971년 8월 9일, 電訊.
22 AFP통신(서울), 1970년 8월 9일, 電訊.
23 AP통신(서울), 1971년 8월 9일, 電訊.
24 劉金質·楊淮生 主編, 『中國對朝鮮和韓國政策文件彙編』(第4卷), 中國社會科學出版社, 1994, 1945쪽.
25 AP통신(서울), 1971년 8월 14일, 電訊.
26 AP통신(홍콩), 1971년 8월 14일, 電訊.
27 로이터통신, 1971년 8월 15일, 電訊.
28 劉金質·楊淮生 主編, 『中國對朝鮮和韓國政策文件彙編』(第4卷), 中國社會科學出版社, 1994, 1972쪽.
29 조선중앙통신사(평양), 1972년 7월 4일, 英文電訊.
30 조선중앙통신사(평양), 1972년 7월 4일, 英文電訊
31 조선중앙통신사(평양), 1972년 7월 4일, 英文電訊.
32 劉金質·楊淮生 主編, 『中國對朝鮮和韓國政策文件彙編』(第4卷), 中國社會科學出版社, 1994, 1993~1995쪽.
33 新華社(평양), 1972년 8월 30일 電訊.
34 合同社(서울), 1972년 9월 12일, 電訊.
35 로이터통신(서울), 1972년 9월 13일, 電訊.
36 合同社(서울), 1972년 9월 13일, 電訊.
37 劉金質·楊淮生 主編, 『中國對朝鮮和韓國政策文件彙編』(第4卷), 中國社會科學出版社, 1994, 2007쪽.
38 合同社(서울), 1972년 9월 14일, 電訊.
39 合同社(서울), 1972년 10월 12일, 電訊.
40 新華社(평양), 1972년 10월 24일, 電訊.
41 AFP통신(서울), 1972년 10월 24일, 電訊.
42 로이터통신(서울), 1972년 10월 24일, 電訊.
43 AFP통신(New York), 1972년 10월 1일, 電訊.
44 AFP통신(서울), 1972년 11월 4일, 電訊.

45 合同社(서울), 1972년 11월 4일, 電訊.
46 新華社(평양), 1972년 11월 12일, 電訊.
47 劉金質 · 楊淮生 主編, 『中國對朝鮮和韓國政策文件彙編』(第4卷), 中國社會科學出版社, 1994, 2020쪽.
48 新華社(평양), 1973년 3월 15일, 電訊.
49 合同社(서울), 1973년 6월 14일, 電訊.
50 AFP통신(서울), 1972년 11월 4일, 電訊.
51 合同社(평양), 1973년 7월 12일, 電訊.
52 合同社(평양), 1973년 7월 12일, 電訊.
53 新華社(평양), 1973년 9월 6일, 電訊.
54 新華社(평양), 1973년 8월 28일, 電訊.
55 共同社(東京), 1973년 8월 29일, 電訊.
56 AFP통신(서울), 1973년 11월 16일, 電訊.
57 新華社(평양), 1973년 11월 29일, 電訊.
58 尹保云, 『韓國的現代化: 一個儒教國家的道路』, 東方出版社, 1995, 64쪽.
59 UPI통신(서울), 1961년 5월 16일, 電訊.
60 UPI통신(서울), 1961년 5월 16일, 電訊.
61 UPI통신(서울), 1961년 5월 19일, 電訊.
62 共同社(東京), 1961년 5월 17일, 電訊.
63 『人民日報』, 1961년 5월 21일.
64 新華社(Baghdad), 1961년 5월 17일, 電訊.
65 新華社(Tunisia), 1961년 5월 17일, 電訊.
66 로이터통신(서울), 1961년 5월 19일, 電訊.
67 AFP통신(서울), 1961년 5월 19일, 電訊.
68 로이터통신(서울), 1961년 5월 19일, 電訊.
69 AP통신(서울), 1961년 6월 13일, 電訊.
70 AFP통신(서울), 1961년 6월 13일, 電訊.
71 UPI통신(서울), 1961년 7월 4일, 電訊.
72 UPI통신(서울), 1961년 7월 4일, 電訊.
73 AP통신(서울), 1961년 7월 3일, 電訊.
74 UPI통신(서울), 1961년 7월 4일, 電訊.
75 新華社(서울), 1961년 7월 7일, 電訊.
76 UPI통신(서울), 1961년 6월 11일, 電訊.
77 UPI통신(서울), 1961년 6월 11일, 電訊.
78 AP통신(서울), 1961년 6월 11일, 電訊.
79 AFP통신(서울), 1961년 6월 11일, 電訊.
80 AP통신(서울), 1961년 6월 11일, 電訊.
81 AP통신(서울), 1961년 6월 12일, 電訊.
82 UPI통신(서울), 1961년 6월 12일, 電訊.
83 金文 · 古實 等 主編, 『大韓民國: 中國的新視野』, 中國物資出版社, 1993, 133쪽.
84 韓國海外公報館, 『韓國手册』, 三和印刷有限公司, 1992, 378쪽.
85 金文 · 古實 等 主編, 『大韓民國: 中國的新視野』, 中國物資出版社, 1993, 155쪽.

86 위의 책, 1993, 153쪽.
87 尹保云, 『韓國的現代化: 一個儒教國家的道路』, 東方出版社, 1995, 160쪽.
88 위의 책, 164쪽.
89 위의 책, 164 · 170 · 165쪽.
90 위의 책, 165쪽.
91 위의 책, 16 · 170쪽.
92 韓國海外公報館, 『韓國手册』, 三和印刷有限公司, 1992, 395쪽.
93 尹保云, 『韓國的現代化: 一個儒教國家的道路』, 東方出版社, 1995, 167쪽.
94 韓國海外公報館, 『韓國手册』, 三和印刷有限公司, 1992, 396 · 400 · 403쪽.
95 尹保云, 『韓國的現代化: 一個儒教國家的道路』, 東方出版社, 1995, 117쪽.
96 위의 책, 120쪽.
97 中共中央文獻硏究室 編, 『三中全會以來主要文獻選編』(上卷), 人民出版社, 1982, 4 · 5쪽.
98 위의 책, 43쪽.
99 위의 책, 11 · 12쪽.
100 위의 책, 6쪽.

제4부 최초의 접촉

1 尹保云, 『韓國的現代化: 一個儒教國家的道路』, 東方出版社, 1995, 169쪽.
2 萬峰, 「篡改歷史, 難辭其咎」, 『人民日報』, 1982년 8월 10일.
3 『人民日報』, 1982년 7월 23일.
4 『人民日報』, 1982년 7월 20일.
5 『東亞日報』, 1982년 7월 27일.
6 『人民日報』, 1982년 7월 20일.
7 AP통신(서울), 1982년 7월 24일, 英文電訊.
8 『東亞日報』, 1982년 7월 27일.
9 『人民日報』, 1982년 7월 31일.
10 『人民日報』, 1982년 7월 30일.
11 聯合通訊社(서울), 1982년 7월 26일, 英文電訊.
12 『新華月報』, 1982년 第7期, 186쪽.
13 新華社(東京), 1982년 7월 28일, 電訊.
14 『新華月報』, 1982年 第7期, 187쪽.
15 AP통신(서울), 1982년 8월 3일, 電訊.
16 『新華月報』, 1982년 第8期, 195쪽.
17 新華社(東京), 1982년 8월 8일, 電訊.
18 AFP통신(北京), 1982년 8월 8일, 英文電訊.
19 新華社(東京), 1982년 8월 13일, 電訊.
20 『新華月報』, 1982년 第8期, 195쪽.
21 新華社(東京), 1982년 8월 12일, 電訊.
22 『人民日報』, 1982년 8월 15일.
23 로이터통신(서울), 1982년 8월 9일, 電訊.
24 로이터통신(서울), 1982년 8월 10일, 英文電訊.
25 新華社(東京), 1982년 8월 11일, 電訊.

26 AFP통신(서울), 1982년 8월 12일, 英文電訊.
27 新華社(東京), 1982년 8월 14일, 電訊.
28 AFP통신(서울), 1982년 8월 15일, 英文電訊.
29 로이터통신(서울), 時事社, 1982년 8월 15일, 電訊.
30 『人民日報』, 1982년 8월 29일.
31 『人民日報』, 1982년 8월 29일.
32 AP통신(서울), 1982년 8월 27일, 英文電訊.
33 『新華月報』, 1982년 第9期, 191쪽.
34 『新華月報』, 1982년 第9期, 197·198쪽.
35 로이터통신(서울), 1982년 8월 31일, 英文電訊.
36 新華社(東京), 1982년 9월 8일, 日文電訊.
37 AP통신(서울), 1982년 9월 24일, 英文電訊.
38 『人民日報』, 1983년 5월 6일.
39 賀丁, 「空中劫持及有關國際公約」, 『人民日報』, 1983년 5월 14일.
40 新華社(東京), 1983년 5월 6일, 日文電訊.
41 新華社(東京), 1983년 5월 6일, 日文電訊.
42 塔斯社(北京), 1983년 5월 6일, 俄文電訊.
43 AFP통신(臺北), 1983년 5월 6일, 英文電訊.
44 聯合通訊社(서울), 1983년 5월 6일, 電訊.
45 新華社(東京), 1983년 5월 6일, 電訊.
46 新華社(東京), 1983년 5월 7일, 電訊.
47 로이터통신(서울), 1983년 5월 7일, 電訊.
48 新華社(서울), 1983년 5월 7일, 英文電訊.
49 新華社(東京), 1983년 5월 7일, 日文電訊.
50 新華社(東京), 1983년 5월 8일, 電訊.
51 新華社(서울), 1983년 5월 9일, 電訊.
52 AFP통신(서울), 1983년 5월 9일, 英文電訊.
53 로이터통신(서울), 1983년 5월 9일, 英文電訊.
54 新華社(東京), 1983년 5월 9일, 電訊.
55 新華社(東京), 1983년 5월 10일, 電訊.
56 新華社(東京), 1983년 5월 10일, 電訊.
57 『東亞日報』, 1983년 5월 10일(新華社 電訊 재인용).
58 『人民日報』, 1983년 5월 11일.
59 『人民日報』, 1983년 8월 25일.
60 『人民日報』, 1984년 8월 15일.
61 『人民日報』, 1984년 9월 3일.
62 『人民日報』, 1983년 9월 4일.
63 『人民日報』, 1983년 9월 8일.
64 『人民日報』, 1983년 9월 14일.
65 『人民日報』, 1983년 9월 17일.
66 『朝鮮日報』, 1985년 3월 24~29일.
67 『東亞日報』, 1985년 8월, 25·31일.

제5부 교류 경로의 확대

1 新華社(東京), 1985년 1월 13일, 日文電訊.
2 한국무역협회 자료.
3 新華社(東京), 1988년 1월 4일, 日文電訊.
4 新華社(東京), 1988년 1월 8일, 電訊.
5 『중앙일보』, 1988년 1월 10일.
6 『신동아』, 1988년 1월호.
7 新華社(東京), 1988년 2월 8일, 日文電訊.
8 新華社(東京), 1987년 12월 25일, 日文電訊.
9 新華社(東京), 1988년 4월 2일, 電訊.
10 新華社(東京), 1988년 1월 8일, 電訊.
11 『중앙일보』, 1989년 11월 29일.
12 金文 · 古實 主編, 『大韓民國: 中國的新視野』, 中國物資出版社, 1993, 250~251쪽.
13 『주간매경』, 1989년 2월 2일.
14 聯合通訊社(서울), 1988년 1월 18일, 英文電訊.
15 『주간매경』, 1989년 2월 2일.
16 新華社(東京), 1988년 2월 24일, 日文電訊.
17 『주간매경』, 1989년 2월 2일.
18 『주간매경』, 1988년 1월 28일.
19 『동아일보』, 1988년 3월 24일.
20 『주간매경』, 1989년 10월 26일.
21 中國國際貿易促進委員會 青島市 分會 편찬자료.
22 大連市 對外經濟貿易委員會 통계자료.
23 朴養春, 「論90年代中韓貿易關係的發展」, 『延邊大學學報』(哲社版), 1995년 4期, 70쪽.
24 鄭永祿, 「韓國對中國貿易及投資的現狀與展望」, 『國際貿易』, 1993년 9期, 15쪽
25 金升來, 「韓中經濟交流的現狀與前景」, 『經濟觀察』, 1995년 第6期, 34쪽.
26 로이터통신(서울), 1992년 1월 10일, 電訊.
27 鄭永祿, 「韓國對中國貿易及投資的現狀與展望」(『國際貿易』, 1993년 9期)의 수치에 근거해 정리했음.
28 鄭永祿, 「韓國對中國貿易及投資的現狀與展望」, 『國際貿易』, 1993년 9期.
29 新華社(東京), 1988년 1월 4일, 日文電訊.
30 新華社(東京), 1984년 12월 31일, 日文電訊.
31 新華社(서울), 1986년 9월 14일, 英文電訊.
32 로이터통신(서울), 1986년 9월 16일, 英文電訊.
33 AP통신(서울), 1986년 9월 16일, 英文電訊.
34 新華社(서울), 1986년 9월 16일, 電訊.
35 AP통신(서울), 1986년 9월 15일, 英文電訊.
36 新華社(東京), 1986년 9월 10일, 日文電訊.
37 新華社(서울), 1986년 9월 13일, 電訊.
38 新華社(서울), 1986년 9월 16일, 電訊.
39 新華社(東京), 1986년 9월 20일, 日文電訊.

40 新華社(東京), 1986년 9월 20일, 日文電訊.
41 로이터통신(서울), 1987년 1월 5일, 英文電訊 참조.
42 新華社(東京), 1988년 2월 8일, 日文電訊.
43 新華社(東京), 1987년 12월 26일, 日文電訊.
44 新華社聯合國, 1987년 12월 28일, 英文電訊.
45 新華社(東京), 1988년 2월 6일, 日文電訊.
46 『동아일보』, 1990년 1월 15일.
47 新華社(東京), 1990년 2월 24일, 日文電訊.
48 『주간매경』, 1990년 10월 18일.
49 北京大學韓國學研究中心 編, 『韓國學論文集』(第2卷), 北京大學出版社, 1993, 35쪽.
50 洪一植, 『한국인에게 무엇이 있는가』, 精神世界出版社, 1996, 18쪽.
51 金俊燁, 『我的長征』, 東方出版社, 1995, 2쪽.
52 北京大學韓國學研究中心 編, 『韓國學論文集』(第2卷), 北京大學出版社, 1993, 26쪽.
53 위의 책.
54 위의 책, 26쪽.
55 위의 책, 26쪽.
56 위의 책, 1쪽.
57 위의 책.
58 馮玉忠, 『我看中國』(第10卷), 中國友誼出版公司, 1996, 27·28쪽.
59 北京大學韓國學研究中心 編, 『韓國學論文集』(第2卷), 北京大學出版社, 1993, 3·5쪽.

제6부 중·한 국교 수립

1 新華社(東京), 1988년 7월 7일, 日文電訊 참고.
2 新華社(홍콩), 1990년 9월 8일, 電訊 참고.
3 新華社(평양), 1990년 9월 5일, 電訊 참고.
4 新華社(평양), 1990년 9월 5일, 電訊 참고.
5 AP통신(서울), 1990년 9월 6일, 英文電訊.
6 AP통신(서울), 1990년 9월 6일, 英文電訊.
7 新華社(東京), 1990년 9월 7일, 日文電訊.
8 新華社(홍콩), 1990년 9월 6일, 電訊.
9 新華社(홍콩), 1990년 9월 8일, 電訊.
10 『人民日報』, 1990년 9월 9일.
11 『人民日報』, 1991년 5월 4일.
12 『人民日報』, 1991년 5월 5일.
13 新華社(평양), 1991년 9월 18일, 電訊.
14 法華社(서울), 1991년 9월 18일, 英文電訊.
15 新華社(東京), 1991년 9월 18일, 日文電訊.
16 法華社聯合國(New York), 1991년 9월 17일, 英文電訊.
17 新華社(東京), 1991년 9월 18일, 日文電訊.
18 法華社聯合國(New York), 1991년 9월 17일, 英文電訊.
19 法華社聯合國(New York), 1991년 9월 17일, 英文電訊.
20 『人民日報』, 1991년 9월 20일.

21 『人民日報』, 1991년 9월 26일.
22 『人民日報』, 1991년 9월 26일.
23 로이터통신(서울), 1991년 11월 12일, 電訊.
24 AP통신(서울), 1991년 11월 12일, 英文電訊.
25 AP통신(서울), 1991년 11월 14일, 英文電訊.
26 『人民日報』, 1991년 11월 15일.
27 『人民日報』, 1991년 11월 14일.
28 AP통신(서울), 1992년 4월 13일, 英文電訊.
29 AFP통신(北京), 1992년 4월 13일, 英文電訊.
30 로이터통신(서울), 1992년 8월 23일, 電訊.
31 AFP통신(臺北), 1992년 8월 19일, 法文電訊.
32 AP통신(서울), 1992년 8월 20일, 英文電訊.
33 AP통신(서울), 1992년 8월 20일, 英文電訊.
34 『中國時報』, 1992년 8월 23일.
35 『中國時報』, 1992년 8월 23일.
36 新華社(聯合國), 1992년 8월 24일, 英文電訊.
37 『人民日報』, 1992년 8월 25일.
38 『人民日報』, 1992년 8월 25일.
39 『人民日報』, 1992년 8월 25일.
40 『人民日報』, 1992년 8월 25일.
41 新華社(聯合國), 1992년 8월 24일, 英文電訊.
42 新華社(東京), 1992년 8월 24일, 日文電訊.
43 新華社(모스크바), 1992년 8월 24일, 電訊.
44 新華社(東京), 1992년 8월 24일, 電訊.
45 新華社(캔버라), 1992년 8월 24일, 英文電訊.
46 新華社(東京), 1992년 8월 23일, 日文電訊.
47 新華社(런던), 1992년 8월 22일, 英文電訊.
48 『人民日報』, 1992년 9월 17일.
49 『人民日報』, 1992년 8월 26일 참고.
50 『人民日報』, 1992년 9월 18일 참고.
51 『人民日報』, 1993년 3월 24일.
52 『人民日報』, 1993년 5월 13일.
53 『人民日報』, 1993년 5월 28일.
54 『人民日報』, 1993년 6월 13일.
55 『人民日報』, 1993년 6월 13일.
56 AFP통신(Geneva), 1993년 7월 14일, 英文電訊.
57 AFP통신(Geneva), 1993년 7월 14일, 英文電訊.
58 로이터통신(Geneva), 1993년 7월 19일, 英文電訊.
59 新華社(평양), 1994년 3월 17일, 電訊.
60 AP통신(서울), 1994년 3월 19일, 英文電訊.
61 로이터통신(聯合國), 1994년 3월 25일, 電訊.
62 新華社(평양), 1994년 3월 25일, 電訊 참조.

63 新華社(평양), 1994년 3월 25일, 電訊 참조.

64 新華社(도쿄), 1994년 3월 24일, 日文電訊.

65 劉金質·楊淮生 主編, 『中國對朝鮮和韓國政策文件彙編』(第5卷), 中國社會科學出版社, 1994, 2644쪽.

66 新華社(도쿄), 1994년 3월 28일, 日文電訊.

67 新華社(평양), 1994년 4월 1일, 電訊.

68 新華社(평양), 1994년 4월 1일, 電訊.

제7부 쌍무 관계의 획기적인 발전

1 新華社, 1994년 3월 26일, 本刊訊.

2 新華社, 1994년 3월 27일, 本刊訊.

3 鄭暢泳, 「韓中經濟合作方向」, 北京大學韓國學研究中心 主編, 『中韓交流與合作硏討會』, 北京大學出版社, 1994.

4 위의 책.

5 『人民日報』, 1992년 9월 30일.

6 『人民日報』, 1992년 9월 29일.

7 『人民日報』, 1992년 10월 1일.

8 『人民日報』, 1992년 10월 1일.

9 劉金質·楊淮生 主編, 『中國對朝鮮和韓國政策文件彙編』(第5卷), 中國社會科學出版社, 1994, 2627쪽.

10 『人民日報』, 1994년 3월 29일.

11 『人民日報』, 1994년 3월 30일.

12 『人民日報』, 1995년 11월 15일.

13 『人民日報』, 1995년 11월 16일.

14 韓國駐華使館文化新聞處, 『每周韓國』, 1996년 24號.

15 北京大學漢國學研究中心, 『中韓交流與合作硏討會』, 1996년 10월, 42쪽.

맺음말

1 1996년 판 『일본 국제화 비교통계』에 따르면 1994년 한 해 중·일 양국의 국내 생산총액은 이미 5만 991억 달러에 달하여 그해 미국 국내 생산총액의 75.8%, 그리고 영국, 프랑스, 독일 3개국 국내 생산총액의 115.9%에 달했다.

2 또한 'EN·EN'(Engagemet and Enlargement) 전략이라고도 칭한다. 상세한 것은 일본 『讀者月刊』 1995년 10월호를 참조하기 바란다.

3 1995년 12월 15일 時事통신에 따르면 1996~2000년도 일본 '중기 방위력 정비계획'의 총 방위비는 약 2,515억 달러이며 1996년도 국방 예산은 475억 달러에 달했다.

4 『人民日報』, 1992년 5월 25일.

5 『人民日報』, 1995년 11월 15일.

주요 연표

1945년 8월 15일 일본 천황이 무조건 항복을 선포했다.

같은 날, 국민당 정부 주석 장제스蔣介石가 항전 승리 연설인 「대일 항전 승리와 관련해서 전국 군민과 세계 인사에게 알리는 글[對日抗戰勝利告全國軍民及世界人士書]」을 발표하여 패전국 일본에 대해 "원수를 덕으로 갚을 것"을 강조했다.

같은 날 옌안延安 군민들이 성대한 횃불 시위행진을 하면서 항전의 승리를 경축했고 많은 조선독립동맹원들도 이 행진에 참여했다.

같은 날, 조선건국준비위원회가 서울에서 조직되어 여운형呂運亨이 위원장을 맡았다.

8월 17일 충칭重慶에 체류 중이던 한국 독립운동 인사들이 '재충칭 한국혁명운동가대회'를 열어 동맹국이 전쟁에서 승리한 것과 조국독립이 눈앞에 다가왔음을 경축했다.

8월 18일 한국광복군 국내 정진군挺進軍 총사령관 이범석李範奭이 수행원 김준엽金俊燁, 장준하張俊河 등을 이끌고 미국 군관과 함께 서울 여의도 비행장에 도착해 주한 일본군과 항복 접수 문제를 교섭했지만 결과를 보지 못하고 귀환했다.

8월 20일 조선공산당재건위원회가 서울에서 설립되어 박헌영朴憲永이 위원장을 맡았다.

8월 21일 주중 미군 사령관 웨드마이어Wedmeyer가 장제스에게 동맹군 총사령관 맥아더MacArthur가 이미 주한 일본군에게 북위 38도선을 경계로 하여 각각 소련군과 미군에 항복할 것을 명령했다는 내용의 비망록을 전달했다.

같은 날, 대한민국임시정부 주미 대표 이승만이 장제스에게 급전을 보내 중국이 나서서 미·소 한반도 분할 점령을 저지해줄 것을 요청했다.

8월 24일 대한민국임시정부 주석 김구金九가 장제스에게 비망록을 보내 미국이 임시정부 구성원들을 조속히 국내로 귀환 조치하도록 중국이 중재 역할은 해줄 것을 요청했다.

같은 날, 조선민족혁명당 지도자 김약산金若山(김원봉金元鳳)이 우테청吳鐵城에게 본당의 행동 계획을 제출했다.

9월 2일 일본 정부 대표가 도쿄만에 정박한 미국 미주리호 전함에서 '투항서'에 서명했다.

9월 7일 미국 제14병단兵團이 서울에 진입했다.

9월 9일 38도선 이남지역의 일본군이 미군에 투항하고 마지막 조선 총독 아베 노부유키阿部信行가 '투항서'에 서명함으로써 35년간의 식민 통치가 종식되었다.

9월 12일 충칭 『대공보大公報』는 「조선의 해방을 축하한다[祝朝鮮解放]」라는 제목의 사설 발표하여 조선의 조속한 독립정부 수립을 희망했다.

같은 날, 미국 대통령 트루먼이 성명을 발표하여 한국 임시정부의 승인을 거절하고 일본 인원을 유임시켜 질서를 유지하면서 행정업무를 집행하게 했다. 9월 18일에도 트루먼은 이와 유사한 성명을 발표했다.

10월 14일 평양 시민들이 성대한 집회를 열어 부대를 이끌고 귀국한 장군 김일성을 환영했다.

10월 16일 이승만이 미국에서 귀국하여 미국과 소련의 한반도 분할 점령을 단호히 반대했다.

10월 24일 국민당 중앙당부는 연회를 베풀어 조만간 귀국하게 될 대한민국임시정부의 구성원들을 환송했다.

10월 29일 중·한 문화협회는 한국 혁명 영수의 귀국 환송대회를 거행했다. 여기에는 100여 명의 중·한 인사들이 참석했다.

11월 1일 대한민국임시정부 주중 대표단이 정식으로 구성되어 단장에는 박순朴純(박찬익朴贊翊)이, 대표에는 이청천李青天, 민석린閔石麟(민필호閔弼鎬)이 각각 임명되었다.

11월 3일 국민외교협회, 충칭시참의회, 중·한 문화협회 등 32개 단체에서 성대한 집회를 열고 한국 혁명 영수들의 귀국을 환송했다. 여기에는 400여 명의 중·한 인사들이 참석했다.

11월 4일 장제스 부부가 김구 등의 귀국을 환송하는 다과회를 마련했다. 충칭에 설치된 팔로군 연락처 책임자 저우언라이周恩來, 동비우董必武 등도 이 시기에 연회를 베풀어 김구 등의 귀국을 환송했다.

11월 5일 김구 등 일행 29명이 상하이로 출발했다.

11월 14일 주한 미군사령관 하지Hodge 장군이 담화를 발표하여 김구 등은 반드시 일반인 신분으로 귀국해야 한다고 강조했다.

11월 16일 미국 국무부는 조선 문제에 관한 정책 성명을 발표하여 점령군 당국이 계속 정부의 주요 책임과 미·소 협상 원칙을 담당할 것이라고 강조했다.

11월 23일 김구 일행이 서울 김포 공항에 도착했다.

12월 3일 장제스는 한국에 대한 정책을 발표하고 사오위린邵毓麟 중장을 주한 대표로 위임했다.

12월 27일 미국, 소련, 영국 3개국 외무 장관이 모스크바회의에서 공동성명을 발표하여 중국, 미국, 소련, 영국이 한반도에서 5년 동안 신탁관리제도를 실시하고 긴급한 문제는 미·소 주둔군 사령부 대표회의에서 결정할 것이라고 밝혔다.

12월 28일 대한민국임시정부의 대변인이 담화를 발표해 한국의 독립을 재천명하고 동맹국의 신탁관리에 반대했다.

12월 31일 대한민국임시정부 주중 대표단은 성명을 발표해 모스크바 3개국 외무 장관회의의 신탁관리 결정에 대해 반대했다.

1946년 1월 1일 남측 조선공산당이 성명을 발표해 모스크바 3개국 외무 장관회의에서 채택한 한반도에 대한 신탁관리 결의를 지지했다. 그 다음 날, 북측 각 정당단체들도 성명을 발표해 지지를 표했다.

1월 12일 남측 민족주의자들이 서울에서 신탁관리에 반대하는 국민대회를 소집했다.

1월 15일 미군 정부의 지원 아래 남측에서 국방경비대가 조직되었다.

2월 8일 북측에서는 김일성을 주석으로 하는 북조선임시인민위원회가 성립되었다.

2월 14일 남측에서는 이승만을 의장으로 하는 남조선대한국민대표민주의원이 성립되었다.

3월 5일 북측은 '토지개혁법령'을 공포했다.
처칠Churchill이 미국 미주리주Missouri州 풀턴Fulton에서 '철의 장막' 연설을 발표했다.

3월 20일 미·소 공동위원회가 서울에서 제1차 회의를 개최했으나 5월 6일 의견 차이로 해산되었다.

5월 1일 남측은 군사영어학교를 국방경비대사관학교로 개편했다.

7월 12일 국민당 군대가 쑤완蘇皖 해방구를 공격함으로써 전면적인 국공내전이 시작되었다.

8월 10일 북조선임시인민위원회가 '산업국유화법령'을 공포했다.

8월 29일 북측 공산당과 조선신민당이 북조선노동당으로 합병되어 김두봉金枓奉이 위원장을, 그리고 김일성이 부위원장을 각각 맡았다.

9월 24일 남측의 철도 노동자들이 대파업을 단행했다.

10월 2일 대구의 노동자와 학생들이 폭동을 일으키자 미군이 대구 일대에 비상계엄령을 내려 진압했다.

10월 18일 조선적십자사가 창립되었다.

11월 3일 북측에서는 처음으로 도道, 시市, 군郡 각급 인민위원회의 선거가 실시되었다.

11월 23일 남측의 공산당, 조선인민당, 남조선신민당이 남조선노동당으로 합병되었다.

12월 2일 이승만이 미국에서 담화를 발표하고 남측에서 단독정부를 수립하자고 주장했다.

1947년 2월 22일 김일성을 위원장으로 하는 북조선인민위원회가 성립되었다.

3월 12일 트루먼이 미국 국회 연설에서 '냉전'의 본격적인 시작을 알리는 '트루먼주의'를 발표했다.

3월 22일 남측에서는 24시간 반미反美 대파업을 단행했다.

6월 3일 남측의 미 군정청이 남조선과도정부로 개칭되었다.

7월 19일 근로인민당 지도자 여운형이 암살당했다.

8월 26일 미국이 미·소 공동위원회에서 소련 대표가 제출한 3개월 내로 미군과 소련군을 철수하자는 건의를 거부했다.

9월 20일 미국이 조선 문제를 유엔에 회부했다.

11월 14일 유엔은 미국이 제기한 '조선 총선거 제안'과 '유엔 조선위원회 설립 제안'을 채택했다.

12월 22일 김구는 성명을 발표하여 남측의 단독정부 설립에 반대했다.

1948년 1월 7일 유엔한국임시위원단 구성원이 서울에 도착했다.

1월 9일 북조선인민위원회가 성명을 발표하여 유엔한국임시위원단의 북측 진입을 거부했다.

2월 8일 북측에서 조선인민군이 창설되었다.

2월 26일 유엔이 남측 단독선거 실시에 대한 결의를 채택했다.

3월 5일 미국 점령군 당국이 5월 10일 남측 단독선거 실시에 관한 포고

문을 발표했다.

3월 8일 한국독립당 지도자 김구가 남북회담을 호소했다.

3월 9일 김일성이 연설을 발표하여 남측의 단독선거에 반대하고 한반도의 자주통일을 요구했다.

3월 25일 북측이 김구의 회담 건의를 수락했다.

3월 29일 한국민주당을 제외한 남측 각 정당이 일제히 남북회담을 지지했다.

4월 3일 제주도 전역이 봉기하여 단독선거를 반대했다.

4월 19일 남북 양측의 56개 정당단체인 545명 대표들이 평양에서 회의를 소집하고 회의에서 남북통일선거 실시, 미국과 소련 군대의 즉각적인 철수 요구, 통일정부 수립에 대한 결의를 통과시켰다.

5월 10일 미군 전투 태세의 삼엄한 경비와 유엔한국임시위원단의 감독하에 남측 제헌국회 의원 단독선거가 실시되었다.

7월 17일 남측의 '대한민국 헌법'이 공포되었다.

8월 12일 국민당 정부가 한국 승인을 선포했다.

8월 15일 이승만을 대통령으로 하는 대한민국 정부가 공식 출범했다.

8월 24일 미국과 한국이 '군사협정'을 체결했다.

8월 25일 북측에서 최고인민회의 의원 선거가 실시되었다.

9월 8일 북측은 최고인민회의를 소집하여 '조선민주주의인민공화국헌법'을 승인했다.

9월 9일 김일성을 수상으로 하는 조선민주주의인민공화국이 성립되었다.

11월 3일 김구가 담화를 발표하여 미·소가 동시에 군대를 철수하고 남북통일 정부의 수립을 요구했다.

12월 12일 제3차 유엔총회에서 제195호 결의를 채택하여 대한민국 정부를 한반도 유일의 합법 정부로 승인했다.

12월 26일 소련군 전체가 북조선에서 철수했다.

1949년 1월 31일 중국인민해방군이 베이징에서 성대한 입성식을 거행했다.

3월 17일 '조·소 경제문화협정'이 체결되었다.

5월 18일 이승만이 반대파 의원을 체포했다.

6월 21일 한국 정부는 '농지개혁법'을 반포했다.

6월 25일 조국통일민주전선이 평양에서 창립되었다.

6월 26일 김구가 서울에서 현역 육군 소위 안두희安斗熙에게 저격당해 향년 74세로 서거했다.

6월 30일 남북 측 조선노동당이 합병되어 김일성이 위원장을 맡았다.

9월 21일 중국 인민정치협상회의가 베이징에서 소집되어 회의에서 발표된 '공동강령'이 신중국의 내정, 외교 기본 방침으로 확정되었다.

10월 1일 중화인민공화국 중앙인민정부가 창립되었다.

10월 6일 중국과 북조선이 국교를 수립했다.

11월 15일 저우언라이 외교부장이 유엔에서 국민당 대표의 대표권을 취소하고 신중국의 합법적 지위를 회복시켜줄 것을 유엔에 요구했다.

11월 30일 파리위원회가 창립되어 사회주의 진영 각국에 전략적 물자에 대한 무역 금지를 실시했다.

12월 7일 국민당 정부가 타이완으로 이전했다.

12월 16일 주석 마오쩌둥이 소련을 방문해 모스크바에 도착했다.

1950년 1월 5일 트루먼은 미국이 타이완 일에는 개입하지 않으나 경제원조는 계속 제공할 것이라고 성명을 발표했다.

1월 12일 미국 국무 장관 애치슨Acheson은 알류샨Aleutian 열도로부터 일본, 오키나와, 필리핀에 이르는 지대를 미국의 동아시아 방어선으로 삼을 것이라고 발표했다.

1월 13일 유엔 안전보장이사회는 국민당 대표 축출에 대한 소련 대표의 의안을 부결시켰다.

1월 26일 '미·한 공동방어원조협정'과 '주한 미국군사고문단 설치협정'을 체결했다.

2월 4일 중앙인민라디오방송국이 연내에 타이완을 해방시킨다는 소식을 방송했다.

2월 14일 모스크바에서 '중·소 우호동맹호조조약'을 체결했다.

5월 30일 한국 국회의원 선거에서 여당이 참패했다.

6월 7일 조국통일민주주의전선 중앙위원회가 조국 평화통일의 실현 방안에 관한 호소문을 발표했다.

6월 18일 미국 국무부 고문 덜레스Dulles 일행이 38도선을 시찰했다.

6월 19일 조선최고인민회의 상임위원회가 한국 국회에 조국 통일에 관한 제안을 제출했다.

6월 25일 조선전쟁이 발발하여 조선인민군이 38도선을 넘어 남진했다.
같은 날 유엔 안전보장이사회는 북조선의 적대행위 중지를 요구하는 미국의 의안을 통과시켰다. 소련 대표는 불참했다.

6월 27일 안전보장이사회는 결의를 채택하여 유엔 회원국에게 북조선의 무력 공격을 격퇴할 수 있도록 한국을 돕자고 호소했다.
같은 날, 트루먼이 미국 해군과 공군을 출동시켜 한국 군대를 증원하고 제7함대에 타이완 해협을 봉쇄하도록 명령했다.

6월 28일 조선인민군이 서울을 공략했다.
같은 날, 외교부장 저우언라이가 성명을 발표하여 미국 제7함대의 타이완 해협 침입을 강력히 항의했다.

7월 1일 미국 육군이 부산에 상륙했다.

7월 7일 유엔 안전보장이사회는 미국이 지휘하는 유엔군 결성에 대한 결의안을 통과시켰다.

7월 8일 트루먼은 맥아더를 유엔군 총사령관으로 임명했다.

7월 24일 유엔군 총사령부를 도쿄에 설치했다.

7월 26일 미국, 영국, 프랑스 등 16개국으로 구성된 유엔군이 한국에 연이어 도착했다.

7월 31일 맥아더가 타이완을 방문하여 장제스와 회담을 가졌다. 이튿날 양측은 군사 협력을 강화한다는 성명을 발표했다.

9월 15일 미군이 인천상륙작전 계획을 실시했다.

9월 28일 미국과 한국 군대는 서울을 탈환했다.

10월 1일 맥아더는 조선인민군에게 '무조건 항복'을 요구했다. 한국 군대는 38도선을 넘어 대규모로 북진했다.
같은 날, 북조선 외상 박헌영이 김일성의 친서를 들고 방중訪中하여 중국의 파병 원조를 요청했다.

10월 3일 총리 저우언라이는 주중 인도 대사를 회견하는 자리에서 미군이 만약 38도선을 넘을 경우 중국은 좌시하지 않을 것임을 미국에 경고했다.

10월 4일 중공중앙정치국 확대회의가 소집되어 토론을 반복한 끝에 군대를 파병해 북조선을 돕기로 결정했다.

10월 7일 유엔군이 38도선을 넘어 북진했다.

10월 9일 중앙군사위원회 주석 마오쩌둥은 동북변방군을 중국인민지원군으로 개편하여 출동하라는 명령에 서명했다.

10월 19일 중국인민지원군 제13병단 소속 4개 군단과 3개 포병사단이 압록강을 넘어 항미원조抗美援朝에 참전했다.

10월 25일 한국군 제1사단과 제6사단이 선두부대 중국인민지원군 제40군단의 매복에 걸려 심한 타격을 받았으며 중국과 한국 군대가 처음으로 교전했다. 이를 기점으로 제1차 전역이 개시되었다. 이로 인해 미국과 한국 군대는 큰 피해를 입었고 중·조 군대는 청천강 이북 지역을 탈환했다.

11월 24일 맥아더는 '크리스마스 총공격 계획'을 공포했다.

11월 25일 제2차 전역이 개시되어 패전한 미군이 38도선 이남으로 철수했다.

11월 28일 중국 대표단장 우슈취안伍修權은 유엔 안전보장이사회에서 미국의 침략에 대해 장시간에 걸쳐 통렬히 비난하고 회의에 '미국의 타이완 무장 침략 고소안'을 회부했다.

11월 29일 한국 대표단장 임병직은 유엔 안전보장이사회에서 발언함과 동시에 '대한민국 침략 고소안'에서 중국의 '침략'을 비난했다. 미국의 조종으로 이 사안이 유엔총회 의정으로 채택되었다.

11월 30일 트루먼은 기자들에게 성명을 발표하고 원자폭탄을 포함한 여러 무기를 사용해 조선전장의 정세에 대처하겠다고 공언했다.

12월 6일 중·조 군대는 평양을 탈환했다.

12월 31일 제3차 전역이 개시되어 중·조 군대가 남진했다.

1951년 1월 4일 중·조 군대가 서울을 점령했다.

1월 25일 미 제8군 신임 사령관 리지웨이Ridgway가 반격을 개시해 제4차 전역이 개시되었다.

2월 1일 유엔이 중국 정부를 '침략자'라고 비난하는 결의를 채택했다.

3월 24일 맥아더는 개인성명을 발표하고 군사행동을 중국의 연해와 내륙기지까지 확대하겠다고 망언했다.

4월 11일 트루먼은 맥아더를 유엔군 총사령관 직무에서 해임하고 리지웨이에게 그 임무를 위임했다.

4월 22일 제5차 전역이 시작되어 6월 10일 끝을 맺었다. 양측의 인명 피해는 엇비슷했고 전선은 38도선 부근지역에서 안정되었다.

6월 23일 유엔안전보장이사회 소련 대표 말리크Malik가 양측의 휴전과 강화를 제안했다.

7월 10일 중·조 군사대표와 미·한 군사대표가 개성에서 휴전협상을 시작했다. 8월 중순에 이르러 미국 측이 철군을 거절하자 협상이 무산되었다.

8월 18일 미·한 군대가 하계공세를 발동했지만 제압당했다.

10월 3일 미·한 군대가 추계공세를 발동했지만 좌절당했다.

10월 25일 휴전협상이 판문점에서 재개되었다.

1952년 1월 18일 한국 정부는 이승만이 서명한 '인근 해양에 대한 주권선언'을 공포하여 너비 199해리海里(두산백과사전에는 60마일, 즉 약 52해리로 되어 있음—옮긴이)에 달하는 '이승만라인'을 확정했다.

2월 21일 『인민일보』는 미군이 북조선과 중국 동북에 세균폭탄을 투하한 사실을 폭로했다.

3월 8일 외교부장 저우언라이는 미국 비행기가 중국 영공을 침범하여 세균폭탄을 투하한 것에 대해 강력히 항의했다.

5월 7일 거제도 전쟁포로수용소에서 비인간적인 대우에 항의하여 대규모의 폭동이 일어났다.

8월 5일 이승만이 대통령에 재선되었다.

10월 8일 미국 측이 정전협상을 일방적으로 중단했다.

11월 5일 아이젠하워Eisenhower가 미국 대통령으로 당선되었다.

11월 25일 중·조 군대가 유엔군 총사령관 클라크Clark가 발동한 김화金化공세를 분쇄했다.

1953년 1월 1일 중국은 제1차 5개년 계획을 실시하기 시작했다.

4월 9일 이승만은 미국이 정전협상을 재개하고자 한 데 대해 항의했다.

4월 26일 양측은 판문점 정전협상을 재개하여 전쟁포로 송환 문제에서 진전을 보았다.

6월 18일 정전협상을 파괴하기 위해 이승만은 현지에서 2만 7,000명의 인민군 포로들을 석방해 입대시켰다.

7월 13일 중·조 군대는 금성金城 전역을 발동했다.

7월 24일 판문점 정전협상에서 군사분계선을 확정했다.

7월 27일 조선인민군 최고사령관 김일성, 중국인민지원군 사령관 펑더화이와 유엔군 총사령관 클라크가 '정전협정'에 서명하고 각각 휴전명령을 하달했다. 이로써 장장 37개월 동안이나 지속되었던 조선전쟁이 종결되었다.

10월 1일 '미·한 공동방어조약'이 체결되었다.

10월 20일 김일성과 펑더화이가 유엔군 총사령관에게 서한을 보내 아직 송환되지 않은 포로들의 행방을 확인해줄 것을 요구했다.

11월 23일 '중·조 경제와 문화협력협정'이 베이징에서 체결되었다.

11월 27일 이승만이 타이완을 방문하여 장제스와 아시아 반공연맹의 결성문제에 대해 논의했다.

11월 30일 중국과 북조선이 공동으로 조선 문제를 토론하는 정치회의 소집에 대한 포괄적인 건의를 제기했다.

1954년 1월 19일 김일성과 펑더화이가 중립국 전쟁포로송환위원회 위원장에게 서한을 보내 송환 권리를 행사하지 않은 전쟁포로를 원래의 수용 측에 돌려보내는 것에 대해 반대했다.

1월 20, 21일 미국의 지지하에 이승만과 장제스가 결탁하여 2만 1,900여 명의 중·조 포로를 한국의 포항, 군산과 타이완의 지룽基隆으로 보냈다.

1월 29일 외교부장 저우언라이가 성명을 발표하여 이승만과 장제스가 전쟁포로를 억류한 것에 대해 강력히 항의했다.

4월 26일 조선 문제의 평화적 해결과 인도차이나의 평화 회복 문제를 토론하기 위한 국제회의가 제네바에서 열렸다. 중국 외교부장 저우언라이와 한국 외무 장관 변영태가 양국 정부의 대표로 회의에 참석했다.

4월 27일 변영태가 발언에서 중국 정부를 맹렬하게 공격했다.

4월 28일 저우언라이는 발언에서 엄정하게 미국을 질책하고 변영태의 도발적인 발언에 반격을 가했다. 발언에서 외교부장 저우언라이는 한국의 정식 국호인 대한민국을 사용했다. 그 뒤 양측은 여러 차례 발언에서 격돌했다.

6월 15일 조선 문제의 평화적 해결을 토론하는 제네바회담이 중단되었다.

6월 16일 변영태는 귀국 전 기자회견에서 한국이 이미 중국에 대해 선전포고 없는 전쟁을 수행하고 있다고 공언했다.

6월 17일 중국 대표단 대변인 황화黃華가 담화를 발표하여 변영태의 호전적인 발언에 대해 반박했다.

6월 28일 총리 저우언라이와 인도 수상 네루가 공동성명을 발표하여 평화공존 5원칙을 제창했다.

6월 29일 총리 저우언라이와 미얀마 수상 오누가 공동성명을 발표하여 평화공존 5원칙을 제창했다.

7월 21일 인도차이나의 평화 회복을 토론하는 제네바협정에서 미국이 협정 체결 서명을 거부했다.

8월 18일 한국 국회가 미국 철군에 반대하는 결의를 통과시켰다.

9월 5일 중국인민지원군 본부 대변인이 북조선에서 7개 사단을 철수시킨다는 공고를 선포했다. 중국인민지원군은 시기별, 조별로 나누어 북조선에서 철수하기 시작했다.

11월 17일 '미 · 한 군사경제원조협정'이 체결되었다.

1955년 1월 17일 이승만이 '미 · 한 군사원조의정서'에 서명했다.

5월 22일 미국이 주한미군원조고문단을 설치했다.

7월 30일 총리 저우언라이가 전국인민대표대회의 발언에서 극동평화회의 소집을 호소했다.

8월 1일 한국 당국의 인사들은 정전 군사분계선에 대한 준수 의향이 없음을 선포하고 주한 중립국감시위원단은 한국에서 철수하라고 요구했다.

같은 날, 중국과 미국이 첫 대사급 회담을 진행했다.

8월 11일 중국 외교부가 성명을 발표하여 어느 누구도 조선의 정선상태를 파괴하지 못한다고 강조하면서 해당 국가들은 아시아 국가가 광범위하게 참가하는 극동평화회의에 참가하여 조선 문제를 평화적으로 해결할 것을 호소했다.

10월 27일 중국인민지원군 본부 대변인은 10월 26일까지 19개 사단의 지원군이 이미 북조선에서 철수해 귀국했는데 그것은 1954년 9월부터 10월까지, 1955년 3월부터 4월까지, 그리고 이번 달까지 3차례에 걸쳐서 이루어졌다고 선포했다.

12월 25일 한국 함정과 중국 어선 선대船隊가 황해 공해상에서 충돌했다.

12월 28일 중국 외교부 대변인이 담화를 발표하여 억류된 중국 어선 선원 1명을 송환해줄 것을 한국 당국에 요청함과 동시에 해당기관에서 구류하고 있는 한국 해병 4명을 송환할 것이라고 선포했다.

같은 날, 『인민일보』는 「이승만 집단의 공해 안전을 해치는 해적 행위를 제지하자[制止李承晩集團危害公海安全的海盜行爲]」라는 정치평론가의 글을 발표했다.

12월 29일 한국 정부 대변인은 성명을 발표하여 중국 선원을 억류한 적이 없다면서 이를 근거로 양측의 상호 송환에 관한 중국 측의 제안을 거절했다.

1956년 1월 5일 『인민일보』는 「억류된 우리나라의 어선 선원을 반드시 송환해야 한다[被擄走的我國漁船船員必須送還]」라는 정치평론가의 글을 발표했다.

2월 1일 이승만이 '정전협정'의 파기를 미국에 요구했다.

5월 4일 유엔군 파병 국가들이 워싱턴에서 회의를 소집하고 미국이 중립국감시위원단의 활동을 제한하고 최종적으로는 종결시킬 것을 요구했다. 이에 앞서 이승만은 서울에서 담화를 발표하여 각 파병 국가들이 정전을 취소하고 중립국감시위원단을 몰아낼 것을 요구했다.

5월 18일 『인민일보』는 「정전협정을 파괴하려는 미국과 이승만의 새로운 음모를 경계하자[警惕美李破壞朝鮮停戰協定的新陰謀]」라는 정치평론가의 글을 발표했다.

5월 31일 유엔군 측은 중립국감시위원단과 중립국시찰팀이 통제구 내에서 활동하는 것을 중단한다고 선포하고 중립국시찰팀은 1주일 안으로 철수하라고 요구했다.

6월 10일 중국 외교부는 성명을 발표하고 유엔군이 일방적으로 '정전협정'을 파괴해서는 안 된다고 강조했다.

10월 15일 한국 해군 군함이 또다시 황해 공해상에서 중국 어선과 충돌하여 중국 어민 9명을 억류했다.

10월 20일 『인민일보』는 「해적 행위를 반드시 제지해야 한다[海盜行爲必須制止]」라는 정치평론가의 글을 발표했다.

11월 28일 '미·한 우호통상 및 항해조약'을 체결했다.

12월 11일 조선노동당 중앙위원회 전체회의는 건설 속도에 박차를 가하는 천리마운동을 전개하자고 호소했다.

12월 29일 『인민일보』는 「무산계급 독재의 역사 경험을 다시 논하다[再論無產階級專政的歷史經驗]」라는 글을 게재하여 중·소 양당의 이데올로기 갈등이 발생했다.

1957년 1월 11일 미국의 조종으로 유엔총회 제11차 회의에서 유엔 감독 아래 자유선거를 거쳐 대의제代議制 정부 형식으로 조선을 통일하자는 결의문이 채택되었다.

1월 15일 『인민일보』는 사설 「미국이 유엔을 이용해 불법적으로 조선 일에 간섭하는 것을 반대한다[反對美國利用聯合國非法干涉朝鮮的事務]」를 발표해 규탄했다.

5월 14일 미국 국무 장관 덜레스Dulles가 기자회견을 열어 신식무기를 한국에 배치할 것이라고 성명함은 물론 같은 날 미 국방장관 윌슨Wilson도 원자무기를 한국에 투입할 것이라고 공언했다.

5월 17일 『인민일보』는 「조선정전의 안정을 파괴해서는 안 된다[不容破壞

朝鮮停戰的穩定]」라는 논설위원의 글을 발표했다.

6월 27일 중국 정부는 성명을 발표하여 미국이 정전협정을 파괴하고 신식무기를 한국에 배치하고자 하는 데 대해 항의했다.

7월 1일 유엔군 사령부가 도쿄에서 서울로 이전했다.

1958년 1월 13일 남북평화통일을 주장하고 민주를 옹호하는 진보당(1956년 11월 10일 창립) 위원장 조봉암曺奉岩 등이 '간첩죄'로 몰려 박해를 당했다.

1월 21일 『인민일보』는 「이승만 집단의 미쳐 날뛰는 폭행[李承晩集團的瘋狂暴行]」이라는 논설위원의 글을 발표하여 진보당 사건을 규탄했다.

2월 5일 북조선 정부가 성명을 발표하여 모든 외국 군대를 한반도에서 철수시키고 전全 조선의 자유선거를 통해 남북평화통일을 실현하자고 호소했다. 같은 날 『인민일보』는 사설을 발표하여 지지를 표시했다.

2월 7일 중국 정부는 성명을 발표하여, 2월 5일 북조선 정부의 성명을 굳게 지지한다고 밝혔다.

2월 19일 중·조 양국 정부는 '공동성명'을 발표하여 중국인민지원군이 연내에 전부 북조선에서 철수한다고 선포했다.

2월 20일 소련 정부가 성명을 발표하여 중·조 양국 정부의 '공동성명'을 지지했다.

2월 23일 이승만이 성명을 발표해 유엔군의 한국 철수를 반대했다.

7월 4일 미국은 춘천春川 부근에 제4미사일부대를 배치했다.

9월 27일 중·조는 '1959~1962년 장기무역협정'과 중국이 북조선에 대해 두 가지 차관을 제공한다는 협정을 체결했다.

9월 30일 중·조 우호협회가 베이징에서 성립되었다.

10월 26일 중국인민지원군은 성명을 통해 지원군이 모두 북조선에서 이미 철수했다고 선포했다.

1959년 1월 8일 이승만 정부는 '해외이민강요'를 채택하여 한국 국민의 중남미로의 이민을 준비했다.

1월 23일 『인민일보』는 「인신 매매꾼의 피 묻은 손을 저지하자[制止人口販子的血手]」라는 논설위원의 글을 발표해 이를 규탄했다.

5월 11일 이승만 정부는 '해외이민위원회' 설치를 공포하여 해외이민을 실시했다.

5월 22일 북조선 정부는 성명을 발표하여 이승만 정부의 이민 정책을 비난했다.

5월 24일 『인민일보』는 「인신매매의 범죄행위를 규탄한다譴責販賣人口的罪行」라는 논설위원의 글을 발표해 비난했다.

10월 27일 조선최고인민회는 한국 정부에 서한을 보내 미군을 한국에서 철수시키고 평화통일을 실현하자고 호소했다.

10월 29일 『인민일보』는 「미군은 반드시 남조선에서 철수해야 한다美軍必須撤出南朝鮮」라는 사설을 발표하여 북조선 정부의 입장을 지지했다.

1960년 3월 15일 이승만이 대통령 연임을 위해 부당한 수단으로 대통령선거를 조종했다.

3월 18일 『인민일보』는 「하나의 추악한 연극一出醜劇」이라는 논설위원의 글을 발표하고 이승만이 경찰을 동원해서 강제로 선거의 표를 가로챈 행위를 맹렬히 규탄하면서 이승만의 전제통치에 반대하는 화산이 곧 폭발할 것이라고 예언했다.

4월 11일 마산의 시민과 학생들이 이승만 통치에 반대하는 항의 폭풍을 일으켰다.

4월 14일 『인민일보』는 「작은 불티가 들판을 태울 수 있다星火必然燎原」라는 논설위원의 글을 발표하여 마산 인민 봉기를 응원했다.

4월 18일 고려대학교 학생들이 서울 거리로 쏟아져 나와 비정상적인 대통령선거에 항의했다.

4월 19일 한국 각 대도시에서 이승만 정부에 반대하는 4·19혁명이 폭발했다. 이승만은 미증유의 통치 위기에 직면했다.
같은 날, 미 국무원이 성명을 발표하여 이승만에 대해 불만을 표시했다. 미 국무 장관은 이승만이 취한 탄압적 조치는 자유민주국가의 정신에 위배된다고 질책했다.

4월 21일 조선노동당 중앙위원회는 「남조선 인민에게 알리는 글」을 발표하여 단결해서 미군 철수와 이승만 퇴진을 압박하라고 호소함은 물론 남북 각 당파단체가 연석회의를 열어 이 심각한 상황에 대한 대처방안을 토의하자고 제안했다.

4월 25일 『인민일보』는 「남조선 인민이 노호하다南朝人民怒吼了」라는 제목의 사설을 발표하여 이승만을 성토하고 조선노동당이 「남조선 인민에게 알리는 글」에서 제기한 각 항의 주장에 대해 지지했다.

4월 26일 수십만의 서울 시민과 학생들이 항의시위를 열어 국회를 포위하고 이승만의 관저와 자유당 본부를 파괴했다.

4월 27일 이승만이 국회에 사직원을 제출하여 대통령의 대권을 12년간 장악했던 정치 생애를 마무리했다. 이에 따라 국무총리 허정許政이 과도내각을 구성하고 정부 권한을 대행했다.

4월 28일 베이징 60만 각계 군중들이 천안문 광장에서 집회를 열고 이승만을 성토하면서 한국 각계의 투쟁을 지지했다.

4월 29일 『인민일보』는 「영웅적인 남조선 인민에게 경의를 표한다[向英勇的南朝人民致敬]」라는 사설을 발표했다.

5월 1일 한국의 과도내각은 3월 15일 대통령선거의 무효를 선포했다.

5월 28일 이승만은 하와이로 망명했다.

7월 29일 한국 국회의원 총선거가 치러졌다.

8월 8일 한국 국회가 소집되었다.

8월 12일 민주당 지도자 윤보선이 대통령으로 당선되어 제2공화국 시대가 열렸다.

8월 14일 수상 김일성이 해방 15주년 기념대회 연설에서 남북연방제 통일국가 건설을 호소했다.

11월 11일 북조선 정부는 한반도 평화통일에 관한 비망록을 발표했다.

11월 13일 중국 정부는 성명을 발표하여 북조선 정부의 비망록 입장을 지지했다.

11월 20일 조선최고인민회의는 김일성의 남북연방제 통일국가 방안을 통과시켜 남북경제문화교류위원회 설립을 제안했다.

12월 11일 『인민일보』는 「조선평화통일의 새로운 방안을 지지한다[支持朝鮮和平統一的新方向]」라는 사설을 발표하여 북조선 정부의 입장을 지지했다.

1961년 3월 26일 『인민일보』는 「남조선의 새로운 폭풍[南朝鮮的新風暴]」이라는 논설위원의 글을 발표하여 한국의 장면 정부를 반대하는 투쟁에 대해 평론했다.

5월 16일 박정희가 군사정변을 일으켰다.

5월 21일 『인민일보』는 「남조선의 군사쿠데타에 대한 논평[評南朝鮮的軍事政變]」이라는 사설을 발표해 군사정변을 규탄했다.

7월 11일 중·조 양국 정부는 '중·조 우호협력호조조약'을 체결했다.

9월 9일 『인민일보』는 「남조선 반동파의 파시스트 폭행을 저지하자[制止南朝鮮反動派的法西斯暴行]」라는 논설위원의 글을 발표하여 박정희 정권을 규탄했다.

11월 13일 박정희는 워싱턴을 방문하고 대통령 케네디와 일련의 회담을 진행했다.

11월 19일 『인민일보』는 「남조선에 더 큰 재난만을 가져올 뿐이다[只會給南朝鮮帶來更大的災難]」라는 글을 발표하여 미·한 회담을 규탄했다.

1962년 2월 26일 『인민일보』는 「일·한 회담의 음모를 단호히 반대한다[堅決反對日韓會談的陰謀]」라는 논설위원의 글을 발표했다.

5월 18일 『인민일보』는 정치평론가의 글을 발표하여 일·한 회담은 "일본과 조선 인민들의 이익을 팔아먹는 더러운 교역"이라고 밝혔다.

7월 6일 중국 전국인민대표대회 상무위원회는 조선최고인민회의가 미군의 한국 철수와 한반도의 평화통일을 실현하기 위해 세계 각국 의회에 보낸 서한에 관한 지지 결의를 통과시켰다.

12월 13일 북조선 정부는 성명을 발표하여 '일·한 회담'의 중단을 요구하면서 그 어떠한 합의도 완전히 무효라고 선포했다.

12월 16일 『인민일보』는 「미·일 반동파가 결탁해 꾸민 '일·한 회담'의 음모를 분쇄하자[粉碎美日反動派串演日韓會談的陰謀]」라는 논설위원의 글을 발표하여 북조선 정부의 입장을 지지했다.

1963년 6월 25일 중국 베이징의 각계 인민들이 집회를 열고 미군의 남조선에 대한 지속적 강점에 반대하는 북조선 인민의 입장을 지지했다.

12월 1일 유엔의 '조선 문제'에 관한 비합법적인 토론에 반대하는 북조선인민정부의 엄정한 입장과 관련해서 『인민일보』가 글을 발표해 적극적 지지를 표명했다.

12월 15일 중화전국총공회中華全國總工會, 공청단중앙共青團中央, 부녀연합회婦女聯合會 등 단체들이 북조선 해당단체에 전보를 보내 미군이 한국에서 원자폭탄을 사용해 평화적 서민들을 잔혹하게 도살하려는 범죄행위를 강력히 규탄했다.

1964년 3월 27일 중화전국총공회, 공청단중앙, 청년연합회, 학생연합회, 부녀연합회가 각각 북조선 해당단체에 전보를 보내 한반도 남측 인민들의 반미정의투쟁을 굳건히 지지했다.

3월 28일 중·조 우호협회, 평화대회, 아시아·아프리카 연대위원회 등 5개 단체가 북조선 해당단위에 전보를 보내어 한국 민중들의 반미애국투쟁을 지지했다.

1965년 1월 13일 중국 정부는 성명을 발표하여 미국이 한국군을 남부 베트남 침략 전쟁에 끌어들이는 것에 대해 규탄했다.

2월 20일 일·한 양국이 '일·한 기본조약'에 가조인했다.

2월 27일 중국 외교부는 성명을 발표하여 '일·한 회담'과 '일·한 기본조약'에 반대하는 북조선 정부의 엄정한 입장과 정의투쟁을 지지했다.

4월 17일 한국의 청년 학생과 인민이 주도한 '일·한 회담'을 반대하는 반미애국투쟁의 고조와 관련하여 『인민일보』가 글을 발표해 분석하고 지지했다.

6월 22일 '일·한 기본조약'이 정식 체결되었다.

6월 25일 『인민일보』는 「일·한 기본조약은 반미의 맹렬한 불길에 잿더미가 될 것이다[日韓基本條約將在反美烈火中化爲灰燼]」라는 제목의 사설을 발표했다.

6월 26일 중국 정부는 일본 정부와 박정희 정부 간에 체결한 '일·한 기본조약'을 결코 인정하지 않을 것이라고 성명했다.

9월 28일 중국 외교부는 유엔총회가 재차 '조선 문제'를 비합법적으로 토론하고자 하는 데 대한 북조선 외무성의 규탄을 지지하는 성명을 발표했다.

11월 18일 중국의 각 인민단체들은 '일·한 회담'에 반대하는 공동성명을 발표했다.

12월 24일 『인민일보』는 「일·한 조약은 한 장의 파지[日韓條約是一張廢紙]」라는 사설을 발표했다.

1966년 3월 11일 중국 외교부는 북조선과 베트남을 지지하는 엄정한 성명과 박정희의 베트남 증병을 규탄하는 성명을 발표했다.

4월 19일 한국 국민의 4·19혁명 6주년을 기념하여 『인민일보』는 「희생을 무릅쓰고 용감히 앞으로 나아가 더욱더 분발하자[前赴後繼再接再厲]」라는 사설을 발표했다.

1967년 1월 9일 베트남을 침략한 미군 총병력이 47만 3,000명에 달하여 조선전쟁 시 투입한 병력을 초과했다.

1969년 3월 2일 중·소 변방부대가 전바오도珍寶島(Damanskii Island—소련명)에서 격렬하게 교전했다.

7월 25일 닉슨은 괌Guam에서 닉슨주의를 발표했다.

1970년 1월 20일 중·미 대사 회담이 중단된 지 2년 만에 바르샤바에서 재개되었다.

7월 26일 『인민일보』는 「미·일 반동파의 조선 침략을 다그치는 심각한 절차[美日反動派加緊侵略朝鮮的嚴重步驟]」라는 논설위원의 글을 발표하여 일·한 장관급 회의를 규탄했다.

12월 3일 조선인민군 비행기 한 대가 고공 비행훈련 중에 항로를 벗어나 군사분계선 이남 지역에 긴급 착륙했다. 미국과 박정희 정부는 이 비행기를 강제로 억류했다.

1971년 1월 27일 『인민일보』는 글을 발표하여 한국의 북조선 비행기 억류와 관련하여 "미국과 박정희 집단의 비열한 음모"라고 엄정히 지적했다.

7월 9일 미국 대통령 국가안보담당 보좌관 키신저Kissinger가 비밀리에 중국을 방문했다.

8월 3일 『인민일보』는 논설위원의 글을 발표하여 "남조선에 눌러앉은 미국 침략자는 철수하지 않으면 안 된다"라고 지적했다.

8월 12일 한국은 남북적십자회담을 갖자고 제의했다.

8월 14일 북조선은 남북적십자회담에 찬성했다.

9월 20일 남북적십자회는 판문점에서 예비실무회의를 가졌다.

10월 20일 『인민일보』는 박정희 정부에 반대하는 한국 대학생들의 투쟁을 성원하는 글을 발표했다.

10월 25일 중국은 유엔에서의 합법적인 의석을 회복했다.

12월 6일 박정희는 '국가 비상사태'를 선포했다.

12월 9일 『인민일보』는 「헛된 발악[徒勞的掙扎]」이라는 논설위원의 글을 발표하여 박정희가 선포한 '비상사태'를 규탄했다.

1972년 2월 21일 닉슨이 중국을 방문했다. 중국, 미국, 소련의 전략적 삼각관계가 형성되기 시작했다.

3월 21일 중국은 한국 정부의 '북반부 남침 위협론'을 겨누어 강력히 비난했다. 『인민일보』는 "남조선 괴뢰집단의 비열한 음모는 반드시 실패할 것"이라고 지적했다.

5월 2일 한국중앙정보부장 이후락李厚洛이 비밀리에 평양을 방문하여 김일성, 김영주金英柱 등 북조선 지도자들과 회담했다.

5월 29일 북조선 제2부수상 박성철朴成哲이 비밀리에 서울을 방문하여 박정희, 이후락 등과 회담했다.

7월 4일 한반도 남북 양측은 평화통일 실현에 관한 '공동성명'을 발표하고 자주통일, 평화통일, 민족대단결 등 3원칙을 확립했다.

1973년 6월 23일 박정희는 '평화통일을 쟁취하기 위한 대외 정책 성명'을 발표하여 남북 유엔 동시 가입을 주장했다. 김일성은 남북이 고려연방공화국을 결성하여 하나의 국가로 유엔에 가입하자고 주장했다.

7월 4일 신화통신사 기자는 「조선 남북이 '공동성명'을 발표한 뒤 1년[朝鮮南北聯合聲明發表的一年間]」이라는 논평을 발표하여 북측의 입장을 지지했다.

11월 14일 중국 대표 황화는 제28차 유엔총회 제1위원회회의에서 조선 문제에 관해 발언했다.

1974년 1월 8일 박정희는 긴급조치 제1, 2호를 선포하고 언론을 억압했다.

2월 4일 중국 외교부 대변인은 일·한 정부가 '일·한 대륙붕공동개발협정'을 체결한 것과 관련해 성명을 발표하고 이것은 중국의 주권을 침범하는 행위라고 지적했다.

5월 12일 한국 어선이 동중국해 공해상에서 어로작업을 하던 중국 어선을 잇달아 습격해 난동을 부리자 중국의 해당부문에서 강력히 항의했다.

6월 14일 『인민일보』는 「남조선 인민의 애국정의투쟁이 반드시 승리할 것이다[南朝鮮人民的愛國正義鬪爭必勝]」이라는 논설위원의 글을 발표하여 박정희 정부의 학생과 민주 인사에 대한 탄압을 규탄했다.

1975년 4월 18일 김일성이 중국을 방문했다. 중·조 양측은 공동성명을 발표해 중국이 북조선의 자주평화통일 주장을 지지한다고 선포했다.

11월 2일 유엔총회 제1위원회는 중국 등 43개국이 제시한 조선 문제에 관한 결의 초안을 통과시켰다. 『인민일보』는 논설위원의 글을 발표하여 "이것이 조선 문제를 해결하는 합리적인 주장"이라고 밝혔다.

1976년 3월 11일 박정희 정권은 김대중 등의 민주 인사를 체포했다.

3월 23일 『인민일보』는 신화통신사 기사의 「박정희 집단은 괴멸의 운명을 벗어나지 못할 것이다[朴正熙集團逃不脫覆滅命運]」라는 글을 발표했다.

6월 11일 한국 어선이 중국의 해상금지구역과 영해를 침범한 사건과 관련하여 중국의 해당부문은 한국 당국에 엄정히 경고했다.

1977년 6월 13일 중국 외교부는 일본 정부가 '일·한 대륙붕공동개발협정'을 일본국회에서 비준 강행한 사안과 관련해서 성명을 발표했다.

1978년 2월 6일 『인민일보』는 「조선의 자주평화통일사업은 반드시 승리할 것이다[朝鮮自主和平統一事業一定勝利]」라는 사설을 발표하여 한반도 통일에 대한 지지를 재천명했다.

3월 11일 미국과 박정희가 실시한 '미 · 한 합동군사훈련'을 겨냥하여 『인민일보』는 「노골적인 전쟁도발[露骨的戰爭挑釁]」이라는 국제 단평을 발표하여 규탄했다.

6월 26일 중국 외교부는 일본과 한국이 '일 · 한 대륙붕공동개발협정' 비준서를 서로 교환한 것과 관련해서 성명을 발표하고 강력히 항의했다.

9월 14일 소련 당국과 박정희의 연합에 대해 『인민일보』는 「기회주의자의 낯짝[兩面派嘴臉]」이라는 국제 단평을 발표해 폭로했다.

11월 7일 미 · 한 군대가 연합사령부를 서울에 설립했다.

12월 15일 중 · 미 정부가 동시에 성명을 발표하고 양국이 1979년 1월에 정식으로 수교한다고 선포했다.

12월 18일 중국공산당은 제11기 3차 전체회의를 소집하고 경제건설을 당의 중심 사업으로 설정하여 개혁개방의 서막을 열었다.

1979년 1월 23일 북조선 조국통일민주주의전선 중앙위원회는 성명을 발표하고 조국의 평화통일과 관련한 4가지 제안을 제시했다.

1월 27일 중화전국총공회, 청년연합, 부녀연합회 등 단체가 평화통일에 관한 북조선의 새로운 제안을 지지했다.

2월 2일 조선중앙통신사가 한국에 대한 공격적인 선전을 중단한다고 선포했다.

2월 17일 조선의 남북 측 연락대표가 첫 회동을 갖고 협의를 달성했다. 3월 7일, 3월 14일, 4월 10일에 걸쳐 연이어 제2 · 3 · 4차 회담을 진행했다.

3월 1일 한국 민주 인사들이 '민주주의와 민족통일을 위한 국민연합'(국민연합)을 결성했다.

같은 날, 미국과 한국의 군대가 연합군사훈련을 실시했다.

4월 16일 북조선 조국평화통일위원회는 한국이 군사분계선을 따라 높이 담장을 쌓는 행위를 비난했다.

5월 21일 조국평화통일위원회가 공식 성명을 발표하여 한국 정부의 민주 인사 탄압을 규탄했다.

6월 18일 화궈펑華國鋒이 제5기 2차 전국인민대표대회의 '정부사업보고'에서 중국 정부와 중국 인민은 남북대화와 평화통일을 지지한다고 밝혔다.

10월 26일 한국 대통령 박정희가 피살되었다.

12월 6일 최규하가 한국 대통령으로 당선되었다.

1980년 1월 31일 남북이 총리회담을 갖기로 했다. 북조선 총리 이종옥李鍾玉이 한국 총리 신현확申鉉碻에게 서한을 보내 찬성의사를 표시했다.

2월 6일 남북 대표가 판문점에서 첫 접촉을 갖고 총리 회동을 준비했다. 29일 양측은 6가지 사항에 합의를 달성했다.

5월 7일 중국 정부는 성명을 발표하여 '일·한 대륙붕공동개발협정'을 비난했다.

5월 18일 광주민주화운동이 일어나 21일 학생과 시민이 전 시가지를 점거했다. 27일 정부에서 군대를 투입하여 광주를 피로 물들였다.

5월 21일 『인민일보』는 「남조선 인민은 굴복하지 않는다[南朝鮮人民不可征服]」라는 논설위원의 글을 발표했다.

7월 27일 『인민일보』는 「독재와 반독재 세력은 양립할 수 없다[獨裁和反獨裁的力量勢不兩立]」라는 논설위원의 글을 발표하여 전두환 군사정권이 김대중과 기타 민주 인사들을 박해하는 것을 규탄했다.

8월 27일 전두환이 한국 대통령으로 당선되었다.

9월 17일 전두환 정부가 김대중에게 사형을 선고했다. 중국 정부는 이에 항의하고 김대중의 석방을 요구했다.

1981년 1월 23일 전두환 정부는 김대중에게 내려진 사형선고를 무기형으로 변경했다.

1월 25일 『인민일보』는 「김대중에 대한 불법적인 판결을 철회해야 한다[必須撤銷對金大中的非法判決]」라는 단평을 발표했다

1982년 7월 26일 중국 외교부 제1아시아국장 샤오샹첸肖向前이 주중 일본 공사 와타나베 코지渡邊幸治를 불러 일본 문부성의 교과서 심의와 역사 왜곡 문제와 관련하여 문제를 제기했다.

8월 3일 한국 외무 장관 이범석李範錫이 일본 문부성의 교과서 심의와 역사 왜곡 문제와 관련하여 주한 일본 대사 마에다 도시카즈前田利一에게 항의문서를 제출했다.

8월 5일 중국 외교부 부부장 우쉐첸吳學謙이 주중 일본 대사 시카토리 야스에鹿取泰衛를 불러 문부성의 잘못을 시정하라고 요구했다.

8월 6일 한국 외무부가 성명을 통해 교과서 문제를 해명하기 위해 방한하는 일본 관리의 접견을 거절한다고 발표했다.

8월 9일 1,000여 명의 한국 민중들이 집회를 열어 일본 문부성의 역사 왜곡에 항의했다.

8월 10일 샤오샹첸 등이 베이징 주재 일본 정부 관리와 회담을 갖고 중

국 정부의 입장을 재확인했다.

8월 12일 일본 외상 사쿠라우치 요시오櫻內義雄가 교과서의 착오를 정정해야 한다는 의사를 표시했다.

8월 15일 『인민일보』는 「지난 일을 잊지 말고 뒷일의 교훈으로 삼자前事不忘, 後事之師」라는 장편의 사설을 발표하여 일본 문부성을 규탄했다.

같은 날, 한국 대통령 전두환이 독립기념일 연설을 발표하여 일본 군국주의의 한국 침략범죄행위에 대해 통렬히 비난하고 남북회담을 통해 통일을 실현하자고 호소했다. 1만 명의 서울 민중들이 시위행진을 벌이면서 문부성의 역사 왜곡에 대해 항의했다.

8월 26일 일본 내각 관방장관 미야자와 기이치宮澤喜一와 문부성 대신 오가와 헤이지小川平二가 담화를 통해 비판을 받아들여 교과서의 착오를 시정하겠다고 발표했다.

8월 27일 한국 정부가 성명을 발표하여 미야자와 기이치의 담화 내용에 만족을 표시했다.

9월 26일 일본의 총리 스즈키 젠코가 중국 정부와 가진 정상회담에서 교과서의 잘못된 표현을 조속히 시정하겠다고 약속했고 이에 중국 정부는 환영의 뜻을 표했다.

1983년 2월 7일 중국 외교부 대변인이 한 · 미 '팀스피리트' 대규모 군사훈련을 규탄했다.

5월 5일 중국 외교부 대변인이 중국 민항 296호 여객기가 무장폭도에 의해 한국으로 납치된 사건과 관련해 담화를 발표하고 한국에게 항공기, 승무원, 전체 승객들을 즉각 송환하라고 요구했다.

5월 6일 한국 정부 대변인이 담화를 발표하여 한국 정부는 중 · 한 간의 직접 협상을 제안한다고 선포했다.

5월 7일 중국 민항국장 선투가 여객기 피랍사건 처리를 위해 서울을 방문했다. 한국 외무부 제1차관보 공로명孔魯明 등이 공항에 나가 영접하고 양측이 회담을 진행했다.

5월 8일 중 · 한 양측은 여객기 피랍사건과 관련해 4가지 합의를 달성했다.

5월 10일 중 · 한 양측이 여객기 피랍사건 합의 비망록에 관한 교환식을 갖고 국장 선투는 승무원, 탑승객과 함께 귀국했다.

5월 18일 피랍되었던 296호 여객기가 서울에서 출발하여 베이징으로 귀환했다.

8월 18일 서울 형사지방법원이 여객기 납치범에 대해 4~6년형을 선고했다. 중국 관련기관은 여객기 납치범을 엄벌에 처하지 않은 데 대해 불만을 표시했다.

9월 1일 소련 공군이 사할린 상공을 날아가는 한국 여객기를 격추했다.

9월 3일 중국 외교부 대변인은 소련이 한국 여객기를 격추한 사건에 대해 놀라움과 유감을 표시했다.

9월 16일 중국 외교부 대변인은 기자들의 질문에 답변하면서 소련이 한국 여객기를 격추한 사건을 조사하는 데 찬성을 표함은 물론 조난자 가족들이 보상을 요구할 권리가 있다고 밝혔다.

1984년 1월 11일 중국 외교부 대변인은 기자들의 질문에 답변하면서 조선 평화통일에 대한 중국의 지지를 재천명했다.

11월 15일 조선 남북은 판문점에서 첫 차관급 경제회담을 열고 경제 협력 문제를 상의했다.

1985년 4월 11일 중국은 북조선이 제기한 국회회담에 관한 제안을 지지했다.

6월 25일 『인민일보』는 「한반도의 정세를 안정시키는 근본적인 절차穩定朝鮮半島局勢的根本途徑」라는 논설위원의 글을 발표하여 한반도 평화통일의 발전 과정을 지지했다. 그해부터 한국 기업가들이 중국에 직접투자해 공장을 건설했다.

1986년 1월 18일 중국 외교부 대변인이 미국과 한국이 군사훈련을 계속 진행하는 데 대해 유감을 표시했다.

9월 6일 평화국제회의가 소집되어 중국 대표단이 한반도 남북대화가 진전되기를 희망하는 입장을 밝혔다.

1987년 1월 12일 중국 외교부 대변인이 조선의 남북 고위급 정치군사회담을 제안했다.

4월 30일 중국 외교부 대변인이 '중·한 외장회담'은 완전한 날조된 것이라고 성명했다.

8월 5일 노태우가 한국 집권당 총재로 당선되었다.

1988년 2월 25일 노태우가 대통령 취임선서를 했다.

9월 11일 제24회 서울올림픽대회에 참가하는 중국 선수단 중 첫번째 선수단이 서울에 도착했다.

11월 11일 중국 외교부 대변인이 한반도의 포괄적인 평화 방안을 환영한다고 밝혔다.

1989년	4월 20일	중국 외교부 대변인이 방북인사 문익환文益煥에 대한 한국 당국의 구속은 조선 남북대화에 악영향을 끼칠 것이라고 지적했다.
1990년	9월 6일	중국 외교부 대변인이 조선 남북총리 고위급 회담을 환영한다고 밝혔다.
	9월 22일	베이징아시안게임이 성황리에 개막되어 한국 선수와 그 응원단이 열렬한 환영을 받았다.
	10월 21일	중·한 양국은 상호 상업 대표처 설립에 관한 협의를 체결했다.
1991년	4월 9일	중국국제상회中國國際商會가 서울 주재 대표처를 열었다.
	5월 3일	총리 리펑이 북조선을 방문하고 6일 귀국했다.
	5월 28일	북조선이 정식으로 유엔 가입을 신청했다. 같은 날, 중국국제상회가 서울에서 처음으로 개최한 무역전람회가 원만하게 마무리되었다.
	8월 7일	한국이 정식으로 유엔 가입을 신청했다.
	9월 13일	외교부 대변인이 담화를 발표하여 한국이 황해에서 석유를 채취하는 것은 중국의 주권 침범이라고 지적했다.
	9월 17일	조선 남북 양측은 제46차 유엔총회 안전보장이사회의 추천으로 유엔 회원국이 되었다.
	11월 9일	외교부 대변인이 중국은 한반도 비핵지대 건립을 지지한다고 발표했다.
	11월 12일	한국 대통령 노태우가 아시아태평양경제협력회의에 참석 중인 중국 외교부장 첸치천錢其琛, 대외경제무역부장 리란칭李嵐淸 등의 고위급 관리와 회견했다.
	11월 14일	외교부장 첸치천과 외무 장관 이상옥이 회담을 갖고 접촉을 확대하자는 데 동의했다.
	12월 31일	중국과 한국이 '중국국제상회와 대한무역진흥공사의 무역에 관한 협정'을 체결했다.
1992년	1월 8일	외교부 대변인이 담화를 발표하고 남한과 북한 쌍방이 한반도 비핵화지대 실현을 위해 기울인 노력을 환영했다.
	4월 13일	총리 리펑이 아시아태평양경제사회위원회 회의 참석차 베이징을 방문한 한국 외무 장관 이상옥을 회견했다.
	5월 3일	'중·한 투자보호협정'을 베이징에서 체결했다.
	5월 5일	한국상품전람회가 베이징에서 열렸다.
	5월 27일	중국무역전람회가 서울에서 열렸다.

8월 23일 한국 외무 장관 이상옥이 중국을 방문했다.

8월 24일 중·한 양국 외장이 베이징에서 수교 공동성명에 서명하고 그 날로부터 상호 대사급 외교 관계를 수립하기로 결정했다.
같은 날, 한국 대통령 노태우가 특별성명을 발표해 한·중 수교를 축하했다.
총리 리펑이 이상옥을 회견했다. 외교부 대변인이 기자회견을 갖고 대통령 노태우가 가까운 시기에 중국을 방문할 것이라고 발표했다.

8월 26일 서울예술단이 중국을 방문해 공연했다.

8월 27일 주한 중국 대사관의 국기 게양식이 거행되었다. 같은 날, 주중 한국 대사관도 국기 게양식을 가졌다.

8월 29일 산둥경제무역전시회가 서울에서 개막되었다.

9월 1일 한국이 자국 교과서의 중국과 관련된 부분을 전면 수정하여 '적대 관계'를 '선린우호 관계'로 고치기로 결정했다.

9월 11일 부총리 주룽지朱鎔基가 중국을 방문한 한국 포항종합제철주식회사 대표단을 회견했다.

9월 15일 주한 초대 중국 대사 장팅옌이 대통령 노태우에게 국서를 전달했다. 중국 국가주석 양상쿤도 주중 한국 대사 노재원이 전달하는 국서를 접수했다.

9월 16일 조선 남북이 제8차 총리회담에서 '남북화해공동위원회 조직에 관한 합의서'를 체결하고 '남북 화해와 상호 불가침 및 교류협력에 관한 협의서'가 정식으로 발효된다고 선포했다.

9월 27일 한국 대통령 노태우가 중국을 방문했다.

9월 28일 중국 국가주석 양상쿤이 환영식을 통해 대통령 노태우를 뜨겁게 맞았다.
같은 날, 노 대통령이 중·한 경제무역계 인사 오찬회 연설에서 한·중 협력 전망이 아주 밝다고 역설했다.

9월 29일 중공중앙 총서기 장쩌민, 총리 리펑이 대통령 노태우를 회견했다.
같은 날, 중·한 공동공보가 발표되었다.

9월 29일 중·한 민간경제협의회가 베이징에서 설립되었다.

10월 23일 삼성전자 베이징 사무처가 설립되었다.

10월 31일 베이징과 서울 간 화상회의 시스템이 개통되었다.

11월 1일 중국과 한국은 4가지 협정을 체결했다. 노태우 일행이 중국 방문을 마치고 상하이를 떠나 귀국했다.

11월 3일 리루이환李瑞環이 한국 손님을 회견했다.

11월 4일 톈진시 곡예단이 한국을 방문해 공연했다.

11월 29일 대통령 노태우가 국무위원 겸 국가과학기술위원회 주임 쑹젠宋健을 회견했다.

12월 2일 한국 예술가 고봉신高鳳晨이 중국을 방문해 공연했다.

12월 3일 전국인민대표회의 상무위원회 부위원장 천무화陳慕華가 한국여성대표단을 회견하고 연회를 베풀어 환영했다.

12월 6일 부총리 우쉐첸이 한국여성대표단을 회견했다.

1993년 1월 11일 중국중앙교향악단이 처음으로 한국을 방문해 공연했다.

1월 12일 진로 배 SBS세계바둑 최강전이 서울에서 개최되어 중 · 일 · 한 3국의 바둑경기가 펼쳐졌다.

2월 5일 우쉐첸이 한국국제교류재단 이사장 손주환孫柱煥 일행을 회견했다.

중 · 한 첫 미술교류전이 서울에서 열렸다.

2월 12일 한국 국립현대무용단이 베이징에서 처음으로 중국 방문 공연을 가졌다.

2월 18일 중국 물자부 대표단이 한국을 방문했다.

2월 21일 중국 화학공업부 대표단이 한국을 방문했다.

2월 24일 베이징시 투자촉진단이 투자 유치를 위해 한국을 방문했다.

3월 5일 중국 창강長江유역 투자상담회 대표단이 한국을 방문했다.

4월 18일 인민정치협상회의 전국위 부주석 왕광잉王光英이 한국미래경제연구원 중국 방문단을 회견했다.

4월 21일 태국 방콕에서 외교부장 첸치천이 한국 외무 장관 한승주를 회견했다.

5월 12일 한국 LG의 '광케이블기술교류회'가 베이징에서 폐막되었다.

5월 18일 룽바오자이榮寶齋 서화 진품전珍品展이 서울에서 개막되었다.

5월 20일 중국경제무역전시회가 서울에서 개막되었다.

5월 22일 중 · 한 칭다오와 인천 간 해상항로가 개통되었다.

5월 26일 부총리 겸 외교부장 첸치천이 한국을 방문했다.

5월 27일 대통령 김영삼이 첸치천을 회견했다.

6월 2일 중국 산시성 상품전시회가 서울에서 개최되었다.

6월 7일 톈지윈田紀雲이 톈진에서 민간항공 편으로 한국에 도착하여 공식적인 친선 방문을 진행했다.

6월 9일 중국 민족예술단이 한국에서 첫 공연을 가졌다.

6월 21일 중국 도서문화전이 서울에서 개최되었다.

6월 25일 친지웨이秦基偉가 한국 국회 국방위원회 대표단을 회견했다.

6월 29일 중·한 우호협회가 베이징에 설립되었다.

7월 4일 중·한 공간기술협력의 양해 각서가 체결되었다.

7월 7일 부총리 쩌우자화鄒家華가 한국 대우그룹 김우중과 그 일행을 회견했다.

7월 25일 리란칭이 한국 체신부 장관 윤동윤尹東潤 일행을 회견했다.

7월 26일 중·한 위성지구국이 개통되었다.

8월 11일 중·한 플랜트협력 세미나가 베이징에서 열렸다.

8월 18일 쩌우자화가 한국 건설부 장관 고병우高炳佑 일행을 회견했다.

8월 20일 차오스喬石가 한국 국회의원을 회견했다.
중국 상품전람회가 서울에서 개막되었다.

8월 21일 리루이환이 한국 국회의원을 회견했다.

8월 23일 중·한 수교 1주년을 맞아 김영삼이 담화를 발표하여 한·중 관계를 발전시키고 경제무역 협력을 촉진시킬 것을 강조했다.

8월 25일 중·한 경제발전협회가 창립되었다.

8월 31일 우세첸이 한국 세종연구소 중국 방문단 일행을 회견했다.

9월 3일 중·한 쌍무경제협력회담이 베이징에서 열렸다.

9월 6일 한국 부산 주재 중국 총영사관이 개관했다.

9월 7일 한국 국립예술단이 중국을 방문해 베이징, 톈진, 상하이에서 대형 음악무용 야회夜會를 개최했다.

10월 12일 베이징경제무역전시회가 서울에서 개최되었다.

10월 23일 한국 제일은행이 베이징에 대표처를 설치했다.

10월 24일 베이징과 서울이 우호도시 결연을 맺었다.

10월 27일 한국 외무 장관 한승주가 중국을 방문했다.

10월 29일 중국은행과 한국 수출입은행이 협력 협정을 체결했다.

11월 8일 중국 장애인예술단이 서울 공연 후 뜨거운 환영을 받았다.

11월 19일 장쩌민이 미국 시애틀에서 대통령 김영삼을 회견했다.

11월 23일 중·한 아동 미술묘전이 베이징 중국아동활동센터에서 개최되었다.

12월 5일 부총리 리란칭이 한국 기업계 인사들을 회견했다.

12월 6일 중국 톈진수출상품전이 서울에서 개최되었다.

1994년 1월 6일 전국인민대표대회 위원장 차오스가 한국 국회의장 이만섭을 회견했다.

1월 20일 중국은행 서울지점이 개점했다.

2월 17일 한·중 청년기업가협회가 서울에서 설립되었다.

3월 18일 한국 전 국무총리 김종필이 중공중앙 대외연락부 대표단을 회견했다.

3월 26일 한국 대통령 김영삼이 중국을 공식 방문했다.

3월 29일 주석 장쩌민과 대통령 김영삼이 회담했다. 양측은 중·한 관계와 한반도 정세에 대해 의견을 교환했다.
중국과 한국이 베이징에서 두 협력문서, 즉 '소득세 이중과세 탈피와 탈세 방지에 관한 협정'과 '정부문화협력협정'을 체결했다.
중국공상은행 서울 대표처가 설립되었다.

4월 5일 중·한 아동미술작품전이 서울에서 개막되었다.

4월 10일 전국인민정치협상회의 부주석 우쉐첸이 한국을 방문했다.

4월 16일 중·한 수교 이후 처음으로 중국 베이징에서 한국 영화 주간이 개최되었다.

6월 9일 대통령 김영삼이 중국 대외경제무역부장 우이吳儀를 회견했다.
중·한 무역상담회가 같은 날 서울에서 개최되었다.

6월 10일 첸치천이 한국 외무 장관 한승주를 회견하면서 2가지 기본 목표를 수립해 한반도의 비핵화를 추진해야 한다고 지적했다.

6월 30일 중·한 미래포럼이 베이징에서 개최되었다.

7월 15일 중·한 기술수출교역회가 한국에서 개막되었다.

7월 17일 삼성전자가 베이징 서비스센터를 개업했다.

7월 29일 중국과 한국이 서울에서 항공협정을 가조인했다.

8월 21일 진秦나라 병마용兵馬俑이 한국에서 전시되었다.

8월 24일 신화통신사는 중·한 직접무역액이 증가하여 당년 120억 달러를 돌파할 전망이라고 보도했다.

8월 27일 중국 국가개발은행과 한국 산업은행이 업무 협력을 강화했다.

9월 9일 한국 국립현대무용단이 베이징에서 공연을 가졌다.

9월 25일 전국인민대표대회 상무위원회 부위원장 톈지윈이 한국 국회 사무총장 이종률李鍾律 일행을 회견했다. 한국 총리가 중국 교육 대표단을 회견했다.

9월 27일 서울에서 한·중 자수刺繡 교류전이 개최되었다.

10월 1일 총리 리펑이 한·중 우호협회 대표단을 회견했다.

10월 31일 총리 리펑이 서울에 도착하여 열렬한 환영을 받았다. 리 총리는 대통령 김영삼을 회견하고 쌍무회담을 진행했다.

11월 4일 총리 리펑이 기자회견을 열어 한국 방문 성과, 중·한 관계, 한반도 정세 등과 관련한 기자들의 질문에 응답했다.

11월 9일 리펑이 한국무역협회 대표단을 회견하고 양국 기업계가 왕래를 늘리고 협조 분야를 확대할 것을 희망했다.

11월 15일 중화전국총공회中華全國總工會 주석 웨이젠싱尉健行이 한국노동조합총연맹 대표단을 회견하고 연회를 베풀어 환대했다.

12월 14일 중국과 한국이 처음으로 정부차관합의분을 체결했다.

12월 15일 중국과 한국이 핵안전협력협의서를 체결했다.

1995년 2월 6일 한국 기업 삼성이 연구보고서를 통해 대중국 투자 강화가 바람직한 대책이라고 강조했다.

2월 13일 중국여성대표단이 한국 우호 방문을 진행했다.

2월 17일 한국과 중국이 황하 오염에 대해 공조하기로 했다.

2월 20일 한국 국방부 정책실장 조성태趙成台 일행이 중국을 방문했다.

2월 25일 총리 리펑이 한국 기자와의 인터뷰에서 한·중 관계 발전 문제와 관련해 한반도에 대한 중국의 일관된 정책을 천명했다.

3월 29일 한국 민주자유당의 초청으로 중국공산당 대표단이 한국 우호 방문을 진행했다,

4월 7일 한국 현대미술전이 베이징 중국미술관에서 성황리에 개막했다.

4월 12일 중국전국공상업연합회中國全國工商業聯合會 주석 징수핑經叔平이 한국 기업 삼성 대표단을 회견하고 연회를 베풀어 환대했다.

4월 16일 최고인민검찰원 검찰장 장쓰칭張思卿이 한국 검찰 대표단을 회견하고 연회를 베풀어 환대했다.

4월 17일 전국인민대표대회 위원장 차오스가 서울에 도착하여 공식적인 친선 방문을 진행했다.

4월 25일 중·한 해저광케이블 공사가 시작되었다.

5월 2일 한·중 친선협회가 한국에서 창립기념식을 거행했다.

5월 9일 총리 리펑의 초청으로 한국 총리 이홍구李洪九가 공식적으로 중국을 방문했다.

6월 14일 중·한 산업협력위원회 제2차 회의가 베이징에서 열렸다.

7월 20일 리란칭이 한국 교육부 장관 박영식朴煐植과 그 일행을 회견했다.

8월 7일 중·한 농업교육과 지역개발 학술회의가 개최되었다.

8월 22일 제4차 중·한 포럼회의가 베이징에서 개최되었다.

8월 29일 장쩌민이 한국 기업 대우 회장 김우중을 회견했다.

9월 6일 총리 리펑과 부인 주린朱琳이 베이징에서 열린 세계여성대회에 참석한 한국 대통령 김영삼, 부인 손명순孫明順을 회견하면서 세계여성대회가 각국 여성들 간의 상호 이해와 친선을 강화했다고 평가했다.

9월 20일 한국 국무총리 이홍구가 중국 인민대외우호협회장 치화이위안齊懷遠 일행을 회견했다.

10월 5일 서울문화무역관이 베이징에 개관했다.

10월 19일 한국 기업 대우가 베이징에 상설전시장을 설치했다.

한국전통문화국제학술세미나가 베이징대학에서 개최되었다.

10월 26일 리루이환, 차오스가 중국을 방문한 김대중을 회견했다.

11월 13일 대통령 김영삼의 초청으로 주석 장쩌민이 서울에 도착하여 국빈 방문 일정에 들어갔다. 5일간의 방문기간 중에 양측은 정상회담을 진행했다. 장쩌민은 총리 이홍구, 의장 황낙주와 회동을 가지는 것은 물론 한국 경제단체 오찬회에 참석하고 삼성전자반도체공장 등을 참관했다. 그는 연설에서 '평등 호혜, 우세 보완, 성심 협력, 공동 발전' 등 중·한 관계 발전 4원칙을 제시했다.

참고문헌

1. 단행본

『國際條約集』, 世界知識出版社, 1959 · 1960 · 1961.

『對日和約問題史料』, 人民出版社, 1951.

金文 · 古實 主編, 『大韓民國: 中國的新視野』, 中國物資出版社, 1993.

金泥錫 · 朴峻卿, 『韓國經濟高速增長因素』, 新華出版社, 1981.

金九, 『白凡逸志』, 民主與建設出版社, 1994.

金日成, 『金日成著作選集』(第1卷), 外國文學出版社, 1970.

金俊燁, 『我的長征』, 東方出版社, 1995.

洞富雄, 『朝鮮戰爭』, 新人物往來社 1973.

杜魯門, 『杜魯門回憶錄』(第1 · 2卷), 世界知識出版社, 1964 · 1965.

藤誠和美, 『朝鮮分割: 日本與美國』, 法律文化社, 1992.

毛澤東, 『毛澤東選集』(合訂本), 人民出版社, 1968.

北京大學韓國學硏究中心 編, 『韓國學論文集』(第2 · 5卷), 北京大學出版社, 1993 · 1996.

石源華, 『韓國獨立運動與中國』, 上海人民出版社, 1995.

石丸和人 等 著, 『戰後日本外交史』(第2卷), 三省堂, 1983.

信夫淸三郞, 『日本外交史』(下卷), 商務印書館, 1980.

沈志華, 『朝鮮戰爭揭秘』, 天地圖書有限公司, 1995.

揚昭全 · 韓俊光 著, 『中朝關係簡史』, 遼寧人民出版社, 1992.

楊叔進, 『南朝鮮的外貿政策與工業化過程』, 上海三聯書店 1988.

吳相湘, 『第二次中日戰爭史』(上 · 下卷), 綜合月刊社, 1973.

王鈺欣, 『盧泰愚總統傳』, 社會科學文獻出版社, 1992.

劉金質 · 楊淮生 主編, 『中國對朝鮮和韓國政策文件彙編』(第1～5卷), 中國社會科學出版社, 1994.

尹保雲, 『韓國的現代化: 一個儒教國家的道路』, 東方出版社, 1995.

李英 · 王樹和 等, 『揭開戰爭序幕的先鋒: 40軍在朝鮮』, 遼寧人民出版社, 1996.
李華 · 林述 · 張傳杰 等 著, 『征途: 華林憶稿』, 遼寧民族出版社, 1995.
蔣中正, 『中國之命運』(增訂版), 臺北民報印書館, 1945.
朱世良, 『彭德懷在朝鮮戰場』, 遼寧人民出版社, 1996.
周恩來, 『周恩來外交文選』, 中央文獻出版社, 1990.
中共中央文獻研究室 編, 『三中全會以來重要文獻選編』(上卷), 人民出版社, 1982.
J. 哈里迪, B. 仵敏斯, 『朝鮮戰爭: 內戰與干涉』, 岩波書店, 1990.
韓國海外公報館, 『韓國手册』, 三和印刷有限會社, 1992.
解力夫, 『朝鮮戰爭實錄』(上 · 下卷), 世界知識出版社, 1993.
洪一植, 『한국인에게 무엇이 있는가』, 精神世界出版社 1996.
華慶昭, 『從雅爾塔到板門店』, 中國社會科學出版社, 1992.
和田春樹, 『朝鮮戰爭』, 岩波書店, 1995.

2. 일간지 및 정기간행물

『黨的文獻』
『讀者月刊』
『동아일보東亞日報』
『주간매경周刊每經』
『신동아新東亞』
『新華日報』
『人民日報』
『중앙일보中央日報』
『해방일보解放日報』

후기

『중·한관계사』 '현대편' 은 1996년 8월에 완성되었다. 편찬자는 중·한 관계사 연구에 뜻을 둔 베이징대학 동북아시아연구소 연구원들이다. 베이징대학 역사학과 교수 쑹청유宋成有, 칭다오대학 역사학과 강사 장신姜忻, 쓰촨연합대학 문학원 역사학과 강사 왕레이王蕾, 이 밖에도 베이징대학 역사학과에서 석사학위를 전공하는 대학원생 비커중畢可中, 리수훙李淑紅, 린팡林芳, 탕리궈唐利國 등도 참여했다. 그들이 담당한 구체적 부분은 각각 다음과 같다.

쑹청유: 머리말, 제1부, 제2부, 제4부, 맺음말
장신, 비커중, 리수훙: 제3부
장신, 탕리궈, 왕레이: 제5부
왕레이: 제6부
왕레이, 리수훙: 제7부
쑹청유: 주요 연표(1945~1960)
린팡: 주요 연표(1961~1978)
리수훙: 주요 연표(1979~1995)
왕레이: 참고문헌

이 책을 집필하는 데 있어 학계의 기존 연구 성과, 신화통신사 자료, 그리고 주중 한국 대사관 문화공보처와 주홍콩 총영사관에서 제공한 자료들을 참고했다. 출판 과정에서 사회과학문헌출판사의 루샹간陸象淦, 투민주屠敏珠 등 여러 선생님들이 본서의 출판을 위해 노고를 아끼지 않았으며 베이징대학 역사학과 자료실 왕메이슈王美秀, 자오구이잉趙桂英, 서징杜靜 여사님, 그리고 한국의 이종일李鍾一, 조인옥趙仁鈺 등 여러 선생님들도 자료 제공에 전폭적으로 협조해주셨다. 이 자리를 빌려 진심으로 감사드리는 바이다. 그 밖에도 본서의 출판을 위해 후원해준 한국의 대우학술재단에도 삼가 감사의 뜻을 표한다.

편찬자 일동

용어_ 찾아보기

ㄱ
가쓰라·태프트 밀약 47
간수내각 120
간접무역 246, 247
간접운수 246
간접투자 246, 250
강화도조약 197
개혁개방 188, 246
경제개혁 257
경제건설 187
경제기획원 174
경제 대국 199
경제무역 관계 발전 233
경제무역 연계 194
경제문화교류 297
경제 부흥 168
경제안정종합조치 191
경제 입법 179
경제정책자문위원회 167
경제지역화 375
경제특구 187, 242
계명대학교 중국학연구소 238
고려공산당 41
고려대학교 아시아문제연구소 271
고려연방공화국 162
고합 336
공동개발구 115
공동성명 147
공산당 39
공식수교 259
공업생산 연간 증가율 174
공업협력위원회(한·중 산업협력위원회) 335
관세 및 무역에 관한 일반협정(GATT) 327
광산물 254
광운대학교 274
광저우교역회 234
광저우기의 131
광주사건 124, 191
광케이블 첨단과학기술 335
교육과 지역개발 학술회 367
교차승인 300
9·18사변(만주사변) 131
국가긴급안전회의 321
국가보안법 123, 152
국가보위비상대책위원회 124
국가안전보장회의 68
국가재건최고위원회 167
국가재건최고회의 121
국교 단절 312
국교 수립 302
국교 정상화 284
국난 극복을 위한 국공 공동 협력에 관한 선언 35
국립동방어문전문학교 270
국립중앙대학 270
국민교육헌장 179
국민당 39, 63
국민당 제5차 전체 회의 36
국민대학교 중국문제연구소 238
국민총생산 177, 253
국방최고위원회 36
국외기술 도입 179
국제 감독기구 50
국제공산당의 제5종대 67
국제문화교류 376
국제민간경제협의회 239
국제민간항공협약 213
국제민항 규정 225
국제원자력기구(IAEA) 301, 316, 321

국제화 371
국회 영수회담 77
군국주의 198
군국주의 침략 전쟁 199
군비 감축 286
군비경쟁 128
군사 대국화 372
군사분계선 99
군사정권 168
군사쿠데타 121, 124, 166
군사혁명위원회 121
극동국제군사재판 198
금룡 73 162
금성 전역 95
금속완제품 254
금융실명제 356
기계제조공장 333
기아 257
긴급연석회의 77
긴급조치 해제 124
김포 공항 217, 261
김화 공세 94

ㄴ
나진 370
낙동강전선 79
난징 273
남북 고위급 회담 287
남북군사분과위원회 296
남북 관계 개선 286
남북 교류 및 협력분과위원회 296
남북대화 285
남북 분단 47
남북 유엔 동시 가입 290
남북적십자공식회담 155
남북적십자회담 151, 159
남북정치분과위원회 296
남북통일 299
남북 평화통일에 관한 '공동성명' 153
남북핵통제공동위원회 296
남북협상 60
남북협조위원장회의 159
남북협조위원회 제1차 위원장회의 157
남북협조위원회(남북조절위원회) 153
남북협조위원회의 155
남북화해공동위원회 조직에 관한 합의서 315
남북 화해와 상호 불가침 및 교류 협력에 관한 협의서 296, 315
남순강화 256, 296
남중국해 185
남화어업유한공사 234
내란음모 124
냉전 56, 284
논어 267
농림수산물 254
닉슨주의(닉슨 독트린Nixon Doctrine) 140

ㄷ
다롄 362
단국대학교 중국연구소 238
대구대학교 중국문화연구소 238
대국주의(great power chauvinism) 49
대국클럽 196
대기업 256
대기업 육성 179
대륙 외교 148
대외무역 적자 254
대외채무 254
대우 257, 333
대일강화조약 68
대일본제국 198
대일선전성명서 48
대일 선전포고 48
대장정 263
대중국 투자 250, 336
대한광복군 정부 40
대한국민당 72
대한국민의회 41
대한무역투자진흥공사 238, 247, 249
대한민국 성립 61
대한민국임시정부 32, 41, 49
대한민국임시정부 주중 대표단 54
대한민국 침략 고소안 88
대한상공회의소 235
대한상사중재원 258
대한인동지회 45
대한적십자사 151
대한체육회 260
대한투자무역진흥공사 333

대한해협 185
댜오위타이국빈관 291, 307
도쿄 그랜드팔레스 호텔 122
독립운동 지도자 41
동남아집단국방사무조약 117
동방회의 197
동북아시아 국제구도 374
동북항일연군 교도여단(소련 극동군 보병 제 88여단) 32
동아시아 방위권 69
동아시아의 새로운 삼각구도 312
동아시아지역 경제 협력 발전 246
동제사 40
동중국해 114, 185
동중국해 대륙붕 개발 113
두 가지 중국의 운명 37

ㄹ

랴오닝대학 274, 347
랴오닝민족출판사 277
랴오닝반도 268
랴오닝성 247, 255
러 · 일전쟁 196
로동 1호 미사일 318
루트 · 다카히라 협정 47
류큐 열도 52

ㅁ

마관조약 47
맹자 267
메이지유신 196
모스크바 3개국 외무장관회의 55
무력 남진 70
무역 수출 174
무역적자 165
무역총액 247
무장 충돌 97
문부성 199
문예교류 351
문화교류 193, 274
문화대혁명 128
문화대혁명 4인방 180
문화유대 267
문화학술교류기구 344
미 · 소 공동위원회 56
미 · 소 군정 47
미 · 소 대치 56
미 · 소 협력 결렬 59
미 제국주의 81
미 · 한 경제원조협정 129
미 · 한 공동방어원조협정 69
미 · 한 공동방어조약 128, 151
미 · 한 군사경제원조협정 129
미 · 한 우호통상 및 항해조약 129
미 · 한 합동군사훈련 286
미국의 타이완 무장 침략 고소안 88
미국 정부 92
미국 · 타이완 안전조약 143
미국 하와이대학교 한국연구소 272
미술교류전시회 350
미쓰비시그룹 146
미주리호 34
민간무역협정 304
민간항공기의 안전에 대한 불법적 행위 저지를 위한 협약 214
민간항공협정 336, 362
민용 여객기 공동개발에 관한 비망록 336, 362
민족문화연구소 269
민족자존과 통일 번영을 위한 대통령 특별선언 283
민주공화당 170
민주구국선언 122
민주국가 126
민주동맹 39
민주의원 58
민주화 투쟁 124
민항기구 214

ㅂ

바둑대항전 350
바르샤바 128
반공 노선 144
반공반화 67
반공법 152, 169
반공연맹 110
방공위원회 36
방직섬유류 254
백단대전 37
베이징 255, 273

베이징 공항 307
베이징대학 도서관 349
베이징대학 동방어문학과 271
베이징대학 한국학연구센터 275, 345
베이징 무역대표부 249
베이징선언 297
베이징아시안게임 265
베트남 130
베트남전쟁 118, 127
베트남 증병 119
보병 제88여단 33
부산대학교 중국문제연구소 238
부산산업대 238
부정부패 170
북미 대한인국민총회 45
북방외교 247, 283, 355
북조선 370
북조선 문제 299
북조선 외교부 289
북조선의 조선역사연구소 204
북조선인민위원회 58
북조선인민회의 58
북조선임시인민위원회 58
북조선중앙정권기구 58
북조선 핵 위기 357
북조선 핵문제에 관한 기본합의문 326
분립파 47
블라디보스토크 32
비군국주의화 198
비디오테이프공장 332
비무장지대 102, 159
비상계엄령 190
비상국민회의 58
비행기 추락사건 229
비행기 탈취범 215

ㅅ
4개국 외무 장관회의 104
사금석재유한회사 244
4·19혁명 102
사찰 316
사회주의 국가 148, 238
사회주의 진영 66
산둥 243, 255
산둥대학 275
산둥대학 한국연구센터 346
산둥반도 268
산둥성 247, 332
산둥인민출판사 278
삼각 외교 140
삼민주의 36
삼성 251, 257, 332
3대 전역 63
3·1운동 201
38도선 52, 80, 92
상하이 273, 333
상하이 반제대동맹 132
상하이 한인반제동맹 132
상호 무역대표부 252
서울대학교 272
서울대학교 규장각 349
서울 무역대표부 249
서울아시안게임조직위원회 262
서울예술단 351
서울패션쇼 335
서해안 개발계획 241
서행만기 263
석유수출국기구(OPEC)회의 189
석유자원 114
석유, 천연가스 탐사 활동 114
선봉 370
선양 362
선양 공항 213
선진공업국 241
섬유방직제품 254
성균관대학교 272
세계 경제의 일체화 246
세계시장 179
세계지식출판사 277
세계탁구선수권대회 288
소련 및 동유럽 각국 284
소련 전투기 미사일 225
소련공산당 127
소련의 참전 51
소련의 패권주의 225
소·조 우호협력호조조약 134
소형 자동차공장 333
소흑산도 228
수교 비밀 외교협상 303
수교성명 143

수출의 날 174
수출진흥확대회의 174
숙명여자대학교 중국문화연구소 238
순양함 73
쉐라톤호텔 216
스미토모그룹 146
스타워즈 계획 185
시경 267
시멘트공장 333
시안사변 35
시장 운행 기제 강화 179
식민통치 197
신군부 세력 124
신문방송공보 355
신민당 121, 147, 190
신민주주의 공화국 37
신사 참배 201
신외교 357
신정부 356
신중국 37, 63, 133
신탁통치 51, 53, 57
신한국민주당 41
신한민주당 44
신한청년당 41
신화출판사 277
신화통신사 38
신흥공업화 253
실무회의 60
실사구시 187
12 · 12숙군쿠데타 190
쌍무 관계 126
쌍무 무역 246
쌍무 무역총액 247
쌍십협정 39
쌍용 333

ㅇ
아시아태평양경제협력체(APEC) 294
아연광 개발 333
안전보장이사회 89
안전보장이사회 5개 상임이사국 322
안전보장이사회의 제825호 결의 319
알류샨 열도 69
얄타의 구체제 127
얄타회담 51
양측 관계 126
SS20 핵탄도 미사일 185
SK 257
에틸렌화학공업공장 333
LG 251, 257, 333
연방제 통일 방안 291
연세대학교 349
연합정부론 37
연해 개방구 187
연해개방도시 242
연해경제개발구 242
옌볜인민출판사 277
옌안 32, 37
옌타이 257
오성홍기 314
5 · 16쿠데타 167
오일쇼크 114
오키나와 69
옥시덴털 석유회사 236
왕칭항일유격대 131
외교 관계 단절 306
외교 관계 설정 245
외국어대학교 272
외향성 수출유도 경제 발전 전략 174
외환 관리 258
우방 336
우상과 이성 263
우성 336
우수리스크 32
우익 세력 199
우한 333
우한보위전 132
운양호 197
워터게이트사건 143
원남장애인체육대회 336
원자력협력협정 336, 362
원자폭탄 128
월정외교 145
윈난 쿤밍 260
유라시아 대륙교 194
유신 체제 124
유엔 61, 162, 289
유엔군 사령부 157
유엔군 총사령관 79, 90
유엔 아시아태평양경제사회위원회회의 296

유엔안전보장이사회 77, 92, 225
유엔총회 88, 156, 289
유엔한국임시위원단 60
유엔한국통일부흥위원회 156, 164
유엔헌장 289
유儒, 불佛, 도道 267
의용군행진곡 314
이란 · 이라크전쟁 189
이산가족 157
이색분자 39
이승만라인 111
21개조 요구사항 196
이중 정책 36
이중징세방지협정 313
인근 해양에 대한 주권선언 110
인민교육출판사 278
인민위원회대표대회 58
인플레이션 254
일 · 러 협약 47
일 · 영 동맹협약 47
일 · 한 기본조약 116, 186
일 · 한 대륙붕공동개발협정 114
일 · 한 대륙붕협정 115
일 · 한 병합조약 197
일 · 한 보호조약 197, 201
일 · 한 연합위원회 114
일 · 한 의원회의 212
일 · 한 의정서 197
일 · 한 협약 197, 201
일국양제 164
일류신(Ilyushin) 경형폭격기 228
일본 군국주의 31, 196, 202
일본 대본영 35
일본 문부성 208
일본의 반역사적 행위 199
일본제국 199
일본해 185
일선동조 197
임시보충협의 95
임시인민위원회 58
입국비자 269

ㅈ

자동차와 기계제품 254
자동차합자공장 332
자민당 146
자성전술 91
자유세계 126
자주독립 40
장애인올림픽대회 265
장정신기 263
장진호 84
재건국민운동 171
재미한족연합위원회 45
재충칭 한국 혁명운동가대회 33
적십자회담 155
전국경제인연합회 233, 234
전국인민정치협상회의 81
전국촉진대회 171
전략적 방어선 68
전략적 삼각관계 126
전면적인 내전 81
전바오도珍寶島(소련명 Damanskii Island) 유혈사건 139
전쟁포로 97, 98
전쟁포로 송환 문제 94
전조선위원회 105
전통문화 267
전통문화의 재현 375
정보정치 170
정부와 중공 대표회담 기요 39
정전 99
정전평화회담 92
정전협상 93
정전협정 100, 130
정진군 43
정치군사동맹 134
정치 대국화 372
정치 파벌 투쟁 47
정치회의 101
정화 99
제네바 국제회의 104
제네바회담 105, 130
제물포조약 197
제4차 경제개발 5개년 계획 176
제4차 전역 90
제3세계 127
제3차 경제개발 5개년 계획 176
제3차 전역 89
제11회 아시안게임 248

제5차 전역 91
제24회 올림픽대회 247
제2차 경제개발 5개년 계획 175
제2차 세계대전 35
제2차 전역 87
제2차 환태평양 한국학국제학술회의 348
제일은행 335
제1차 경제개발 5개년 계획 175
제1차 국내 혁명전쟁 131
제1차 세계대전 196
제1차 전역 86
제1차 환태평양 한국학국제학술회의 348
제주도 도민 봉기 73
제7함대 78, 82
제8기 전국인민대표대회 318
제헌국회 60
조·미 고위급 회담 319
조·미 공동성명 320
조·미 관계 315
조·미의 핵문제에 관한 성명 320
조·미 핵기본합의 360
조·미 핵기본협의 361
조·소경제문화협정 70
조·소 우호호조협력조약 302
조국통일민주주의전선 중앙위원회 72
조선공산당 만주총국 131
조선노동당 58
조선 독립 38
조선독립동맹 43, 53
조선독립동맹 총연맹 32, 42
조선무정부주의자총연맹 45
조선민족해방동맹 45
조선민족혁명당 41, 132
조선민주공화국 42
조선민주주의인민공화국 61, 65, 299
조선의용군 32, 43
조선의용대 132
조선의용대후원회 45
조선인민공화국 42
조선인민군 77, 79
조선적십자사 151
조선전쟁 72, 78, 81, 85, 92
조선정전협정 95
조선족 노동력 237
조선중앙통신사 323
조선최고인민회의 61, 72
조선 파병 83
종번 관계 40, 196
종전조서 33
주한 미국군사고문단 설치협정 69
준전시상태 317
중(저장) · 한 경제발전 비교연구회 348
중·미 간 마찰 372
중·미 공동성명 142, 143
중·미 과학기술교류협정 186
중·미 수교 143
중·소문제연구발표회 238
중·소연구 238
중·소 우호동맹호조조약 67, 127, 186
중·소 충돌 140
중·일 공동성명 205
중·일 과학기술협력협정 187
중·일 문화교류협정 187
중·일 장기적 무역협의 연장과 무역금액확대 문제에 관한 회담요지 187
중·일전쟁 196
중·일 평화우호조약 205
중·조 관계 130
중·조 군대 86
중·조 군대연합사령부 89
중·조 우호협력호조조약 133, 302, 383
중·한 경제, 무역, 기술 연합위원회 설립에 관한 협정 354
중·한 경제교류 239
중·한 경제무역 협력 337
중·한 공간기술협력의 양해 각서 335
중·한 과학기술협력협정 354
중·한 관계 126, 130
중·한 그림 공동전시회 351
중·한대사전 269
중·한 무역 236
중·한 무역총액 248
중·한 무역협정 354
중·한 미래포럼 366
중·한 민간무역협정 249, 304
중·한 산업협력위원회 342
중·한 서법, 전각 공동전시회 351
중·한 수교 310
중·한 양국 수교 공동성명 381
중·한 양국 정부의 소득세 이중과세 탈피와

탈세 방지에 관한 협정 361
중·한 정부문화협력협정 361
중·한 중개무역 188
중·한 체육교류 350
중·한 투자보호협정 249, 354
중·한 플랜트협력 세미나 335
중·한 합자회사 234
중공 대표단 39
중공 만주성위 131
중공 제7차 전국대표대회 37
중공중앙위원회 222
중공중앙정치국 확대회의 83
중국 경제 233, 370
중국경제무역전시회 334
중국공산당 63, 127
중국공산당 제11기 제3차 전체회의 180
중국과 북조선의 관계 298
중국과 한국의 경제 발전 유형 비교 347
중국교육국제교류협회 276
중국국민당 36, 60
중국국제상회 247, 248
중국국제여행사 269
중국군 85
중국 대사관 314
중국 도서문화전 349
중국 무역대표단 332
중국문제 연구전문가 237
중국문제연구소 238
중국 민항 296호 여객기 213
중국 민항 사건대책반 217, 220
중국시장정보 238
중국 시장 진출 331
중국 야금회사 237
중국열 261, 273
중국 영토보장동맹 132
중국은행 335
중국의 개혁개방 246, 358
중국의 대외개방 정책 233
중국의 붉은 별 263
중국의 운명 36
중국 인민정치협상회의 공동강령 64
중국인민지원군 83, 84, 99
중국인민지원군의 조직에 관한 명령 83
중국인민해방군 63
중국전망출판사 278
중국 제9차 5개년 계획 343
중국 청소년농구대표단 260
중국 체육대표단 262
중국 투자 붐 333
중국학 271
중국학연구소 272
중국학회 271
중립국가 98
중립국 감찰위원회 108
중립국 송환위원회 97
중립국 송환위원회 직권 범위 97
중문학과 272
중소기업 256
중앙군사위원회 84
중앙총본부 40
중외합자경영기업법 개정에 대한 의안 243
중화고문명대도집 350
중화인민공화국 64, 141, 298
중화인민공화국과 대한민국의 외교 관계 수립에 관한 공동성명 307
중화인민공화국정부와 대한민국정부의 해운협정 358
중화인민공화국 중앙인민정부 공고 64
중화학공업 신흥국가 177
지구촌 371
지린 255, 333
지린인민출판사 278
직접무역 236, 246
직접수송 236
직접운수 246
직접투자 246, 250

ㅊ

차별적인 고관세 249
참여식 전방위적 서비스 244
창강 유역 투자상담회 335
창씨개명 197
청년당 39
청천강 86
체육교류 259
초·중·고등학교 교과서 349
초승달형 방어선 69
총리급 고위회담 285
총선거 58, 120
최고전쟁지도회의 31

춘천 군용공항 213
춘추 267
출입국관리통계연보 365
충칭 32
충칭 임시정부 41
충칭출판사 278
충칭 협상 39
7 · 7노구교사변 197
칭다오 257, 362
칭다오무역촉진회 243

ㅋ
카이로선언 49
카이로회담 38
쿠릴 열도 52
퀴논항 119
크리스마스 총공격 계획 87

ㅌ
타이베이 65
타이베이 주재 한국 대사관 305
타이완 63, 78, 144, 298
타이완 독립 373
타이완 통일 373
타이완 해협 82
타이항산 32
타이항조선독립동맹군사학교 32
톈진 243, 332, 333
톈진시 곡예단 351
토지개혁법령 58
토지조사 201
통일파 47
통화 팽창률 165
투자보호협정 313
투자설명회 265
트루먼주의 56

ㅍ
판문점 296
팔로군 32
퍼싱II 핵탄도 미사일 185
퍼프장군호 119
평화 · 발전 · 협력 375
평화건국강령 39
평화공존 5원칙 146, 293, 364, 381
평화우호조약 186
평화회담 94
포츠담선언 31
포츠담회담 51
포츠머스조약 47
푸단대학 275
푸단대학 발전연구원 366
푸단대학 한국연구센터 346
플루토늄 321
필리핀 69

ㅎ
하나의 중국 298
하바로프스크 32
하얼빈 332
하와이 대한인국민총회 45
하왕등도 228
하이난성 332
하이루펑 131
학술교류 277
한국 갤럽조사연구소 209
한국 경제의 부흥과 비약 172
한국공산당국가연구협의회 238
한국과 타이완의 관계 298
한국광복군 32
한국 국민총생산 165
한국군 85
한국 군대 118
한국 기업계 258
한국 대기업 331
한국 대사(자유중국 주재 한국 대사) 65
한국독립당 43
한국 독립운동연구 국제학술회의 348
한국무역협회 238
한국문제연구소 123
한국 민항기 피격 227
한국 배드민턴대표단 269
한국 보잉747 민항기 225
한국 사회과학원 276
한국사회당(통일사회당) 152
한국 세종연구소 347
한국어학과 270
한국에 대한 보복조치 306
한국 여자농구대표단 260
한국외국어대학교 중국문제연구소 238

한국은행 250
한국의 기업계 191
한국 전통문화 국제학술세미나 348
한국 · 중공 경제 협력의 가능성에 대한 분석 235
한국 중앙정보부 170
한국천도교 45
한국 철강회사 237
한국 출입국관리국 365
한국토지개발공사 332
한국학논문집 275, 345
한국학 연구 277
한국학 학술간행물 278
한국 해외공보관 339
한국 현지 법인 234
한독 257
한두수산 234
한 · 미군 84
한반도 문제 46
한반도 비핵화 295, 317
한반도 비핵화 공동선언 301, 316
한반도 비핵화 실현 325
한반도의 통일 과정 374
한반도 핵 위기 321
한성임시정부 41
한성조약 197
한스물산 234
한 · 중 관계 221
한 · 중 경제관계민간협의회 238
한 · 중 경제 협력 339
한 · 중 민간경제협의회 313
한 · 중 정상회담 325
합동군사훈련 317
항공기 내에서 발생한 범죄와 기타 행위에 관한 협약 214
항공기의 불법납치 방지를 위한 협약 214
항공협정 313
항미구국전쟁 130
항미원조 84
항의 비망록 209
항일 선전 활동 132
항일연군 32
항일전쟁 35
항저우대학 한국연구센터 346
항저우대학 275
해방전쟁 63
해사 분규 113
해사 충돌 111
해저자원 114
해협 양안 142
핵무기확산금지조약(NPT) 317
핵문제 323
핵보장실행합의 316
핵시설 316
핵 위기 323
핵통제공동위원회 316
헤이룽장 255
헤이룽장인민출판사 278
현대 251, 332, 333
현대중공업 332
현우 336
화난지역 187
화학공업제품 254
확대 균형 341
환경협력협정 359
환동중국해 188
환보하이해 188
환황해 188
황고둔사건 197
황국신민화 40, 197
황해 110

인명_ 찾아보기

ㄱ

가오쿠이위안高魁元 120
강석주姜錫柱 290, 320
강영훈姜英勳 286
고이소 구니아키小磯國昭 198
고토 도시오後藤利雄 212
공로명孔魯明 216
구자경具滋暻 234
궈모뤄郭沫若 101
기도 고이치木戶幸一 198
김경원金瓊元 225, 276
김구金九 32, 53, 58
김규식金奎植 60
김대중金大中 121
김동운金東雲 122
김만제金滿堤 347
김백연金白淵(김두봉金枓奉) 53
김병연金炳連 217
김복동金復東 239
김상하金相廈 239, 313
김석우金錫友 295, 297
김석원金錫元 237
김성기金聖基 261
김성은金聖恩 118
김세원金世源 262
김수한金守漢 147
김승연金昇淵 236
김약산金若山(김원봉金元鳳) 41, 53, 131
김영남金永南 317
김영삼金泳三 123, 190, 323
김영주金英柱 153, 163
김영태金英泰 359
김용식金溶植 144
김우중金宇中 264
김일성金日成 33, 41, 58, 61, 151, 288
김재규金載圭 123, 190
김종필金鍾泌 121, 144, 151, 165
김종호金宗鎬 261
김준엽金俊燁 41, 269, 272
김진현金鎭炫 354
김책金策 33
김철金哲 152
김철수金喆壽 335, 360
김철용金徹容 216
김태희金泰禧 155
김한규金漢圭 359
김헌범金憲範 276

ㄴ

남덕우南悳祐 239
남일南日 93, 104
네루Nehru 293
노재원盧載源 314, 354
노태우盧泰愚 241, 256, 309, 333, 353
니미츠, 체스터Nimitz, Chester 35
니즈량倪志亮 82
닉슨, 리처드Nixon, Richard 130, 140

ㄷ

다나카 가쿠에이田中角榮 145
덜레스, 존Dulles, John 69, 104
덩샤오핑鄧小平 186, 246, 296
덩화鄧華 93
데레뱐코Derevyanko 35
도고 시게노리東鄉茂德 31
도요타豊田 31
도조 히데키東條英機 50, 198
동비우董必武 155
드골de Gaulle 140

ㄹ
로버츠, 윌리엄Roberts, William 73
롬버그, 앨런Romberg, Alan 215
루스벨트, 프랭클린Roosevelt, Franklin 48
뤄룽취羅榮渠 277
뤄선羅申 71
뤄유룬羅友倫 119
뤄하오차이羅豪才 277
류사오치劉少奇 66
류중더劉忠德 361
류진즈劉金質 274
르메이, 커티스LeMay, Curtis 118
리, 트리그브Lie, Trygve 78
리란칭李嵐淸 294, 354
리셴녠李先念 152
리영희李泳禧 263
리자오린李兆麟 33
리자오싱李肇星 318
리지웨이Ridgway 90
리춘팅李春亭 332
리타오李滔 205
리펑李鵬 288, 324, 353

ㅁ
마셜Marshall 58
마쓰노 유키야스松野幸泰 204
마쓰오카 요스케松岡洋右 198
마에다 도시카즈前田利一 205
마오쩌둥毛澤東 36, 63, 141, 155
마커야오馬克堯 277
말리크Malik 92
맥아더, 더글러스MacArthur, Douglas 35, 79, 90
몰로토프Molotov 58, 104, 109
무정武亭 41
미야자와 기이치宮澤喜一 210
민관식閔寬植 157
민석린閔石麟(민필호閔弼鎬) 54

ㅂ
박노영朴魯榮 306
박성용朴晟容 236
박성철朴成哲 153
박순朴純(박찬익朴贊翊) 54
박은식朴殷植 40
박일우朴一禹 41, 82
박정희朴正熙 121, 150, 165
박헌영朴憲永 65
박효삼朴孝三 41
백선엽白善燁 93
버크, 알레이Burke, Arleigh 93
베이커, 제임스Baker, James 294
변영태卞榮泰 100
브라운, 해럴드Brown, Harold 186
브레진스키, 즈비그뉴Brzezinski, Zbigniew 143
블릭스, 한스Blix, Hans 321
비도, 조르주Bidault, Georges 104
비신스키Vyshinskii 103

ㅅ
사사키 고조佐佐木更 147
사오위린邵毓麟 54
사쿠라우치 요시오櫻內義雄 207
사토 에이사쿠佐藤榮作 145
샤오샹첸肖向前 204
샤오완창蕭萬長 306
서대숙徐大肅 272
서철徐哲 33
선우종원鮮于宗源 169
선투沈圖 214
셰팡謝方 93
손병희孫秉熙 41
손주환孫柱煥 366
솔즈베리, 해리슨Salisbury, Harrison 263
송요찬宋堯讚 170
쉐위치薛毓麒 216
쉬둔신徐敦信 307
쉬융창徐永昌 35
스노, 에드거Snow, Edgar 141, 263
스저師哲 71
스즈키 젠코鈴木善幸 187, 206
스즈키 칸타로鈴木貫太郞 31
스탈린Stalin 51, 67
스튜어트, 존Stuart, John 67
스파크, 샤를Spaak, Charles 109
시게미쓰 마모루重光葵 34, 198
시나 에쓰사부로椎名悅三郞 116
시아누크, 노로돔Sihanouk, Norodom 151
시카토리 야스에鹿取泰衛 205

시티코프Shtykov 70
신규식申圭植 40
신병현申秉鉉 239
신석우申錫雨 65
신성모申性模 73
신현돈申鉉墩 169
쑨핑화孫平化 147
쑹젠宋健 354
쑹징즈宋敬之 270
쑹쯔원宋子文 49

ㅇ

아나미 고레치카阿南惟幾 31
아베 노부유키阿部信行 42
아이젠하워, 드와이트Eisenhower, Dwight 94
안재홍安在鴻 42
안토노프Antonov 51
알몬드, 에드워드Almond, Edward 84
애치슨, 딘Acheson, Dean 77
양상쿤楊尙昆 309, 353
양융류楊永騮 274
양퉁팡楊通方 270
에반스, 개러스Evans, Gareth 311
여운형呂運亨 42, 60
연형묵延亨默 285
오가와 헤이지小川平二 205, 210
오사키 히토시大崎仁 206
오성륜吳成崙 131
오카와 슈메이大川周明 198
오히라 마사요시大平正芳 186
와타나베 미치오渡邊美智雄 294, 311
와타나베 코지渡邊幸治 204
왕뤄페이王若飛 39
왕샤오셴王效賢 206
왕쉐전王學珍 274
왕스졔王世杰 60
왕중위王忠禹 335, 360
요나이 미쓰마사米內光政 31
요시다 시게루吉田茂 145
우누UNu 293
우메즈 요시지로梅津美治郎 31
우쉐첸吳學謙 205
우슈취안伍修權 88
우이吳儀 336
우제烏杰 348
우젠민吳健民 310
우지촨吳基傳 360
워커, 월턴Walker, Walton 84
웨드마이어, 앨버트Wedmeyer, Albert 52
유진오兪鎭午 171
윤동윤尹東潤 360
윤보선尹潽善 120, 165
윤봉길尹奉吉 34
이경식李經植 358
이동원李東元 116
이동휘李東輝 40
이든, 앤서니Eden, Anthony 104
이만섭李萬燮 335
이범석李範奭 43, 155
이상설李相卨 40
이상옥李相玉 290, 354
이상조李相朝 93
이석주李錫周 239
이스메트 이뇌뉘İsmet İnönü 147
이승만李承晩 41, 79, 102
이시영李時榮 294
이원홍李元洪 228
이은호李殷浩 239
이익순李翼淳 277
이주연李周淵 66
이청천李青天 43
이대희李太熙 169
이한빈李漢彬 239
이홍구李洪九 363
이황李滉(이퇴계李退溪) 268
이후락李厚洛 153
인훙위안殷洪元 274
임병직林炳稷 88

ㅈ

장덕수張德秀 60
장도영張都暎 121
장면張勉 120, 165
장제스蔣介石 33, 48, 63
장준하張俊河 43
장징궈蔣經國 119
장쩌민江澤民 324, 353
장쭤린張作霖 197
장팅옌張庭延 314

장평산張平山 93
저우바오중周保中 33
저우언라이周恩來 39, 78, 104, 141, 155, 293
저우이량周一良 345
전두환全斗煥 124
정승화鄭昇和 190
정원식鄭元植 309, 359
정일권丁一權 120
정일형鄭一亨 169
정주영鄭周永 233
정헌주鄭憲柱 169
조규하曺圭河 235
조무성曺武成 274
조봉암曹奉岩 131
조석래趙錫來 236
조이, 터너Joy, Turner 93
조재천曺在千 169
존슨, 루이스Johnson, Louis 77
주더朱德 155
줘창런卓長仁 213
지셴린季羨林 274, 345
지칭池清 276
지펑페이姬鵬飛 147, 205
쩌우자화鄒家華 356

ㅊ

차오관화喬冠華 122, 156
차오스喬石 359
차우세스쿠Ceausescu 140
차이청원柴成文 83
처칠, 윈스턴Churchil, Winston 51
천광이陳光毅 336
천무화陳慕華 347
천위룽陳玉龍 274
천진화陳錦華 336
첸치천錢其琛 290, 334, 357
첸푸錢復 306
최각규崔珏圭 356
최규하崔圭夏 123
최용건崔庸健 41, 131
최종현崔鍾賢 237

ㅋ

카터, 지미Carter, Jimmy 143, 186, 326
칸, 야히아Khan, Yahya 140
크레이기, 로런스Craigie, Laurence 93
크리스토퍼, 워런Christopher, Warren 325
클라크, 마크Clark, Mark 93
키신저, 헨리Kissinger, Henry 140, 300

ㅌ

톈지윈田紀雲 334
트루먼, 해리Truman, Harry 51, 77, 90

ㅍ

팔레비Pahlevi 189
팜 반 동范文同 104
펑더화이彭德懷 37, 83
펑위중馮玉忠 274
펑위馮裕 275
페이자이裴家義 314
포드, 제럴드Ford, Gerald 143
프레이저, 브루스Fraser, Bruce 35
피커링, 토머스Pickering, Thomas 290

ㅎ

하시모토 히로시橋本恕 206
하지, 존Hodge, John 42, 60
한봉수韓鳳洙 354
한승주韓昇洲 318, 361
해리슨, 윌리엄Harrison, William 95
해머, 아먼드Hamme, Armand 236
허담許錟 151
허문도許文道 216
허정許政 120, 165
현석호玄錫虎 169
현정택玄定澤 342
현홍주玄鴻柱 242
호디스, 헨리Hodes, Henry 93
호메이니Khomeini 189
호소카와 모리히로細川護熙 323
홍일식洪一植 269
홍진洪震 53
황낙주黃珞周 358
황병태黃秉泰 348
황신밍黃心銘 270
황인성黃寅性 358
황인정黃仁政 239, 347
히로히토裕仁 31

현대편

중한 관계사

1판 1쇄 펴낸날 2012년 10월 20일

지은이 | 쑹청유 외
옮긴이 | 전홍석
펴낸이 | 김시연

펴낸곳 | (주)일조각
등록 | 1953년 9월 3일 제300-1953-1호(구 : 제1-298호)
주소 | 110-062 서울시 종로구 신문로 2가 1-335
전화 | 734-3545 / 733-8811(편집부)
733-5430 / 733-5431(영업부)
팩스 | 735-9994(편집부) / 738-5857(영업부)
이메일 | ilchokak@hanmail.net
홈페이지 | www.ilchokak.co.kr

ISBN 978-89-337-0635-0 93910
값 22,000원

* 옮긴이와 협의하여 인지를 생략합니다.

* 이 도서의 국립중앙도서관 출판시도서목록(CIP)은
e-CIP 홈페이지(http://www.nl.go.kr/ecip)와
국가자료공동목록시스템(http://www.nl.go.kr/kolisnet)에서
이용하실 수 있습니다.
(CIP제어번호 : CIP2012004646)